成都局集团公司铁路职工岗位培训系列教材

铁路线路工

中国铁路成都局集团有限公司　编

中国铁道出版社有限公司

2024年·北京

内 容 简 介

本书为铁路线路工岗位培训教材,包括劳动安全和专业安全、工程识图、铁道概论、电工基础、工程测量基础知识、轨道结构、道岔、无缝线路、线路设备修理标准、基本规章、养路机械、轨道电路基本知识、电气化铁路基本知识、法律法规和职业道德等内容。

本书适用于集团公司"新职、转岗、晋升"人员岗前资格性培训,也可作为高职生"2+1"定向培训教材和日常岗位适应性培训教材。

图书在版编目(CIP)数据

铁路线路工 / 中国铁路成都局集团有限公司编.
北京 : 中国铁道出版社有限公司,2024. 11. – (成都局集团公司铁路职工岗位培训系列教材). -- ISBN 978-7-113-31637-2

Ⅰ. U21

中国国家版本馆 CIP 数据核字第 2024QF1652 号

书　　名:**铁路线路工**
作　　者:中国铁路成都局集团有限公司

责任编辑:赵雅敏　高 楠　　　　　编辑部电话:(010)51873347
编辑助理:蔡彦阁
封面设计:郑春鹏
责任校对:刘　畅
责任印制:高春晓

出版发行:中国铁道出版社有限公司(100054,北京市西城区右安门西街 8 号)
网　　址:https://www.tdpress.com
印　　刷:天津嘉恒印务有限公司
版　　次:2024 年 11 月第 1 版　2024 年 11 月第 1 次印刷
开　　本:787 mm×1 092 mm 1/16　**印张**:17　**字数**:400 千
书　　号:ISBN 978-7-113-31637-2
定　　价:98.00 元

成都局集团公司铁路职工岗位培训系列教材
编审委员会

本书编委会

主　　编：马德军

副 主 编：达朝健　谢利宇

主　　审：汪希峰　张云翔　张　坤　杨　轲
　　　　　陈　浩

编写人员：赵川昆　吴红霞　冯林灼　卢　忠
　　　　　何会连　张传举　李文兵　梁晓华
　　　　　石　勇　兰秀林　李晓洁　鲁茜睿
　　　　　孔　颖

前　言

随着我国铁路事业快速发展，路网规模持续扩大、技术装备不断更新、职工队伍大规模新老交替，对铁路专业技能人才，尤其是"新职、转岗、晋升"人员的知识技能结构提出了更高的要求。为进一步加强职工队伍建设，加快铁路高技能人才培养，适应铁路高质量发展对职工岗位素质的要求，依据《铁路特有工种技能培训规范》、教学大纲和岗位作业标准，中国铁路成都局集团有限公司组织编写了"铁路职工岗位培训系列教材"。

本套教材从各工种岗位工作实际出发，注重专业性、实用性和指导性，以新职、转岗、晋升人员基础知识和专业技能为重点内容，以适应岗位需求为主要目标，严格按照《铁路特有工种技能培训规范》培训科目要求，充分依据现行基本规章和作业标准，紧密结合现场各工种岗位作业实际组织编写，内容反映各工种岗位"新技术、新设备、新工艺、新规章"变化，重点突出岗位作业标准、安全规定、应急处置。

本套教材由中国铁路成都局集团有限公司教材编审委员会组织，以专业指导委员会为平台，职工培训部统筹，职工培训基地牵头，运输、客运、货运、机务、工务、电务、供电、车辆、土房专业部门组建以现场专业技术骨干为主体的编写团队进行编写，适用于"新职、转岗、晋升"人员岗前资格性培训，也可作为高职生"2＋1"定向培养教材和日常岗位适应性培训教材。

本书为铁路线路工岗位培训教材，共十四章，包括劳动安全和专业安全、工程识图、铁道概论、电工基础、工程测量基础知识、轨道结构、道岔、无缝线路、线路设备修理标准、基本规章、养路机械、轨道电路基本知识、电气化铁路基本知识、法律法规和职业道德。本书引用的基本规章、作业标准等为编写时现行文件，后续与新发文件冲突时，以新发文件为准。

由于编者水平有限，书中难免存在疏漏和不妥之处，恳请广大读者提出宝贵意见，便于日后修订完善。

编委会

2024 年 5 月

目 录 ▶▶▶

第一章　劳动安全和专业安全

第一节　劳动安全

一、预防机车车辆伤害

铁路机车车辆是指在铁路线路上运行的铁路机车、客车、货车、动车组及各类自轮运转特种设备等。机车车辆伤害是指铁路机车车辆在运行过程中碰、撞、轧、压、挤、摔等造成铁路作业人员伤亡的事故。

按其造成伤害的主要因素可以分为：

1. 作业人员违章抢道、走道心、钻车底、跳车、扒车、以车代步、作业侵限、坐卧钢轨等人为因素造成的伤害。

2. 线路上作业不设防护、作业防护不到位、作业环境不良、违章指挥等管理因素造成的伤害。

（1）站内区间行走

①在站内行走应走车站固定行走路径，如站台或线路两侧平坦处。

②顺线路行走时，应走路肩，并注意本线、邻线的机车、车辆和货物装载状态，严禁在道心、枕木头上行走。不准脚踏钢轨面、道岔连接杆、尖轨等。

③在区间行走时应走路肩，不间断瞭望，在双线区间应面迎列车运行方向行走，禁止在邻线和两线中间行走或躲避列车。

④严禁扒乘机车、车辆，以车代步，禁止从行驶中的机车、车辆上跳下。

⑤不准在钢轨上、车底下、枕木头、道心里坐卧、站立或从车底下、车钩下传递工具材料。

⑥严禁在运行中的机车、车辆前方抢越。

⑦横越线路时，应走地道或天桥。必须横越线路时，应"一站、二看、三确认、四通过"，坚持"眼看、手比、口呼"制度，并注意左右机车、车辆的动态及脚下有无障碍物。

⑧横越停有机车、车辆的线路时，先确认机车、车辆暂不移动，然后在该机车、车辆端部5 m 以外绕行通过。

⑨必须横越列车、车列时，应先确认列车、车列暂不移动，然后由通过台或两车车钩上越过，勿碰开钩销，要注意邻线有无机车、车辆运行，严禁钻车底。

⑩遇有降雾、暴风雨（雪）、扬沙等恶劣天气影响瞭望，能见度小于 200 m 时应立即停止线上作业和上道检查。

⑪站内设备巡检时，应面迎列车运行方向行走，不准脚踏钢轨面、道岔连接杆、尖轨及可动心轨辙叉等处，工具材料不准侵入建筑限界。

⑫禁止在桥梁、站台、路肩上骑自行车等交通工具。

⑬禁止在未设置避车台的桥梁上躲避列车。若通过桥梁或进入下一个避车台时,须确认具备安全通过条件时,方可通过桥梁。

⑭在站内抬运笨重工具、材料时,应呼唤应答、步调一致,并注意邻线列车动态;搬运材料、配件需在两线间行走时,应设置防护,不得紧靠线路。

(2)避车安全

①高速铁路施工、维修及上道检查作业必须在天窗点内进行,天窗时段外不得进入封闭栅栏内。

②高速铁路地面信号设备故障处理必须采取临时封锁要点或在天窗点内进行。当设备发生故障,需在双线区间的一条线路上处理故障时,维护单位应按规定向列车调度员申请邻线限速(最高速度不得超过 160 km/h)。

③线路作业和巡检人员,必须熟悉管内的线桥设备情况、列车运行速度、密度和各种信号显示方法,并注意瞭望,及时下道避车。

④在双线或多线地段的一股线上的施工作业应杜绝在两线间、邻线或跨线避车。

⑤作业人员下道避车距离应符合见表 1-1 中规定。

表 1-1　下道避车距离

列车运行速度 v	距钢轨头部外侧距离	本线来车下道完毕距离
$v_{max} \leqslant 60$ km/h	应满足 2 m	不小于 500 m
60 km/h$<v_{max} \leqslant 120$ km/h	应满足 2 m	不小于 800 m
120 km/h$<v_{max}<160$ km/h	—	不小于 1 400 m

⑥邻线(线间距小于 6.5 m)来车下道应遵守表 1-2 中的规定。

表 1-2　邻线来车下道规定

条　件		要　求
本线不封锁时	$v_{邻} \leqslant 60$ km/h	本线可不下道
	60 km/h$<v_{邻} \leqslant 120$ km/h	来车可不下道,但本线必须停止作业
	120 km/h$<v_{邻} \leqslant 160$ km/h	下道距离不小于 1 400 m
	瞭望条件不良	邻线来车时本线必须下道
本线封锁时	$v_{邻} \leqslant 120$ km/h 时	本线可不下道
	120 km/h$<v_{邻} \leqslant 160$ km/h	本线可不下道,但本线必须停止作业

⑦在站内其他线路作业,躲避本线列车时,下道距离不小于 500 m;邻线来车时,可不下道,但必须停止作业。列车进路不明时必须下道避车。

⑧速度小于 120 km/h 区段,瞭望条件大于 2 000 m 以上时,钢轨探伤小车、轨道检查小车作业,邻线来车可不下道。

⑨人员下道避车时应面向列车认真瞭望,防止列车上的抛落、坠落物或绳索伤人。

⑩人员下道避车的同时,必须将作业机具、材料移出线路,放置、堆码牢固,不得侵入限界,两线间不得停留人员和放置机具、材料。

⑪在桥梁上和隧道内避车。列车邻站开车时,在桥梁上的作业人员应立即撤离至桥头

路肩或进入避车台避车,严禁在涵顶(无护栏、距离不足)和无避车台的桥上避车;在隧道内所有的作业人员必须进入隧道避车洞内或撤离至隧道外安全地点避车,严禁在隧道内其他地点避车。

⑫瞭望条件不良或联系中断情况下的避车。遇通信信号或瞭望条件不良,必须增加中间联络防护人员。如遇通话联络中断时,现场防护员必须立即通知并督促所有作业人员携带机具、材料撤离到安全地点避车。待联络恢复正常后,按规定组织作业人员重新上道作业。

3. 预防机车车辆伤害安全知识和作业防护措施

铁路作业人员在施工维修作业、调车作业等生产活动中,违反预防机车车辆伤害的安全规定,不执行作业防护措施,是造成机车车辆伤害的直接原因。施工维修作业安全基本要求:

(1)作业人员在作业前必须充分休息,严禁饮酒,保持精神状态良好,作业中应按规定着装,正确佩戴劳动防护用品。

(2)行车设备管理单位要严格执行"行车不施工、施工不行车"的规定,对各类行车设备的检修应安排在天窗点内进行,并加强天窗修管理规定的执行,提高天窗作业效率。

(3)凡在营业线进行各类施工(含施工准备)、维修、检查等作业,必须设置驻站联络员和现场防护员,并佩戴相应的防护备品及用具,驻站联络员、现场防护员不得临时调换。

(4)遇有降雾、暴风雨(雪)、扬沙等恶劣天气影响时,应停止线上作业和上道检查,必须上线作业时,应采取特殊安全措施,保证来车之前按规定的距离及时下道。

(5)接到来车信息后,作业人员应按规定距离到指定地点下道避车。人员下道避车应面向列车认真瞭望防止列车上的抛物、坠落物或绳索伤人。

(6)在站内作业时,要时刻注意瞭望列车运行,根据站场线路布置,建立作业安全岛。

二、预防触电

1. 电气化安全知识

(1)安全电压

安全电压系列是一项防止触电伤亡事故的技术措施。安全电压的规定:以通过人体的电流(不超过安全电流)与人体电阻(人体电阻与导电途径、皮肤潮湿、多汗、有损伤、导电扬尘、接触面、接触压力有关)的乘积为依据。这是一个不确定的值。我国现行的安全电压额定值的等级为:42 V、36 V、24 V、12 V 和 6 V。在干燥情况下,安全电压为 36 V。在隧道或潮湿场所,人体皮肤受潮,同时电器设备的金属外壳和能导电的构造物表面结露,规定安全电压为 12 V。在游泳池或设有电路的水槽内,规定安全电压为 6 V。《特低电压(ELV)限值》(GB/T 3805—2008)规定,在干燥的情况下,特低电压极限值为 33 V;在潮湿场所,特低电压极限值为 16 V。

(2)安全距离

安全距离是指人体、物体等接近带电体而不发生危险的安全可靠距离。如带电体与地面之间、带电体与带电体之间、带电体与人体之间、带电体与其他设施和设备之间,均应保持一定距离。变配电装置安全距离、检修安全距离、操作安全距离等见表 1-3。

表 1-3　与带电线路安全有效距离

电压等级/kV	10以下	20~35	44	60~110	154	220
距离/m	1.7	2	2.2	2.5	3	4

（3）电气化铁路

电气化铁路是以电能作为牵引动力的一种现代化交通运输工具。电气化铁路牵引供电设备带有高压电，因此与非电气化铁路相比，电气化铁路对人身安全和作业安全提出了更高的要求。为了防止触电伤亡事故发生，确保安全生产和从业人员的生命财产安全，施工作业人员必须熟知电气化铁路安全的有关规定，并且必须严格执行。

接触网是电气化铁路上的主要供电装置，它通过支柱及软横跨、硬横跨，以一定的悬挂形式将接触线直接架设在铁路的上方。它的功能是通过与电力机车车顶部分受电弓的滑动接触将电能供给电力机车（或动车组）。接触网额定电压值为 25 kV，最高工作电压为 27.5 kV，短时（5 min）最高工作电压为 29 kV，最低工作电压为 19 kV（高速铁路为 20 kV）。架空式接触网主要由接触悬挂部分、支持装置、定位装置、支柱和基础四大部分组成。前三部分带电，与支柱（或其他建筑物）接地体之间用绝缘子隔开。

2. 电气化区段作业一般安全规定

电气化铁路牵引供电设备带有高压电，禁止直接或间接与上述设备接触，并保持安全距离。为保证电气化铁路沿线有关人员人身安全，防止触电伤亡事故，凡新建电气化铁路在牵引供电设备送电前 15 天，建设单位应将送电日期通告铁路沿线路内外各有关单位及当地老百姓。自通告之日起，视为牵引供电设备带电，有关人员均须遵守相关规定。电气化铁路沿线路内外各单位均需组织学习《电气化铁路有关人员电气安全规则》的相关内容。电气化铁路相关作业人员每年须进行一次安全考试，考试合格后，方准参加作业。牵引供电专业人员遵守《电气化铁路有关人员电气安全规则》的同时，还需执行牵引供电的专业规定。对于违反规则的单位和人员，要追究其责任并按规定处理。

（1）为保证人身安全，除牵引供电专业人员按规定作业外，任何人员及所携带的物件、作业工器具等须与牵引供电设备高压带电部分保持 2 m 以上的距离，与回流线、架空地线、保护线保持 1 m 以上距离，距离不足时，牵引供电设备须停电。

（2）电气化铁路区段，具有升降、伸缩、移动平台等功能的机械设备进行施工、装卸等作业时，作业范围与牵引供电设备高压带电部分须保持 2 m 以上的距离，与回流线、架空地线、保护线保持 1 m 以上距离，距离不足时，牵引供电设备须停电。

（3）在距牵引供电设备高压带电部分 2 m 以外，与回流线、架空地线、保护线 1 m 以外，邻近铁路营业线作业时，牵引供电设备可不停电，但须按照铁路营业线施工安全管理有关规定执行。

（4）机车、动车及各种车辆上方的接触网设备未停电，且未采取安全防护措施前，禁止任何人员攀登到车顶或车辆装载的货物上。

（5）电气化区段上水、保洁、施工等作业，不得将水管向供电线路方向喷射，站车保洁不得采用向车体上部喷水方式洗刷车体。

（6）牵引供电设备故障时，与牵引供电设备相连接的支柱、接地引下线、综合接地线等可能出现高电压，未采取安全措施前，禁止与其接触，并保持安全距离。

（7）发现牵引供电设备断线及其部件损坏，或发现牵引供电设备上挂有线头、绳索、塑料布或脱落搭接等异物，均不得与之接触，应立即通知附近车站，在牵引供电设备检修人员到达未采取措施前，任何人员均应距已断线索或异物处所 10 m 以外。

（8）牵引供电设备支柱及各部接地线损坏，回流吸上线与钢轨或扼流变连接脱落时，禁止非专业人员与之接触，在电磁场内要预防跨步电压，应双脚并拢跳出电磁场范围。

（9）距牵引供电设备支柱及牵引供电设备带电部分 5 m 范围以内具备接入综合接地条件的金属结构应纳入综合接地系统；不能接入综合接地系统的金属结构须装设接地装置，接地电阻一般不大于 10 Ω。

（10）站内和行人较多的地段，牵引供电设备支柱在距轨面 2.5 m 高处均要设白底黑字"高压危险"并有红色闪电符号的警示标志。禁止借助接触网支柱搭脚手架，必须借助接触网支柱登高时，必须有供电专业人员现场监护。

（11）天桥、跨线桥靠近或跨越牵引供电设备的地方，须设置防护栅网。防护栅网由所附属结构的产权或工程建设单位负责安设。防护栅网设置"高压危险"等安全防护标志（牌），警示标志由供电设备管理单位制作安装。

（12）电气化铁路区段车站风雨棚、跨线桥、隧道等构建物应安装牢固，状态良好，不得脱落。距牵引供电设备 2 m 范围内不得出现漏水、悬挂冰凌等现象。附挂在跨线桥、渠上的管路以及通信、照明等线缆，须设专门固定设施，且安装可靠，不得脱落。

（13）电力线路、光电缆、管路等跨越电气化铁路施工时，须在接触网停电并做好安全防护措施后进行。

3. 预防触电的作业安全规定

（1）任何电器设备未经验电，一律视为有电，不准身体触及。

（2）电气设备及其带动的机械部分需要修理时，不准在运转中拆卸修理，必须在停车后切断设备电源，取下熔断器，挂上"禁止合闸、有人工作"的标示牌，并验明无电后，方可进行工作。

（3）电气设备的金属外壳必须接地（接零），接地线要符合标准，有电设备不准断开外壳接地线。

（4）电器或线路拆除后，对裸露的线头必须及时用绝缘胶布包扎好。

（5）临时装设的电气设备必须将金属外壳接地，严禁将电动工具的外壳接地线和工作零线拧在一起插入插座；必须使用两线带地或三极带地插座，或者将外壳接地线单独接到地干线上，以防接触不良时引起外壳带电；用软电缆连接移动设备时，专供保护接零的芯线上不得有工作电流通过。

（6）在低压线路、设备上进行带电作业，应由有一定实践经验的人员担任工作，要经过严格的审批程序，并指定专人监护；工作时要戴工作帽，穿长袖衣服，扣紧袖口，戴绝缘手套，穿绝缘鞋或站在干燥的绝缘垫上进行。

（7）线路上带电作业，应在天气良好的条件下进行，雷雨时应停止作业。

（8）应使用合格的绝缘工具。

（9）要保持人体与大地之间，人体与周围接地金属之间，人体与其他相的导体或零线之间有良好的绝缘和适当的距离。

（10）一般不应带负荷断电和接电，断开导线时应先断开火线，后断开地线，搭线、接电时，先接地线（先接零线），后接火线（后接相线）。

三、预防高处坠落

高处坠落事故是由于高处作业引起的,《高处作业分级》(GB/T 3608—2008)规定:凡在坠落高度基准面 2 m 及以上有可能坠落的高处进行作业,都称为高处作业。高处作业按 A 类法分级的等级情况见表 1-4。

表 1-4　高处作业等级划分

等　　级	高处作业高度 h/m
Ⅰ	2～5
Ⅱ	＞5～15
Ⅲ	＞15～30
Ⅳ	＞30

注:高度 h 为作业位置至相应坠落高度基准面的垂直距离中的最大值。

1. 高处作业人员要求

(1)凡从事高处作业的人员必须身体健康,并必须定期进行体格检查。严禁患有高血压、心脏病、严重贫血、梅尼埃病、癫痫病、精神病和其他不适于高处作业的人从事高处作业。

(2)凡从事高处作业的人员必须经高处作业上岗前安全技术培训,熟知现场环境和施工安全要求,经培训并考试合格后,方可上岗作业。

(3)从事高处作业必须设立并明确现场监护人员。对于违章指挥,作业人员有权抵制;对于违章作业,施工作业负责人和监护人有权制止与批评教育;对于不听劝阻者,监护人有权制止并停止其作业。相关管理人员应随时检查高处作业情况,在雷雨、大雾或 6 级以上(含 6 级)大风的气象条件下,不得安排露天高处作业。

(4)从事高处作业的人员必须正确穿戴好劳动防护用品,戴好安全帽、系好安全带(绳),穿好防滑软底鞋,不准穿拖鞋或赤脚作业,应有专门的工作服,扎紧袖口、扣好纽扣、下摆、扎好裤管口,不能穿过于宽松和飘逸的衣服,做到衣着灵便。

(5)从事高处作业的人员严禁班前、班中饮酒,作业中严禁追逐、嬉闹、开玩笑,严禁在作业高处睡觉。作业中严禁因争抢时间而违章冒险作业,须注意劳逸结合,防止疲劳作业。期间休息应选择安全的地方或处所。

2. 高处作业环境要求

(1)高处作业场所应设定警戒范围和围挡,凡有危险的作业点应及时设置醒目的安全警示标志,不得擅自移动。

(2)高处作业场所必须有安全通道,通道不得堆放过多物件,垃圾和废料,边缘及孔洞 1 m 内不能堆放工具材料,设置符合安全规定的栏杆或盖板。悬空作业处应有牢靠的立足处,必须配置防护栏网或其他安全设施。夜间进行高处作业必须有足够的照明设备。

(3)脚手架搭设符合规程要求并经常检查维修,工作面必须铺设好脚手板,接头应设置在撑竿上,不得悬空,探头板应采取双边捆绑的防护措施。凡开裂严重、斜纹裂痕、腐朽、硬伤、有空洞、严重变形、有大结疤等缺陷和厚度小于 5 cm 或板宽小于 25 cm 的脚手板严禁投入高处作业使用。

(4)遇有 6 级以上大风及恶劣天气时应停止高处作业。风息、雨停复工前,必须检查已检修安装的构件、设备、架子等是否牢固,如发现问题,应及时处理,处理妥当后,方可复工作业。

(5)轻型或简易结构屋面上作业,应铺木板分散应力,以免踩踏屋面。临时使用搭设的支架应稳妥牢固,满足施工作业需要,上方作业面应铺设好脚手板并捆绑牢固,需经验收合格后方可使用。

(6)临边作业应设置防护围栏和安全网。栏杆下方应设踢脚板拦护,以防人员和物件坠落,平台上的脚手板应铺设稳妥,通道坡度不大于 1∶1,横杆间距不得超过 1.5 m,不得有探头板和空洞。临空处下方应设有安全网防护,安全网应悬挑出平台边缘。未设置隔离设施的高处作业,人员不得垂直施工作业。

(7)因工作需要移动或临时拆除的脚手板、安全网、栏杆、安全标志等安全设施,作业完工后必须立即恢复。没有固定的脚手架或不稳定的结构严禁高处作业,必须处理完善后方可开始从事高处作业。

(8)架设的辅助设施(如缆风绳、拉索、吊索、支撑)要设有标志,专人监护,防止有人移动。遇特殊情况下需高处作业的应架设可靠的安全防护辅助设施后,方可进行作业[如在车顶作业便于作业人员扣、挂、拴安全带(绳)的牢靠处所等]。

(9)冬季施工要做好防冻、防滑、防寒措施,爬梯、杆、柱上要采用草袋(麻片)或其他措施包裹防滑;霜冻、雨雪天气要先清除霜冻后再进行作业。

3. 高处作业安全要求

作业前应认真研判风险,制订细化的安全技术措施并精心组织交底,向参与作业人员交代作业任务和安全注意事项,详细了解作业内容和作业部位及周边状况。

作业前应对施工现场进行检查督促,落实安全措施,要对人员行走的通道、行走和站立的脚手板临空处的栏杆、安全网、上下梯子等进行全面细致检查,确认符合安全要求后方可作业。搭设完毕的设施,必须经施工负责人全面检查验收后方能使用。

安全防护用品。作业前必须检查劳动防护用品穿戴情况,安全防护用具在使用前要进行检查,确保其性能完好,做到双确认,发现使用者使用不当应及时给予纠正。

(1)安全带、安全绳、安全帽每次使用前,使用人(者)必须详细检查,凡发现安全带编织带有破损、起毛、伤痕及安全(带)绳断股的现象,不得继续使用。

(2)金属件(半圆环、圆环、8 字环、品字环、搭钩等)变形、闭锁装置失效或是焊接件时,不得使用。

(3)要束紧腰带,腰扣组件必须系紧系正。

(4)利用安全带进行悬挂作业时,不能将挂钩直接钩在安全带绳上,应勾在安全带绳的挂环上。

(5)禁止将安全带挂在不牢固或带尖锐角的构件上。

(6)使用同一类型安全带,各部件不能擅自更换。

(7)受到严重冲击的安全带,即使外形未变也不可使用。

(8)严禁使用安全带来传递重物。

(9)安全带要挂在上方牢固可靠处,不低于腰部以上,必须高挂低用,禁止低挂高用。

(10)安全带、安全绳使用应妥善保管,湿水后应晾干。

安全带、安全绳使用单位每半年做一次鉴定,其方法为:静荷载试验,用静荷载 3 000 N 的力拉 5 min 不断;冲击试验,固定安全带(绳)一端,另一端拴系 80 kg 的重物由 3 m 高处自由坠落而不断。

作业中必须戴好安全帽,使用前检查使用周期,不得超期使用,安全帽外帽壳必须完好,与内衬有良好的连接。帽系带必须牢固有效,与帽衬联系牢靠,使用安全帽时下颚带必须系牢,有利于防止安全帽脱落,严禁将安全帽当板凳坐。

四、预防起重、机械伤害

(一)起重伤害

1. 起重伤害事故类型

起重伤害事故主要是指在起重机械使用、维修等各种作业中发生的人身伤害事故。从起重伤害情况和原因来分,起重伤害事故类型主要有以下五类,见表 1-5。

表 1-5　起重伤害事故类型及原因

类　型	事　故　原　因
打击伤害事故	起重作业中,由于吊具或吊装容器损坏、物件捆绑不牢、挂钩不当、电磁吸盘突然失电、起升机构零件故障(特别是制动器失灵、钢丝绳断裂)等原因,吊物、吊具等物件从空中坠落,造成伤害
夹挤伤害事故	起重作业中,起重机轨道两侧缺乏良好的安全通道或与建筑结构之间缺少足够的安全距离,使运行或回转的金属结构机体对作业人员造成夹挤伤害;运行机构的操作失误或制动器失灵引起溜车,造成碾压伤害
坠落伤害事故	起重作业人员在坠落高度基准面(离地面)2 m 及以上的高处进行起重机械作业时,因坠落造成伤害
触电伤害事故	起重作业人员在使用、维修中,因触电遭受电击发生伤害。触电一般是因为起重机械本身作为触电源造成触电事故,或是因为起重机械在输电线附近作业时,距离高压带电体过近,感应带电或触碰带电物体,引发触电伤害
倾翻伤害事故	由于操作不当(例如超载、臂架变幅或旋转过快等)、支腿未找平、地基沉陷等原因,或者因坡度或风载荷作用,起重机倾翻,造成伤害

2. 预防起重伤害的安全知识和作业要求

(1)作业前准备。

必须正确佩戴个人防护用品。起重机司机、指挥人员须持有效证件上岗。

检查清理作业场地,确定搬运路线,清除障碍物。室外作业应了解天气情况。流动式起重机要垫实支撑地面,牢固可靠打好支腿,防止地基沉陷。

对起重机各设备部件状态和吊装工具、辅件等进行安全检查、交接。

熟悉吊物状况,根据技术数据进行受力计算,确定吊点位置和捆绑方式。

对于大型、重要物件吊运或多台共同作业吊装,须由物件有关人员、指挥、起重机司机和司索工共同确定作业方案,必要时提报审查批准。

作业前应做好安全预测,对可能出现事故,采取有效预防措施,制定应急处置方案。

(2)作业过程中安全注意事项。

操作前和操作中接近人,必须及时鸣铃或示警。

操作过程中的"六不准":不准利用权限位置限制器停车;不准利用打反车进行制动;不

准在起重作业中进行检查和维修;不准带载调整起升、变幅机构的制动器,或带载增大作业幅度;不准吊物从人头顶上通过;吊物和起重臂下不准站人。

严格按指挥信号操作,接到紧急停车信号,均必须立即紧急停止作业。

(3)作业过程中指挥注意事项。

无论采用何种指挥信号,必须规范、准确、明了。

指挥者所处位置应能全面观察作业现场,并使司机、司索工都可清楚看到。

在作业进行的整个过程中(特别是重物悬挂在空中时),指挥者和司索工都不得擅离职守,应密切注意观察吊物及周围情况,发现问题,及时发出指挥信号。

作业过程中,所有人员应根据现场作业条件选择安全的位置作业。在卷扬机与地滑轮之间穿越钢丝绳的区域,禁止人员停留和通行。起重吊装过程中必须设专人指挥,其他人员必须服从指挥。

(4)作业过程中严格执行"十不吊"。

信号指挥不明不准吊;

斜牵斜挂不准吊;

吊物质量不明或超负荷不准吊;

散物捆扎不牢或物料装放过满不准吊;

吊物上有人不准吊;

埋在地下物不准吊;

安全装置失灵或带病不准吊;

现场光线阴暗看不清吊物起落点不准吊;

棱刃物与钢丝绳直接接触无保护措施不准吊;

六级以上强风不准吊。

(5)作业过程中吊运物品坚持"三不越过"。

不从人头上越过。

不从汽车、火车头上越过。

不从设备上越过。

(6)作业完毕。

将吊钩升至规定高度,吊钩不准悬挂重物;小车停到驾驶室一端。

露天起重机作业完毕后应加以锚定。

各控制器手柄必须置于"0"位,切断电源。

认真填写运行记录、交接班记录,特别是对存在的安全隐患必须交代清楚。

(7)工作中突然停(断)电,应将所有控制器手柄扳回零位;重新工作前,应检查起重机是否正常。

(二)预防机械伤害

1. 机械伤害事故类型

机械设备种类繁多,设备运行时,其加工部件和机械设备本身可进行不同形式的机械运动,在其制造及运行、使用过程中,也会带来撞击、挤压、切割等,容易导致机械伤害事故的发生。

铁路常用的通用机械主要有:

金属切削机床,如钻床、车床、刨床、铣床、砂轮机等。

锻压机械,如压力机等。

冲剪压机械,如剪板机、液压机等。

起重机械,如轻小型起重机械(千斤顶、绞车、滑车、手拉葫芦、电动葫芦等)、桥架式起重机械(梁式、通用桥式、门式和冶金桥、装卸桥式及缆索起重机械等)、臂架式起重机械(门座式、塔式、汽车式、履带式及铁路起重机械等)、升降机械(载人电梯或载货电梯、货物提升机等)。

木工机械,如轻型带锯机、平刨机等。

2. 作业安全要求

(1)停机维修时作业要求

机械维修人员必须经相关专业培训并取得维修资格后才能进行维修作业。

维修机械时,必须停机,切断设备的动力源(电、气、水)后并挂标示牌(如"设备维修中,禁止启动"),并安排专人看守。

进入设备内维修时必须做好相关防护,并要派专人看护,不得离岗。

对机械设备进行保养时(如清洁、加油等),必须停机并切断电源。

维修人员在坠落高度基准面 2 m 及以上作业时,应戴安全帽、系安全带。

维修作业时,对设备中松动和仍能自由移动的部件加以固定。

维修作业时,应防止维修部位受到外力而突然运动。

(2)机械(工具)钳工作业

使用钳工工作台铲削工作物时,虎钳不得有油,工件要夹紧。铲削时,对面若有人作业,应加防护网。铲削工具要良好,铲削到最后时用力要轻。

修理机械必须停车卸负荷后方可进行。修理转动、传动部分必须切断电源或其他动力装置。修理带压力的容器必须先排除压力。拆装有弹簧压力的机具要做好防护。试验风动工具前各组合部分应组装牢固,缓慢开风。风锤、风铲不可对空、对人进行试验。试验风镐时,人员不得在镐顶盖的上方。

拆装、检修较大机件时,所用吊具必须符合所吊工件的负荷。需多人作业时,事先制定好方案和安全防护措施,指定一人指挥,工作中做好呼唤应答。

拆装易倒、易落配件应有人防护,离开工作地时,应将配件安放稳妥。

检修氧气、乙炔(丙烷)表时,禁止用油压试验。

分解组装车辆上的配件时,必须密切注意其连接情况,在无螺栓固定、支架垫妥或其他有效防护措施的情况下,严禁拆卸,以防止倾倒落下。组装需要吻合对孔的配件,严禁用手指摸探孔槽,必要时要以工具拨动。

各种锤、铲、锉、冲、斧等手动工具的材质硬度要适中,表面需平整,无卷边、缺损、裂纹。把柄需用硬木制作,要平滑、无裂纹、不松动。锤柄应装有金属防脱楔子(不得用铁钉代替)。活动扳手、管钳子不准加装套管,不准用两个扳手咬合使用或用扳手代替手锤使用。挥抡大锤不准戴手套,在打击第一锤前,应注意周围环境,确认安全状态。一切工具、材料不得抛掷传递,不得放在车顶、机械转动部位和边缘处所。

(3)使用砂轮机的安全

砂轮机必须指定专人负责保管、监督,要经常检修、保养,保持其良好状态。

使用砂轮机人员,必须熟知砂轮机操作安全知识,佩戴防护眼镜和安全帽。

使用前,必须先检查砂轮有无裂损,防护罩是否牢固,研磨台间距是否在 3 mm 以内,然后启动试运转,确认全部良好后方可使用。

砂轮机在使用中应做到:

不准用砂轮侧面研磨,不准在一个砂轮上两人同时研磨。

砂轮磨耗接近夹盘时不准继续使用。

过大工件不准在固定式砂轮上研磨。过小工件不准手持研磨,应用手钳夹牢作业。

砂轮机开动后,身体应站立在侧面,头部要躲开,工件放置研磨台上,轻轻推动,严禁用工件撞击砂轮。

凡使用手动砂轮机(包括风动、电动)除应做好以上各点外,必须做到:一是使用砂轮机时,要戴好绝缘手套,脚下设有绝缘垫板。使用风动砂轮机时,开风要徐徐开启风门。作业中要选好研磨操作位置,防止一旦砂轮崩裂伤人。二是手动砂轮机使用或作业暂时停止时,不得将砂轮机随意乱放,应放在不潮湿、不冷冻、不碰撞的处所。

五、预防物体打击

物体打击是指由失控物体的重力或惯性力引起的伤害事故。物体打击适用于落下物、飞来物、滚石、锤击、碎裂、崩块等所造成的伤害。

1. 常见事故类型

常见事故类型见表 1-6。

表 1-6 常见事故类型

类 型	原 因 分 析
坠落物伤人	如工具、零件、零部件等物高处掉落伤人,钢轨、钢筋等重物坠落等伤人
飞溅物伤人	如打桩、锤击造成碎物屑飞溅伤人,砂轮机、切割机砂轮片爆裂等伤人
抛落物伤人	如旅客列车上抛掷的酒瓶、食物,货物列车上坠落的货物、松动的篷布、绳索等伤人
惯性力伤人	如撬棍、扳手滑脱伤人,钢丝绳甩击,夹具、工件飞出等伤人

2. 预防物体打击的安全知识和作业要求

在作业过程中,作业人员要仔细观察、检查作业区域内机械设备、建筑物、机具材料等的安全状况,及时发现和解决存在的安全隐患;严格执行安全作业标准,防止物体打击事故发生。

(1)作业人员安全防护要求

作业人员或检查人员进入施工现场必须按规定佩戴好合格安全帽和其他防护用品。应在规定的安全通道内出入和上下,不得在非规定通道位置行走。

打桩和锤击时,作业人员必须戴安全帽、防护眼镜,穿棉质工作衣裤和皮鞋。

高处作业人员的身体条件要符合安全要求,不准患有高血压病、心脏病、贫血、癫痫等疾病,疲劳过度、精神不振和思想情绪低落人员要停止高处作业;严禁酒后从事任何作业。

高处作业人员的个人着装要符合安全要求,根据实际需要配备安全帽、安全带和有关劳动安全防护用品;不准穿高跟鞋、拖鞋、硬底鞋或赤脚作业;如果是悬空高处作业要穿软底防滑鞋。不准攀爬脚手架或乘运料井字架吊篮上下,也不准从高处跳上跳下。

（2）作业安全要求

机器启动前应认真检查，保证安全可靠使用，防止零部件飞出伤人。

转动机械应加装防护罩，不得触碰转动部位。

用撬棍翻转钢轨时，作业人员要站在同一侧，且不能用力过猛，防止撬棍、钢轨伤人。

使用砂轮机时严禁戴手套，要戴好防护眼镜、安全帽。

开动砂轮机时，必须在转速稳定 40～60 s 后方可磨削，磨削工件时应站在砂轮的侧面，不可正对砂轮，以防砂轮片破碎飞出伤人；不允许在砂轮机上磨削较大较长的工件，防止振碎砂轮飞出伤人。

架落车时，禁止手扶心盘销。必要时必须在两侧旁承上各垫 200 mm 以上厚的硬木防护垫。在任何情况下不准将头和身体探入枕梁与摇枕之间。

转向架检修作业时，分解组装各部螺栓，要选用合适的扳手。使用电动工具时，精力要集中。更换套筒时，双手要紧握其中部。使用螺栓防转卡子时，要停机安放，防止挤手或滑落砸脚。

登高检修手制动机前，要先检查扶手、脚踏板、制动台的安装螺栓是否牢固，工具配件要放妥，防止坠落伤人。

在列车顶上作业时，不准将工具、材料放在边沿脚位，防止受振后落下伤人。

敞车下侧门需要撑起时，应确认前方无人，用规定的专用工具或吊钩撑牢。关闭下侧门时，要呼唤确认车下无人。修换上侧门板时，要确认侧门的两侧插好扁销。修换门轴和插销座螺栓时要逐个更换，禁止全部拆除，注意防止插销座螺栓松弛受振脱落伤人。

装卸轮对、车轴、车轮时，吊具挂妥后，要呼唤应答，人员要及时躲开，防止滑动、坠落。

六、火灾预防

部分施工现场由于防火措施不到位，防火管理未得到有效的落实、缺少统一的施工现场防火标准，导致各地施工现场建设工程中存在潜在的火灾隐患。

为了预防火灾和减少火灾危害，加强应急救援工作，保护人身、财产安全，维护公共安全。消防工作贯彻预防为主、防消结合的方针，按照政府统一领导、部门依法监管、单位全面负责、公民积极参与的原则，实行消防安全责任制，建立健全社会化的消防工作网络。

1. 燃烧的基本知识

燃烧过程的发生和发展，必须具备以下三个必要条件：可燃物、氧化剂（助燃物）、温度（引火源），只有在上述三个条件同时具备的情况，可燃物质才能发生燃烧，三个条件无论缺少哪一个，燃烧都不能发生。

可燃物：能与空气中的氧或其他氧化剂起化学反应的物质称为可燃物。如木材、汽油、氢气、纸张等。

氧化剂（助燃物）：能帮助和支持可燃物的物质，通常指的是氧气。

温度（引火源）：是指供给可燃物与助燃物发生燃烧反应的能量来源。

明火指生产、生活中的炉火、灯火、焊接火、吸烟火，撞击、摩擦打火，机动车辆排气筒火星，电气开关及漏电打火，电话、静电火花。

2. 火灾的种类、扑救方法及消防器具使用规定见表1-7。

表 1-7 火灾的种类、扑救方法及消防器具使用规定

序号	火灾种类	消防灭火器选择
1	A类火灾	可选择水型灭火器、泡沫灭火器、磷酸铵盐干粉灭火器、卤代烷灭火器等
2	B类火灾	可选择泡沫灭火器(化学泡沫灭火器只限于扑灭非极性溶剂)、干粉灭火器、卤代烷灭火器、二氧化碳灭火器
3	C类火灾	可选择干粉灭火器、卤代烷灭火器、二氧化碳灭火器等
4	D类火灾	可选择粉状石墨灭火器、专用干粉灭火器,也可用干砂或铸铁屑末代替
5	E类带电火灾	可选择干粉灭火器、卤代烷灭火器、二氧化碳灭火器等
6	F类火灾	可选择干粉灭火器

注:带电火灾包括家用电器、电子元件、电气设备(计算机、复印机、打印机、传真机、发电机、电动机、变压器等)以及电线电缆等燃烧时仍带电的火灾,而顶挂、壁挂的日常照明灯具及起火后可自行切断电源的设备所发生的火灾则不应列入带电火灾范围。

3. 常见消防设备及灭火器的使用方法

(1)常见消防设备

灭火器:泡沫灭火器,环保型氟蛋白抗溶泡沫、二氧化碳、水基灭火、移动式泡沫装置等。

消防器具:消火栓、防火沙等。

常用工具:风力灭火机、消防斧、消防铲、消防桶等。

(2)灭火器的使用方法

提:拿着灭火器上面的把手,把灭火器提起来。

拔:拔去灭火器上面把手处的保险栓(小铁环)。

距:需要和起火点保持一定的距离,约 5 m。

压:站在起火火苗上风口使用灭火器,因为如果是干粉式灭火器,灰尘烟粉就会受到风的影响。

灭:一手提着灭火器的头,一手托在灭火器的底部,将灭火器的喷头对准起火的地方,使劲按下灭火器交叉按压的地方,对准火源直到火灭掉为止。

灭火器是一种可携式灭火工具,是常见的防火设施之一,灭火器存放在公众场所或可能发生火灾的地方,分为手提式、推车式等,不同种类的灭火器内装填的成分不一样,为不同的火灾而设计。

4. 火灾事故安全风险辨识

火灾是一种严重的灾害,能够造成生命和财产的巨大损失。因此,对火灾的风险要有正确的辨识,以便采取适当的防范措施,防止火灾的发生。

(1)火灾的基本特点

火灾具有迅猛、不易受控制、易蔓延等特点。

(2)火灾的原因

火灾的原因很多,常见的有以下几种。

人为原因:火灾发生的主要原因之一。例如:吸烟、燃放烟花爆竹、油烟机未清洁、违章用电等都是人为原因引发的火灾。

自然原因:包括雷击、地震、风暴等。

技术原因:通常是在生产、施工、运输等过程中发生的事故,如热力设备、电气设备等故障。

其他原因:可以是不明原因、被动火灾等。

(3)如何识别火灾风险

环境因素:不良的环境因素,如高温、干旱、低湿度、强风等都容易引起火灾。

安全设施:建筑物、工厂、商场等场所如果安全设施不到位,容易引发火灾。

生产活动:生产过程中使用易燃、易爆物品,应注意防火措施。

电气设备:电气设备老化、故障,极易引发火灾。

人的疏忽:火灾发生的主要原因之一。例如,随手乱扔烟蒂,使用明火等都容易引发火灾。

5. 预防火灾的方法

预防火灾发生的基本方法:"三懂三会",三懂即懂基本消防常识、懂消防设施器材使用方法、懂逃生自救技能,三会即会查改火灾隐患、会扑救初起火灾、会组织人员疏散。

(1)重视火灾防范:在场所设立显著的火灾安全标志,建立防火责任制度,定期开展防火知识培训,增强员工的防火意识。

(2)建立防火系统:对场所的建筑、电气、燃气、压力等设施,按照规范要求建立健全的防火系统,实时监控和报警。

(3)管理易燃物品:对易燃、易爆、有毒、有害物品分类管理,严格按规定存储、使用、运输和处理。尽量减少易燃物品的存在,特别是在易燃物品多的区域要定期地清理和整理。

(4)加强设施维护:对各种设备和电气设施,严格按照规定进行定期检查和维护。

(5)防止人为原因:加强对员工防火知识的培训,倡导文明用火,禁止乱扔烟蒂,不使用明火,严禁焚烧垃圾。

6. 灭火的方法

(1)冷却灭火法

如果是一般物质引起的火灾,使用水来灭火就属于冷却灭火法。如果是一些特殊的物质着火,需要用到相应灭火剂来冷却可燃物,从而达到灭火的效果。

(2)窒息灭火法

火焰在氧气含量低的环境中是不可以持续燃烧的,所以在发生火灾时,可以采用适当的手段,阻止空气进入燃烧区,如用湿麻袋或沙土等来灭火,使用的就是窒息灭火法。

(3)隔离灭火法

这是一种常用于大型火灾的灭火方法,采用的原理是将可燃物与火源隔开,从而阻断火焰的蔓延。例如发生山火时,在火场边缘清理出一条隔离带。

(4)抑制灭火法

这个方法主要是将化学灭火剂喷到燃烧区,然后一起参与燃烧反应,使燃烧链的链式反应中断,从而使得火焰燃烧停止或者中断。一般常用的灭火剂有干粉和卤代烷这两种。

7. 逃生技能

(1)迅速撤离法

当进入公共场所时,要留意其墙上、顶棚上、门上、转弯处设置的"紧急出口""安全通道"等疏散指示标志,一旦发生火灾,按疏散指示标志方向迅速撤离。

(2)低身前进法

由于火灾发生时烟气大多聚集在上部空间,因此在逃生过程中应尽量将身体贴近地面匍匐前进。

（3）毛巾捂鼻法

火场上的烟气温度高、毒性大,吸入后很容易引起呼吸系统灼伤或人体中毒。疏散中应用浸湿的毛巾、口罩等捂住口鼻,以起到降温及过滤的作用。

（4）厚物护身法

确定逃生路线后,可用浸湿的棉被、毛毯、棉大衣盖在身上,以最快的速度钻过火场并冲到安全区域。不能用塑料或化纤等类物品来保护身体,否则会适得其反。

（5）跳板转移法

可以在阳台、窗台、屋顶平台等处用木板、木桩、竹竿等有承受力的物体,搭至相邻单元或相邻建筑,以此作为跳板转移到相对安全的区域。

（6）管线下滑法

当建筑物外墙或阳台边上有落水管、电线杆、避雷针引线等竖直管线时,可借助其下滑至地面,同时应注意一次下滑时人数不宜过多,以防止逃生途中因管线损坏而致人坠落。

（7）结绳自救法

家中有绳索的(或将床单、被罩、窗帘等撕成条,拧成麻花状),可直接将其一端拴在门、窗或重物上,沿另一端爬下。逃生过程中,脚要成绞状夹紧绳子,双手交替往下爬,并尽量用手套、毛巾将手保护好。

（8）器械逃生法

有条件时可以利用平时准备的家用缓降器等专用救生设备逃生。

（9）信号求救法

在等待救援的过程中,应通过大声呼救、挥动布条、敲击金属物品、投掷软物品等方式引起救援人员的注意;夜间可用手电筒、应急灯等能发光的物品发出信号。

（10）空间避难法

在暂时无法向外疏散时,可选择卫生间、厨房等空间小且有水源和新鲜空气的地方暂时避难。将毛巾等棉织物塞进门缝阻挡烟气,在地面上泼水降温,等待救援。在消防员到来后,可通过搭乘消防云梯、救生直升机或利用救生气垫逃生。

8. 报告

及时拨打火灾报警电话119,报警时要讲清详细地址、起火部位、着火物质、火势大小、报警人姓名及电话号码,并派人到路口迎候消防车。

七、预防中毒和窒息

在工作生活中使用或接触有毒的物质能使人体器官组织机能发生异常改变,使人体呼吸过程受阻,产生全身各器官组织缺氧,功能紊乱和形态结构损伤的病理状态称为中毒和窒息。

在生产过程中从原材料到成品,每个环节都有可能接触到毒物。加强预防中毒和窒息知识教育,提高职工防范意识,提高劳动生产率,对促进铁路运输生产任务的完成有着重要的意义。

1. 中毒和窒息事故类型

（1）中毒的类型

生产性毒物按其致病作用可分为刺激性、窒息性、麻醉性、溶血性、致敏性、致癌性等毒物。根据接触毒物时间长短、发病缓急,中毒可分以下三种。

急性中毒：是指一次短时间的，如几秒乃至数小时经皮肤吸收或呼吸道的吸入中毒，如经口时，则指一次的摄入引起的中毒。

慢性中毒：是指吸入、经皮肤侵入或经口摄入数月或数年引起的中毒。

亚急性中毒：介于急性与慢性之间的，称为亚急性中毒。

要在急性、亚急性和慢性中毒之间划出一条截然分明的界线，有时也有困难。

（2）窒息的类型

当有害物质浓度大于立即威胁生命或健康浓度或虽经通风但有毒气体浓度仍高于工作场所有害因素职业接触限制所规定的浓度要求或缺氧时容易发生窒息，窒息一般可分为以下两种。

缺氧窒息：如作业环境中单纯性窒息性气体浓度增高，其含量大于84%时，会使氧气浓度降低，导致人因缺氧出现窒息症状，如头晕、头痛、呼吸困难、心跳加快，以至昏迷和死亡。

中毒窒息：由呼吸过程吸入化学性窒息性气体后，则可与人体内血红蛋白结合，抑制组织细胞色素氧化酶，影响氧在组织内的传递和代谢，导致组织缺氧，引起窒息。例如，硫化氢、氢化物在空气中浓度过高时，吸入后可使人呼吸停止，在极短时间内死亡。

2. 中毒和窒息危险辨识

大多数毒害品遇水、遇酸或酸雾会分解并放出有毒的气体，有的气体还具有易燃和自燃危险性。无机有毒物品中大多具有氧化性，与还原性强的物质接触，易引起燃烧爆炸，并产生毒性极强的气体。因此在生产运输过程中接触毒害品或在有毒有害场所作业存在一定的危害因素。根据铁道行业工作特点，铁路运输生产过程中中毒和窒息危险主要存在以下四个方面。

（1）有毒物品的运输、装卸作业

有毒物品在运输途中由于各种机、泵和阀门等设备发生跑、冒、滴、漏或辐射等危害因素，可使人在短时间、高浓度吸入或接触有毒物品，发生急性中毒。在装卸过程中人体可能接触有毒物品或因装卸过程中的冲击、振动和挤压产生有毒物品散落，而发生中毒危险。

（2）有毒物品的储存保管作业

危险化学品受挥发或因生化反应、呼吸作用等，容易产生有毒有害气体积聚，一段时间后，会形成较高浓度的有毒有害气体。

（3）在有毒有害场所作业

在铁路生产运输生产检修作业过程中或直接人工操作的场所，如加料、质量分析、取样、装桶、刷洗储油罐和槽车、毒品车等，均可以发生急性中毒事故，特别当操作环境特殊、防护措施不力的情况下，更易发生急性中毒事故。

（4）在密闭、有限空间作业

有限空间是指封闭或部分封闭，进出口较为狭窄，自然通风不良，易造成有毒有害物质积聚或氧含量不足的空间，密闭空间作业可能会造成缺氧窒息，硫化氢、一氧化碳等有害气体中毒等危害。

八、预防机动车辆伤害

要时时刻刻把安全驾驶放在首位。很多道路交通事故的发生都是因为交通违法行为导致的，对于机动车驾驶人员来说，严格执行交通法规的要求和规定，切实维护道路交通秩序，保障道路交通安全,关系到经济发展和人民的生命财产安全。

1. 道路交通事故类型和特点

(1)道路交通事故类型

根据交通事故的形态特性基本上可分为碰撞、碾压、刮擦、翻车、坠车。

碰撞是指交通强者的正面部分与他方接触,或同类车的正面部分相互接触。

碾压是指作为交通强者的机动车,对交通弱者的推碾或压过。

刮擦是指相对而言的交通强者的侧面部分与他方接触,造成自身或他方损坏。

翻车是指没有发生其他形态,部分或全部车轮悬空、车身着地的现象。

坠车是指车辆的坠落。

爆炸是指由于有爆炸物品带入车内,在行驶过程中由振动等原因引起突爆造成事故。

(2)道路交通事故特点

随机性:交通系统是动态的系统,某个失误都可能引发整个系统的大事故。

突发性:没有任何先兆,由于驾驶员反应不正确、不准确而操作失误或不适宜,导致交通事故。

频发性:车辆增加,交通量大,造成事故发生的概率增加。

社会性:道路交通是一种社会活动,是人们不可少的。社会分工越来越细,人们的协作和交往越来越密切,使人们在道路上的活动越来越多。

不可逆性:指不可重现性,不能预测。

2. 机动车辆伤害事故危险辨识

隐患、危险、事故成单向线性关系,只要消除隐患和危险中的一个环节就可以阻止事故的发生。因此,只有辨识出危险,才能分析危险、评价危险、控制危险或消除危险。根据事故致因理论,事故致因因素包括人的因素、物的因素、环境因素、管理因素四个主要方面。

(1)人的不安全行为

①无证驾驶或驾驶无证机动车。

②酒后或疲劳驾驶机动车。

③驾驶超员、超载、超限机动车。

④驾驶车况不良或性能不良的机动车。

⑤驾驶与驾驶证准驾车型不符合的机动车。

⑥超速驾车或违章超车。

⑦驾车时拨打或接听手机。

⑧车门、车厢未关紧启动机动车。

⑨驾驶机动车逆向行驶。

⑩机动车乱停乱放。

⑪机动车停留在坡道上没有拉紧手制动和挂在挡位上。

⑫因睡眠、休息不足而精神不振。

⑬在高速公路上倒车、逆行、穿越中央分隔带掉头的。

⑭行人、自行车行经路口闯信号或不听指挥强行通过的。

⑮行人在设有中心隔离设施和行人护栏的道路上钻越、跨越护栏的。

⑯在人力三轮车、自行车上非法安装机械动力装置的。

⑰行人通过路口不走人行横道或不遵守交通信号的。在设有人行天桥、人行通道和漆画人行横道线处 100 m 范围内，不走天桥、通道、横道的。

⑱自行车违章带成年人，骑自行车走快车道。

⑲骑电动自行车时速超过 20 km/h 的。

⑳行人横穿道路不走人行横道的。

（2）物的不安全状态

①车型淘汰，已无配件来源的。

②轮胎没按规定进行换位或胎压过高的。

③驾驶转向系、制动系、行驶系、刮水器和照明装置等有故障的。

④维护保养不当，设备失灵。

⑤防护、保险、信号灯安全装置缺乏或有缺陷。

（3）作业环境不良

①雾、雨、雪、沙尘、冰雹等低能见度情况下的行驶。

②驾驶人在夜间、黄昏、雨雾天气，冰雪道路、弯道、陡坡、交叉路口、铁路平交道口及视线不良的路段等环境下行车、会车。

③驾驶人在冰雪、积水或泥泞等湿滑道路上行车、会车。

④在窄桥、窄路、隧道、弯道等复杂危险地段上行车、会车。

（4）安全管理缺陷

①对驾驶员教育培训不到位的。

②没有建立健全汽车交通事故应急处置预案的或机动车安全管理制度不健全的。

③没有做到定期对汽车的灯光、制动、油、水润滑、刮雨器、发动机、紧固件、仪表指示灯进行监督检查的。

④没有对照"汽车安全检查表"的检查内容，逐台对汽车进行月度、年度技术鉴定的。

⑤没有切实加强驾驶员的培训教育，落实持"双证"上岗制度的。

⑥"安全监督岗"制度和"第一责任人"制度不落实的。

⑦在管内通道、工程便道等有机动车通过的危险处所，没有相应设置醒目、规范的安全标志或警示标志并采取限速措施的。

⑧在派车时没有与驾驶员开展安全预想，向其布置注意事项的。

⑨发现患有不宜驾驶的疾病，而没有及时调离驾驶员岗位的。

⑩强迫、指使、纵容驾驶员违反法律法规和安全操作规程的。

⑪违规对外租出、借出单位机动车的。

3. 机动车驾驶人的安全要求

行车中，各种险情大多是突然发生的，只有在瞬间作出正确判断，并采取相应的技术措施，才能阻止事故发生或减少事故损失、人员伤亡等。因此，机动车驾驶人员掌握安全驾驶技术和一些应急处置措施，对确保人身安全是非常必要的。

机动车驾驶人基本要求如下。

（1）机动车驾驶人员应当遵守《中华人民共和国道路交通安全法》，接受道路交通安全教育。

（2）机动车驾驶人员必须经公安机关交通管理部门考试合格，依法取得机动车驾驶证，方准驾驶车辆。驾驶证不准转借、涂改或伪造。

（3）机动车驾驶人员应当按照驾驶证载明的准驾车型驾驶机动车；驾驶机动车时，应当随身携带机动车驾驶证和行驶证。

（4）机动车驾驶人员在任何情况下，都不准将车辆交给没有驾驶证的人驾驶。

（5）机动车驾驶人员驾驶机动车上道路行驶前，应当对机动车的安全技术性能进行认真检查；不得驾驶安全设施不全或者机件不符合技术标准等具有安全隐患的机动车。

（6）机动车驾驶人员应当遵守道路交通安全法律、法规的规定，按照操作规范安全驾驶、文明驾驶。

（7）饮酒、服用国家管制的精神药品或者麻醉药品，或者患有妨碍安全驾驶机动车的疾病，或者过度疲劳影响安全驾驶的，不得驾驶机动车。

（8）对强迫、指使机动车驾驶人员违反道路交通安全法律、法规和机动车安全驾驶要求驾驶机动车的行为有权拒绝。

4. 对乘车人的要求

对乘车人违章携带易燃易爆等危险物品乘车、向车外抛撒物品、影响机动车驾驶人员安全驾驶的有权制止。

5. 机动车驾驶人员岗位职责

（1）在汽车队（班）长的领导下，负责汽车运输工作。严格遵守上级有关汽车交通安全的各项规定，安全圆满地完成各项运输生产任务。

（2）爱岗敬业，钻研业务，培养良好的驾驶作风和职业道德。

（3）熟知汽车操作技术，对车辆勤保养、勤检查，保证汽车技术状态良好，杜绝汽车带病上路。

（4）认真执行汽车安全操作规程。坚持中速行车、安全礼让，严格遵守超车、会车、让车、停车的有关规定。

（5）认真执行对驾驶员安全管理制度。

（6）发生交通事故后，必须立即停车，保护现场，抢救伤者并迅速报告公安交通管理部门，同时向单位有关部门汇报。

6. 机动车驾驶人的应急处置

突发事件是指机动车驾驶人员在从事本岗位工作过程中突然发生的，会造成或者可能造成人身安全危害或财产损失，需要采取应急处置措施予以应对的安全事件。

（1）应急处置原则

①沉着、冷静。遇到紧急情况，要保持沉着的心态、清醒的头脑，切勿惊慌失措。在瞬间作出正确判断，采取果断措施是做好避险的先决条件。

②重减速、轻方向。遇到紧急情况，首先是减速，只有当减速后仍然不可避免地要相撞时，才采取打方向避让的措施。高速时直接打方向，尤其是急打方向，往往使本可避免的事故无法避免。

③先人后物，先人后己，当危及人员伤亡时应优先考虑保护人员。当自车和他车有可能发生危险时，应为对方提供避让措施。

④避免重大事故，减少损失。危急关头，避免重大事故、重大损失。

（2）应急处置方法

①交通事故应急处置

当发生交通事故后，立即在右侧或紧急停车带停车，并开启双闪危险灯，车后按规定设置警示牌，保护现场，驾驶员及其他乘车人员应撤离事故车辆，立即拨打110或122报警；如果事故车辆车门无法打开，驾驶员应立即使用应急锤砸破车窗玻璃，组织车内人员逃生；如果发现有人受伤时，应立即拨打120急救电话，因抢救受伤人员变动现场的，应当标明位置。迅速报告执勤的交通警察或者公安机关交通管理部门及向单位车辆管理部门报告事故的有关情况，协助交警勘察处理事故。

在道路上发生交通事故，未造成人身伤亡，当事人对事实及成因无争议的，可以即行撤离现场，恢复交通，自行协商处理损害赔偿事宜；不即行撤离现场的，应当迅速报告执勤的交通警察或者公安机关交通管理部门。

②车辆发生火灾应急处置

当发现火情时，驾驶员应立即疏散乘车人员逃离车辆，撤离到安全地带。同时向110（119、122）报警，并利用车载灭火器进行灭火；如果火势难以控制，应立即撤离到安全地带。

车辆发生火灾后，如果有人员伤亡，应立即拨打120急救电话，并做好现场临时急救处理。

（3）行驶中轮胎爆裂应急处置

①如遇爆胎，特别是前轮爆裂时，双手紧握方向盘，尽力向车辆运动的反方向控制，严禁紧急制动，应利用手刹或轻踩制动，平稳停车。

②停车后按规定在车后设置警示牌。

（4）行驶中制动失灵应急处置

①车辆行驶过程中突然出现制动失灵、失效，汽车仪表板上的制动报警灯亮时，应立即减速将车开到路旁，检查并排除故障，或与维修站联系，待问题解决后再继续行驶。制动时，应采取点刹即在制动踏板上多踏几脚，可在较长的制动距离内将车刹住。

②如果刹车全部失灵，驾车者要保持冷静，不要惊慌失措，根据现场情况，采取积极有效的措施。

a. 行驶在高速路时的处理办法：应马上向紧急停车道变道，车辆进入紧急停车道后可以将变速器挂入四挡（以5挡手排挡变速器为例）行驶一段，同样再挂入3挡、2挡、1挡行驶，这样利用发动机的制动作用可以较快地将车速降下来。

b. 行驶在普通路时的处理办法：在普通道路上如果制动失灵，首先控制好方向并且快速地将变速器挂入1挡（这时松离合器一定要快），同时注意观察，如果有条件，应该变道绕过前方障碍物；在1挡时如果发觉汽车降速还是不够，则可以用连续不断地拉、放手刹制动的方法来进一步降低车速。

c. 车辆行驶在转弯路时的处理办法：在进入弯道或转弯之前制动失灵时，先控制住方向并快速地抢入低挡，可以视情况决定是否利用手刹制动。

d. 车辆行驶在上坡路时的处理办法：在上坡时制动失灵，也应快速地抢入低挡，路况可以的话，慢慢地驶上坡顶，再利用手刹制动将车停住；如需半坡停车，应保持前进低挡位，踩下离合器，拉紧手制动将车停住；如果车辆有后溜的趋势，可以松一点离合器踏板，利用离合器的半联动将车辆控制在坡道上。

e. 车辆行驶在下坡路时的处理办法:在下坡时制动失灵,不要猛拉手刹制动,可以用在普通道路上的应急方法来降低车速并停车,如果实在无法将车停住,而情况又非常危急,把车开上无人的一边,利用撞蹭降低车速,先保人后保车。

(5)转向突然不灵、失控时的应急处置

①驾驶人发现转向不灵时,正确的做法是:禁止使用紧急制动,迅速松抬加速踏板,将挡位换入低速挡。逐渐均匀地拉紧驻车制动。当车速降至适当再踩下制动踏板减速、停车。

②装有助力转向的车辆,驾驶人突然发现转向困难,操作费力,应尽快减速,选择安全地点停车,查明原因。

③转向失控后,若车辆偏离直线行驶方向,应果断地连续踩踏、放松制动踏板,使车辆尽快减速停车。事故已经无可避免时,应尽快减速,极力缩短停车距离,减轻撞车力度。

(6)车辆侧滑时的应急处置

车辆发生侧滑时应立即松抬制动踏板,同时向侧滑的一方转动转向盘,并及时回转进行调整,修正方向后继续行驶。车辆在泥泞路上发生侧滑时,应向侧滑的一侧转动转向盘适量修正。车辆因转向或擦撞引起的侧滑,不可使用行车制动。

(7)车辆掉入河水时应急处置

车辆掉入河里,当河水很浅时,待车辆稳定后,摸清水流、水底情况,设法驶出或牵拉;若驾驶室被水淹没,不要急于开车门、车窗,待车厢或驾驶室被水灌满时,深吸气破窗或推门潜游而出。

(8)车辆水淹的应急处置

大、中城市遭遇暴雨袭击,易造成在街道上、立交桥下的汽车内淹溺或窒息死亡,其逃生的应急处置方法是:

①在水浸没车身 1/5 时,车门能够很容易打开,此时应果断打开车门弃车逃生。

②在水浸没车身 1/2 时,水压阻力很大,车门已不容易打开,应砸开车窗玻璃,弃车逃生。

③汽车前后车窗玻璃不易砸开,应果断砸开离自己最近的侧窗玻璃逃生。

④车内应常备尖头铁锤(安全锤)。皮鞋鞋跟、头枕支撑杆都能砸开车窗玻璃。

⑤汽车掉落水中后车头沉入水中,车尾翘起,缓慢入水,但也不宜爬向后窗,而仍然需要果断从侧门逃生。如天窗能够打开,说明车内还有电,车内只有一个人则可从天窗逃出,但若车内乘员多,则应果断打开侧门集体逃生。

⑥车落水后,车内人员因恐惧紧张而呼吸急促,车内氧气支撑不了多久,要保持镇定并果断砸窗自救。

⑦现在大部分轿车都是自动门锁,一旦被水浸泡,将导致停电,车门打不开,因此驾车者和乘车人员只有在第一时间内迅速将电动门锁解锁,才能保证在水中打开车门。

九、铁路作业常见伤害的急救方法

现场抢救是指一些意外伤害、急重病人在到达医院前得到的及时有效的急救措施。目的是挽救生命,减少伤残和痛苦,为进一步救治奠定基础。

1. 现场急救的主要任务

现场急救的主要任务是抢救生命、减少伤员痛苦、预防并发症,正确而迅速地把伤病员转送到医院。

2. 现场急救的基本程序

(1)现场评估与呼救

①现场评估

评估造成事故、伤害及发病的原因,是否存在对救护者、患者和围观者造成伤害的危险环境。

评估危重病情,包括对意识、气道、呼吸、循环等方面的评估。

②紧急呼救

救护启动:这是被国际上列为抢救危重患者的"生存链"中的第一步,即早期呼救。启动EMSS,急救信息中枢根据患者病情和所处位置发出指令。

电话呼救:拨打120寻求医疗急救。

3. 现场急救的原则

(1)先排后施:先排险后施救。在现场救护前先评估现场环境,排险后再施救。

(2)先重后轻:先重伤后轻伤。优先抢救危重患者,后抢救较轻者。

(3)先苏后固:先复苏后固定。遇有呼吸心搏骤停又有骨折者,应先进行心肺复苏术,直至呼吸、心跳恢复后,再进行固定骨折。

(4)先止后扎:先止血后包扎。大出血合并有伤口者,首先立即采取指压法、止血带止血法等进行止血,再消毒伤口进行包扎。

(5)先救后运:先急救后转运。对垂危重伤病员,先进行现场的初步处理后,才可在医疗监护下转运至医院,途中不要停止抢救措施,继续观察病情变化,少颠簸,注意保暖,快速平安抵达目的地。

(6)急呼并重:急救与呼救并重。有多人在现场或遇有成批伤病员时,救护与呼救同时进行。只有一人在场的情况下,应先施救,然后尽快进行电话呼救。

第二节 专 业 安 全

一、基本要求

1. 各用工单位应按规定对从业人员进行岗前劳动安全培训,组织开展人身安全教育和安全法治教育。铁路职工在新职、转岗前,必须经过段或段以上单位安全技术教育培训,考试合格后,持铁路岗位培训电子合格证书上岗。

2. 防护人员应由工作责任心强、思想品德好、组织纪律性强、身体健康、语言清晰、无眼耳疾病(视听障碍)、心脑血管等疾病,从事本项专业工作不少于1年且经过防护任职资格培训考试合格的正式职工担当,并持证上岗。

驻站联络员必须由从事现场防护工作满6个月及以上的现场防护员中选出,经培训合格、跟班学习后方可独立上岗。

3. 劳务派遣工由劳务派遣单位进行必要的安全生产教育和培训,用工单位应当将被派遣劳动者纳入本单位从业人员统一管理,对被派遣劳动者进行岗位安全操作规程和岗位安全操作技能的教育和培训,并记录备案;业务外包用工由业务承包单位负责施工安全培训,用工单位可提供师资支持。

劳务派遣工、业务外包用工培训合格后,应由培训单位发放培训合格证书(证书上应载明其用人单位),持证上岗。用工单位应对培训和持证上岗情况进行监督检查。

4. 所有上道作业人员必须按规定穿戴具有反光功能的防护服。夜间作业应具备足够照明条件。

5. 野外作业遇雷雨时,作业人员应放下手中的金属器具,迅速到安全处所躲避,严禁在大树下、电杆旁、停留的列车底部和涵洞内躲避。酷暑、严寒季节,应采取措施防止中暑、溺水、冻伤和煤气中毒。

6. 长隧道、特长隧道内作业时,应根据隧道长度、通风条件、内燃机械(含机车、自轮运转车辆、小型养路机械、工程机械等)数量,制定作业方案,合理确定作业时长,优化作业方式,并采取以下措施防止一氧化碳中毒、粉尘吸入、氧气不足。

(1)应配备移动式或便携式一氧化碳、氧气监测报警仪,作业时安排专人监测一氧化碳、氧气指标,满足条件方可作业,并做好记录;作业中遇报警时,施工(维修)负责人应立即组织人员撤离作业现场。

(2)可根据需要配备防毒面具、呼吸器、供氧装置等防护用品。

7. 作业人员在桥梁作业通道上应避免集中走行。作业通道钢支架(钢横梁)承载力不足、步行板破损的应及时整治,整治前在相应位置喷涂红色警示标识,防止作业人员坠落。

8. 尽量减少单岗作业,必须单岗作业时,应配备便携式实时监控设备,明确作业人员走行径路和站位(道口看守人员除外)。

9. 参加营业线施工的业务外包人员应由正式职工(即带班人员)带领,不得单独上道作业,不得单独使用各类作业车辆(含小车),不得担任营业线施工的施工安全防护员和带班人员等工作。

10. 机动车驾驶员班前应充分休息,驾驶过程中应严格遵守道路交通安全法规,严禁疲劳驾驶、酒驾、超速驾驶。遇降雪、降雾等恶劣天气出车时,必须经段分管副职审批。

11. 作业人员接触职业病危害因素的,应按照国家规定开展职业病防治工作。接触粉尘、有毒、易燃、易爆物品及噪声的作业,使用电器、机械以及有限空间、高处作业等,必须按规定采取相应保护措施并使用劳动保护用品。

12. 易燃、易爆及有毒物品必须由专人保管,储存时应与建筑物、烟火及水源隔离;搬运装卸及使用时,应严格按规定程序操作,严防起火、爆炸和中毒。

二、避 车

1. 线路作业和巡检人员,必须熟悉管内的线桥设备情况、列车运行速度、密度和各种信号显示方法,作业和巡检时应注意瞭望,及时下道避车。

2. 步行上下工时,不得在道床范围内行走,注意前后瞭望;通过桥梁、道口或横越线路时,应与驻站联络员联控确认,执行"手比、眼看、口呼",做到"一停、二看、三通过",严禁来车时抢越。必须走道心时,应设置专人防护。进路信号辨认不清时,应及时下道避车。

3. 作业人员下道避车时应遵守以下规定:

(1)距钢轨头部外侧距离不小于 2 m,设有避车台(洞)的桥梁(隧道)应进入避车台(洞)避车。

(2)本线来车按表 1-1 中规定距离下道完毕。

(3)邻线(线间距不足 6.5 m)来车下道规定见表 1-2。

(4)在站内其他线路作业,躲避本线列车时,下道距离不小于 500 m,与本线相邻的正线来车时,按相关规定办理,与本线相邻的其他站线来车时可不下道,但必须停止作业。列车进路不明时必须下道避车。

(5)人员下道避车时应面向列车认真瞭望,防止列车上的抛落、坠落物或绳索伤人。

(6)人员下道避车的同时,必须将作业机具、材料移出线路,并放置、堆码牢固,不得侵入建筑限界;线间距不足 6.5 m 地段,正线两线间不得停留人员和放置机具、材料。

4. 普速铁路与高速铁路并行地段,作业必须遵守以下规定:

(1)进出高速铁路防护栅栏门、桥隧疏散救援通道门,执行高速铁路登销记制度。

(2)本线与相邻高速铁路线间距不足 6.5 m 且天窗不同步地段,两线间应设置物理隔离,所有作业均纳入普速铁路天窗。作业时,相邻高速铁路列车限速 160 km/h 及以下,作业人员下道避车按前述相关规定办理。

(3)人员和工机具严禁侵入高速铁路建筑限界,需侵入高速铁路建筑限界时,封锁相邻高速铁路。

(4)与高速铁路同时封锁时,确认设好防护且高速铁路无路用列车通过时,可以跨越高速铁路,但应制定相应的安全措施,具体办法由铁路局集团公司规定。

5. 严禁作业人员跳车、钻车、扒车和由车底下、车钩上传递工具、材料。休息时不得坐在钢轨、道心、轨枕头及道床边坡上。

6. 绕行停留车辆时,应在绕行前与驻站联络员联控确认。绕行停留车辆应从车头或尾端不小于 5 m 距离通行,除注意车辆动态和邻线上开来的列车,还应执行"手比、眼看、口呼",做到"一停、二看、三通过"。

7. 遇有降雾、暴风雨(雪)、扬沙等恶劣天气影响瞭望时,应停止上道作业,必须作业时,应采取特殊安全措施,保证来车之前按规定的距离及时下道。

8. 线路 v_{max}＞120 km/h 的区段,巡查、巡守人员不得在道床范围内行走。

9. 作业人员原则上应从本线一侧上下道,确需横越线路时,应在作业方案中明确防护措施,同时横越前应事先与驻站联络员进行联控确认,确保安全的情况下,方可横越。当防护联系中断或通话不畅时,所有作业人员必须撤离至安全处所。

三、线路作业

1. 作业前,机具使用人员应对机具进行检查、试验,机具状态不良或安全附件失效的机具严禁上线使用。

2. 线路作业必须由段相关部门任命,且由经过培训并考试合格的人员担任施工(维修)负责人。作业人员必须听从指挥。施工作业前,施工(维修)负责人应根据作业环境、人员、作业项目、作业内容、天气等情况,制定切实可行的施工(维修)作业方案,详细布置安全控制措施。作业地段安排应在满足安全的前提下,周密计划,不得超范围、无计划施工(维修)作业,并不得指派人员到防护单元以外的线路上作业。

3. 在线路上进行下列作业时,应遵守以下规定:

(1)多人一起作业时应统一指挥,相互间应保持一定的安全距离,防止工具碰撞伤人。

(2)多组捣固机械同时捣固时,前后距离不得小于 3 m,走行应保持同步。

（3）在道岔地段作业，未采取安全措施情况下，人员不得将手、脚放在道岔尖轨与基本轨、可动心轨与翼轨间，避免道岔扳动时挤伤。

（4）木枕、木岔枕改道打道钉时严禁锤击钢轨，不得用捣镐打道钉。分组打道钉时，前后距离应不小于6根木枕。在无作业通道的桥面上作业时，起钢轨外口道钉，应站在道心内侧并使用专用起钉器或弯头撬棍等特制工具。

（5）翻动钢轨时，必须使用翻轨器，不得使用撬棍翻动钢轨。使用撬棍拨道时，应插牢撬棍，由负责人指挥、统一行动，严禁骑压或肩扛撬棍拨道。

4. 封锁时间内进入隧道内作业，除按规定防护外，还应分配好作业组，进出隧道由小组负责人清点人数；作业结束后，施工（维修）负责人进行全面检查，确认设备状态良好符合开通条件，人员、机具、材料、防护全部撤出建筑限界，方可开通线路。

5. 隧道内组织多项目、多台机械同时作业时，作业组（队）间要加强沟通、联系。自行机械应低速运行，以免互相碰撞。不同专业在同一区间共用天窗时，应划定作业分界点，且各单位应在分界点处设置作业防护，未经施工（作业）负责人同意，不得越过或通行。

6. 水害抢险时，应检查工地和建筑物附近有无冲空、坍塌和其他异状，发现问题及时采取安全防护措施。

四、电气化作业

1. 除牵引供电等专业人员执行有关规定外，任何人员及所携带的物件、作业工器具等必须与牵引供电设备高压带电部分保持2m以上的距离，与回流线、架空地线、保护线保持1m以上距离，距离不足时，牵引供电设备必须停电。

2. 在电气化区段作业时，长轨列车必须安装屏蔽装置，轨道吊必须安装限位装置。

3. 在距离接触网带电部分2～4m的建筑物上作业时，接触网可不停电，但必须由供电人员或经专门训练的人员现场监护。

4. 发现牵引供电设备断线及其部件损坏，或发现牵引供电设备上挂有线头、绳索、塑料布或脱落搭接等异物，均不得与之接触，应立即通知附近车站，在牵引供电设备检修人员到达并采取措施以前，任何人员均应距已断线索或异物处所10m以外监护。

5. 在接触网支柱及接触网带电部分5m范围以内的金属结构均必须接地，在与接触网相连的支柱及金属结构上，若未装设接地线或接地线已损坏时，严禁人员与之接触。

6. 使用发电机、空压机、搅拌机等机电设备时，应有良好的接地装置。在可能带电部位，应有"高压危险""禁止攀登"的明显标志和防护措施。各种机械与车辆不得用水冲洗；施工用的水管不得跨越接触网。

7. 任何作业均不得影响供电设备的支柱、拉线及基础等设施的稳定。

五、搬运与装卸作业

1. 搬运及装卸重物时，应尽量使用机械作业；人力操作时，应统一由负责人指挥，动作一致；夜间应有充足的照明。用滑行钢轨装卸钢梁及其他重型机械设备时，滑行钢轨应支撑牢固，坡度适当，滑行前方严禁站人，后方应有保险缆绳。

2. 装卸长钢轨，钢丝绳与挂钩、固定器等应联结牢固，人员不得站在移动前方和钢丝绳附近。长轨列车运行中，人员必须离开轨端3m以外，并严禁在长轨上走动；卸轨时，撬棍不得插入长轨移动方向的横梁后面,前一根长轨通过本车后方能拨动后一根就位,严禁在悬空的长轨下作业,并注意防止长轨尾端落下时摆动伤人。

3. 运料列车开车前,负责人应确认有关人员已上车坐稳方可开车;列车未停稳前,卸车人员不得打开车门及做其他影响安全的准备工作,开车门前,车上人员应离开车门防止随材料滑落,地面人员不得站在车门下面;打开的车门必须固定牢靠,关闭车门时必须确认地面人员位置。

4. 路用平车、轨道平车的随乘人员应乘坐主机内,不得坐在堆放的物体上和车体连接处,确因工作需要乘坐人员时,必须安装围栏及扶手,乘坐人员应抓稳扶牢,车未停稳,人员不得飞上飞下。装载路料、机具的平车不得搭乘人员。

5. 搬运、装卸有毒、有害物品时,必须按规定穿戴防护用品。

6. 换装或搬运钢轨、混凝土枕、辙叉等笨重轨料,应有专人指挥,尽量在平整的地面行走;必须在坑洼不平或在线路上行走时,应踏稳踩牢。

7. 成组道岔纵、横向移动时,应统一指挥,合理布置移动轮(车)和滑道,平稳移动,轨枕间或移动前方不得站人。使用抬升设备起落道岔时,应采取措施防止塌落、倾倒,任何人员身体严禁进入道岔下方。

六、机具使用

1. 机具使用前应确认油、水、电、连接件是否符合使用要求,安全防护装置是否齐全可靠,显示仪表是否正常,整机是否符合现行的安全使用办法。使用中发现故障需紧急处理时,应先停机、切断电路、风路、动力油路等,撤离至线路建筑限界以外进行处理,在未确认故障已得到处理的情况下,不得继续使用。

机具应由专人负责使用、检修、保养并登记工作日志。

2. 皮带轮、皮带、链轮、链条、齿轮、砂轮、砂轮切割片和风扇等露出机体的传动和转动部件,应有符合设计图纸规定的防护设施。转动部件应标有旋转方向指示标识,只允许一个方向旋转的设备,应设置有反转自锁装置。

3. 切轨机、打磨机、电焊机等机具操作人员应按规定穿戴劳动保护用品。机具应按规定安装漏电保护装置。

4. 使用切轨机、打磨机作业时,机具前方与两侧一定范围内严禁站人,防止砂轮片碎裂或钢轨碎屑伤人;焊补钢轨、辙叉时,电焊机应采取接地措施,防止人员触电灼伤;钢轨焊接时,应严格按操作规程操作,防止烫伤。

5. 使用气焊、气割设备时,必须在地方相关部门办理动火证明,操作人员必须按规定穿戴劳动保护用品,其他人员应远离喷嘴前方,防止烧伤。气瓶不得靠近热源和电器设备。乙炔瓶(丙烷瓶)和氧气瓶间的工作间距不得小于 5 m,气瓶与明火的距离不得小于 10 m。

6. 多台机械配合作业时,应明确施工(维修)负责人与机组负责人之间、机械操作人员之间的联系方式,并由施工(维修)负责人现场指挥。除突发情况外,任何一台机械的启动或停机,都应提前通知施工(维修)负责人和机组负责人,并及时通知相关机械的操作人员。

7. 在无作业通道栏杆的桥梁上操纵动力机械时,应采取可靠安全措施。

8. 风动工具使用的空气压缩机必须设置有安全阀、气压表、压力调节器、动力离合器和动力机械上的各种仪表,在阀、表齐全,工作可靠的情况下方可启动使用。

9. 风动工具应有保安套(环),保证工具头连接牢固。试风或放出残余冷风时,工具头必须向下;过冲或打击栓销时,两侧应联系好,防止冲头伤人。

10. 压力容器必须按国家规定进行检验,未经检验或检验不合格的严禁使用。压力容器操作人员必须具有授权单位颁发的有效操作证。

压力容器上应安装压力表和安全阀,并按规定进行压力试验,未经试验或超过试验期的容器不得使用。安全阀保证该设备压力容器的安全系数应符合设计规范。

压力容器应放置在通风阴凉处,在规定的距离范围内不得进行金属切削、焊接及其他加热的工作。

11. 电动工具电池充电设备及环境应符合相关消防要求。运输、使用过程中应避免磕碰引发短路、损坏,防止爆炸、起火伤人。

第二章 工程识图

第一节 识图基本知识

一、制图基本知识

1. 图纸幅面

（1）图幅及图框

为了便于保管和裱订图纸，制图标准对图纸的幅面及图框尺寸作了统一规定，见表 2-1。图幅格式如图 2-1 所示。

表 2-1　幅面及图框尺寸

单位：mm

尺寸代号	幅面代号				
	A0	A1	A2	A3	A4
$b\times l$	841×1 189	594×841	420×594	297×420	210×297
c	10			5	
a	25				

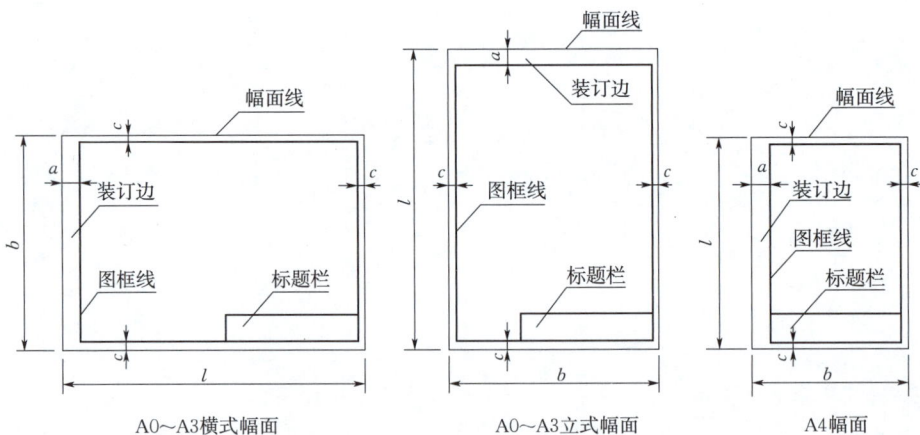

图 2-1　图幅格式

（2）标题栏

每张图纸的右下角都应设一个标题栏，用来填写图名、制图人姓名、设计单位和图纸编号等内容。标题栏在图纸中的位置如图 2-2 所示。

线宽0.7　　　　　　　　　　　　线宽0.35

	15	20	15	20

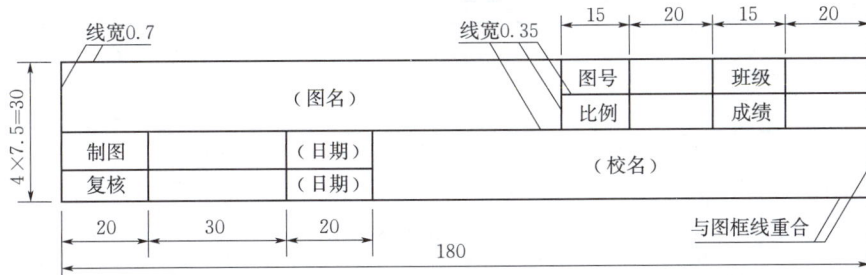

图 2-2　标题栏格式(单位:mm)

2. 图线、字体

图形是由图线组成的,制图标准规定了图线的种类和画法。字体应采用仿宋体,书写必须做到:笔画清晰、字体端正、排列整齐、标点符号清楚、正确。

3. 尺寸标注

尺寸用来确定图形所表达物体的实际大小,是图样的重要组成部分。

4. 比例和比例尺的用法

(1)比例是指图形与实物相对应的线性尺寸之比。比例的大小是指比值的大小,如 1∶50 的比值大于 1∶100 的比值。

(2)比例尺的用法一般有直接量距和比例变换两种方法。当比例尺上刻有所需要的比例时,可按尺面上的刻度直接制取,不用作任何计算。当比例尺上没有所需的比例时,可以通过比例变换的方法,将一个适当的比例尺改造成一个新的比例尺,再直接量距。

二、三视图的画法和尺寸标注

根据形体的直观图(图 2-3),画其三面投影图,并标注尺寸。

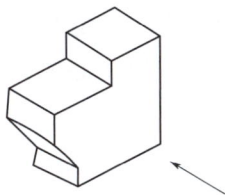

图 2-3　形体直观图

1. 分　　析

作投影图时,应使正面投影较明显地反映形体的外形特征,故将能体现形体特征的一面平行 V 面,并照顾其他投影图的虚线尽量少。图中箭头所示为正面投影的方向,此时反映形体特征的前、后面平行 V 面,正面投影反映实形,形体的其他表面垂直 V 面,其正面投影均积在前、后面投影的轮廓线上,同理,可分析 H 面、W 面的投影。

2. 作　　图

一般先从反映实形的投影作起,再依据三面投影规律画出其他投影,其方法和步骤见表 2-2。

表 2-2　画三面投影图的方法步骤

(a)画投影轴,按尺寸作正面投影(反映前面实形)	(b)画水平投影(量取宽度尺寸)
(c)根据正面投影、水平投影,作侧面投影	(d)去掉作图线,整理加深,标注尺寸

3. 尺寸标注

在投影图中,需注出形体的长、宽、高三个方向的大小及有关部分的位置尺寸。在正面投影中可标注形体的长度和高度,在水平投影中可标注长度和宽度,在侧面投影中可标注其高度和宽度,但同一尺寸不必重复,且尺寸最好注在反映实形和位置关系明显的投影图上。

第二节　线路平、纵断面标准

一、线路平面

铁路线路在空间的位置是用它的线路中心线表示。线路中心线在水平面上的投影,叫作铁路线路平面图。用一定的比例尺把线路中心线以及它两侧的地面情况投影到水平面上,就得到线路平面图,如图 2-4 所示。

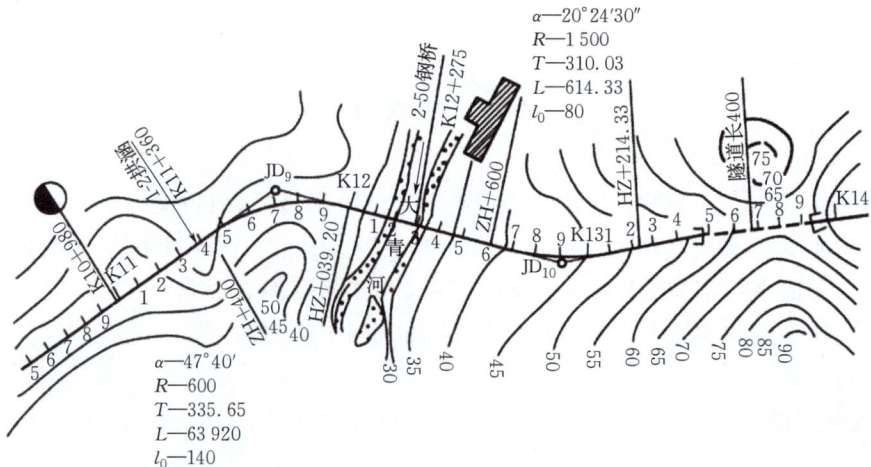

图 2-4　线路平面图示意(单位:m)

二、线路纵断面

用一定的比例尺,把线路中心线展直后投影到铅垂面上,并标明线路平面和纵断面的各项有关资料的图纸,叫作线路纵断面图。它将线路中线经过之处的地形起伏、地质等自然条件以及设计资料以图示表示出来,如图 2-5 所示。

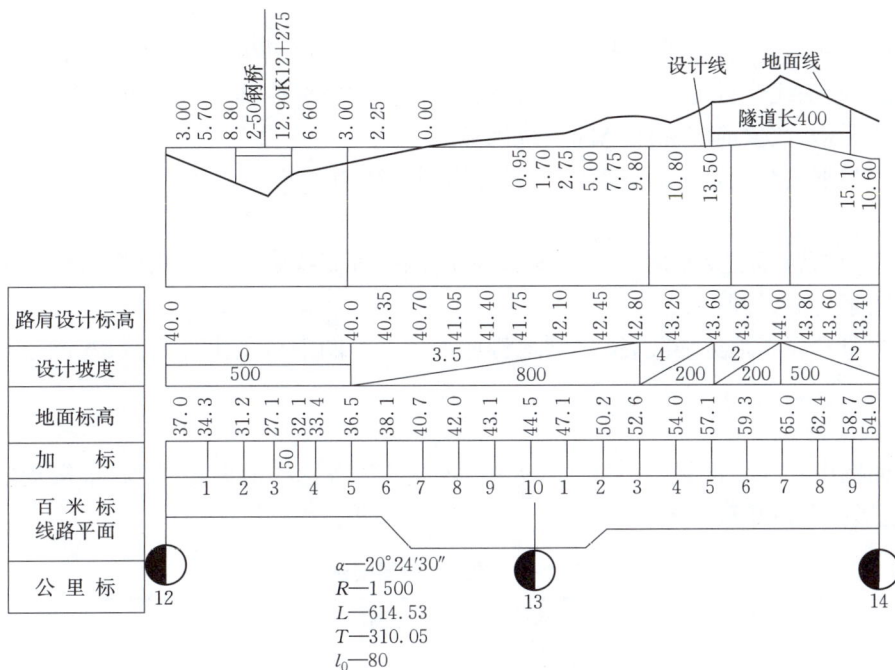

图中上部标注:

3.00　5.70　8.80　2-50钢桥　12.90K12+275　6.60　3.00　2.25　0.00　0.95　1.70　2.75　5.00　7.75　9.80　10.80　13.50　隧道长400　15.10　10.60

设计线　地面线

路肩设计标高	40.0				40.0	40.35	40.70	41.05	41.40	41.75	42.10	42.45	42.80	43.20	43.60	43.80	44.00	43.80	43.60	43.40						
设计坡度	0/500				3.5/800									4/200	2/200	2/500									
地面标高	37.0	34.3	31.2	27.1	32.1	33.4	36.5	38.1	40.7	42.0	43.1	44.5	47.1	50.2	52.6	54.0	57.1	59.3	65.0	62.4	58.7	54.0				
加标				50																						
百米标 线路平面	1	2	3	4	5	6	7	8	9	10	1	2	3	4	5	6	7	8	9							
公里标	12										13								14							

$\alpha - 20°24'30''$
$R - 1\,500$
$L - 614.53$
$T - 310.05$
$l_0 - 80$

图 2-5　线路纵断面图示意(单位:m)

三、标　准

线路平面及纵断面应保持原有标准状态。区间线路变动时,须经铁路局集团公司批准,但曲线半径不得小于该区间规定的最小曲线半径,坡度不得大于该区间规定的最大限制坡度。线路平面及纵断面有变动时,必须及时通知有关单位。

凡变更线路平面及纵断面,竣工后由施工单位立即检查,并形成完整的竣工资料,移交负责维修和使用的单位。

在任何情况下,线路平面及纵断面的变动,必须满足限界要求。

第三节　线路平面图

线路平面图是从上向下投影所得到的水平投影图,也即用标高投影法所绘制的铁路沿线周围区域的地形图。其作用是表示出线路的走向和平面线形,沿线两侧一定范围内的地形、地物情况,线路位置、里程,水准点和大中桥、涵洞、隧道位置等信息。

一、地形部分

1. 比　　例

线路平面图一般采用小比例绘制,通常山岭区采用1∶2 000,丘陵和平原区采用1∶5 000或1∶10 000。

2. 方　　向

为了确定线路走向,在线路平面图上应画出指北针或测量坐标网,坐标网格采用细实线绘制,南北方向轴线代号为N,东西方向轴线代号为E,坐标值标注应靠近被标注点,书写方向应平行于网格,数值前应标注坐标轴线代号。

指北针为细实线圆,尖部指向北方,尾宽为圆直径的1/8。

3. 地　　形

平面图中的地形主要是用等高线表示,每隔四条等高线画出一条粗的等高线,并标有相应的高程数字,称为计曲线。

等高线愈密表示地势愈陡,反之则地势愈平坦。本图中只画出计曲线,每两条计曲线之间的高差为10 m。

4. 地貌地物

在平面图中的地貌地物,如河流、道路桥梁、隧道、房屋和地面植被等,都按规定图例绘制,常见地形图图例见表2-3。

表2-3　常见地形图图例

名称	图例	名称	图例	名称	图例
房屋		涵洞	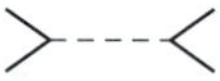	水稻	
大车路		隧道		旱地	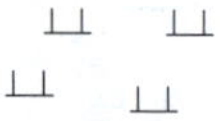
小路		高压电力线 低压电力线	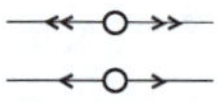	菜地	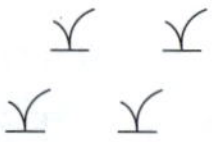
水塘	 塘	沙滩	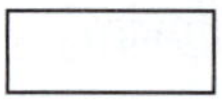	果树	
河流		地类界线		森林	
桥梁	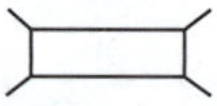	草地	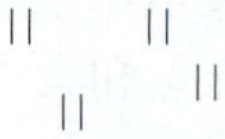	灌木林	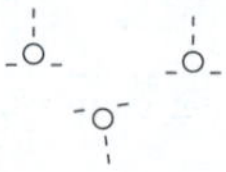

5. 地质情况

根据图中的地类界线及地质柱状图可知沿线的地质情况,常见地质图例见表2-4。

表2-4　常见地质图例

名称	图例	名称	图例
黏土	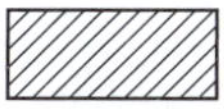	卵石	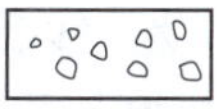
砂黏土	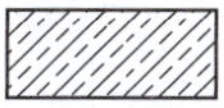	块石	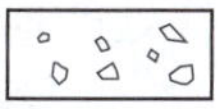
黏砂土	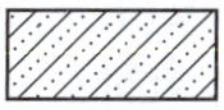	砂岩	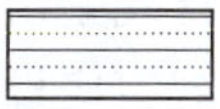
粉、细、中、粗砾大石	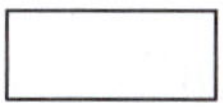	石灰岩	
圆砾石土壤	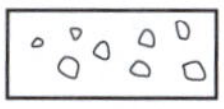	泥灰岩	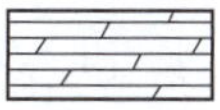
角砾石土壤	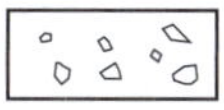	花岗岩	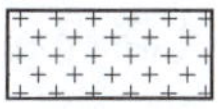

二、线路部分

1. 设计线路

由于平面图采用比例较小,铁路宽度相对于长度来说尺寸小得多,因此采用单线画法,即沿铁路中心线画出一条粗实线表示设计线路。

2. 里程桩

线路的总长度和各段之间的长度用里程桩号表示。里程桩号应从线路的起点至终点依次编号,里程桩用垂直于线路的细实线表示,数字注写在短线的端部,字头朝左。

3. 平面曲线

线路在平面上是由直线段和曲线段组成,在线路的转折处一般应设平面曲线。曲线要素:JD(交点)、ZH(直缓点)、HY(缓圆点)、YH(圆缓点)、HZ(缓直点)、R(圆曲线半径)、l(缓和曲线长度)、T(切线长度)、L(曲线总长)、α(偏转角度,α_Z 左偏角,α_Y 右偏角)、E(外矢距)。

第四节　线路纵断面图

线路纵断面图是用假想的铅垂面沿铁路中心线纵向剖切,然后展开绘制的。由于铁路线路是由直线段和曲线段所组成,所以纵向剖切面既包含有平面又包含有柱面。采用展开方法将纵断面展开成一平面,然后进行投影,便得到了线路纵断面图。线路纵断面图主要表达线路的纵向设计线型及沿线地面的高低起伏情况。

一、图纸图样表示

1. 比 例

纵断面图的水平方向表示线路里程,竖直方向表示设计线和地面的高程。为了明显地反映出线路方向地形起伏变化的情况,绘图时竖直方向所用比例较水平方向比例放大 10 倍。

2. 设计线和地面线

在纵断面图中设计线表示铁路中心线处的轨面设计高程,用粗实线绘制,地面线表示铁路中心线处的地面高程,用细实线绘制。

3. 竖 曲 线

设计线是由直线和竖曲线组成,在设计线的纵向坡度变更处,为了便于车辆行驶,按技术标准规定应设置圆弧竖曲线。竖曲线分凸形和凹形两种。

4. 工程建筑物

铁路沿线工程建筑物如桥梁、涵洞、隧道等,应采用竖直引出线标注,竖直引出线应对准建筑物的中心位置,并标注出建筑物的名称、规格和里程等。

5. 水 准 点

沿线设置的测量水准点也应标注,竖直引出线对准水准点,左侧注写编号、里程桩号,右侧注写其高程和位置。

二、图纸纵断面栏表示

1. 工程地质特征

根据实测资料,在图中注出沿线各段的地质情况。

2. 高 程

有轨面设计高程、路肩设计高程和地面高程,轨面设计高程和地面高程分别表示设计线和地面线上各点(桩号)的高程,数值应对准其桩号。

3. 设计坡度

标注出设计线各段纵向坡度和水平长度距离。坡度方向,左下至上表示上坡,左上至下表示下坡。坡度和距离分别注写于图纸对角线的上、下两侧。

4. 里 程

沿线各点的桩号是按测量的里程数值填入的,单位为米,桩号从左至右排列。整公里处应加注"K",其余桩号的公里数可省略。在平曲线的起点、中点、终点、地面高程有大的变化点和桥涵中心等处可设置加桩。

5. 平面曲线

为了表示该路段的平面线形,通常在表中画出平曲线的示意图。直线段用直线表示,"————"表示右偏角的平曲线,"————"表示左偏角的平曲线,并标注出 ZH 点及 HZ 点里程及曲线要素。

三、主要技术标准

一般在图纸的左侧以表格的形式标注出铁路主要技术标准,如铁路等级、正线数目、限制坡度、最小曲线半径、牵引种类、机车类型、到发线有效长度及闭塞类型等。

第五节 线路纵断面

一、坡段的特征表示

1. 坡段长度 L_i：相邻两变坡点间的水平距离。
2. 坡度值 i：两变坡点的高差 H_i 与坡段长度 L_i 的比值，以千分数表示。

$$i = \frac{H_i}{L_i} \times 1\,000\ (‰)$$

二、最大限制坡度

限制坡度是指单机牵引普通货物列车，在持续上坡道上，最终以机车计算速度等速运行的坡度。它是限制坡度区段的最大坡度。

加力牵引坡度是指两台及以上机车牵引规定牵引吨数的普通货物列车，在持续上坡道上，最后以机车计算速度等速运行的坡度。它是加力坡度路段的最大坡度。

三、竖 曲 线

在线路纵断面的变坡点处设置的竖向圆弧称为竖曲线。常用的竖曲线线形为圆曲线。

1. 竖曲线设置原因

(1)当机车车辆重心未达到变坡点时，将使前转向架的车轮悬空，悬空高度大于轮缘高度时，将导致脱轨。

(2)当相邻车辆的连接处于变坡点附近时，车钩要上、下错动，其值超过允许值将会引起脱钩。

2. 竖曲线半径

(1)列车通过变坡点不脱轨要求。

(2)满足行车平稳要求。

(3)满足不脱钩要求。

(4)竖曲线半径与列车纵向力的关系。

3. 设置竖曲线的限制条件

(1)需要设置竖曲线的坡度代数差。路段设计速度为 160 km/h 的地段，当相邻坡段的坡度差大于 1‰时，竖曲线半径应采用 15 000 m；当路段设计速度小于 160 km/h，相邻坡段的坡度差大于 3‰时，竖曲线半径应采用 10 000 m。

(2)竖曲线不应与缓和曲线重叠。如两者重叠，一方面外轨的直线形超高顺坡和圆形竖曲线，都要改变形状，影响行车的平稳；另一方面给养护维修带来一定困难。

(3)竖曲线不应设在明桥面上。在明桥(无砟桥)面上设置竖曲线时，其曲率要用木楔调整，给施工养护带来困难。

(4)另外，竖曲线与竖曲线不应重叠设置，为避免列车竖向振动相互影响，影响行车舒适度，一般情况下两竖曲线间的距离不小于 50 m，困难时可用 30 m。

四、线路大修改善线路坡度要求

如既有线路坡度超过限制坡度且改善困难时，可保持原状。线路大修纵断面设计，应符合下列规定：

1. 应设计长坡段。允许速度大于 160 km/h 的线路最小坡段长度不应小于 600 m，困难条件下最小坡段长度不应小于 400 m；其他线路坡段长度不应小于该区段到发线有效长度的一半，个别困难地段也不应小于 200 m。

2. 相邻坡段的连接，应按原线路标准设计为抛物线形或圆曲线形竖曲线。

(1)允许速度不大于 160 km/h 的线路，采用抛物线形竖曲线时，若相邻坡段的坡度代数差大于 2‰，应设置竖曲线。20 m 范围内竖曲线的变坡率，凸形不应大于 1‰，凹形不应大于 0.5‰。采用圆曲线形竖曲线时，若相邻坡段的坡度代数差大于 3‰，应设置竖曲线，竖曲线半径不得小于 10 000 m，困难地段不得小于 5 000 m。

(2)允许速度大于 160 km/h 的线路，坡度代数差不小于 1‰时，应设置圆曲线形竖曲线，竖曲线半径不应小于 15 000 m，且长度不应小于 25 m。

竖曲线不得与竖曲线、缓和曲线重叠，不得侵入道岔、调节器及明桥面。

3. 大修地段与非大修地段的连接顺坡，应设在大修地段以外。其顺坡率为：允许速度不大于 120 km/h 的线路不应大于 2.0‰，允许速度为 120(不含)～160 km/h 的线路不应大于 1.0‰，允许速度大于 160 km/h 的线路不应大于 0.8‰。

4. 两线路中心距不大于 5 m 时，其轨面标高应设计为同一水平，困难地段高度差可不大于 300 mm，但易被雪埋地段的轨面标高差不应大于 150 mm，道口处不应大于 100 mm。

第六节　轨道检测车识图

轨道检测车检测轨道质量指数(TQI)，是线路轨道几何状态单元均值评价指标，为单元内左高低(波长 1.5～42 m)、右高低(波长 1.5～42 m)、左轨向(波长 1.5～42 m)、右轨向(波长 1.5～42 m)、轨距、水平、三角坑单项标准差之和，TQI 单元长度为 200 m。对轨道短波不平顺评价采用轨道短波状态车辆动态响应指标。轨道短波状车辆动态响应指标主要包括轨道冲击指数、钢轨波磨指数，上述指数通过综合检测列车的轴箱振动加速度检测系统进行测试，并通过等效转换获取。TQI 按Ⅰ级、Ⅱ级、Ⅲ级进行管理。

(1)Ⅰ级管理值为大型养路机械捣固维修、无砟轨道成段精调等作业的验收质量管理标准。

(2)Ⅱ级管理值为安排轨道维修计划的质量管理标准。

(3)Ⅲ级管理值为保持线路质量稳定均衡，超过时应及时进行维修的质量管理标准。

正确识别轨道检测车波形图，并通过波形图查找分析病害，指导现场作业是线路工应掌握的必备技能。

一、波形图里程校正

1. 利用曲线特征点判断

通过大致里程及超高值、缓和曲线确定曲线大致位置，通过直缓点来确认准确里程。图 2-6 波形图上直缓点图上里程为 25.759 km，综合图上直缓点里程为 25.801 km，故里程差为 42 m，即该波形里程附近对应现场均应加上 42 m。建议要查找具体里程时应查找附近最近曲线，减小误差。

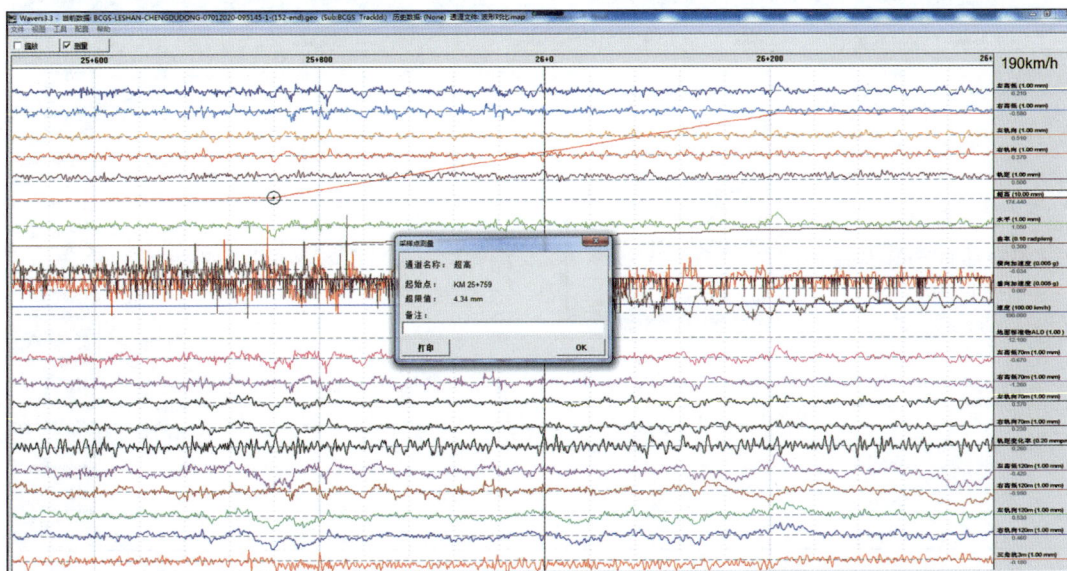

（a）波形图

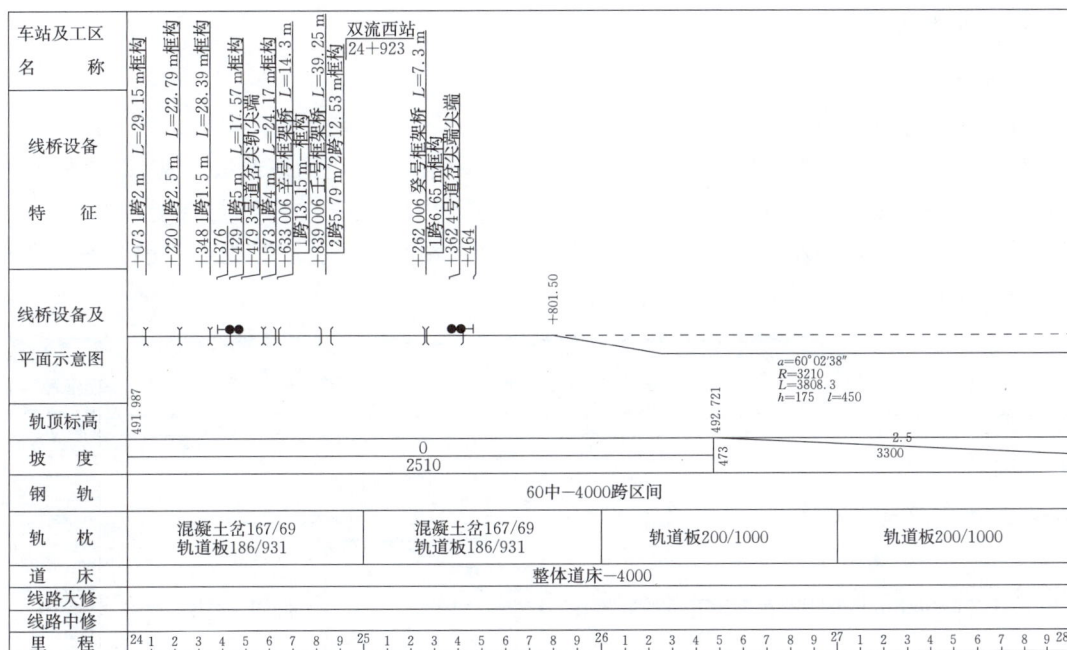

（b）综合图

图 2-6　曲线特征及里程误差示意

2. 利用道岔特征点判断

道岔特征点主要表现在尖轨尖与岔心会出现明显大轨距尖点（图 2-7）尖点间距离为 54 m 左右,结合设备图即能判断出尖轨尖与岔心位置,即可找到具体超限位置。

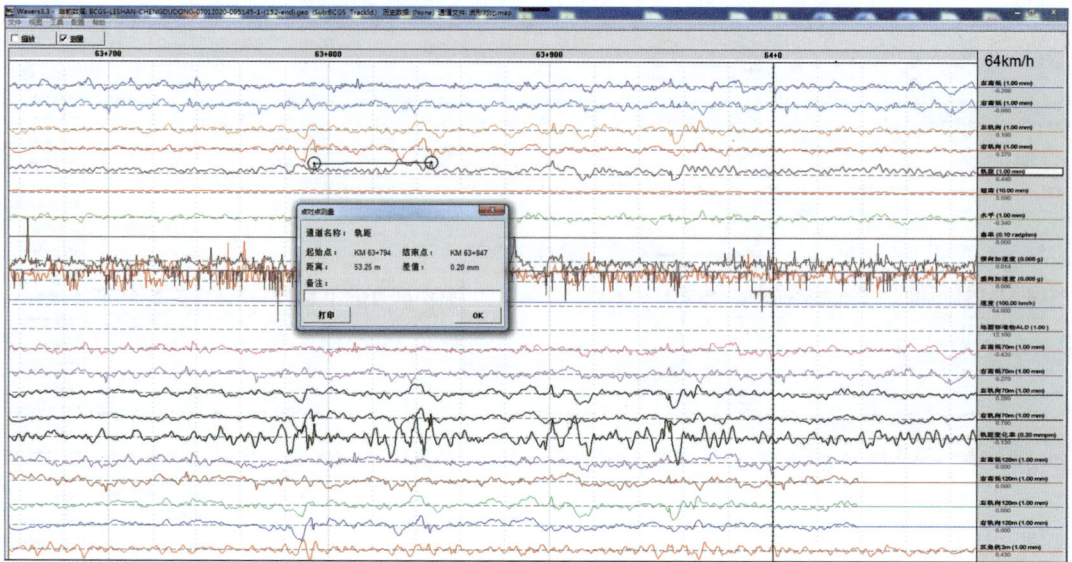

图 2-7　道岔特征点示意

二、判断左右股

1. 利用曲线超高判断

超高正负号判断:左股－右股高为正,低为负。

曲线超高示意如图 2-8 所示,该波形图超高测量值为正,找到该曲线对应综合图,综合图上显示超高为正,右向圆曲线,与波形图一致,则判断为波形图左右股与现场左右股一致,即波形图上左股为现场左股。若波形图超高与综合图相反则现场左右股与波形图左右股相反,即波形图上左股为现场右股。

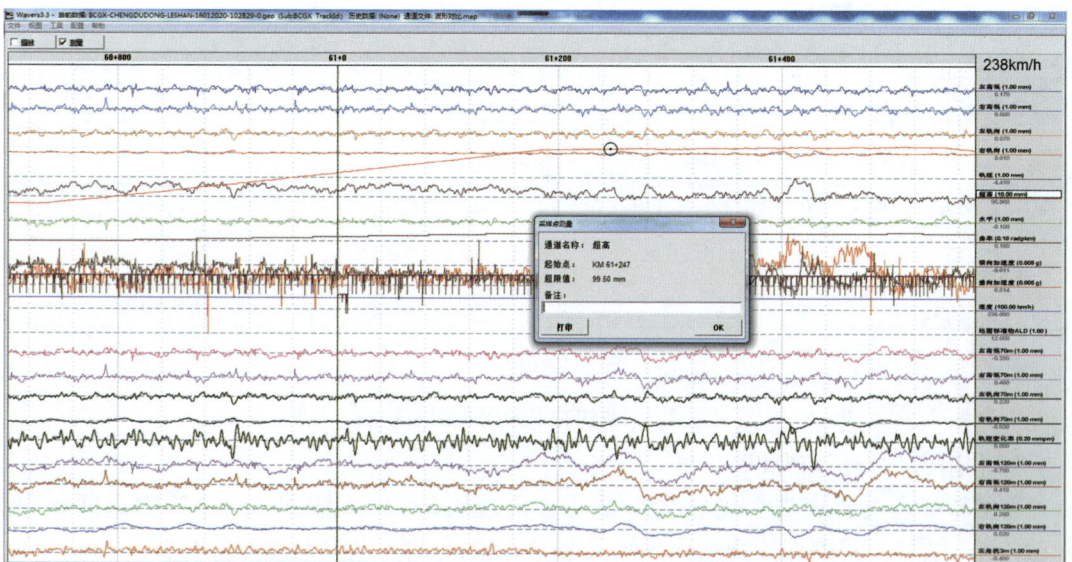

(a)波形图

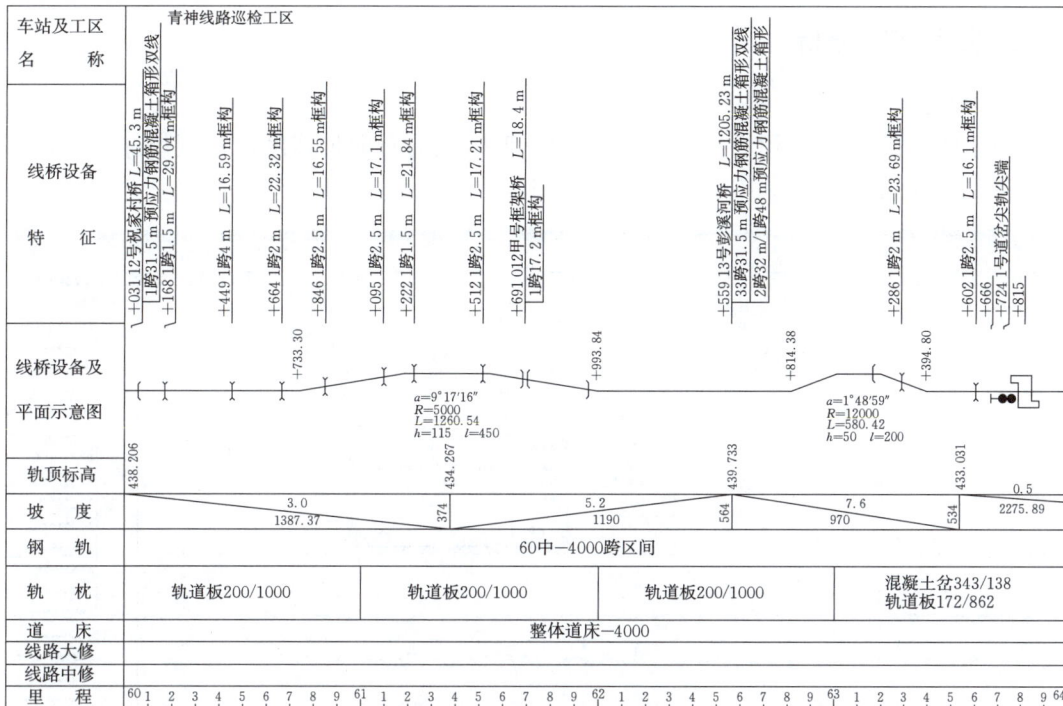

（b）综合图

图 2-8　曲线超高示意

2. 利用加宽对道岔进行判断

通过里程校正后确定该道岔在 K24＋438 处为某站道岔，查询该道岔为加宽道岔，加宽位于直基本股即现场左股；而波形图（图 2-9）上显示加宽位于右股，图上右股则为现场左股。

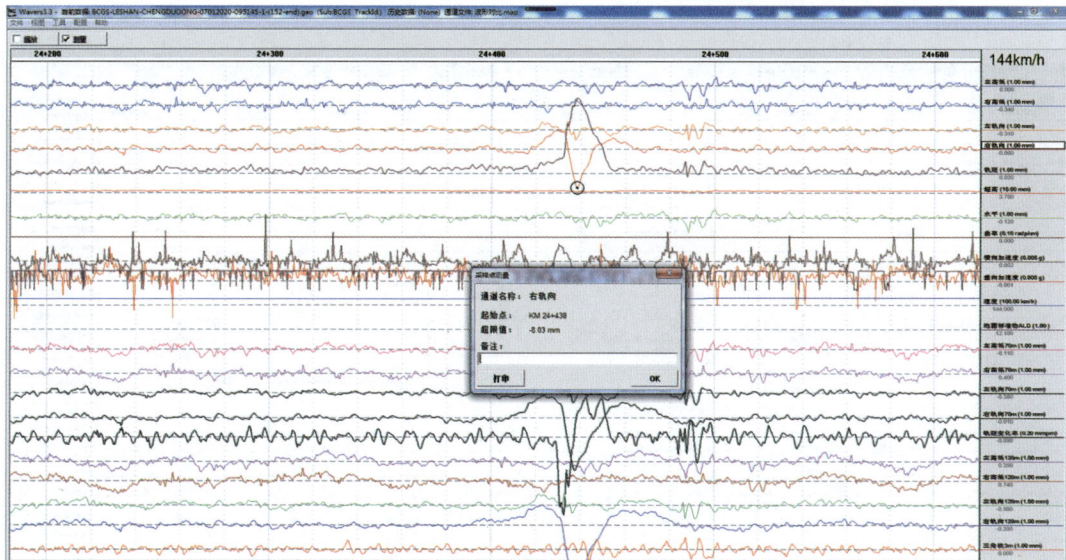

图 2-9　加宽道岔波形图

三、典型病害分析

1. 桥梁徐变

桥梁徐变病害主要显示为呈现高低规律性起伏,同时垂向加速度也呈现规律性起伏,该病害在静态上显示情况为梁中部上拱,如图 2-10 所示。

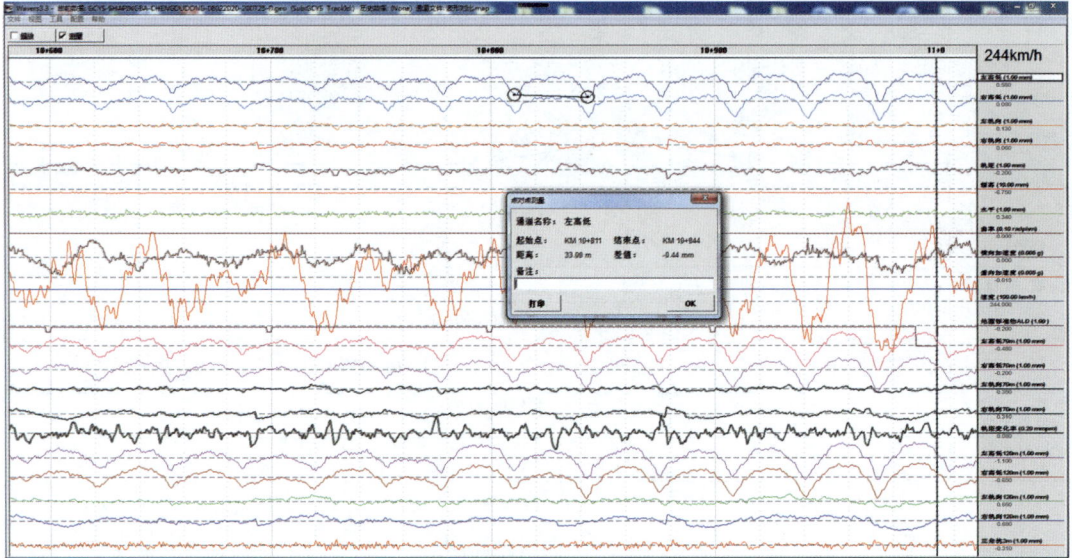

图 2-10　桥梁徐变波形图

2. 路基下沉

路基下沉病害主要呈现高低明显变化,经波形重叠分析后显示该地段呈现持续性变化,同时垂向加速度也呈现明显变化,经静态测量后显示为高低变化综合判断为路基下沉,如图 2-11 所示。

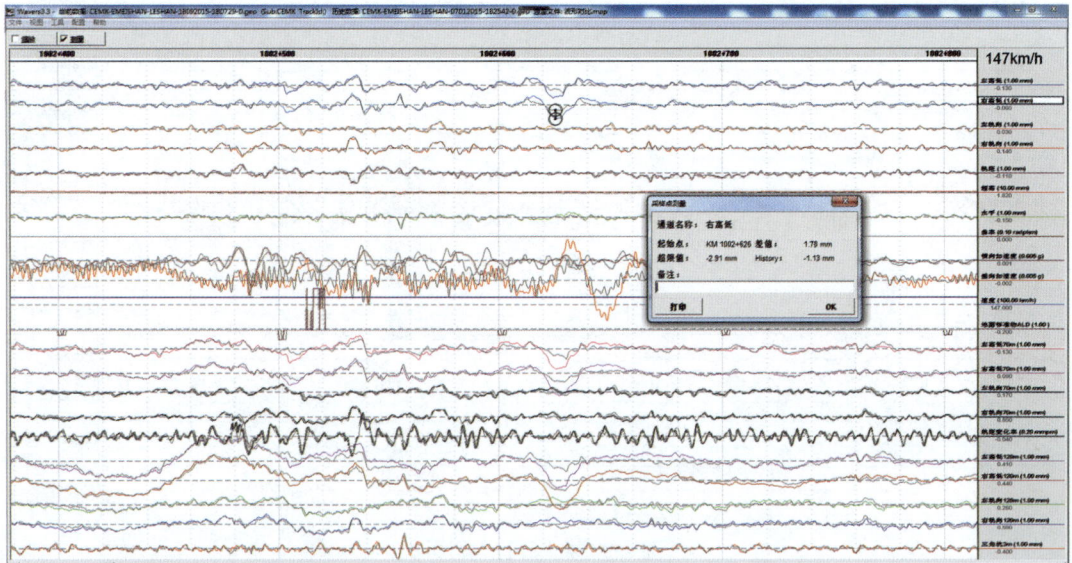

图 2-11　路基下沉波形图

3. 路基、隧道上拱

路基、隧道上拱病害主要呈现高低明显变化,经波形重叠分析后显示该地段呈现持续性变化,同时垂向加速度也呈现明显变化,经静态测量后显示为高低变化综合判断为隧道上拱,如图 2-12 所示。

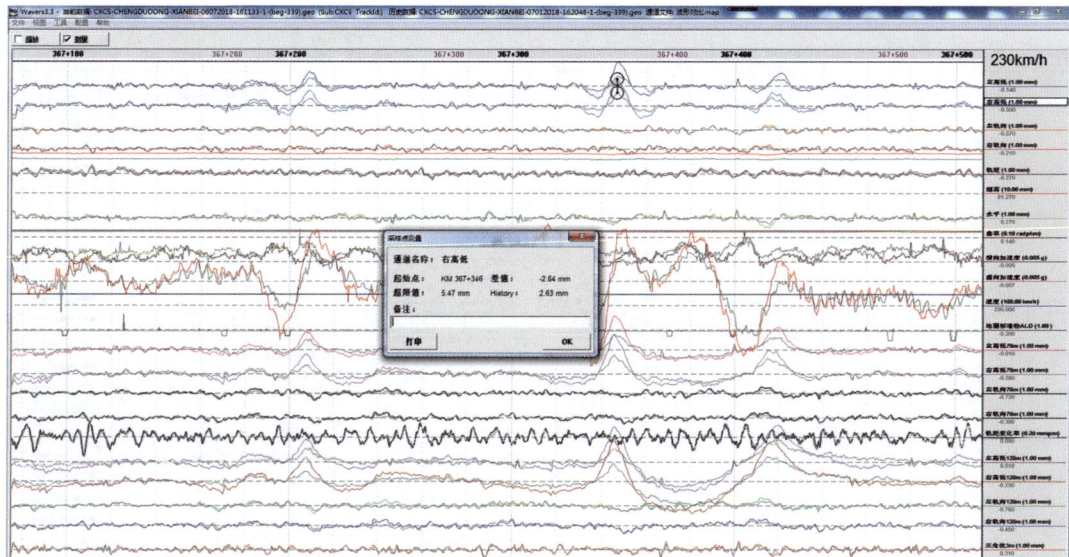

图 2-12 路基、隧道上拱波形图

4. 桥路结合部下沉

桥路结合部下沉病害主要呈现高低明显变化(距离短且变化幅度较大),经波形重叠分析后显示该地段呈现持续性变化,同时垂向加速度也呈现明显变化(但人工添乘不明显),经静态测量后显示为高低变化综合判断为桥路结合部下沉,如图 2-13 所示。

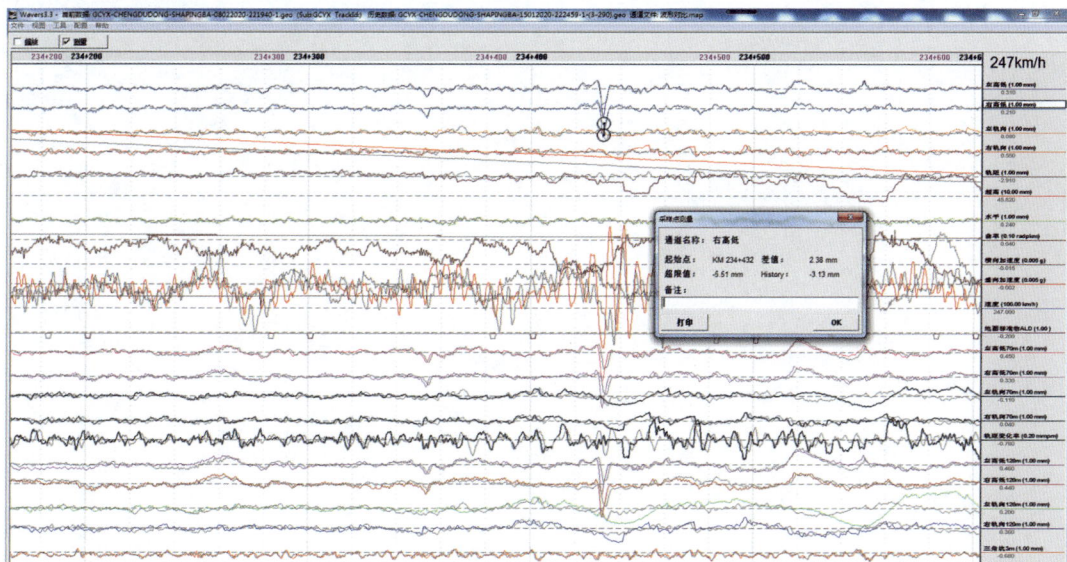

图 2-13 桥路结合部下沉波形图

5. 桥墩偏移

桥墩偏移病害主要呈现长波高低、轨向同时明显变化,经波形重叠分析后显示该地段呈现持续性变化,同时垂向加速度、横向加速度也呈现明显变化(但人工添乘不明显),如图 2-14所示,经静态测量后显示为高低、轨向同时变化且变化最大位置均为桥墩,综合判断为桥墩偏移。

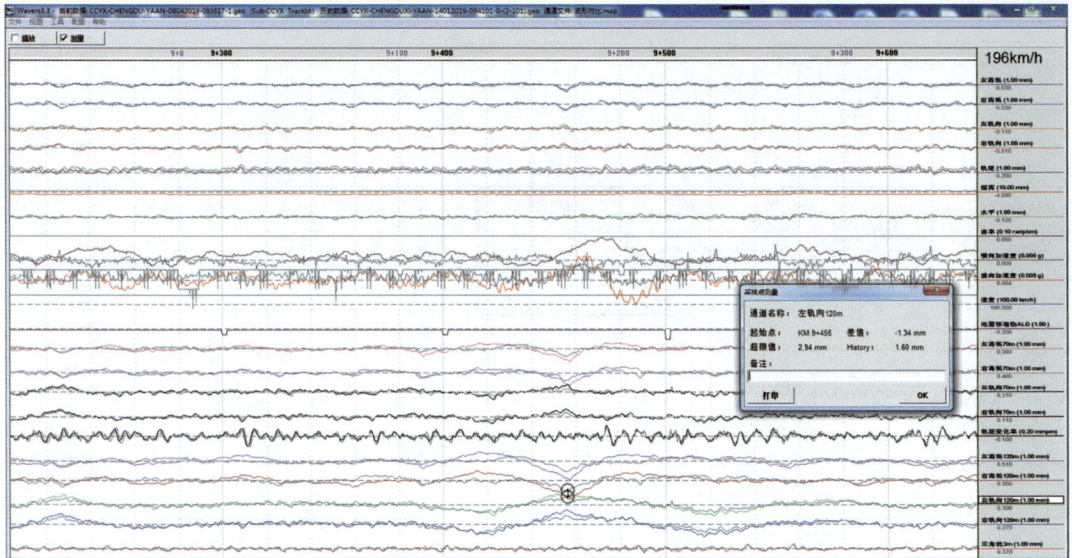

图 2-14　桥墩偏移波形图

第三章 铁道概论

第一节 机车、车辆

一、铁路机车概述

机车是铁路运输的牵引动力。由于铁路车辆不具备动力装置,需要将其连挂成列,由机车牵引沿钢轨运行。在车站内,车辆的转线以及货物车辆的取送等各项调车作业,都要由机车完成。

1. 铁路牵引动力的类型

(1)按牵引动力可分为蒸汽机车、内燃机车、电力机车。

(2)按运用可分为客运机车、货运机车、调车机车。客运机车要求速度高,货运机车需要牵引力大,而调车机车要具有机动灵活的特点。

(3)按列车动力轮对分布和驱动设备的设置可分为动力集中型和动力分散型。

(4)按列车转向架布置和车辆联结方式可分为独立式转向架、铰接式转向架。

2. 机车牵引性能的基本概念

机车牵引列车运行的过程就是机车牵引力克服列车启动时和运行中所受的阻力过程。机车牵引列车运行是由于它具有相当大的牵引力,在列车运行中的任意瞬间,机车牵引力(F)和运行速度(v)的乘积,就是机车的功率(P),常用"千瓦"做单位。任何一种机车,它的最大功率是一定的,叫作标称功率。

二、内燃机车

内燃机车是以内燃机作为原动力的一种机车。内燃机车的热效率可达 30% 左右,机车的整备时间短,持续工作的,适用于长交路;用水量少,适用于缺水地区;初期投资比电力机车少。但内燃机车最大的缺点是对大气和环境有污染。

内燃机车按传动方式的不同可分为电力传动内燃机车和液力传动内燃机车,以电力传动内燃机车应用最多。

1. 内燃机车传动装置的必要性

铁路上采用的内燃机绝大多数是柴油机。在内燃机车上,柴油机和机车动轮之间都装有传动装置,柴油机的功率是通过传动装置传递到动轮上去,而不是由柴油机直接驱动动轮的,其原因就在于柴油机的特性不能满足机车牵引特性的要求。

2. 电力传动内燃机车

电力传动内燃机车的能量传输过程是由柴油机驱动主发电机发电,然后向牵引电动机供电,并通过牵引齿轮驱动机车轮对放置。

3. 液力传动内燃机车

液力传动内燃机车采用的是液力传动装置。一般由柴油机驱动液力传动装置,通过液力变速箱、牵引齿轮驱动机车轮对旋转。液力传动内燃机车与电力传动内燃机车相比,除传动装置不同外,其余部分都是相似的。

三、电力机车

电力机车是利用电能由电动机驱动运行的机车或动力。电力机车平均热效率比内燃机车高,它在提高铁路运输能力、合理利用资源、保护生态环境方面,是铁路最理想的牵引动力。

电力机车按照传动方式不同分为直流传动电力机车和交流传动电力机车。直流传动电力机车根据供电电流的不同,又分为直流供电和交流供电两种。我国目前使用的干线电力机车主要是交流供电直流传动电力机车,主要的机型为韶山(SS)系列电力机车。韶山 9 型干线客运电力机车,代号 SS_9。以成熟的韶山型系列电力机车技术为基础,采用了许多国际客运机车先进技术,是我国干线铁路牵引旅客列车功率最大的机车。机车功率持续 4 800 kW,最大速度 170 km/h。

交-直型电力机车是靠顶部升起的受电弓,从接触网上取得 25 kV 的单相工频交流电,经机车内的主变压器降压,再经整流装置将交流电转换为直流电,供给直流牵引电动机,经齿轮传动装置转换成机械能后,牵引列车运行的。

四、动 车 组

传统的列车是由机车牵引车辆,机车带有动力,编挂好不带动力的车辆后,形成列车在轨道上运行。动车组是自带动力、固定编组、可双向开行的旅客列车,具有安全可靠、运行快捷、乘坐舒适、编组灵活等特点,是高效率、大密度的旅客运载工具。

动车组是列车的牵引动力装置(相当于机车)和载客的装置(相当于客车车底)固定为一体的特殊车体,具有机车和客车车底双重性质。带动力的车辆叫动力车,不带动力的车辆叫拖车。列车两端都有,可在线路往复运行。

中国铁路高速动车组在系统集成技术、轻量化技术、高速转向架技术、交流传动技术、高速受流技术、高速制动技术、网络控制技术、人机工程技术、节能环保技术等方向都已达到了先进水平。我国动车组分为"复兴号"和"和谐号",对应"CR"和"CRH"两大技术序列。

第二节 车 站

一、铁路车站概述

1. 车站的作用

车站既是铁路办理客货运输的基地,又是铁路系统的一个基层生产单位。在车站上,除办理旅客和货物运输的各项作业以外,还办理和列车运行有关的各项作业。为完成上述作业,车站设有客货运输设备及与列车运行有关的各项技术设备,还配备了客运、货运、行车、装卸等方面的工作人员。

2. 车站线路种类及线间距

(1)车站线路按用途分为正线、站线、段管线、岔线及特殊用途线。

(2)线间距是两条线路中心线之间的距离。线间距应能保证行车和车站工作人员工作时的安全,主要是根据铁路限界、线路是否通过装载超限货物的列车,以及股道是否装设信号机等行车设备,并考虑留有适当的余地来确定的。线间距的大小应根据《铁路技术管理规程》有关规定确定。曲线部分的线间距按曲线半径大小,根据计算进行适当加宽,线间距如图 3-1 所示。

图 3-1　线间距

3. 股道和道岔的编号及股道有效长

(1)站界及警冲标

为了保证行车安全和分清工作责任,车站和它两端所衔接的区间以进站信号机或站界标分割明确的界限,通常称为"站界"。

警冲标是信号标志的一种,设在两会合线路线间距离为 4 m 的中间,用来指示机车车辆停留的位置,防止机车车辆的侧面冲撞,警冲标如图 3-2 所示。

图 3-2　警冲标

(2)股道和道岔编号

为了便于车站生产指挥作业上的联系和对设备维修管理,应对站内线路和道岔进行统一编号。

①股道编号方法:站内正线规定用罗马数字编号(Ⅰ、Ⅱ、Ⅲ、…),站线用阿拉伯数字编号(1、2、3、…)。

②道岔编号方法:

a. 用阿拉伯数字从车站两端由外向里依次编号。上行列车到达一端用双数,下行列车到达一端用单数。

b. 站内道岔,通常以车站站台中心线作为划分单数号与双数号的分界线。

c. 每一道岔均应编为单独的号码,对于渡线、交分道岔等处的联动道岔,应编为连续的单数或双数。

d. 当车站有几个车场时,每一车场的道岔必须单独编号,此时道岔号码应使用三位数字,百位数字表示车场号码,个位和十位数字表示道岔号码,应当避免在同一车站内有相同的道岔号码。

(3)股道有效长

车站线路的长度可分为全长和有效长两种。全长指线路一端的道岔基本轨接头至另一端的道岔基本轨接头的长度。如为尽头式线路,则指道岔基本轨接头至车挡的长度。股道有效长指线路全长范围内可以停放机车车辆而不妨碍邻线正常行车的部分。

二、中间站、会让站、越行站

1. 中 间 站

中间站是为沿线城乡人民及工农业生产服务,提高铁路区段通过能力,保证行车安全而设的车站。中间站主要办理列车的到发、会让、越行以及客货运业务。

2. 会让站和越行站

在我国铁路上还有数量不多,主要用来提高线路通过能力而设置的车站,称为会让站和越行站。根据《铁路车站及枢纽设计规范》(TB 10099—2017)规定,会让站和越行站均包括在中间站之内。

三、区 段 站

区段站位于铁路网上各牵引区段的分界处,一般设在中等城市和铁路网上牵引区段(机车交路)的起点或终点。区段站的主要任务是为邻接的铁路区段供应及整备机车或更换机车乘务组,并为无改编中转货物列车办理规定的技术作业。此外,还办理一定数量的列车解编作业及客货运业务。

四、编 组 站

编组站是铁路网上办理大量货物列车解体、编组作业,编组直达、直通和其他列车,并为此设有比较完善的调车设备的车站。

编组站和区段站统称为技术站。它们办理的技术作业种类大致相同,都办理列车的接发、编解、机车乘务组的更换、机车整备及车辆检修等作业。但二者又有区别,区段站以办理无中转列车为主,改编列车较少,办理少量区段列车和摘挂列车的改编作业;而编组站按照编组计划要求,除办理通过列车外,主要是解体和编组直达、直通、区段、摘挂及小运转等各种货物列车,以办理改编列车为主,所以编组站又称为"货物列车制造工厂"。

五、客 运 站

客运站的主要任务是组织旅客安全、迅速、准备、方便地上下车;办理行包、邮件的装卸搬运;组织旅客列车安全、正点到发和客车车底取送;为旅客提供舒适的服务条件。

六、货 运 站

凡专门办理货运作业(包括组织资源、货流、办理货物的承运、保管、交付、货物装卸作业、计算核运收费等)的车站,以及专门办理货物联运或换装的车站,均称为货运站。

七、铁路枢纽

在铁路干、支线的交会点或终端地区,由各种铁路线路、专业车站以及其他为运输服务的有关设备组成的总体,称为铁路枢纽。

铁路枢纽是客货流从一条铁路线转运到另一条铁路线的中转地区,也是城市、工业区客货到发和联运的中转地区。铁路枢纽除办理枢纽内各种车站的有关作业外,在货物运转方面,有各铁路方向之间的无改编列车和改编列车的转线,以及担当枢纽地区车流交换的小运转列车的作业。在旅客运转方面有直通、管内和市郊旅客列车的作业。在货运业务方面,办理各种货物的承运、装卸、发送、保管等作业;此外,还要供应运输动力,进行机车车辆的检修等作业。

第三节　行 车 组 织

一、行车组织原则

铁路行车组织工作,必须贯彻安全生产的方针,坚持高度集中、统一领导的原则。运输、机务、车辆、工务、电务、供电、信息、房建等部门要发扬协作精神,主动配合,紧密联系,协同动作,组织均衡生产,不断提高效率,挖掘运输潜力,完成和超额完成铁路运输任务。

列车运行图是铁路行车组织工作的基础。所有与列车运行有关的铁路各部门,必须按列车运行图的要求,组织本部门的工作,以保证列车按运行图运行。

行车工作必须坚持集中领导、统一指挥、逐级负责的原则。

局与局间由国铁集团,局管内各区段间由铁路局集团公司,一个调度区段内由本区段列车调度员统一指挥。

车站由车站值班员,线路所由线路所的车站值班员统一指挥。凡划分车场的车站,各车场由该车场的车站值班员统一指挥;车场间接发列车进路互有关联的行车事项,由指定的车站值班员统一指挥。

列车和单机由司机负责指挥。列车或单机在车站时,所有乘务人员应按车站值班员的指挥进行工作。

在调度集中区段,调度集中控制车站有关行车工作由该区段列车调度员直接指挥;但转为车站控制时,由车站值班员指挥。

列车运行,原则上以开往北京方向为上行,反之为下行。全国各线的列车运行方向,以国铁集团的规定为准,但枢纽地区的列车运行方向,由铁路局集团公司规定。列车须按规定编定车次,上行列车编为双数,下行列车编为单数。在个别区间,使用直通车次时,可与规定方向不符。

二、调车工作

车站的调车工作由车站调度员(未设车站调度员的由调车区长,未设调车区长的由车站值班员)统一领导。分场(区)时,各场(区)的调车工作,由负责该场(区)的车站调度员或该场(区)的调车区长领导。动车段(所)调车工作的领导及指挥由铁路局集团公司规定。

调车作业由调车长单一指挥。利用本务机车进行调车作业时,可由车站值班员或助理值班员担任指挥工作。遇有特殊情况,可由经鉴定、考试合格取得调车长资格的胜任人员代替。

三、行车闭塞

闭塞设备是用来保证列车在区间内安全运行,并提高区间通过能力的区间信号设备。

在单线铁路上,为防止一个区间内同时进行两列对向运行的列车而发生正面冲突,以及避免两列同向运行的列车(包括复线区间)发生追尾的事故,铁路上规定区间两端车站值班员在向区间发车前必须办理的行车联络手续,叫作行车闭塞手续。用于办理行车闭塞的设备叫闭塞设备。闭塞设备必须保证在一个区间(闭塞分区)内,在同一时间里只能允许一个列车占用这一基本原则。闭塞就是用信号或凭证,保证前行列车和追踪列车之间必须保持一定距离(空间间隔制)运行的技术方法。

1. 列车运行是以车站、线路所所划分的区间及自动闭塞区间的通过信号机所划分的闭塞分区作间隔。

2. 车站均须装设基本闭塞设备。行车基本闭塞法常用的有三种:自动闭塞、自动站间闭塞、半自动闭塞。电话闭塞法是当基本闭塞法不能使用时所采用的代用闭塞法。原则上不使用隔时续行办法,如必须使用时,由铁路局集团公司规定。

四、列车运行

施工及路用列车开行相关规定如下:

1. 凡影响行车的施工(特别规定的慢行施工除外)、维修作业,都必须纳入天窗,不得利用列车间隔进行。线路、桥隧、信号、通信、接触网及其他行车设备的施工、维修应力争开通后不降低行车速度。

2. 封锁施工时,施工负责人应确认已做好一切施工准备,按批准的施工计划(临时封锁区间抢修施工时除外),亲自或指派驻站联络员在车站行车设备施工登记簿内登记,按规定向车站或通过车站值班员向列车调度员申请施工。

封锁区间施工时,车站值班员根据封锁或开通命令,在信号控制台或规定位置上揭挂或摘下封锁区间表示牌。列车调度员应保证施工时间,并向施工区间的两端站、有关单位及施工负责人及时发出实际施工调度命令。施工负责人接到调度命令,确认施工起止时刻,设好停车防护后,方可开工,并保证在规定时间内完成。

施工单位及设备管理单位应严格掌握开通条件,经检查满足放行列车的条件,且设备达到规定的开通速度要求,办理开通登记后,通过车站值班员向列车调度员申请开通区间。如因特殊情况不能按时开通区间或不能按规定的开通速度运行时,应提前通知车站值班员,要求列车调度员延长时间或限速运行。

施工时,除本项施工外的车列或列车不得进入封锁区间。进入封锁区间的施工列车司机应熟悉线路和施工条件。

3. 施工封锁前,通过施工地点的最后一趟列车前进方向为不大于 6‰ 的上坡道时,列车调度员可根据施工负责人的请求,在调度命令中注明该次列车通过施工地点后即可开工(按自动闭塞法行车时可安排施工路用列车跟踪该次列车进入区间），列车到达前方站后，再封锁区间。上述命令应抄交司机，该列车不得后退。

4. 向施工封锁区间开行路用列车时，列车进入封锁区间的行车凭证为调度命令。该命令中应包括列车车次、停车地点、到达车站的时刻等有关事项，需限速运行时在命令中一并注明。

向施工封锁区间开行路用列车，原则上每端只准进入一列，如超过时，其安全措施及运行办法由铁路局集团公司规定。

5. 路用列车应由施工单位指派胜任人员携带列车无线调度通信设备值乘，并在区间协助司机作业。路用列车或施工机械进入施工地段时，应在施工防护人员显示的停车手信号前停车，根据施工负责人的要求，按调车办法，进入指定地点。

6. 列车在区间装卸车时，装卸车负责人应指挥列车停于指定地点。装卸车完毕后，其负责人应负责检查装卸货物的装载、堆码状态，确认限界，清好道沿，关好车门，通知司机开车。

第四节　供电系统

一、铁路供电系统

铁路供电系统按功能可划分为牵引供电系统、电力系统两部分，如图 3-3 所示。牵引供电系统向电力机车提供电源，其负荷称为牵引负荷，其供电可靠性直接影响行车，是重要的一级负荷。牵引变电所相当于牵引供电系统的电源，但是它本身须通过高压输电线取电于地方区域变电所或发电厂，经牵引变电所降压至 27.5 kV 后送到铁路轨道上方的接触网上，电力机车利用车顶的受电弓从接触网获得电能，牵引列车运行。电力系统向牵引负荷以外的所有铁路负荷提供电源，包括信号、通信、信息、生产、车站、供水等系统。其供电可靠性根据负荷的性质有不同的要求，如与行车密切相关的通信、信号、运营调度系统以及一等以上车站供电等负荷是特别重要的一级负荷。

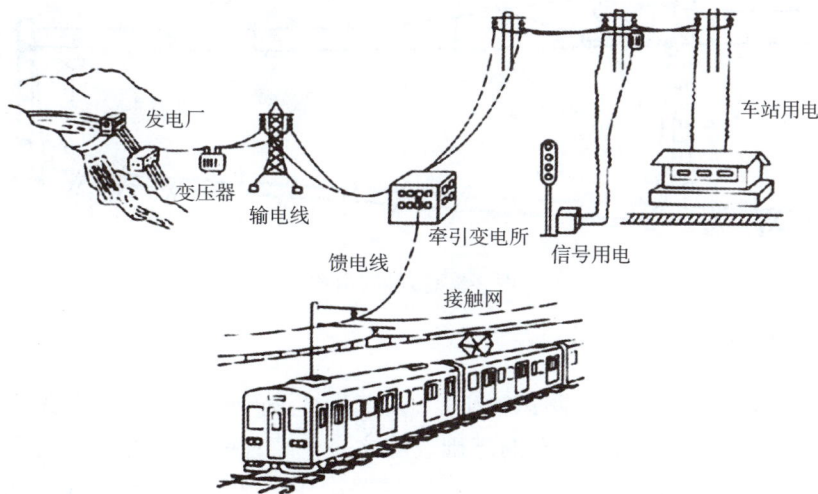

图 3-3　铁路供电系统

二、牵引供电系统

1. 牵引供电系统的组成
牵引供电系统的组成如图 3-4 所示。

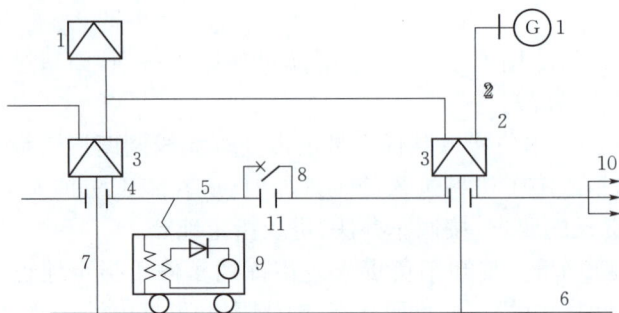

1—区域变电所或发电厂；2—高压输电线；3—牵引变电所；4—馈电线；5—接触网；6—钢轨；
7—回流线；8—分区所；9—电力机车；10—开闭所；11—电分相。

图 3-4　牵引供电系统

2. 普速牵引供电方式
目前，我国普速铁路大多数采用直接供电方式和带回流线的直接供电方式。

三、接　触　网

接触网是电气化轨道交通所特有的、沿铁路露天架设的、为电力机车提供电能的输电线路，是设置在车辆限界顶部，通过车顶受流装置向车辆供电的设备。接触网是电气化铁路牵引供电系统的重要组成部分。接触网的无备用特性决定了接触网的唯一性、脆弱性和重要性。接触网由接触悬挂、支持和定位装置、支柱与基础等组成，如图 3-5 所示。

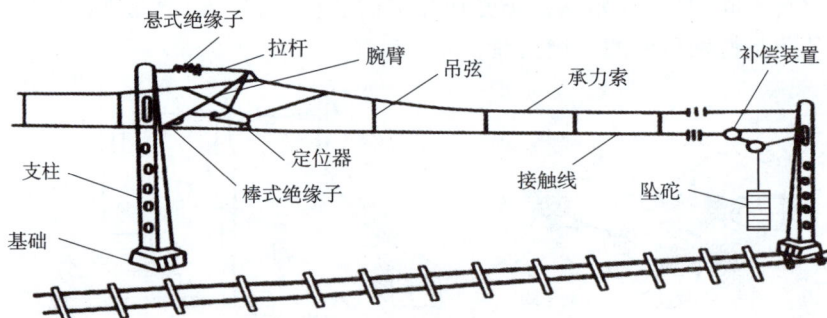

图 3-5　接触网示意

四、电力设备

普速铁路电力系统承担着铁路运输生产、调度指挥、通信信号、旅客服务等系统供电任务，是确保铁路安全、稳定、高效运营的基础设施之一。普速铁路电力系统主要由从地方电网引的 10 kV 高压电源线路、10 kV 变配电所、铁路沿线 10 kV 电力自闭线路和综合贯通线路、沿线 10 kV 箱式变电所（简称箱变）或变电台、站场及区间高低压电力线路、车站低压配电室、电器设备防雷接地、用户等构成。

第四章 电 工 基 础

第一节 电学的基本物理量

一、电 量

自然界中的一切物质都是由分子组成的,分子又是由原子组成的,而原子是由带正电荷的原子核和一定数量带负电荷的电子组成的。在通常情况下,原子核所带的正电荷数等于核外电子所带的负电荷数,原子对外不显电性。但是,用一些办法,可使某种物体上的电子转移到另外一种物体上。失去电子的物体带正电荷,得到电子的物体带负电荷。物体失去或得到的电子数量越多,则物体所带的正、负电荷的数量也越多。

物体所带电荷数量的多少用电量来表示。电量是一个物理量,它的单位是库仑,用字母 C 表示。1 C 的电量相当于物体失去或得到 $6.25×10^{18}$ 个电子所带的电量。

二、电 流

电荷的定向移动形成电流。电流有大小,有方向。

1. 电流的方向

人们规定正电荷定向移动的方向为电流的方向。金属导体中,电流是电子在导体内电场的作用下定向移动的结果,电子流的方向是负电荷的移动方向,与正电荷的移动方向相反,所以金属导体中电流的方向与电子流的方向相反。

2. 电流的大小

电流大小就是 1 s 通过导体截面的电量。电流用字母 I 表示,计算公式如下:

$$I=\frac{Q}{t}$$

式中　I——电流(A);

　　Q——在 t 秒时间内,通过导体截面的电量数(C);

　　t——时间(s)。

1 秒内通过导体截面的电量为 1 库仑,则该电流的大小为 1 安培,习惯简称电流为 1 安。

三、电 压

电压是自由电荷发生定向移动形成电流的原因。在电路中电场力把单位正电荷由高电位 a 点移向低电位 b 点所做的功称为两点间的电压,用 U_{ab} 表示。所以电压是 a 与 b 两点间的电位差,它是衡量电场力做功本领大小的物理量。

电压用字母 U 表示,单位为伏特,用字母 V 表示。电场力将 1 库仑电荷从 a 点移到 b 点所做的功为 1 焦耳,则 ab 间的电压值就是 1 伏特。

四、电动势、电源

电源是利用非电力把正电荷由负极移到正极的,它在电路中将其他形式能转换成电能。电动势就是衡量电源能量转换本领的物理量,用字母 E 表示,它的单位也是伏特,简称伏,用字母 V 表示。

电源的电动势只存在于电源内部。人们规定电动势的方向在电源内部由负极指向正极。

五、电　　阻

一般来说,导体对电流的阻碍作用称为电阻,用字母 R 表示。电阻的单位为欧姆,简称欧,用字母 Ω 表示。

如果导体两端的电压为 1 V,通过的电流为 1 A,则该导体的电阻就是 1 Ω。

电阻是导体中客观存在的,它与导体两端电压变化情况无关,即使没有电压,导体中仍然有电阻存在。实验证明,当温度一定时,导体电阻只与材料及导体的几何尺寸有关。对于二根材质均匀,长度为 L,截面积为 S 的导体而言,其电阻大小可用下式表示:

$$R = \rho \frac{L}{S}$$

式中　R ——导体电阻(Ω);

　　　L ——导体长度(m);

　　　S ——导体截面积(mm^2);

　　　ρ ——电阻率($\Omega \cdot m$)。

电阻率是与材料性质有关的物理量。电阻率的大小等于长度为 1 m,截面积为 1 mm^2 的导体在一定温度下的电阻值,其单位为 $\Omega \cdot m$。

第二节　电　　路

一、电路的组成和作用

电流所流过的路径称为电路,由电源、负载、开关和连接导线四部分组成,如图 4-1 所示。电源是把非电能转换成电能并向外提供电能的装置。常见的电源有干电池、蓄电池和发电机等。负载是电路中用电器的总称,它将电能转换成其他形式的能。如电灯把电能转换成光能,电烙铁把电能转换成热能,电动机把电能转换成机械能。开关属于控制电器,用于控制电路的接通或断开。连接导线将电源和负载连接起来,担负着电能的传输和分配的任务。电路电流方向是由电源正极经负载流到电源负极,在电源内部,电流由负极流向正极,形成一个闭合通路。

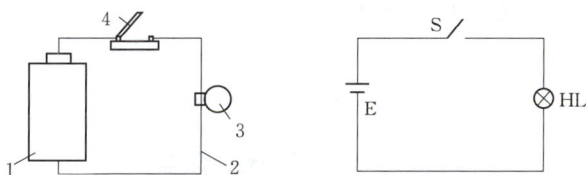

1—电源;2—导线;3—灯泡;4—开关。

图 4-1　电路的组成

二、电路的三种状态

电路有三种状态:通路、开路、短路。

(1)通路是指电路处处接通。通路也称为闭合电路,简称闭路。只有在通路的情况下,电路才有正常的工作电流。

(2)开路是电路中某处断开,没有形成通路的电路。开路也称为断路,此时电路中没有电流。

(3)短路是指电源或负载两端被导线连接在一起,分别称为电源短路或负载短路。电源短路时电源提供的电流要比通路时提供的电流大很多倍,通常是有害的,也是非常危险的,所以一般不允许电源短路。

第三节　触　电

一、触电事故

人体接触或接近带电体,而引起局部受伤或死亡的现象称为触电。按人体受伤害的程度,触电可分为电伤和电击两种。电伤是指人体外部受伤,如电弧灼伤,与带电体接触后的皮肤红肿,大电流下熔化金属飞溅烧伤皮肤等。电击是指人体内部器官受损伤的现象。

电击是电流流过人体而引起的,人体常因电击而死亡,所以它是最危险的触电事故。电击伤人的程度,与流过人体电流的频率、大小、途径、持续时间长短以及触电者本身的情况有关。实践证明,频率为 $25\sim300$ Hz 的电流最危险,随着频率的增加,危险性减小。人体通过 1 mA 的工频电流,就有麻木的感觉,电流大于 50 mA,就会有生命危险,100 mA 的工频电流则足以致人死亡。电流通过心脏和大脑易发生死亡事故,所以头部触电或左手到右脚触电最危险。另外,人体通电时间越长,危险性越大。

通过人体的电流大小与触及的电压、人体的电阻有关。人体电阻与触电部位皮肤表面的干湿情况,接触面积的大小及身体素质有关。人体电阻各不相同,通常人体电阻约 800 欧至几万欧。若人体电阻为 1 kΩ,触及 50 V 工频电源,流过人体电流为 50 mA,就有生命危险。所以国家规定安全电压额定值等级为 42 V、36 V、24 V、12 V、6 V。但必须注意,42 V 或 36 V 并非绝对安全,在充满导电粉末、相对湿度较高或酸碱蒸气浓度大等情况下,可能发生触及 36 V 电压而死亡的事故。在上述情况下,必须使用 24 V 或更低等级的电压。

除上述两种触电情况外,还有高压电弧触电和跨步电压触电。高压电弧触电是人体接近高压带电体时,由于两者电位差很大而引起电弧,使人触电伤亡。

当高压线破断落地时,以高压线为中心在其周围形成一个强电场,如图 4-2 所示。当人或牲畜走入断线点 8 m 以内的电场时,由于前后脚之间有较高的电压引起触电,这种触电称为跨步触电。

图 4-2　跨步电压

二、触电原因及方式

常见的触电原因有三个方面:一是缺乏电气知识,如用潮湿的手去开关电灯。接触电气,或者发现有人触电时,不去迅速拉断电源,直接去拉触电者而造成触电;二是违章操作,明知不准带电操作,而冒险进行,结果触电受伤或死亡;三是输电线或电气设备的绝缘老化或破损,造成漏电,人体触碰时造成触电事故。触电方式有两种,一是人体直接与正常带电体接触。如图 4-3(a)所示,在三相四线制配电中,人的手触及一根相线时称为单相触电。这时人体处在相电压下,电流从人手经过全身,由脚经地回到电源中线,这是十分危险的。如果脚与地面橡胶绝缘,则回路电阻增加,电流减小,危险性会大大减小。若身体出汗或赤脚着地,回路电阻减小,危险性增加。

在三相三线制的配电线路中,没有中线,但输电线与大地之间存在电容,交流电也能形成通路。两只手触及任一相线时,能形成单相触电,如图 4-3 所示。

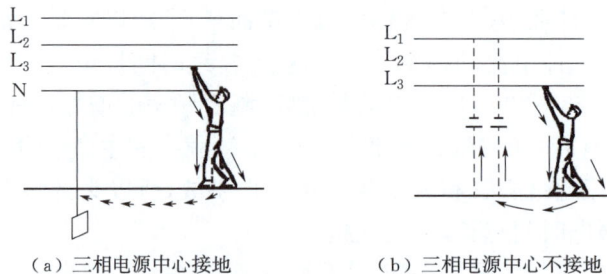

（a）三相电源中心接地　　　　　（b）三相电源中心不接地

图 4-3　单相触电

在三相电路中若人体与两根相线接触为两相触电,如图 4-4 所示。此时,人体在线电压作用下,危险性变大。

另一种触电方式是与正常工作的不应带电的金属部分接触而触电。例如,电动机金属外壳。由于定子绕组绝缘损坏,漏电绕组与外壳相碰,人体触及电机金属外壳时,会使人体触电,如图 4-5 所示。

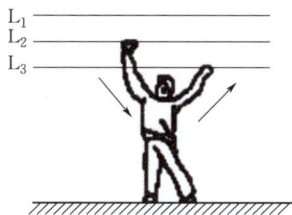

图 4-4　两相触电

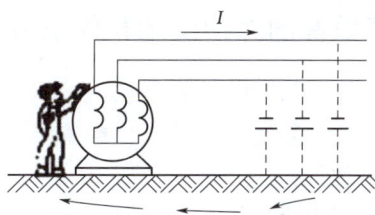

图 4-5　人体触及漏电外壳触电

第四节　安全用电措施

一、常用安全用电措施

安全用电的基本原则是不接触低压带电体,不靠近高压带电体。常用的安全用电措施如下:

1. 火线必须进开关

在开关处于分断状态时,用电器就不带电,有利于维修和避免触电。

2. 合理选择照明电压

一般工厂和家庭照明选用 220 V 电压供电。机床照明绝不允许选用 220 V 电压供电,而应选 36 V 以下电压供电。

3. 合理选择导线和熔丝

导线通过电流时,不允许过热,所以导线的额定电流应比实际电流大些。而熔丝在电路中起保护作用,要求电路短路时熔丝能迅速熔断,应选比额定电流稍大的熔丝来保护较大电流的电路。

4. 电气设备应有一定的绝缘电阻

电气设备金属外壳与通电线圈之间必须有一定的绝缘电阻,否则当人体触及正在工作的电气设备(如电动机、电风扇)的金属外壳时,就会触电。通常要求固定电气设备的绝缘电阻不应低于 $1\,\text{M}\Omega$,可移动的电气设备绝缘电阻应大于 $1\,\text{M}\Omega$。

5. 电气设备的安装要正确

电气设备应根据安装说明书进行安装。带电部分应加防护罩,高压带电体更应注意有效防护,使一般人无法靠近高压带电体,必要时应加联锁装置以防触电。

6. 采用各种保护用具

如绝缘手套、绝缘鞋、绝缘钳、棒、垫等,以保证工作人员安全操作。在家庭中可使用干燥的木质桌凳、玻璃、橡皮等做保护用具,保证人身安全。

7. 正确使用移动电具

使用手电钻等移动电具必须戴绝缘手套,调换钻头时应切断电源。

8. 严禁违章冒险

一般不允许带电操作,紧急情况急需处理带电电器时要用右手,将左手放在口袋中,以减少电伤害程度。

二、电气设备的保护接地和保护接零

在正常情况下电气设备的金属外壳是不带电的,但在绝缘损坏时外壳就会带电。为保证人体触及漏电设备金属外壳不会触电,通常都采用保护接地或保护接零的安全措施。

1. 保护接地

把电动机、变压器、铁壳开关等不带电的金属外壳或构架与大地做可靠的连接,称作保护接地。通常采用深埋在地下的角铁、钢管作为接地体。接地电阻不得大于 4 Ω。

保护接地适用于 1 000 V 以上的电气设备以及电源中线不直接接地的 1 000 V 以下的电气设备。电动机采用了保护接地,这样即使人体触及漏电的电气设备的金属外壳也不会触电。因人体电阻比接地体电阻大得多,两者并联,则漏电电流几乎全部经接地电阻流入大地,从而保证了人身安全。

所有涉及人身安全的设备,都应采取可靠的接地保护。

2. 保护接零

在正常情况下,将电气设备不应带电的金属外壳或构架与供电系统中的零线连接,叫作保护接零。保护接零适用于三相四线制中线接地系统中的电气设备。接零后若电气设备的某相因破损而漏电时,叫作该相短路。短路电流立即将熔断丝烧断或采取其他保护电器动作,切断电源以避免触电危险。

三、安全用电十不准

1. 不准带电移动电气设备。
2. 不准赤脚站在地面上带电作业。
3. 不准挂钩接线。
4. 不准使用三危线路。三危线路是指对地距离不符合要求的"拦腰线、地爬线、碰头线"。
5. 所有进行电气操作及值班工作人员不准喝酒。
6. 不准带负荷拉刀闸。停电时先拉分开关再拉总开关,送电时则顺序相反。
7. 对电气知识一知半解者,要严加管理,不准玩弄电气设备或乱拉乱接线。
8. 照明不准一线一地制。
9. 不准约时停、送电。
10. 不准私设电网。未经公安及主管部门批准,任何单位和个人私设电网都是违法行为。

第五章　工程测量基础知识

第一节　概　　述

一、测量学的基本内容与任务

测量学的基本内容：测绘学的研究内容相当广泛，它和其他科学一样都是随着人们生产实践的需要而产生并随着社会生产及科学技术的发展而发展。测绘学是测绘科学技术的总称。随着测绘学研究的深入和各学科研究的相互渗透，测绘学在发展中产生了许多分支，并形成了相对独立的学科。

1. 大地测量学

它是以地球表面大区域为研究对象，研究和测定地球形状、大小和地球重力场，以及测定地面点几何位置的学科。现代大地测量学包括几何大地测量学、物理大地测量学和卫星大地测量学。

2. 地形测量学（又称普通测量学）

由于地表形态的测绘工作是在面积不大的测区内进行的，又因地球曲率半径很大，可视小区域球面为平面而不必顾及地球曲率及地球重力场的微小影响，从而使理论和方法都得到简化。把地球表面的各种自然形态（如水系、地貌、土壤和植被的分布），以及人类社会活动所产生的各种人工形态（如境界线、居民地、交通干线和各种建筑物的位置）采用正射投影的理论，使用一定符号，按一定比例，相似地缩绘到平面图上，这种图叫作地形图。地形图的测绘和应用是地形测量学的核心内容，地形图在国民经济和国防建设中有着广泛应用。

3. 摄影测量学

摄影测量学是利用摄影或遥感的手段获取被测物体的信息（影像的或数字式的），经过对图像的处理、量测、判释和研究，以确定被测物体的形状、大小和位置，并判断其性质的一门学科。按获取图像的方法不同，分为地面立体摄影测量学和航空摄影测量学。

4. 工程测量学

工程测量学是研究工程建设在规划设计、施工放样和运营管理各阶段中进行测量工作的理论、技术和方法的科学，所以又称为实用测量学或应用测量学。

5. 矿山测量学

矿山测量学是综合运用测量、地质及采矿等多种学科的知识，来研究和处理矿山地质勘探、建设、采矿过程中的工作空间几何问题，以确保矿产资源合理开发、安全生产和矿区生态环境整治的一门学科。

6. 地图制图学

地图制图学是以地图信息传输为中心,探讨地图及其制作的理论、工艺技术和使用方法的一门综合性学科,它主要研究用地图图形反映自然界和人类社会各种现象的空间分布、相互联系及其动态变化,具有区域性学科和技术性学科的两重性,所以亦称地图学,主要内容包括地图编制学、地图投影学、地图整饰和制印技术等。现代地图制图学还包括用空间遥感技术获取地球、月球等星球的信息,编绘各种地图、天体图以及三维地图模型和制图自动化技术等。

二、测绘工作的作用

测绘工作是各项工程建设、资源开发、国防建设的基础性、超前性工作。测绘学的应用范围很广。在城乡建设规划、国土资源的合理利用、农林牧渔业的发展、环境保护以及地籍管理等工作中,必须进行土地测量,并测绘各种类型、各种比例尺的地形图,以供规划和管理使用。在地质勘探、矿产开发、水利、交通等国民经济建设中,则必须进行控制测量、矿山测量和线路测量,并测绘大比例尺地形图,以供地质普查和各种建筑物设计施工用。在研究地球运动状态方面,测绘学提供大地构造运动和地球动力学的几何信息,结合地球物理的研究成果,解决地球内部运动机制问题。具体来说,测绘学的主要作用可归纳成以下几方面:

1. 提供一系列点的大地坐标、高程和重力值,为科学研究、地形图测绘和工程建设服务。

2. 提供各种比例尺地形图和地图,作为规划设计、工程施工和编制各种专用地图的基础。

3. 准确测绘国家陆海边界和行政区划界线,以保证国家领土完整和邻邦友好相处。

4. 为地震预测预报、海底资源勘测、灾情监测调查、人造卫星发射、宇宙航行技术等提供测量保障。

三、地球的形状和大小

1. 水准面:静止的海水面是一个重力位等位面,且处处与重力方向垂直,这样的海水面称为水准面。

2. 大地水准面:平均海水面向陆地延伸,形成一个封闭的曲面,这个曲面称为大地水准面如图 5-1 所示。

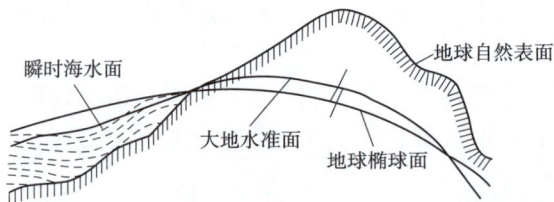

图 5-1　大地水准面示意

3. 大地体:由大地水准面所包围的地球形体称为大地体。它代表了地球的自然形状和大小如图 5-2、图 5-3 所示。

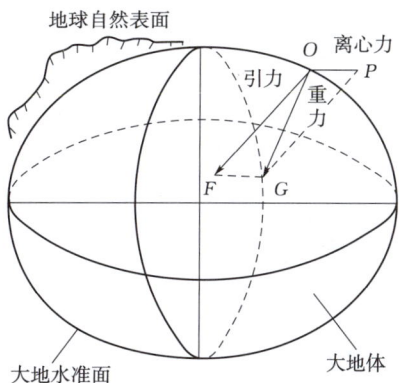

图 5-2　大地水准面和地球自然表面关系

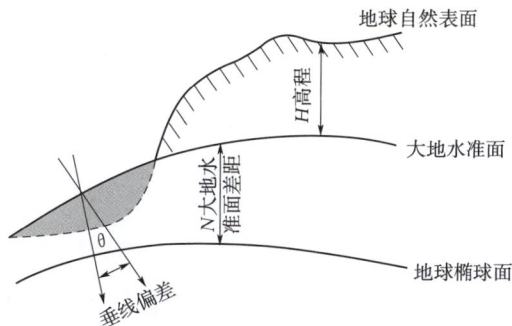

图 5-3　大地水准面差距 N 和垂线偏差 θ 示意

四、测量常用坐标系统

大地坐标的主要参数为大地经度 L、大地纬度 B 和大地高 H，如图 5-4 所示。

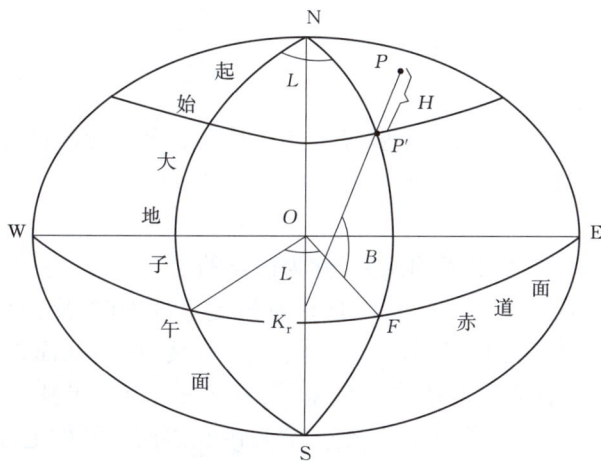

K_r—赤道面。

图 5-4　大地坐标系

经度 L 是指过地面任一点 P 的子午面与起始子午面间的夹角。其取值范围为 $0°\sim$ $\pm180°$，由起始子午面起，向东为正，称为东经；向西为负，称为西经。

纬度 B 是指过地面任一点 P 的法线与赤道面的夹角。其取值范围为 $0°\sim\pm90°$，由赤道面起算，向北为正，称为北纬；向南为负，称为南纬。

大地高 H 是指 P 点沿法线到椭球面的距离 PP'。由椭球面起算，向外大地高为正，向内为负。

我国的疆域位于赤道以北的东半球，所以各地的大地经度 L 和大地纬度 B 都是正值。

五、独立平面直角坐标系

在小区域内进行测量工作，通常采用平面直角坐标，如图 5-5 所示。

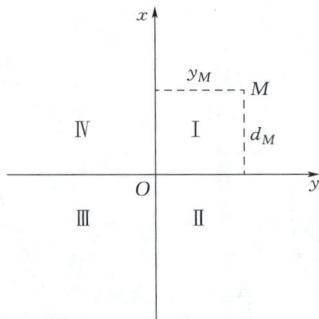

图 5-5　测量坐标系

1. 平面直角坐标系

在没有国家控制点或不便于与国家控制点联测的小地区测量中,允许暂时建立独立坐标系以保证测绘工作的顺利开展。

2. 测量坐标系与数学坐标系

测量工作中所采用的平面直角坐标系与数学中所介绍的相似,只是坐标轴互易。

六、高　程　系

1. 高程系统

为了确定地面点的空间位置,除了要确定其在基准面上的投影位置外,还应确定其沿投影方向到基准面的距离,即确定地面的高程。

2. 地面点高程

地面点沿铅垂线到大地水准面的距离,称为该点的绝对高程或海拔、标高,简称高程,以 H 表示。如果基准面不是大地水准面,而是任意假定水准面时,则点到假定水准面的距离称为相对高程或假定高程,用 H' 表示。高程值有正有负,在基准面以上的点,其高程值为正,反之为负。相邻两点的高程之差称为高差,用 h 表示。图 5-6 中 A 点到 B 点的高差为 $h_{AB} = H_B - H_A = H'_B - H'_A$,高差有正负之分,它反映相邻两点间的地面是上坡还是下坡,如果 h 为正,是上坡;h 为负,是下坡。

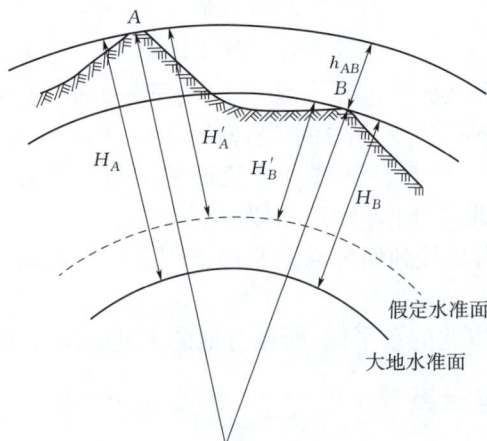

图 5-6　高程系统关系

第二节　水 准 测 量

一、水准测量原理

水准测量是依据几何原理用水准仪和水准标尺测定地面两点间高差的方法。水准测量是高程测量中精度最高和最常用的一种方法,被广泛应用于高程控制测量和各类施工测量中。

水准测量是用沿水准路线逐点向前推进的方式实施。为了测量地面上 A、P 两点间高差(图 5-7),先将水准标尺 R_1 竖立在水准点 A(高程已知)上,再将水准标尺 R_2 竖立在一定距离的 B 点上,在 A、B 之间安置水准仪。依据水准仪的水平视线,在标尺上分别读数,两标尺读数差就是 A、B 两点间的高差 h_{AB}。第一站测完后,B 点上水准标尺 R_2 保持不动,A 点的水准标尺 R_1 移至 C 点,水准仪移至 BC 的中间,测得 B、C 两点间高差 h_{BC},如此继续推进至 P 点,A、P 两点间的高差。

$$h_{AP} = h_{AB} + h_{BC} + \cdots + h_{XP}$$

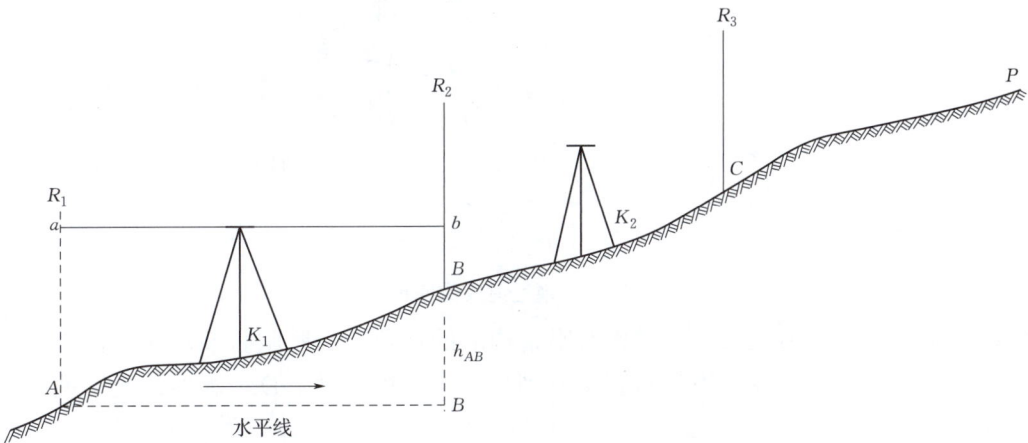

图 5-7　水准测量原理示意

二、水准测量仪器及工具

水准测量使用的仪器为水准仪。按仪器精度划分,主要有 DS_{05}、DS_1、DS_3 等几种型号,其中 D、S 分别代表"大地测量""水准仪"汉语拼音的第一个字母的大写;角标数字表示精度等级,如 05、1、3 表示该水准仪每千米往返测高差中数的中误差分别为 $\pm 0.5 \, \text{mm}$、$\pm 1 \, \text{mm}$、$\pm 3 \, \text{mm}$。DS_{05}、DS_1 为精密水准仪,主要用于国家一、二等水准测量和精密工程测量;DS_3 是普通水准仪,主要用于国家三、四等水准测量和普通工程测量。目前,工程测量常用的水准仪有微倾水准仪、自动安平水准仪、电子(数字)水准仪等,辅助工具有水准尺和尺垫。DS_3 水准仪主要由望远镜、水准器和基座三个部分组成。

1. 望 远 镜

望远镜由物镜、目镜、对光透镜和十字丝分划板等组成(图 5-8),主要用于照准目标、放大物像和对标尺进行读数。

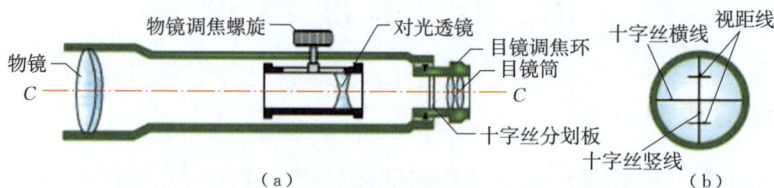

图 5-8　望远镜组成

物镜的光学中心（即光心）与十字丝交点的连线 CC 称为望远镜的视准轴。视准轴延伸而成为用于照准目标的视线。十字丝分划板上刻有十字丝，竖丝用于对正标尺，横丝又称中丝，用于对标尺截取读数，上、下还各有一根短横丝，称为视距丝，用于测定距离。

望远镜照准标尺后，根据几何光学原理（图 5-9），通过旋转对光螺旋，即可使目标 AB 倒立的实像 ba 刚好落在十字丝分划板上，再通过目镜的作用，放大成倒立的虚像 $b'a'$。

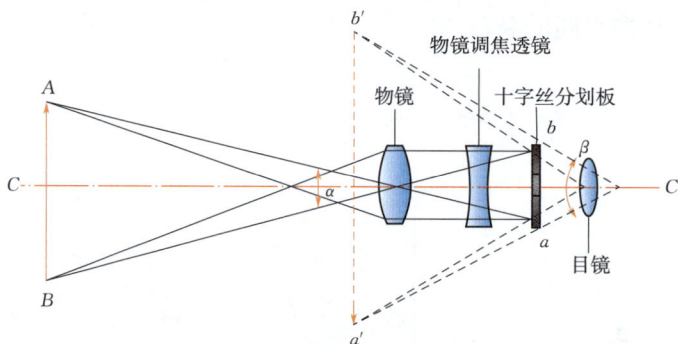

图 5-9　望远镜成像原理

望远镜的放大倍率：放大后的虚像对眼睛构成的视角 β 与眼睛直接观测目标构成的视角 α 之比，即放大后的虚像与用眼睛直接看到目标大小的比值。DS_3 水准仪望远镜的放大倍率约为 25 倍。

2. 水 准 器

水准器是用于整平仪器的装置，分为管水准器和圆水准器两种。

（1）管水准器

管水准器表面中心称为管水准器零点，过零点所作弧面的纵向切线 LL 称为水准管轴。当气泡居中水准管轴即水平，亦表示视线水平。

管水准器的上方常装有棱镜系统（图 5-10），用于将水准管气泡的两端通过棱镜系统的折射，投影到目镜左侧的符合气泡观测窗内，各自构成左、右半边的影像。当底端错开时，表示气泡未居中［图 5-11（b）］，转动微倾螺旋使底端吻合成半圆形，即表示气泡居中［图 5-11（c）］。

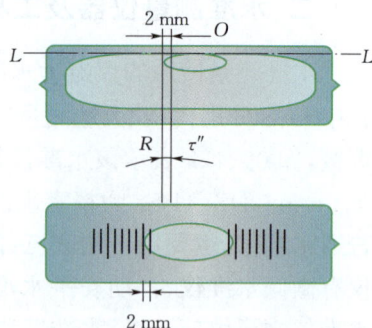

图 5-10　管水准器

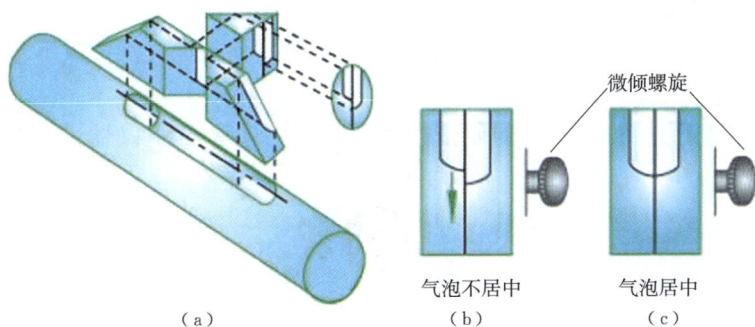

（a）　　　　　气泡不居中　　　气泡居中
　　　　　　　　（b）　　　　　（c）

图 5-11 符合气泡观测窗

（2）圆水准器

圆水准器又称圆水准管（图 5-12）。过球面小圆圈中点即零点的球面法线称为圆水准轴（$L'L'$）。当气泡位于圆圈中央时，圆水准轴即位于竖直位置，亦即表示仪器的竖轴也处于铅垂位置。

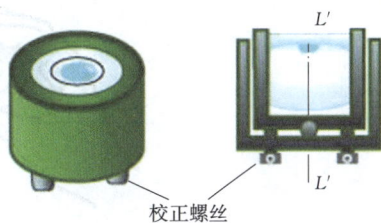

图 5-12 圆水准器

3. 基　座

基座通过中心螺旋将仪器与三脚架相连接。旋转三个脚螺旋调节圆水准气泡居中，即可使仪器粗略整平。

4. 水准尺和尺垫

水准尺即标尺，一般长 3 m，两面均刻有宽度为 1 cm 的分划线。分划为黑、白相间的称为黑面，尺底自 0.000 m 起算；分划为红、白相间的称为红面，尺底分别自 4.687 m 或 4.787 m 起算。在同一视线高度下，黑、红两面的读数差应为常数，由此可以检查读数的正确性。

尺垫一般由铸铁制成，呈三角形，尺垫其中央有一突出圆顶，测量时用于支承标尺。水准尺和尺垫如图 5-13 所示。

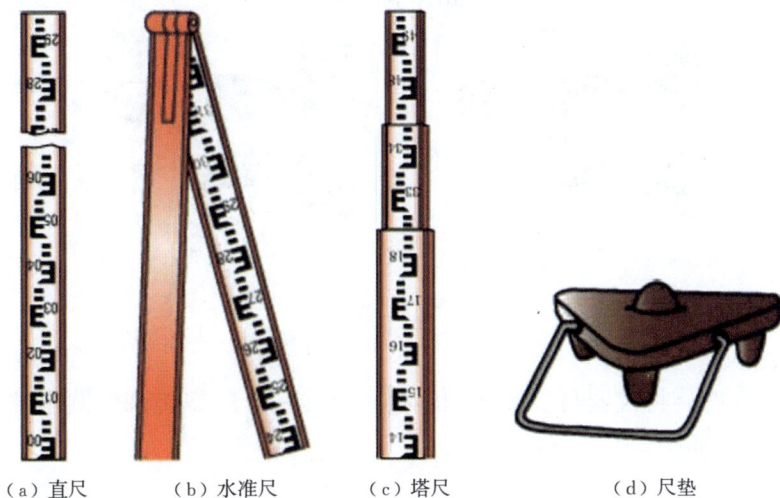

（a）直尺　　　（b）水准尺　　　（c）塔尺　　　（d）尺垫

图 5-13 水准尺和尺垫

5. DS₃ 水准仪的使用

为测定地面两点之间的高差,首先在两点的中间安置水准仪,再按以下步骤进行操作。

(1)粗略整平

粗略整平就是通过旋转脚螺旋使圆水准气泡居中,从而使仪器的竖轴竖,如图 5-14 所示。

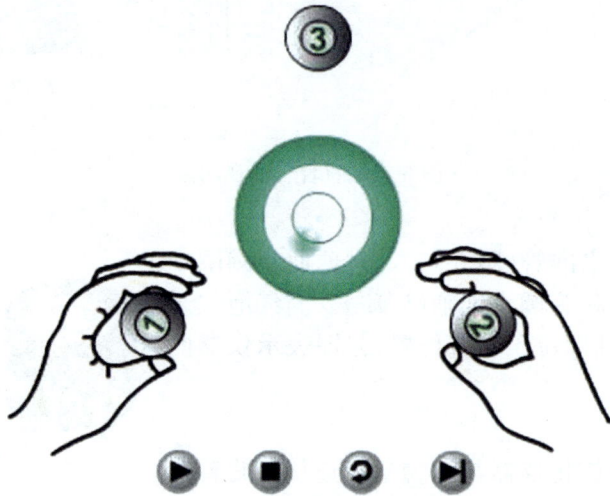

图 5-14　圆水准器的整平

(2)瞄准标尺

先对目镜调焦,将望远镜对向明亮的背景,转动目镜调节螺旋,使十字丝清晰;松开制动螺旋,转动望远镜,用镜筒上面的缺口和准星瞄准标尺,再拧紧制动螺旋;转动物镜对光螺旋,使标尺成像清晰;再转动微动螺旋,使标尺影像位于望远镜视场中央;最后消除视差。

瞄准标尺应消除视差。所谓"视差",是当眼睛在目镜端上、下微动时,看到十字丝与目标的影像相互移动的现象,其产生的原因是目标的实像未能刚好成在十字丝平面上,消除的方法是再旋转物镜对光螺旋,重复对光,如图 5-15 所示。

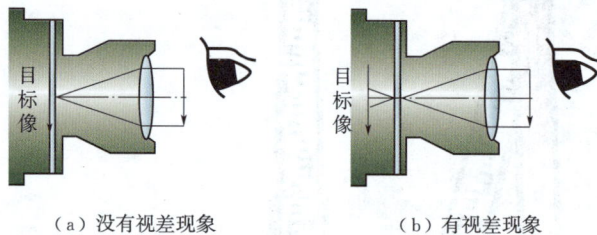

(a)没有视差现象　　　　　　(b)有视差现象

图 5-15　视差

(3)精确整平

基座通过中心螺旋将仪器与三脚架相连接。旋转三个脚螺旋调节圆水准气泡居中,即可使仪器精确整平,如图 5-16 所示。

(4)标尺读数

用十字丝中横丝在标尺上读数。以米(m)为单位,读出四位数,最后一位毫米(mm)为估读,如图 5-17 所示。

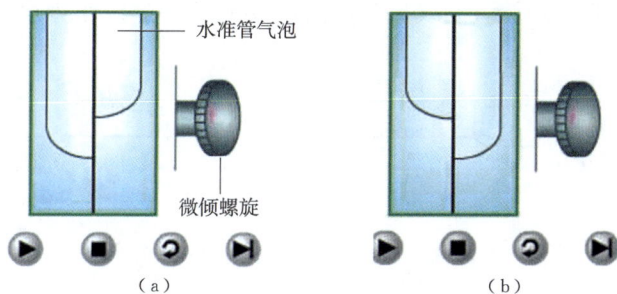

水准管气泡

微倾螺旋

（a）　　　　　　　　　　　　（b）

图 5-16　精确整平

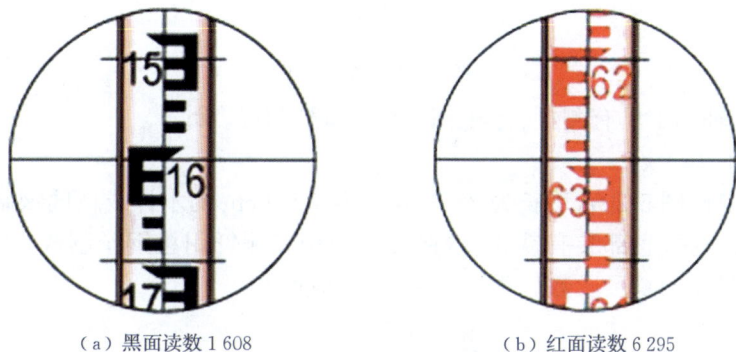

（a）黑面读数 1 608　　　　　　　（b）红面读数 6 295

图 5-17　读数

第三节　距离测量

距离是确定地面点位置的基本要素之一，所以距离测量也是确定地面点位的基本工作之一。两点间的水平距离（简称平距），是指两点间的连线沿铅垂线方向投影在水平面上的长度。$A'B'$ 的长度就是地面点 A、B 之间的水平距离，如图 5-18 所示。

一、钢尺量距

1. 钢　　尺

钢尺量距是利用具有标准长度的钢尺沿地面直接量测两点间的距离。按丈量方法的不同它分为一般量距和精密量距。一般量距读数至厘米，精度可达 $\frac{1}{3\,000}$ 左右；精

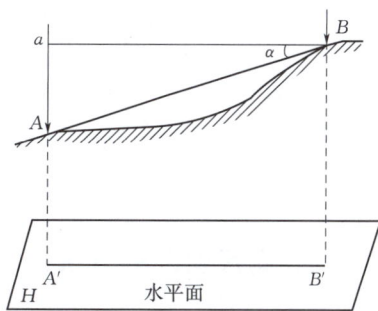

图 5-18　两点间的水平距离

密量距读数至毫米，精度可达 $\frac{1}{30\,000}$（钢卷尺）及 $\frac{1}{1\,000\,000}$（因瓦线尺）。钢尺分为普通钢卷尺和因瓦线尺两种。普通钢卷尺，尺面宽 10～15 mm，厚度 0.2～0.4 mm，长度有 20 m、30 m 和 50 m 等几种。平时卷放在圆盘形尺壳内或金属尺架上。钢尺的基本分划为毫米，在每厘米、每分米和每米处刻有数字注记。较精密的钢尺会在尺端刻有钢尺名义长度、规定温度及标准拉力。根据零点位置不同，钢尺有端点尺和刻线尺两种。端点尺是以尺的最外缘

作为尺的零点,如图5-19(a)所示;刻线尺是以尺前端的某一刻线作为尺的零点,如图5-19(b)所示。

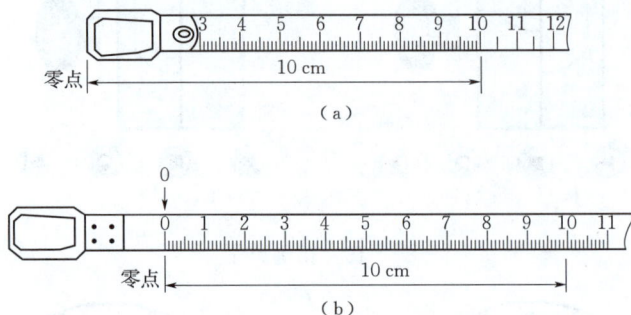

图5-19 钢尺类型

钢尺量距的辅助工具有测钎、花杆、垂球、弹簧秤和温度计。

2. 标　　杆

标杆又称花杆(图5-20),用长为2～3 m、直径3～4 cm的木杆或玻璃钢制成。杆上每隔20 cm涂以红白油漆,底部装有铁脚,以便插入土中。测钎用粗钢丝制成,用来标志尺段的起、讫点和计算量过的整尺段数。垂球用来投点和读数。

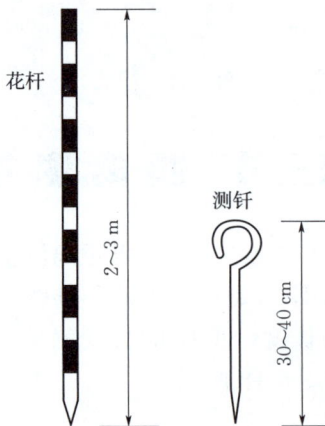

图5-20 花杆和测钎

二、钢尺量距的方法

钢尺量距的基本步骤是直线定线、量距和数据整理。

1. 直线定线

当地面上两点之间的距离大于钢尺的一个尺段时,为了不使距离丈量偏离直线方向,就需要在直线方向上标定若干标记,这项工作称为直线定线。一般丈量中,可用目估定线;丈量精度要求较高时,应采用经纬仪定线。

(1)目估定线

目估定线如图5-21所示,设A、B点相互通视,要在两点的直线上标出分段点1和2。先在A、B上竖立标杆,甲站在A点标杆后约1 m处,指挥乙左、右移动标杆,直到甲从A点沿标杆的同一侧看到 A、1、B 三支标杆共线为止,定出 1 点。然后利用相同的方法定出 2 点。目估定线时一般是由远及近进行定线,以免定点受到已定点的影响。

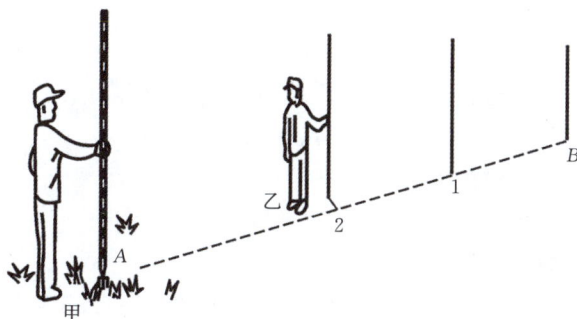

图 5-21 目估定线

（2）经纬仪定线

设 A、B 点相互通视,在 A 点安置仪器,对中整平后,望远镜纵丝瞄准 B 点上目标,制动照准部,望远镜上下转动,指挥待定点处的助手左右移动测钎或标杆,直至测钎或标杆的像被纵丝平分。经纬仪定线时一般也是由远及近进行定线。

2. 量　　距

钢尺（或皮尺）量距时作业人员需 5 人（根据量距方法而定）,分别担任拉尺、读数和记录等工作。钢尺量距分为一般量距和精密量距两种。

（1）平坦地区量距

地面平坦时可使钢尺沿地（拖地）丈量,丈量 AB 距离可先从 A 向 B 进行（往测）。为检核丈量结果的提高测量精度,需由 B 向 A 丈量 BA 点间之距（返测）,司尺员应调换位置。往返丈量距离的差数的绝对值与该距离的往返均值之比称为丈量的相对精度或称相对误差,即

$$\frac{|往测-返测|}{往返均值}=\frac{1}{M}$$

符合要求时,取往返测均值作 AB 之距的最终结果。

（2）沿倾斜地面量距

当倾斜地面坡度一致时,可沿斜面分段拖地丈量斜距,加倾斜改正得到平距,该法称为倾斜量距法。

（3）水平量距法量距

在坡度小但地形变化比较复杂的地面量距时可采用水平量距法。用该法量距时,后尺员持钢尺零端并将其对准地面点 A 标志中心,前尺员拉紧钢尺,目测使钢尺水平并用测钎,或用花杆、垂球,将钢尺末端或某一整分划处投到地面,并插一测钎,这样可直接测量该尺段的水平距离 D_i。

3. 精密量距法

当测距精度要求高时,采用精密量距方法。钢尺精密量距精度可达 $1/3\,000\sim1/10\,000$ 或更高。精密量距前首先要对钢尺进行检定,求出尺长方程式;定线必须采用仪器法,场地中障碍物应清除,尺段点按坡度变化点和尺长确定,用预先设有标志的木桩或水泥桩标定,

桩面应高出地面 10 cm 左右;尺段端点高差一般用水准测量方法测定;量距时应施加标准拉力;测记钢尺表面温度(无此条件时可测气温);实测斜距应进行尺长改正、温度改正和倾斜改正。

钢尺长度检定:

(1)尺长方程式

精确的钢尺在出厂时或进行重要测量时均应检定,其长度用尺长方程式表示

$$L_t = l + \Delta l_0 + \alpha l(t - t_0)$$

式中　L_t——钢尺在温度 t 时的实际长度;

l——钢尺名义长度;

Δl_0——尺长改正数;

α——钢尺的线膨胀系数,其值一般为 $11.6 \times 10^{-6} \sim 12.5 \times 10^{-6}/℃$;

t_0——钢尺检定的标准温度;

t——钢尺实测时的温度。

(2)钢尺检定的方法

对钢尺进行检定即是求出标准温度 t_0 时的尺长改正数 Δl_0。

①以已有尺长方程式的钢尺(标准尺)长作为已知长度,称为比长检定法。

设有两根钢尺的线膨胀系数相同,将标准钢尺和被检定钢尺加上规定的拉力进行比较,得出其差值,计算出被检定钢尺的尺长方程式。

②以称为基准线的两固定点间的距离为已知长度,称为基线场检定法。

在地面上埋设两个固定点作为基准线,用已有尺长方程式的标准钢尺进行若干次丈量,以其平均值作为这条基准线的真实长度。基准线长度一般为钢尺长度的若干倍。

4. 直线丈量的误差来源

(1)尺长本身的误差

钢尺名义长度是不准确的,若不按尺长方程式进行改算,则其中包含了尺长误差,而此误差用往返测量是检查不出来的,距离越长,误差越大,此误差性质是系统性的。

(2)温度变化的误差

一般而言,对钢尺每米每度温差变化的影响只有 1/80 000,但如果温差为 10 ℃,距离为 100 m,则其温度变化对距离的影响为 12 mm,对精密量距来说,这是不容忽视的,此项误差的性质也是系统性的。

(3)拉力误差

拉力的误差较小,经过分析,其最大的误差影响约为距离的 1/16 000,其性质可正可负,在实际精密丈量中可用弹簧秤加标准拉力。

(4)丈量本身的误差

丈量本身的误差包括很多方面,如:对点误差、插测钎的误差、读数误差、凑整误差等,这些误差本身并不大,其性质又可正可负,因此总的影响很小。

(5)钢尺垂曲的误差

钢尺悬空丈量时中间下垂而产生的误差。若钢尺垂曲而又不加考虑,则其误差是系统性的,使所测边长增大,应加以改正。

(6)钢尺不水平的误差

测量要的是水平距离,而钢尺不水平则使得所测距离为斜距,使实际值增大。如:边长

为 30 m, 尺子倾斜高差达 0.4 m, 则使距离增长约 2.67 mm, 相对误差为 1/11 000, 要求尺子的倾斜高差小于 0.4 m 是很容易达到的, 因此其影响很小。

(7) 定线误差

分段丈量时, 距离也应为直线, 定线偏差使其成为折线, 与钢尺不水平的误差性质一样使距离量长了。前者是水平面内的偏斜, 而后者是竖直面内的偏斜。当然这项误差也是很容易控制的。

三、光学视距原理及计算公式

在仪器制造时都是将夹角 ω 设置成固定值, 使距离 D 和尺间隔 l 成正比关系, 从而求得视距。即 $D=Kl$, 一般取 $K=100$, 这样, 视距计算公式为

$$D=100l \tag{5-1}$$

AB 间的高差:

$$h=i-v \tag{5-2}$$

式中, i 为仪器高; v 为中丝读数。

若已知测站点的高程为 H_A, 则立尺点 B 的高程为

$$H_B=H_A+h=H_A+i-v \tag{5-3}$$

视准轴有一倾角 α 时, 其与标尺不垂直, 有一角度 $90°\pm\alpha$。

若过视准轴与标尺的交点 O 作一垂直于视准轴的假想标尺, 则假想标尺与标尺间有一夹角也为 α, 视距丝在假想标尺的读数为 M'、N', 视距间隔为

$$l'=M'-N' \tag{5-4}$$

假想标尺与仪器视准轴构成了同于视线水平时的情况一致的关系, 故仪器中心到假想标尺间距离可表示为

$$S=Kl'=K(M'-N') \tag{5-5}$$

该距离实际上是倾角为 α 的斜距。

由于实际标尺总是直立的, 可以读得的视距读数为 M、N, 视距间隔为

$$l=M-N \tag{5-6}$$

因此必须将假想标尺上的读数 a'、b' 用实际标尺上的读数 a、b 表示出来。

由于 ω 角很小, 在下列两个三角形 $\Delta MM'O$ 和 $\Delta NN'O$ 中 $\angle MM'O$ 和 $\angle NN'O$ 可以近似地认为是直角。

故视线倾斜时的水平距离可表示为

$$D=Kl\cos 2\alpha=100(M-N)\cos 2\alpha \tag{5-7}$$

而两点间的高差 h, 可以根据垂直角 α, 仪器高 i 及中丝读数 v, 按下式算出

$$h=D\tan\alpha+i-v \tag{5-8}$$

四、视距的观测与计算

1. 观   测

(1) 在测站上安置经纬仪, 量取仪器高 i, 单位取厘米。

(2) 在测点上立尺。

（3）用望远镜照准标尺读上、中、下丝读数，应估读至毫米，用上下丝读数计算视距间隔 l，也可直接读取视距间隔。

（4）居中竖盘水准管气泡（若竖盘指标自动补偿，无需此操作），读竖盘读数一并记录。

（5）用计算器计算视距和测站点的高差，若在计算器中预置测站点的高程，可直接求出立尺点的高程。

2. 计　　算

用计算器进行视距及高程的计算方便实用，已被广泛使用。计算时，式（5-5）中的 v 取标尺中丝读数值。

五、光电测距仪的分类

光电测距仪按不同的分类方法可分为不同类别。

（1）按测程分为短程（5 km 以下）、中程（5～15 km）、远程（15 km 以上）。

（2）按精度分为高精度（5 mm/km）、中精度（5～10 mm/km）、低精度（10～20 mm/km）。

（3）按载波分为微波测距仪、红外光测距仪（通称：红外测距仪）、激光测距仪。后两者又总称为光电测距仪。远程测距仪器多采用微波和激光作载波，测程可达数十公里。中、短程测距一般以红外光作载波。电磁波测距仪按测定电磁波传播时间、方法不同，分为脉冲式测距仪和相位式测距仪。

六、测距仪的一般使用方法

目前正在使用的测距仪有组合式、整体式两种。组合式是指由经纬仪、测距仪主机、控制键盘、电源及其他附件组成，主机架在经纬仪上，测距光轴和望远镜视准轴应平行。距离测量步骤如下：

1. 仪器安置：在测站点安置经纬仪，方法同角度测量，但应比测角时仪器安置高度略低。

2. 测前准备：打开电源进行仪器功能及电源状态测试；设置单位制式，预置常数，包括仪器加常数、气象改正数等。

3. 照准反射棱镜，调节经纬仪的水平和竖直微动螺旋使回光信号最大。

4. 根据测量精度要求测量距离若干测回，同时观测垂直角，量仪器高、镜高并记录有关气象数据，备成果整理之用。

第四节　测量误差基本知识

一、测量误差的定义

在测量工作中，观测者无论使用多么精良的仪器，操作如何认真，最后仍得不到绝对正确的测量成果，这说明在各观测值之间或在观测值与理论值之间不可避免地存在着差异，这些差异被称为观测值的测量误差。

二、测量误差的产生

测量工作是在一定的条件下进行的，一般来说，外界环境、测量仪器和观测者构成观测条件。而观测条件不理想或不断变化，是产生测量误差的根本原因。

1. 外界环境造成的误差

外界环境造成的误差主要指观测环境中气温、气压、空气湿度和清晰度、大气折光、风力等因素的不断变化，会导致观测结果中带有误差。

2. 仪器误差

仪器误差包括仪器制造误差、检校残余误差。

3. 观测误差

观测者的感官的鉴别能力、技术熟练程度和劳动态度等也会产生误差。可见，观测条件不可能完全理想，测量误差的产生不可避免。但是，在测量工作实践中，可以采取一定的措施和方法来改善乃至控制观测条件，从而能够控制测量误差。

综上所述，观测结果的质量与观测条件的优劣有着密切的关系。观测条件好，误差就可能会小一些，观测质量相应地会高一些；反之，观测结果的质量就会相应降低。当观测条件相同时，可以认为观测结果的质量是相同的。在相同条件下所进行的一组观测为等精度观测，而在不同条件下所进行的一组观测为非等精度观测。

三、测量误差的分类

测量误差按性质可分为两类：一类为系统误差；另一类为偶然误差（又称随机误差）。此外，还有属于错误性质的"粗差"。

1. 系统误差

在相同观测条件下，对某量进行一系列观测，若误差的数值和正负号按一定规律变化或保持不变（或者误差数值虽有变化而正负号不变），具有这种性质的误差称为系统误差。

例如，用一支名义长度为 30 m，而经检定后，其实际长度为 29.99 m 的钢尺来量距，则每量 30 m 的距离，就会产生 1 cm 的误差，丈量 60 m 的距离，就会产生 2 cm 的误差。

这些误差在测量成果中具有累积性，对测量成果质量的影响较为显著。由于这些误差具有一定的规律性，所以，可以通过加入改正数或采取一定的观测措施来消除或尽量减少其对测量成果的影响。总之，通过采取相应的措施，可以将系统误差消除或减少到可以忽略不计的程度。

2. 偶然误差

在相同观测条件下，对某量进行一系列观测，若误差的取值有多种可能，其数值和正负号均无法确定。也就是说，就误差列中的单个误差来看，其数值和正负号没有规律性，但从误差列的总体来观察，则具有一定的统计规律，这种误差称为偶然误差，又称随机误差。

例如，用经纬仪测角时，用望远镜瞄准目标时产生的照准误差；水准测量时，瞄准水准尺估读毫米的读数误差等，都属于偶然误差。

偶然误差是服从或近似服从正态的随机误差，是由观测条件受到诸多无法预料的因素影响所致。偶然误差就个别值而言，在数值和正负号上确实无规律可循，是无法预知的。在测量工作中，只能靠选择合适的仪器、合理的操作方法和认真负责的态度，在较好的外界条件下进行观测,以减小偶然误差的影响,而无法将其完全消除。

在观测过程中,系统误差和偶然误差总是相伴而生的。当系统误差占主导地位时,观测误差就呈现一定的系统性;反之,当偶然误差占主导地位时,观测误差就呈现偶然性。如前所述,系统误差有明显的规律性,容易发现,也较易控制,所以在测量过程中总可以采取各种办法消除其影响,使其处于次要地位。而偶然误差则不然,不能完全消除,故本章中所讨论的测量误差,均系指偶然误差而言。

3. 粗　　差

粗差是测量中的疏忽大意而造成的错误或电子测量仪器产生的伪观测值。粗差非常有害,会对工程造成难以估量的损失。所以,应尽早将粗差剔除。

第六章 轨道结构

第一节 轨道组成及线路分类

一、轨道组成

轨道的作用是引导列车行驶方向，支承其载重及冲击力，并将其传递至路基或桥隧等建筑物。铁路轨道是提高道路承载能力的产物，是铁路线路的上部建筑，包括钢轨、轨枕、联结零件、道床、轨道加强设备和道岔等。

二、铁路线路分类

铁路线路分为正线、站线、段管线、岔线、安全线及避难线。

1. 正　　线

正线是指连接车站并贯穿或直股伸入车站的线路。正线可分为区间正线及站内正线。连接车站的正线为区间正线，贯穿或直股伸入车站的部分为站内正线。但新建线路直股伸入站内正线外的其他股道时，如股道未按正线设计(改造)，不作为正线管理。

2. 站　　线

车站内除设有正线外，还根据业务性质、运量大小及技术作业的需要，分别铺设其他配线，这些配线统称为站线，如到发线、调车线、牵出线、货物线及站内指定用途的其他线路等。

(1)到发线是指供列车到达、出发使用的线路。

(2)调车线是指进行列车编组与解体作业使用的线路。

(3)牵出线是指设在调车场的一端，并与到发线连接，专供车列解体、编组及转线等牵出使用的线路。

(4)货物线是指专供办理货物装卸车使用的线路。

(5)站内指定用途的其他线路，是指站内救援列车停留线、机车走行线、机车等待线、车辆站修线、轨道衡线、加冰线、换装线、货车洗刷线、驼峰迂回线等。

3. 段 管 线

段管线是指由机务、车辆、工务、电务、供电等站段专用，以及动车段(所)专用，并由其管理的线路。

4. 岔　　线

岔线是指在区间或站内接轨，通向路内外单位(厂矿企业、砂石场、港湾、码头及货物仓库)的专用线路。

5. 安　全　线

安全线是为防止列车或机车车辆从一进路进入另一列车或机车车辆占用的进路而发生

冲突的一种安全隔开设备,为特殊用途线。

6. 避 难 线

避难线是在长大下坡道上能使失控列车安全进入的线路,为特殊用途线。避难线是为防止长大下坡道上失去控制的列车发生冲突或颠覆而设置的。

第二节 钢 轨

一、钢轨的作用及类型

1. 钢轨的作用

钢轨是铁路轨道的主要组成部件。它的作用在于引导机车车辆的运行,承受车轮的巨大压力并传递到轨枕上,为车轮提供连续、平顺和阻力较小的滚动表面,在电气化铁路或自动闭塞区段,钢轨还兼做轨道电路之用。

2. 钢轨的类型

钢轨类型习惯上用每米钢轨大致质量的千克整数(kg/m)表示。我国铁路标准钢轨有75 kg/m、60 kg/m、50 kg/m、43 kg/m、38 kg/m 等,随着铁路工务基础设施的进一步优化,38 kg/m 型钢轨已经逐步退出历史舞台。

线路上的钢轨类型应与运量、允许速度和轴重相适应。钢轨类型的选择要根据运输条件综合考虑。在技术上,要能保证足够的强度、韧性、耐磨性和稳定性;在经济上,要能保证合理的大修周期,减少养护维修工作量。决定钢轨质量的主要因素,一是钢轨质量与机车车辆轴重必须匹配,轮轴比一般在 2.75 以上较为合适,钢轨质量提高要与轴重增加相适应。二是在一定的行车速度条件下,车轮对钢轨的冲击作用、轨道各部件及道床振动加速度和钢轨质量成反比,要提高行车速度,又要保证良好的线路质量,就必须提高钢轨质量。三是年通过总质量密度越大,越容易引起轨道部件疲劳折损,加剧轨道几何尺寸位置的变化,为此必须根据年通过总质量密度合理选用与之相匹配的钢轨,这样才不至于影响钢轨使用寿命、缩短线路大修换轨周期。

二、钢轨的断面及尺寸

1. 钢轨断面

作用于钢轨上的力主要是竖直力,其结果是使钢轨挠曲。钢轨可视为弹性基础上的连续长梁,而长梁抵抗挠曲的最佳断面形状为工字形。因此,钢轨采用由轨头、轨腰和轨底三部分组成的宽底式工字形断面,如图 6-1 所示。

钢轨断面应满足下列要求:

(1)钢轨头部是直接和车轮接触的部分。为改善轮轨接触条件,提高其抵抗压陷和耐磨的能力,轨头宜大而厚,并有足够的面积以备磨耗,其几何形状应适合轮轨的接触。

(2)为使钢轨有较大的承载能力和抗弯能力,钢轨腰部必须有足够的厚度和高度。轨腰与钢轨头部及底部的连接,必须保证

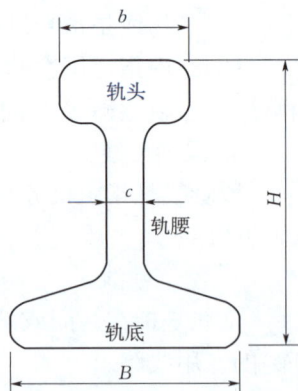

图 6-1 钢轨截面示意

夹板能有足够的支承面,并使断面的变化不至于太突然,以免产生过大的应力集中。

（3）钢轨底部直接支承在轨枕顶面上。为保持钢轨稳定,轨底应有足够的宽度和厚度,并具有必要的刚度和抵抗锈蚀的能力。

（4）钢轨的头部顶面宽(b)、轨腰厚(c)、轨身高(H)及轨底宽(B)是钢轨断面的四个主要参数。钢轨高度应尽可能大一些,以保证有足够的惯性矩及断面系数来承受竖直轮载的动力作用。但钢轨愈高,其在横向水平力作用下的稳定性愈差。轨身高与轨底宽之间应有一个适当的比例,一般采用 $H/B=1.15\sim1.20$。

2. 钢轨截面各部尺寸

为使钢轨轧制冷却均匀,轨头、轨腰及轨底的面积,应有一个最适当的比例。我国的 75 kg/m、60 kg/m、50 kg/m、43 kg/m 钢轨标准截面尺寸见表 6-1。

表 6-1　钢轨截面各部尺寸

项　目	钢 轨 类 型/(kg/m)			
	43	50	60	75
每米钢轨质量 m/kg	44.653	51.514	60.64	74.414
钢轨高度 H/mm	140	152	176	192
轨头宽度 b/mm	70	70	73	75
轨底宽度 B/mm	114	132	150	150
轨腹厚度 c/mm	14.5	15.5	16.5	20
螺栓孔直径 ϕ/mm	29	31	31	31
轨端至 1 孔中心距 L_1/mm	56	66	76	96
1 孔至 2 孔中心距 L_2/mm	110	150	140	220
2 孔至 3 孔中心距 L_3/mm	160	140	140	130
截面积/cm^2	57	65.8	77.45	95.04
钢轨长/m	12.5/25	12.5/25	12.5/25	25

三、钢轨的化学成分

钢轨的强度、耐磨性及韧性在很大程度上取决于钢轨的材质。钢轨材质的内部组织和机械性能,主要由轧制钢轨钢的化学成分决定。因此,化学成分是钢轨质量的第一个特征,严格控制钢的化学成分,是保证钢轨质量的一个主要因素。

钢轨除含铁(Fe)外,还含有碳(C)、锰(Mn)、硅(Si)及磷(P)、硫(S)等元素。

钢的含碳量高,可提高其抗拉强度、硬度和耐磨性。但含碳量过高,也会使钢轨的塑性和韧性明显下降,还会使钢轨内部产生白点形成极微小裂纹,诱发钢轨断裂,危及行车安全。目前,普遍认为钢含碳量的极限值为 0.82%。为了进一步提高钢轨的耐磨性能和强度,可对钢轨进行全长淬火或采用合金钢轨。如在钢轨的化学成分中增加铬(Cr)、镍(Ni)、钼(Mo)、铌(Nb)、钒(V)、钛(Ti)和铜(Cu)等元素,制成合金钢轨,可提高钢轨的抗拉、抗疲劳强度,以及耐磨和耐腐蚀的性能。

锰可以提高钢的强度和韧性。锰含量一般为0.6%～1.0%。锰含量为1.1%～1.5%时称为中锰钢，有较高的抗磨性能。

硅易与氧化合，能除去钢中气泡而使钢轨材质致密，其含量一般为0.15%～0.3%。提高钢的含硅量，能提高钢轨的耐磨性能。

磷、硫都是有害成分。磷含量大于0.1%时，会使钢轨具有冷脆性，在寒冷地区易突然断裂。硫会使金属在800～1 200 ℃时发脆，在轧制及热加工时易出现裂纹。所以，磷、硫的含量必须严格加以控制。

四、钢轨伤损

钢轨伤损是指钢轨在使用过程中发生钢轨折断、钢轨裂纹以及其他影响和限制钢轨使用性能的伤损。钢轨伤损分为轻伤、重伤和折断三类，下面介绍主要几种伤损。

1. 锈　　蚀

钢轨锈蚀主要发生在隧道内及易受盐碱侵蚀地段的线路。在摸清锈蚀情况、特征、规律、成因的基础上选用合适的防锈材料和采用严格的施涂工艺，能够取得良好的效果。故决定钢轨使用寿命的主要因素是折断和磨耗。

2. 折　　断

钢轨因折断而更换的数量，虽然不超过更换总数的1%～2%，但它是在运营中突然发生，对行车安全威胁极大。造成钢轨折断的主要原因：一是钢轨材质问题，钢轨在生产过程中存在缺陷（如裂纹、气泡等），这些缺陷在钢轨使用过程中发展扩大导致钢轨折断；二是钢轨在巨大重复动荷载作用下造成疲劳伤损，随着行车速度的提高和机车车辆轴重的增加，钢轨折断发生的概率更大。此外，因钢材具有冷脆性，在气候寒冷季节钢轨更容易折断，特别是在无缝线路地段，到了低温季节会在长钢轨内部产生巨大的温度拉力，在综合因素作用下导致钢轨折断。

《普速铁路线路修理规则》规定，钢轨折断是指发生下列情况之一者：

（1）钢轨全截面断裂。

（2）裂纹贯通整个轨头截面。

（3）裂纹贯通整个轨底截面。

（4）允许速度不大于160 km/h区段钢轨顶面上有长度大于50 mm且深大于10 mm的掉块，允许速度大于160 km/h区段钢轨顶面上有长度大于30 mm且深度大于5 mm的掉块。

3. 磨　　耗

钢轨磨耗是轮轨间滚动摩擦和滑动摩擦作用的结果。滑动摩擦产生的原因是列车制动时轮轨间产生的滑动；同一轮对的两个车轮摇摆而引起的滑动；曲线上由于内外两轮的行程差，迫使内轮向后的滑动；列车通过曲线时外轮对外轨侧面的摩擦等。

由于列车不间断地运行，钢轨的磨耗是不断发生发展的。因此，钢轨的磨耗是决定钢轨使用寿命的最主要因素。为确保行车安全，我国铁路对不同等级的线路规定了不同的磨耗限度。

我国铁路把钢轨伤损按其轨头的磨耗程度分为轻伤和重伤两类，轨头的磨耗指标有：垂直磨耗、侧面磨耗和总磨耗三项，见表6-2～表6-4。

表 6-2　钢轨轻伤和重伤标准

伤损项目	伤损程度						备注
	轻伤			重伤			
	$v_{max}>$ 160 km/h	160 km/h $\geqslant v_{max}$ >120 km/h	$v_{max}\leqslant$ 120 km/h	$v_{max}>$ 160 km/h	160 km/h $\geqslant v_{max}$ >120 km/h	$v_{max}\leqslant$ 120 km/h	
钢轨头部磨耗	磨耗量超过表 6-3 所列限度之一者			磨耗量超过表 6-4 所列限度之一者			
轨端或轨顶面剥离掉块	长度超过 15 mm 且深度超过 3 mm	长度超过 15 mm 且深度超过 3 mm	长度超过 15 mm 且深度超过 4 mm	长度超过 25 mm 且深度超过 3 mm	长度超过 25 mm 且深度超过 3 mm	长度超过 30 mm 且深度超过 8 mm	
钢轨顶面擦伤	深度超过 0.5 mm	深度超过 0.5 mm	深度超过 1 mm	深度超过 1 mm	深度超过 1 mm	深度超过 2 mm	
钢轨低头	超过 1 mm	超过 1.5 mm	超过 3 mm	超过 1.5 mm	超过 2.5 mm	超过 3.5 mm	用 1 m 直尺测量最低处矢度,包括轨端轨顶面压伤和磨耗在内
波浪形磨耗	谷深超过 0.3 mm	谷深超过 0.3 mm	谷深超过 0.3 mm	—	—	—	
钢轨表面裂纹	—	—	—	有	有	有	包括螺孔裂纹、轨头下颚水平裂纹(透锈)、轨腰水平裂纹、轨头纵向裂纹、轨底裂纹等(不含轮轨接触疲劳引起轨顶面表面或近表面的鱼鳞裂纹)
钢轨内部裂纹	—	—	—	有	有	有	包括核伤(黑核、白核)、钢轨纵向裂纹等
钢轨变形	—	—	—	有	有	有	轨头扩大、轨腰扭曲或鼓包等,经判断确认内部有暗裂
钢轨锈蚀	—	—	—	经除锈后,轨底厚度不足 8 mm 或轨腰厚度不足 14 mm		经除锈后,轨底厚度不足 5 mm 或轨腰厚度不足 8 mm	

表 6-3　钢轨头部磨耗轻伤标准

钢轨/(kg/m)	总磨耗/mm				垂直磨耗/mm				侧面磨耗/mm			
	$v_{max}>$160 km/h 正线	160 km/h≥$v_{max}>$120 km/h 正线	$v_{max}≤$120 km/h 正线及到发线	其他站线	$v_{max}>$160 km/h 正线	160 km/h≥$v_{max}>$120 km/h 正线	$v_{max}≤$120 km/h 正线及到发线	其他站线	$v_{max}>$160 km/h 正线	160 km/h≥$v_{max}>$120 km/h 正线	$v_{max}≤$120 km/h 正线及到发线	其他站线
75	9	12	16	18	8	9	10	11	10	12	16	18
75 以下~60	9	12	14	16	8	9	9	10	10	12	14	16
60 以下~50	—	—	12	14	—	—	8	9	—	—	12	14
50 以下~43	—	—	10	12	—	—	7	8	—	—	10	12
43 以下	—	—	9	10	—	—	7	8	—	—	9	11

注：①总磨耗＝垂直磨耗＋1/2 侧面磨耗。

　　②垂直磨耗在钢轨顶面宽 1/3 处(距标准工作边)测量。

　　③侧面磨耗在钢轨踏面(按标准断面)下 16 mm 处测量。

表 6-4　钢轨头部磨耗重伤标准

钢轨/(kg/m)	垂直磨耗/mm			侧面磨耗/mm		
	$v_{max}>$160 km/h 正线	160 km/h≥$v_{max}>$120 km/h 正线	$v_{max}≤$120 km/h 正线、到发线及其他站线	$v_{max}>$160 km/h 正线	160 km/h≥$v_{max}>$120 km/h 正线	$v_{max}≤$120 km/h 正线、到发线及其他站线
75	10	11	12	12	16	21
75 以下~60	10	11	11	12	16	19
60 以下~50	—	—	10	—	—	17
50 以下~43	—	—	9	—	—	15
43 以下	—	—	8	—	—	13

第三节　钢轨接头、联结零件及轨道加强设备

一、钢轨接头及联结零件

钢轨长度决定于轧制、运输、铺设，在两根定长的钢轨之间，用夹板连接成连续的轨线，称为钢轨接头，而钢轨接头致使线路在运行过程中产生各种病害，因此钢轨接头也被称为普速铁路线路三大薄弱环节之一。

为了减少钢轨接头，应尽量采用长的钢轨；但钢轨长度越长，轧制越困难，所以各国铁路的钢轨长度都限制在一定的范围以内。目前的普速铁路钢轨定长为 12.5 m、25 m。曲线缩

短轨长度有比 12.5 m 标准轨短 40 mm、80 mm、120 mm 的三种,有比 25 m 标准轨短 40 mm、80 mm、160 mm 的三种。随着无缝线路的出现,铁路上的钢轨长度已远远长于标准 轨长度,大量地减少钢轨接头,为改善列车运行提供了有利的条件。

1. 钢轨接头分类及结构形式

(1)按其对轨枕的位置分为悬空式和承垫式两种。

①悬空式:钢轨接头悬于两根轨枕之间,为悬空式接头,如图 6-2(a)所示。目前我国铁 路上均采用悬空式接头。实践证明,这种接头形式的受力条件较好,结构简单,便于维修和 养护。

②承垫式:钢轨接头压于轨枕之上,为承垫式接头。承垫式接头又分为单枕承垫式和双 枕承垫式两种,如图 6-2(b)、(c)所示。单枕承垫式接头当列车通过时会使轨枕左右摇动,不 稳定,故很少采用。承垫式接头主要用于需要加强线路接头的地方(如连接两种不同类型钢 轨的异型接头),以保证接头有足够的强度和位置稳定,只在特殊要求的场合下使用。

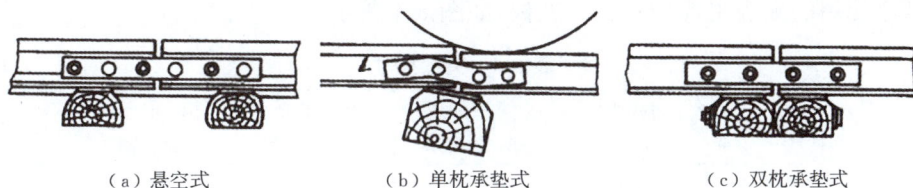

(a)悬空式　　　　(b)单枕承垫式　　　　(c)双枕承垫式

图 6-2　钢轨接头的承垫方式

(2)按其在两股轨线上的相互位置分为相对式和相互式两种。

相对式接头也叫对接,即两股钢轨的接头左右相对,如图 6-3(a)所示。相互式接头也叫 相错式接头或错接,即一股钢轨的接头与另一股钢轨的接头错开布置,如图 6-3(b)所示。实 践证明,采用相对式接头能使左右钢轨受力均匀,且有利于机械化铺轨(铺轨排)和提高旅客 舒适度。因此,我国广泛采用对接形式,在每节轨上,相差量不应大于 3 mm,并应前后、左右 抵消,在两股钢轨上累计相差量最大不得大于 15 mm。

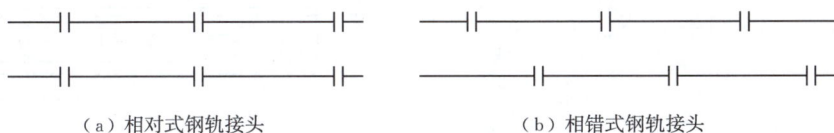

(a)相对式钢轨接头　　　　　　　　(b)相错式钢轨接头

图 6-3　相对式和相错式钢轨接头布置

(3)钢轨接头按其用途和性能可分为普通接头、异型接头、绝缘接头、导电接头、焊接接 头、冻结接头、胶接绝缘接头等。

①普通接头:标准钢轨或非标准钢轨铺设时两根钢轨的联结接头,使用夹板和螺栓进行 联结。

②异型接头:不同类型钢轨相互联结的接头。为使不同钢轨顶面及头部内侧相吻合,使 用相应的异形夹板和异形垫板联结。正线钢轨异型接头必须使用异型钢轨。

③导电接头:用于自动闭塞及电力牵引区段,供传导轨道电流或作为牵引电流回路之 用。轨间传导连接装置用两根 5 mm 左右镀锌铁丝组成。

④绝缘接头:在钢轨、夹板与螺栓之间,螺栓孔四周以及轨端之间用尼龙绝缘套管和尼

龙绝缘垫片将电流隔断,用于自动闭塞分区两端使信号电流不能从一个闭塞分区传到另一个闭塞分区的钢轨接头。

⑤焊接接头:用电阻焊或铝热焊的方法将钢轨焊接形成的接头,多用于无缝线路。

⑥冻结接头:这种接头是用提高摩擦阻力的方法实现的冻结钢轨接头。其特点是:它不改变现行接头的结构,不使用胶粘剂,也不使用附加机械零件,接头阻力高,足以在大多数地区的铁路轨道上冻结钢轨接头。

2. 钢轨接头联结零件

钢轨接头联结零件包括夹板、螺栓、螺母、垫圈等组成部分。其作用是联结钢轨,保持轨线的连续性,并传递和承受弯矩和纵、横向作用力。

(1)钢轨夹板

夹板是承受弯矩、传递纵向力、阻止钢轨伸缩的重要部件。夹板的形式很多,我国主要采用斜坡支承双头对称型夹板(简称双头式夹板)。常用的夹板及其尺寸,见表6-5。目前我国标准钢轨使用的夹板主要为双头式夹板,如图6-4所示。

表 6-5 夹板尺寸 单位:mm

钢轨类型	全长	两中间孔距离	第一孔至第二孔距离	第二孔至第三孔距离	第三孔至端部距离	圆孔直径
75 kg/m	1 000	220	220	130	40	26
60 kg/m	820	160	140	140	50	26
50 kg/m	820	140	150	140	50	26
43 kg/m	790	120	110	160	65	24

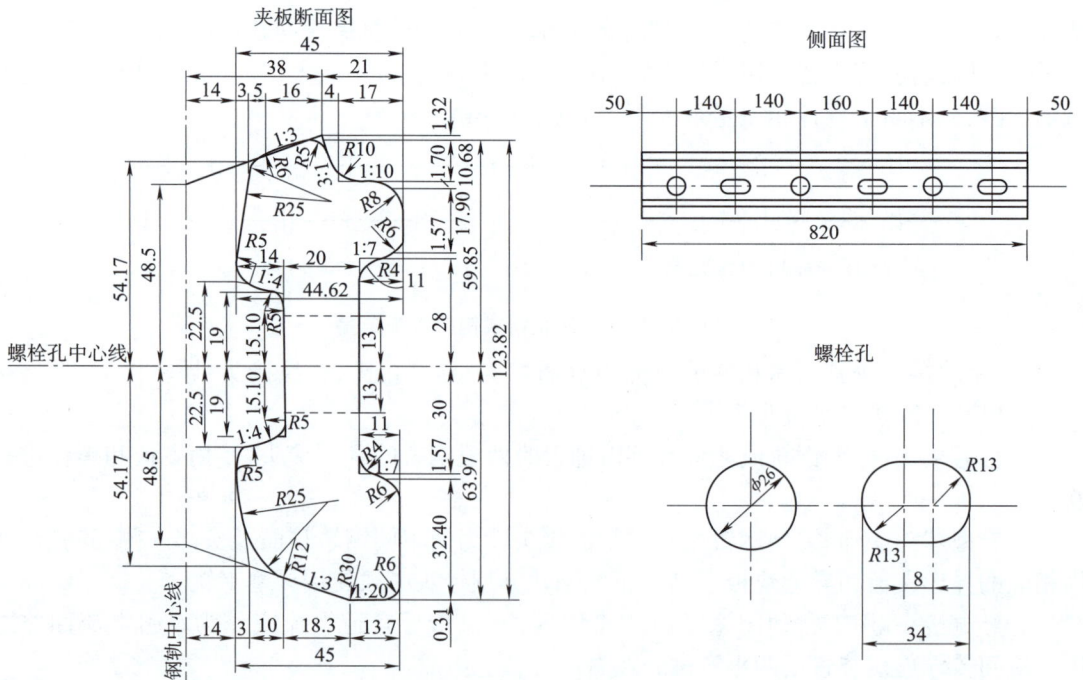

图 6-4 双头式夹板(单位:mm)

这种夹板具有较大的垂直和水平刚度,且上下两面均设计为斜坡,使其能楔入轨腰空间,但不贴住轨腰。这样,当夹板稍有磨耗,导致联结松弛时,可重新拧紧螺栓,保持接头联结的牢固。每块夹板上有 6 个螺栓孔,圆形孔与长圆孔相间。为避免装、卸夹板或螺栓时互相干扰,螺栓方向要里外相间。圆形螺孔的直径较螺栓直径略大,长圆形螺孔的长径较螺栓头下突出部分的长径略大。依靠钢轨螺栓孔直径与螺栓直径之差,以及夹板圆形螺栓孔直径与螺栓直径之差,就可以使钢轨在预留轨缝值范围内随轨温变化而伸缩。

（2）接头螺栓、螺母及垫圈

接头螺栓、螺母是钢轨接头处用以夹紧夹板和钢轨的配件,使夹板与钢轨连接牢固可靠,贴合紧密,但又必须保证在气温变化时轨端能在两夹板间作部分纵向移动。螺栓的直径愈大,紧固力愈强,但加大螺栓直径必然要加大钢轨及夹板上的螺栓孔径,从而削弱钢轨与夹板的强度。因此,螺栓宜采用高碳钢制造和经过热处理的高强度螺栓。

螺栓由螺栓头、颈和杆组成,螺杆的长度和直径与钢轨型号相适应,普速线路接头螺栓扭矩标准见表 6-6。接头螺栓根据机械性能分级,我国标准《钢轨用高强度接头螺栓与螺母》(TB/T 2347—1993)中规定:螺栓分 10.9 级和 8.8 级两级(相当于抗拉强度为 10.9 kg/mm^2、8.8 kg/mm^2),10.9 级螺栓直径为 24 mm,8.8 级螺栓直径分为 24 mm 和 22 mm 两种。接头防松紧固件的扭矩标准见表 6-7。

表 6-6　普通线路接头螺栓扭矩标准

项目	单位	25 m 钢轨						12.5 m 钢轨	
		最高、最低轨温差大于 85 ℃			最高、最低轨温差不大于 85 ℃				
钢轨	kg/m	60 及以上	50	43	60 及以上	50	43	50	43
螺栓等级	—	10.9	10.9	8.8	10.9	8.8	8.8	8.8	8.8
扭矩	N·m	700	600	600	500	400	400	400	400
C 值	mm	6			4			2	

注:①C 值为接头阻力及道床阻力限制钢轨自由伸缩的数值。

②小于 43 kg/m 钢轨比照 43 kg/m 钢轨办理。

③高强度绝缘接头螺栓扭矩不小于 700 N·m。

表 6-7　接头防松紧固件扭矩标准

防松螺母类型	8 级	10 级	12 级
扭矩/(N·m)	400~600	600~1 000	900~1 100

垫圈是为了防止螺母松动,普通线路用弹簧垫圈(单圈),其断面形状有圆形和矩形两种。在无缝线路上还应当在弹簧垫圈外再加设高强度平垫圈。垫圈类型应根据所确定的轨道类型按表 6-8 选用。

表 6-8　垫圈类型选用表

轨道类型	特重型、重型		次重型		中型、轻型
	无缝线路	25 m 轨	无缝线路	25 m 轨	
接头螺栓等级	10.9 级	10.9 级	10.9 级	10.9 级/8.8 级	8.8 级
垫圈类型	高强度平垫圈	高强度平垫圈	高强度平垫圈	高强度平垫圈/单层弹簧垫圈	单层弹簧垫圈

二、轨　　缝

1. 预留轨缝

普速线路钢轨接头,应根据钢轨长度,轨温变化及钢轨伸缩规律预留轨缝,预留轨缝的条件是:

(1)当轨温达到当地最高轨温时轨缝大于或等于零,轨端不受顶力。

(2)当轨温达到当地最低轨温时轨缝小于或等于构造轨缝,接头螺栓不受剪力。

预留轨缝计算公式

$$a_0 = \alpha L(t_z - t_0) + \frac{1}{2}a_g$$

式中　a_0——更换钢轨或调整轨缝时的预留轨缝(mm);

　　α——钢轨线膨胀系数,为 0.011 8 mm/(m·℃);

　　L——钢轨长度(m);

　　t_0——更换钢轨或调整轨缝时的轨温(℃);

　　a_g——构造轨缝,38 kg/m、43 kg/m、50 kg/m、60 kg/m、75 kg/m 钢轨 a_g 均采用 18 mm;

　　t_z——更换钢轨或调整轨缝地区的中间轨温(℃),

$$t_z = \frac{1}{2}(T_{max} + T_{min})$$

其中,T_{max},T_{min}——当地历史最高和最低轨温(℃)。

最高、最低轨温差不大于 85 ℃地区,在按上式计算以后,可根据具体情况将轨缝值减小 1～2 mm。

对 25 m 长的钢轨,只允许铺设在当地历史最高、最低轨温差在 100 ℃以下的地区,否则应个别设计。

12.5 m 长钢轨地段,更换钢轨或调整轨缝时的轨温不受限制。对于 25 m 长钢轨地段,更换钢轨或调整轨缝时的轨温限制范围为 $(t_z-30) \sim (t_z+30)$;最高、最低轨温差小于 85 ℃地区,如将轨缝值减小 1～2 mm,轨温限制范围相应地降低 3～7 ℃。特殊情况下,在轨温限制范围以外更换的 25 m 长钢轨,必须在轨温限制范围以内时调整轨缝,使其符合以上规定的标准。

轨缝应设置均匀,每千米轨缝总误差:25 m 长钢轨地段不得大于 80 mm;12.5 m 长钢轨地段不得大于 160 mm。绝缘接头轨缝不得小于 6 mm。最大轨缝不得大于构造轨缝。

2. 轨缝调整

轨缝的标准尺寸应按照《普速铁路线路修理规则》规定的公式计算确定。轨缝过大,不仅会在列车通过时增加额外的冲击和阻力,加速轨道结构的破坏,而且在温度降低时,还有可能把夹板螺栓拉弯或剪断。轨缝过小,轨温升高时就会形成瞎缝。此时若轨温继续升高,钢轨内部将产生很大的压力,就有可能发生胀轨跑道。

(1)调整轨缝的条件

①原设置的轨缝不符合每千米线路轨缝总误差的规定。

②轨缝严重不均匀。

③线路爬行且超过 20 mm。

④轨温在《普速铁路线路修理规则》规定的更换钢轨或调整轨缝轨温限制范围以内时，出现连续3个及以上瞎缝或轨缝大于构造轨缝。

（2）调整轨缝作业要求

①不拆开接头调整轨缝，只松动接头螺栓，放行列车时，每个接头至少拧紧4个螺栓（每端2个）。

②拆开接头成段调整轨缝：

a. 拉开空隙不超过50 mm，放行列车时，应把拉开的尺寸均匀到其他接头内，每个接头至少拧紧4个螺栓（每端2个）。

b. 拉开空隙超过50 mm，放行列车时（限速），插入短轨头（带轨底），配合使用长孔夹板，并垫短枕，每个接头至少拧紧4个螺栓（一端2个，另一端1个，短轨头上1个）。

c. 使用短轨头时，拉开的最大空隙不得超过150 mm。短轨头（带轨底）的长度有50 mm、70 mm、90 mm、110 mm、130 mm五种。

（3）调查轨缝和接头错差

用方尺和楔形轨缝尺量接头错差和左右股轨缝，记录在轨缝调整计算表中。一般由始点向终点量，以左股为基准，用方尺量右股的接头，向始点错为"＋"号，反之为"－"号。

三、钢轨轨枕联结零件

钢轨与轨枕间的联结是通过中间联结零件实现的。中间联结零件也称扣件，扣件必须具有足够的强度、耐久性和一定的弹性，能长期有效地保持钢轨与轨枕的可靠联结，阻止钢轨相对于轨枕的移动，并能在动力作用下充分发挥其缓冲减振性能，延缓轨道残余变形积累。此外，扣件还应构造简单，便于安装、拆卸和养护维修。

1. 木枕扣件

木枕扣件主要有分开式和不分开式两种。

（1）分开式扣件

分开式扣件如图6-5所示。它是用4个螺纹道钉联结垫板与木枕，两个底脚螺栓扣压钢轨与垫板，其道钉和底脚螺栓构成K形，故又称K形分开式扣件。分开式扣件扣压力大，可有效防止钢轨爬行；其缺点是零件多，用钢量大，更换钢轨麻烦。

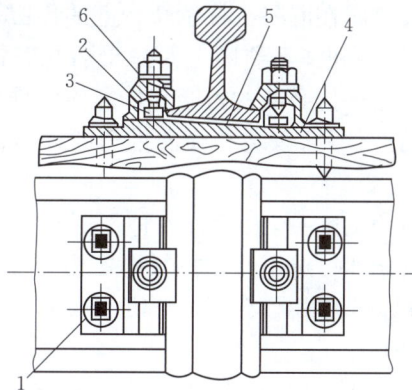

1—螺纹道钉；2—轨卡；3—轨卡螺栓；4—铁垫板；5—轨下垫板；6—弹簧垫圈。

图6-5　木枕分开式扣件

（2）不分开式扣件

不分开式扣件如图6-6所示，零件有道钉和五孔双肩铁垫板。不分开式扣件是我国铁路木枕轨道上使用最广泛的一种扣紧方式。它除用道钉将钢轨、垫板和木枕一起扣紧外，还另用道钉将垫板与木枕单独扣紧。这种扣紧方式可减轻垫板的振动且零件少，安装方便；其缺点是扣压力小，且钢轨受荷载后向上挠曲时，易将道钉拔起，降低扣压力。

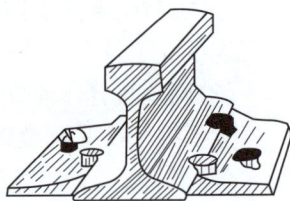

图 6-6　不分开式扣件

2. 混凝土枕扣件

混凝土枕由于质量大、刚度大的特点，对扣件性能要求较高，对其扣压力、弹性和可调性均有较严格要求。

混凝土枕扣件应具备如下性能：一是足够的扣压力；二是适当的弹性；三是具有一定的轨距和水平调整量；四是混凝土枕扣件还要求根据现场需要具有绝缘性能。

目前西南地区轨道常用的混凝土枕扣件见表6-9。

表 6-9　混凝土枕扣件类型及性能表

扣件性能	扣件类型				
	70 型扣板式	弹条Ⅰ型	弹条Ⅰ型调高	弹条Ⅱ型	弹条Ⅲ型
单个弹条初始扣压力/kN	7.8	8.9	8.2	≥10	≥11
弹条变形证/mm	刚性	8	9	10	13
纵向防爬阻力/kN	12.5	14.3	13.1	16	17.6
扣压节点垂直静刚度/(kN/mm)	110～150	90～120	90～120	60～80	60～80
调轨距量/mm	0～+16	−4～+8	−4～+8	−8～+12	−3～+4
调高量/mm	0	≤10	≤20	≤10	≤0
备注	—	B 型弹条	A 型弹条	Ⅱ型弹条	Ⅲ型弹条

（1）扣板式扣件

扣板式扣件主要由扣板、螺纹道钉、弹簧垫圈、铁座及绝缘缓冲垫板组成，图6-7为70型扣板式扣件。

螺纹道钉用硫黄水泥砂浆锚固在混凝土枕承轨台上的预留孔中。在锚固好的螺纹道钉上安装一块刚性扣板，通过平垫圈和弹簧垫圈上紧螺母后扣着钢轨。扣板的一端压紧钢轨底部顶面，同时顶住轨底侧面，以保持必要的轨距和传递横向推力于铁座及混凝土挡肩。在铁座与挡肩之间设绝缘缓冲挡肩垫片，以缓和横向推力的冲击作用，防止混凝土挡肩损坏，并起绝缘作用。

为适应不同钢轨类型和轨距的需要，设计有各种不同规格的扣板。规定当螺纹道钉孔中心至轨底边缘的距离为 33 mm 时，选用的扣板号码定为 0 号，距离为 35 mm 时定为 2 号扣板，以后每增加 2 mm，扣板号码也相应增加。一块扣板上下两面制成不同但相邻的两个号码，在调整轨距时可翻转使用。

我国生产的扣板以 2 mm 为一级，共有六种，即 0～2、4～6、8～10、12～14、16～18、20～22。扣板号码是以螺纹道钉中心至轨底边的距离 L 不同来划分的。0 号扣板 $L=33$ mm，2、4、6、…、22 号扣板的 L 值依次递增 2 mm。扣板以不同的种类和号码适应不同类型的钢轨和不同的轨距。

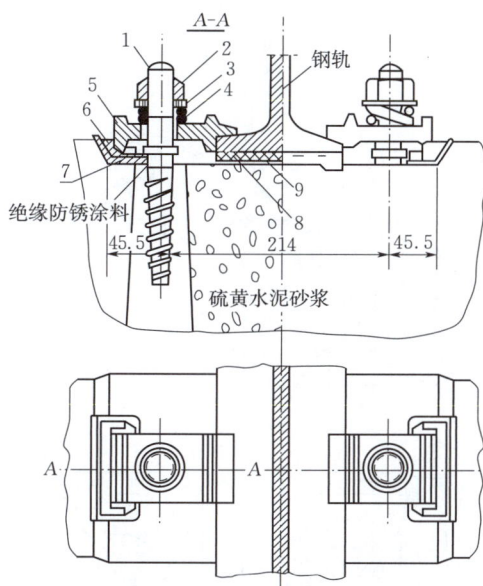

1—螺　缝钉；2—螺帽；3—平垫圈；4—弹簧垫圈；5—扣板；6—铁座；

7—绝缘缓冲垫片；8—绝缘缓冲垫板；9—衬垫。

图 6-7　70 型扣板式扣件(单位：mm)

扣板分中间扣板和接头扣板。中间扣板靠轨底端切去 12 mm 可代替接头扣板使用。扣板式扣件构造简单，调整轨距方便，但刚性大，易松动，造成扣压力不足。扣板号码配置见表 6-10。

表 6-10　混凝土枕扣板号码配置

轨距/mm	50 kg/m 钢轨				43 kg/m 钢轨			
	左股		右股		左股		右股	
	外侧	内侧	外侧	内侧	外侧	内侧	外侧	内侧
1 435	10	6	6	10	20	14	14	20
1 437	10	6	8	8	18	16	14	20
1 439	8	8	8	8	18	16	16	18
1 441	6	10	8	8	18	16	18	16
1 443	6	10	10	6	16	18	18	16
1 445	6	10	12	4	16	18	20	14
1 447	4	12	12	4	14	20	20	14
1 449	4	12	14	2	12	22	20	14
1 451	2	14	14	2	12	22	22	12

(2)弹条Ⅰ型扣件

弹条Ⅰ型扣件主要由 ω 形弹条、螺纹道钉、轨距挡板、挡板座及弹性橡胶垫板等组成，图 6-8 为 60 kg/m 钢轨用弹条Ⅰ型扣件。

弹条Ⅰ型扣件有 6、10、14、20 四种不同号码的轨距挡板和 0～6、2～4 两种挡板座。每块挡板座有两个号码，可按需要旋转使用。根据不同的钢轨类型和轨距，采用不同的轨距挡

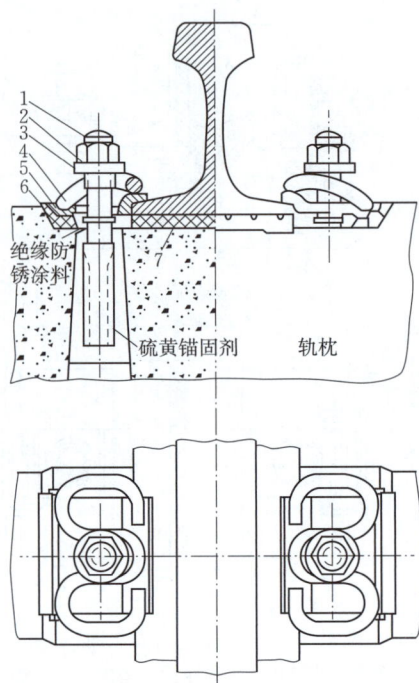

1—螺纹道钉；2—螺母；3—平垫圈；4—弹条；5—轨距挡板；6—挡板座；7—橡胶垫板。

图 6-8　弹条Ⅰ型扣件

板和挡板座。弹条Ⅰ型扣件的弹条分 A、B 两种型号。50 kg/m 钢轨中间扣件采用 A 型弹条，接头扣件在安装 20 号轨距挡板处用 A 型弹条，安装 14 号轨距挡板处用 B 型弹条。60 kg/m 钢轨一律采用 B 型弹条。弹条Ⅰ型扣件轨距挡板及挡板座号码配置见表 6-11。

表 6-11　Ⅰ型弹条扣件轨距及挡板座号码配置

钢轨类型	轨距/mm	左股钢轨				右股钢轨			
		外侧		内侧		内侧		外侧	
		挡板座	挡板	挡板	挡板座	挡板座	挡板	挡板	挡板座
50 kg/m	1 427	6	20	14	0	0	14	20	6
	1 429	4	20	14	2	0	14	20	6
	1 431	4	20	14	2	2	14	20	4
	1 433	2	20	14	4	2	14	20	4
	1 435	2	20	14	4	4	14	20	2
	1 437	4	14	20	2	2	14	20	4
	1 439	4	14	20	2	4	14	20	2
	1 441	2	14	20	4	4	14	20	2
	1 443	4	14	20	2	2	20	14	4
	1 445	2	14	20	4	2	20	14	4
	1 447	2	14	20	4	4	20	14	2
	1 449	0	14	20	6	4	20	14	2
	1 451	0	14	20	6	6	20	14	0

（续上表）

钢轨类型	轨距/mm	左股钢轨				右股钢轨			
		外侧		内侧		内侧		外侧	
		挡板座	挡板	挡板	挡板座	挡板座	挡板	挡板	挡板座
60 kg/m	1 431	4	9	5	2	2	5	9	4
	1 433	2	9	5	4	2	5	9	4
	1 435	2	9	5	4	4	5	9	2
	1 437	4	5	9	2	4	5	9	2
	1 439	4	5	9	2	2	9	5	4
	1 441	2	5	9	4	2	9	5	4
	1 443	2	5	9	4	4	9	5	2

（3）弹条Ⅱ型扣件

弹条Ⅱ型扣件除弹条采用新材料重新设计外，其余部件与弹条Ⅰ型扣件通用，仍为带挡肩、有螺栓扣件。在原使用弹条Ⅰ型扣件地段，可用弹条Ⅱ型弹条更换原Ⅰ型弹条。

为了提高弹条的强度和扣压力，在弹条优化设计的基础上，最后确定弹条的直径不变，与弹条Ⅰ型扣件相同，仍为 13 mm。弹条Ⅱ型扣件具有扣压力大、强度安全储备大、残余变形小等优点，适用于Ⅱ型或Ⅲ型混凝土枕的 60 kg/m 钢轨线路。

挡板座和轨距挡板同弹条Ⅰ型扣件，接头和中间扣件通用。调整轨距见表 6-12 和表 6-13。

表 6-12　弹条Ⅱ型扣件轨距挡板座号码配置

轨距/mm	轨距调整量/mm	左股钢轨				右股钢轨			
		外侧		内侧		内侧		外侧	
		挡板座号码	轨距挡板号码	轨距挡板号码	挡板座号码	挡板座号码	轨距挡板号码	轨距挡板号码	挡板座号码
1 435	−12	6	10	6	0	0	6	10	6
	−10	6	10	6	0	2	6	10	4
	−8	4	10	6	2	2	6	10	4
	−6	2	10	6	4	2	6	10	4
	−4	2	10	6	4	4	6	10	2
	−2	4	6	10	2	4	6	10	2
	0	4	6	10	2	2	10	6	4
	+2	2	6	10	4	2	10	6	4
	+4	2	6	10	4	4	10	6	2
	+6	0	6	10	6	4	10	6	2
	+8	0	6	10	6	6	10	6	0

注：配合Ⅲ型混凝土枕使用。

表 6-13　弹条Ⅱ型扣件道岔不同轨距值使用的轨距块号码

轨距误差/mm		0	−2	−4	−6	−8	−10	−12	+2	+4	+6	+8
一股	非作用边	11	13	13	15	15	17	17	9	9	7	7
	作用边	13	11	11	9	9	7	7	15	15	17	17
另一股	作用边	13	13	11	11	9	9	7	13	15	15	17
	非作用边	11	11	13	13	15	15	17	11	9	9	7

注：11～13 号轨距块为常用标准块，另需加工 9～15、5～17 号轨距块和 2 mm 厚调整片。2 mm 厚调整片与 5 号轨距
　　块组合可成 7 号轨距块；2 mm 厚调整片与 17 号轨距块组合可成 19 号轨距块。使用弹条Ⅲ型扣件道岔可调整最
　　大负轨距 12 mm；使用弹条Ⅱ型扣件道岔可调整最大负轨距 16 mm。

（4）弹条Ⅲ型扣件

弹条Ⅲ型扣件是无螺栓无挡肩扣件。无螺栓无挡肩扣件是世界各国轨枕扣件发展的趋势，特别适用于重载大运量、高密度的运输条件。图 6-9 为弹条Ⅲ型扣件，它由弹条、预埋铁座、绝缘轨距块和橡胶垫板组成。

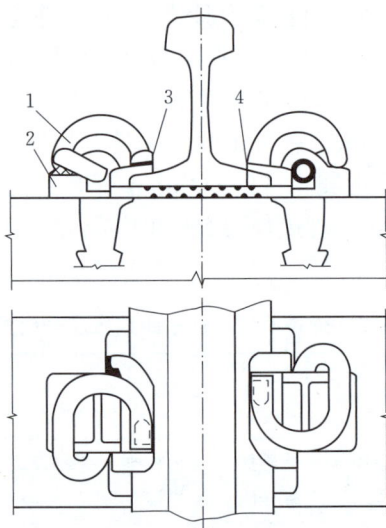

1—弹条；2—预埋铁座；3—绝缘轨距块；4—橡胶垫板。
图 6-9　弹条Ⅲ型扣件

弹条Ⅲ型扣件适用于高速铁路的 PC 枕和无砟轨道，也适用于标准轨距直线及半径 $R \geqslant$ 350 m 曲线上铺设 60 kg/m 钢轨和Ⅲ型混凝土枕的无缝线路轨道。每个弹条初始扣压力 $\geqslant$ 11 kN，弹程为 13 mm。这两个指标均高于弹条Ⅱ型扣件。弹条Ⅲ型扣件轨距调整为 +4～−8 mm，轨面调高量为零。因为预埋件的技术标准较高，因此生产难度更大。每根轨枕使用扣件零件数量见表 6-14，不同轨距绝缘轨距号码配置见表 6-15 和表 6-16。

表 6-14　每根轨枕用扣件数量

序号	名称	单位	数量	材　　料	质量或体积	备注
1	弹条	个	4	60Si2Mn	3.3 kg	
2	预埋件	件	4	KTH350-10	6.04 kg	
3	绝缘轨距块	块	4	玻璃纤维增强聚酰胺 6 或聚酰胺 66	219.92 cm³	9 号、11 号各 2 块
4	橡胶垫板	块	2	橡胶	496 cm³	

表 6-15　弹条Ⅲ型扣件不同轨距时绝缘轨距块号码配置

轨距/mm	轨距调整量/mm	左股钢轨		右股钢轨	
		外侧	内侧	内侧	外侧
1 435	−8	13	7	7	13
	−6	13	7	9	11
	−4	11	9	9	11
	−2	11	9	11	9
	0	9	11	11	9
	+2	7	13	11	9
	+4	7	13	13	7

表 6-16　使用弹条Ⅲ型扣件,道岔不同轨距值使用的轨距块号码

轨距误差/mm		0	−2	−4	−6	−8	−10	−12	+2	+4	+6	+8
一股	非作用边	9	11	11	13	13	15	15	7	7	5	5
	作用边	11	9	9	7	7	5	5	13	13	15	15
另一股	作用边	11	11	9	9	7	7	5	11	13	13	15
	非作用边	9	9	11	11	13	13	15	7	7	7	5

四、轨道加强设备

在既有运营的线路上,轨道设备周而复始地接受来自列车运行的压力,车轮作用于钢轨,不仅产生竖向力和横向力,还由于车轮的阻力及制动力等原因而产生纵向力。这些作用力由钢轨基础的抵抗力来克服。如果抵抗力小于作用力,钢轨就会纵向移动,扣件阻力大于道床阻力时,还会带动轨枕一起移动,这种移动叫轨道爬行。作用于钢轨上的纵向水平力称为爬行力。

一旦轨道爬行,容易引起轨枕位置歪斜、间隔不正确或轨缝不均,尤其会带动一部分轨枕和接头轨枕一起移动,造成夹板、螺栓拉弯或拉断,拉弯中间扣件,拉裂木枕,或使轨枕离开原来捣固坚实的道床面,造成钢轨接头种种病害。因此,需要轨道加强设备来增加运营线路的安全性和稳定性。

1. 轨道防爬设备

防止线路爬行的措施是加强轨道中间扣件的扣压力和接头夹板的夹紧力,同时采用以防爬器和防爬支撑组成的防爬设备来共同抵抗钢轨爬行,还可以安装轨距杆或轨撑。

（1）防爬器

我国目前广泛使用的是穿销式防爬器。这种防爬器每个可以承受 30 kN 的爬行力。防爬器是由带挡板的轨卡和穿销组成的,如图 6-10 所示。

穿销式防爬器与轨枕之间设置木制承力板。承力板的面积

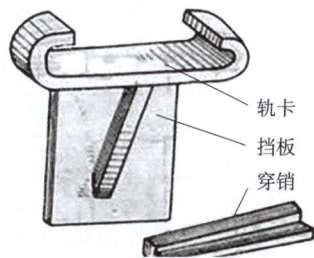

轨卡
挡板
穿销

图 6-10　穿销式防爬器

应不小于防爬器挡板的面积,厚度为 50 mm,允许误差为 ±10 mm;混凝土枕地段承力板呈楔形,窄面厚度为 50 mm,允许误差为 ±10 mm。防爬器可以和防爬支撑同时使用。

(2)防爬支撑

为了充分发挥防爬器的作用,在线路上使用时,在 3~5 根轨枕之间安装防爬支撑,形成一个整体,组成一组防爬设备,共同抵抗线路爬行力。

防爬支撑可用木质、石料或钢筋混凝土等制造。防爬支撑断面积一般不小于 120 cm²,安装时防爬器与轨枕之间应设承力板。混凝土枕地段安装防爬支撑时,如用混凝土或石料支撑,应在两端加楔形垫木,垫木斜面与混凝土枕坡面一致;如用木料支撑,应按轨枕间距与其斜坡面锯制。

(3)轨距杆

曲线地段受列车横向力作用,钢轨会发生横移式向外倾斜,导致轨距扩大,为保证曲线轨道稳定,可以安装一定数量的轨距杆和轨撑,如图 6-11 所示。

图 6-11　轨距拉杆

除采用上述防爬措施外,现场有时也采用地锚拉杆的方法来加强线路防爬。

2. 防爬设备相关规定及具体措施

(1)半径≤800 m 曲线地段

①铺设木枕时,正线半径为 800 m 及以下和站线半径为 450 m 及以下的曲线,按表 6-17 的规定安装轨距杆或轨撑。半径为 350 m 及以下的曲线和道岔导曲线,可根据需要同时安装轨距杆和轨撑。

表 6-17　轨距杆或轨撑安装数量

曲线半径/m	轨距杆/根		轨撑/对	
	25 m 钢轨	12.5 m 钢轨	25 m 钢轨	12.5 m 钢轨
$R \leq 350$	10	5	14	7
$350 < R \leq 450$	10	5	10	5
$450 < R \leq 600$	6~10	3~5	6~10	3~5
$600 < R \leq 800$	根据需要安装			

②铺设混凝土枕时,在行驶电力机车区段半径为 600 m 及以下的曲线,其他区段半径为 350 m 及以下的曲线可根据需要比照表 6-17 安装,或采用保持轨距能力较强的弹性扣件。

设有轨道电路的线路安装轨距杆时,应使用绝缘轨距杆。

（2）重要且薄弱区段

铺设木枕采用道钉联结的线路、道岔，防爬器安装数量和方式见表 6-18 和表 6-19。正线、到发线上的道岔、绝缘接头、桥梁前后各 75 m 地段及驼峰线路，应增加防爬设备数量。其他站线的线路、道岔，应根据爬行情况，适当安装防爬设备。

表 6-18　正线防爬设备安装数量和方式

线路及运营特征	安装方向	非制动地段/对		制动地段/对	
		25 m 钢轨	12.5 m 钢轨	25 m 钢轨	12.5 m 钢轨
复线单方向运行线路	顺向/逆向	6/2	3/1	8/2	4/1
单线两方向运量接近	顺向/逆向	4/4	2/2	6/4	3/2
单线两方向运量显著不同	运量大/运量小	6/2	3/1	8/2	4/1
	运量小/运量大	—	—	4/6	2/3

注：①表中分子表示制动方向安装对数，分母表示另一方向安装对数。
　　②到发线比照正线处理。
　　③非标准长度钢轨，可比照本表安装。

表 6-19　正线道岔防爬器安装数量和方式

安装位置	安装方向	9 号道岔/对		12 号道岔/对		18 号道岔/对	
		单线	双线	单线	双线	单线	双线
尖轨跟后	正方向/反方向	4/4	4/4	6/6	8/4	6/6	6/6
中间部分	正方向/反方向	—	—	—	—	4/4	6/2
辙叉趾前	正方向/反方向	4/4	6/2	4/4	6/2	6/6	8/4

注：①到发线道岔比照正线道岔办理。
　　②其他型号道岔，可比照本表安装。

（3）采用分开式扣件的木枕线路道岔，如无爬行时，可不安装防爬设备。

（4）铺设混凝土枕的线路、道岔，使用弹条扣件时，可不安装防爬设备。使用其他扣件时，对线路坡度大于 6‰ 地段、制动地段、驼峰线路和正线、到发线上的道岔、绝缘接头、桥梁（明桥面）前后各 75 m 地段，可按具体情况适当安装防爬设备。

（5）在碎石道床地段，每组防爬设备的组成：单方向锁定为 1 对防爬器和 3 对支撑，双方向锁定为 2 对防爬器和 3 对支撑。

防爬设备应安装在钢轨中部，接头附近两根轨枕不宜安装。防爬支撑一般安装在钢轨底下，也可安装在与轨底边净距不小于 350 mm 的道心内。

第四节　轨　　枕

在轨道结构中，轨枕作为承上启下的重要部分，是固定设备当中投入养护维修时间较多的构件。轨枕的功用是承受来自钢轨上的各种力，且传递至道床，同时轨枕还起着保持钢轨方向、轨距和位置等作用。

一、轨枕的功用和种类

轨枕承受来自钢轨的各向压力，并弹性地传布于道床，保持钢轨的位置、方向和轨距。

因此,轨枕应具有必要的坚固性、弹性和耐久性,并应便于固定钢轨,造价低廉,制作简单,铺设及养护方便。

轨枕的种类,按其材质分为木枕、混凝土枕和钢枕;按用途来分又可以细分为普通轨枕、岔枕和桥枕等。

二、木　　枕

木枕又称枕木。它具有弹性好,易于加工制作,运输、铺设、养护维修方便,与钢轨的连接较简便,绝缘性能好,成本低等优点。但也存在着容易腐朽、磨损,使用寿命短,弹性不一致,轨道几何形位不易有效保持等缺点。制作木枕的树种,要求坚韧而富有弹性,并且必须具有较高的抗腐蚀能力。

1. 木枕的规格及断面尺寸

国家标准规定的普通木枕分为Ⅰ、Ⅱ两类,Ⅰ类木枕多用于正线,Ⅱ类木枕用于站线。道岔木枕不分类。木枕的断面一般为矩形,尺寸根据轨距、轨道结构、运营条件及养护维修作业等条件加以确定。普通木枕的标准长度为2.5 m,各种木枕的长度与断面尺寸见表6-20。

表 6-20　各种木枕规格　　　　　　　　　　　　　　　单位:cm

种类		长度	面宽	底宽	侧宽	厚度
普通木枕	Ⅰ类	250	16~22	22	11~16	16
	Ⅱ类	250	15~20	20	10~14.5	14.5
道岔木枕		206~480 (每20 cm进级)	18	24	11~16	16
桥梁木枕		300	宽×高	20×22,20×24,22×26		
		320		22×28,24×30		
		340		24×30		
		420,480		20×22,20×24,22×26,22×28,24×30		

2. 木枕使用规定

(1)铺设木枕时应宽面在下,顶面与底面同宽时应使树心一面向下。

(2)接头处使用质量较好的木枕。

(3)劈裂的木枕铺设前应先捆扎或钉组钉板。

(4)使用新木枕时应先钻孔,孔径为12.5 mm,孔深有铁垫板时为110 mm,无铁垫板时为130 mm,使用螺纹道钉时应比照道钉办理。

(5)改道时应使用道钉孔木片,其规格为长110 mm,宽15 mm,厚5~10 mm,并经过防腐处理。

3. 木枕(含木岔枕)失效标准

(1)腐朽失去承压能力,钉孔腐朽无处改孔,不能持钉。

(2)折断或拼接的接合部分离,不能保持轨距。

(3)机械磨损,经削平或除去腐朽木质后,容许速度大于120 km/h的线路,其厚度不足140 mm,其他线路不足100 mm。

(4)劈裂或其他伤损不能承压、持钉。

4. 木枕失效的原因及处理措施

木枕失效的原因主要是腐朽、机械磨损和开裂。三者互为因果,机械磨损和开裂会加速木枕的腐朽,腐朽也会加剧机械磨损和开裂。为延长木枕的使用寿命,应对三者进行综合治理。

防腐处理是延长木枕使用寿命的主要措施,未经防腐处理的木枕称素枕,经防腐处理后称油枕。此外,为了减少机械磨损,木枕上必须铺设铁垫板,并预钻道钉孔。为防止木枕开裂,必须严格控制木枕的含水量,并改善其干燥工艺,一旦出现裂缝,应根据裂缝大小采取补救措施,或用防腐浆膏掺以麻筋填塞,或加钉 C 形钉、S 形钉、组钉板及用铁丝捆扎,使裂缝愈合。

三、混凝土枕

随着铁路向高速、重载发展的需要,木枕逐步退出历史舞台。混凝土枕的优点是原材料丰富,质量大（Ⅰ、Ⅱ型混凝土枕为 220～250 kg,Ⅲ型混凝土枕约 350 kg）,并能保证尺寸统一,使轨道弹性均匀,提高轨道的稳定性。混凝土枕不受气候、腐朽、虫蛀及火灾的影响,使用寿命长。此外,混凝土枕还具有较高的道床阻力,能较好地保持线路轨道几何尺寸,这对提高无缝线路的纵横向稳定性是十分有利的。

混凝土枕的特点是自重大、刚度大,与木枕线路相比其在荷载作用下的挠度较小,但弹性较差,列车通过不平顺的混凝土枕线路时,轨道附加动力增大。为了增加弹性,减缓列车的动力冲击作用,在钢轨和轨枕之间必须加设弹性垫层,并采用富有弹性的联结扣件,以提高线路的抗振能力。

1. Ⅰ型混凝土枕

Ⅰ型混凝土枕的承载能力是按轴重 23 t、最高速度 85 km/h、铺设密度 1 840 根/km 设计的,适用于中型、轻型轨道。随着国民经济和铁路运输发展,机车车辆轴重不断提高,年通过总质量也不断增长,Ⅰ型混凝土枕的承载能力已不能适应这些条件的变化,破损加剧,寿命缩短。因此,在我国铁路线路上,Ⅰ型混凝土枕正逐步被淘汰下道。

2. Ⅱ型混凝土枕

Ⅱ型混凝土枕是根据重载线路承受荷载大,重复次数多的特点,采用疲劳可靠性进行设计的,设计标准是按年运量 60 Mt,轴重机车 25 t,货车 23 t,最高行车速度 120 km/h,铺设 60 kg/m 钢轨,适用于重型、次重型轨道。与Ⅰ型混凝土枕相比,轨下截面正弯矩的计算承载能力提高 13%～25%,中间截面正弯矩提高 8.8%,中间截面负弯矩提高 14%～41%。J-2 型轨枕是采用 4 根直径 10 mm 的高强度钢筋,C60 级混凝土。Ⅱ型混凝土枕是我国铁路的主型轨枕。图 6-12 为新Ⅱ型混凝土枕的外形、截面尺寸和配筋示意图。

3. Ⅲ型混凝土枕

由于Ⅱ型混凝土枕在重型、次重型轨道上使用时,某些区段出现轨枕中顶面横向裂缝、沿螺栓孔纵向裂缝、枕端龟裂、侧面纵向水平裂缝、挡肩斜裂等病害,轨枕年失效下道率平均 1.2%,难以适应重型和特重型轨道的承载条件,为了适应强轨道结构的要求,又研制了Ⅲ型混凝土枕。Ⅲ型混凝土枕有挡肩和无挡肩两种形式。长度有 2.6 m 和 2.5 m 两种,目前使用的主要是 2.6 m,如图 6-13 所示。设计参数采用机车（三轴）最大轴重 23 t、最高速度 160 km/h 轨枕配置 1 760 根/km 设计,主要适用于特重型轨道。

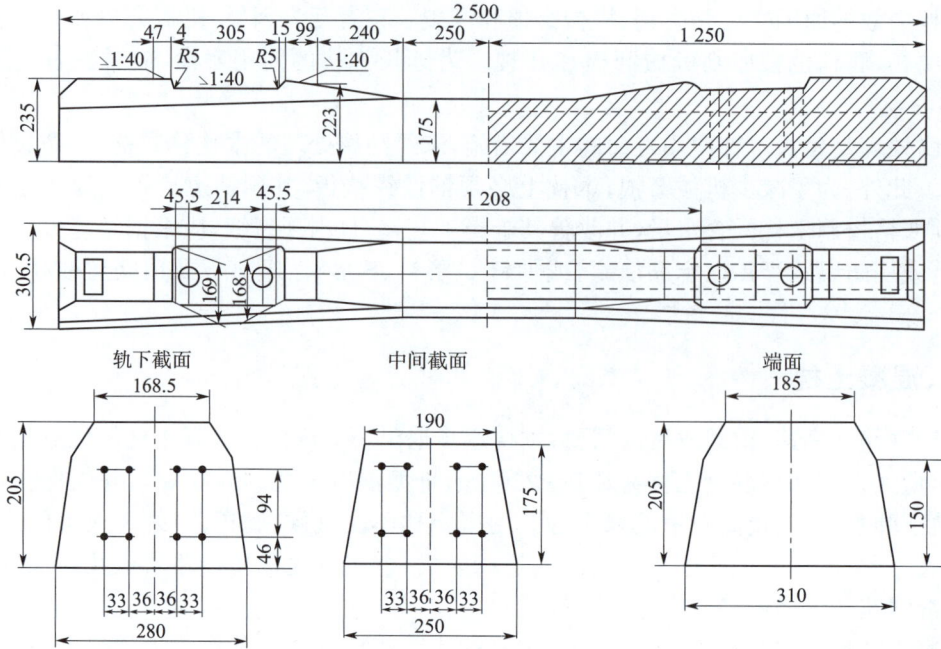

图 6-12　新Ⅱ型混凝土枕（单位：mm）

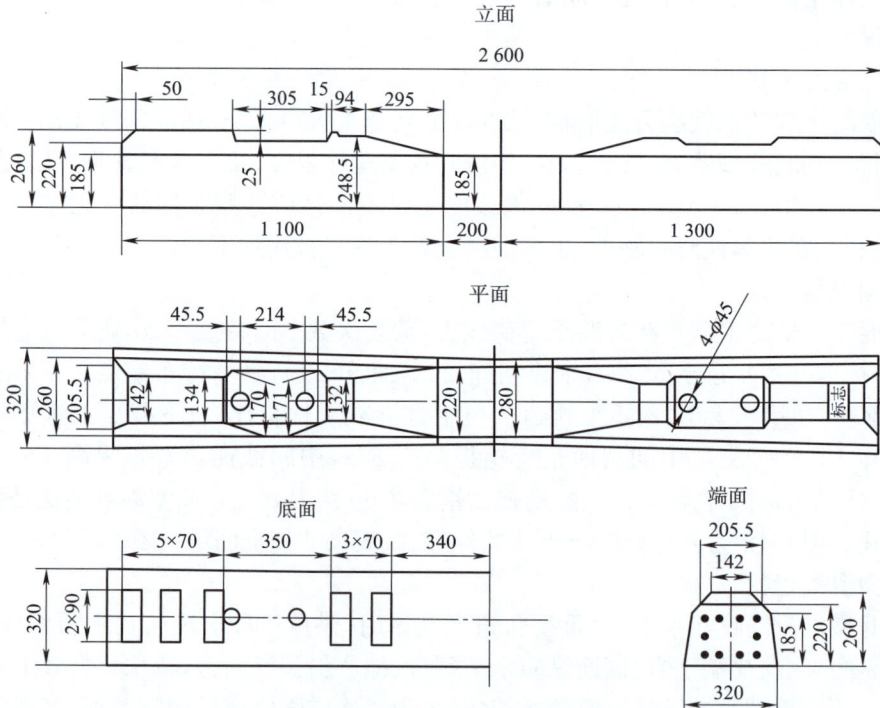

立面

平面

底面

端面

图 6-13　Ⅲ型有挡肩混凝土枕（单位：mm）

4. 混凝土枕规格尺寸

混凝土枕规格尺寸见表 6-21。

表 6-21 混凝土枕尺寸

类 型	轨枕长/m	截面高度/mm			枕头外形	承轨槽坡度	质量/kg
		轨下	中部	端部			
S-1(弦 79 型)	2.5	200	175	200	斜	1∶40	233
S-2(弦 81 型)	2.5	200	175	200	斜	1∶40	250
J-2(筋 81 型)	2.5	200	175	200	斜	1∶40	250
新Ⅱ型	2.5	205	175	200	平	1∶40	273
S-3(有挡肩)	2.6	230	185	260	平	1∶40	353
S-3(无挡肩)	2.6	230	185	235	平	1∶40	349

四、轨枕配置

轨枕每千米配置的根数,应根据运量、行车速度及轨道的设备条件确定,并与钢轨及道床等综合考虑,合理配套,以求在最经济的条件下,保证轨道具有足够的强度和稳定性。轨枕密一些,道床、路基面、钢轨以及轨枕本身的受力都可以小一些。同时,使轨距、方向易于保持,对行车速度高的地段尤为重要。但也不能太密,太密则不经济,而且净距过小也会在一定程度上影响捣固质量。

我国铁路规定了每千米线路最多铺设的轨枕根数,即:木枕 1 920 根,Ⅰ型、Ⅱ型混凝土枕 1 840 根,Ⅲ型混凝土枕 1 667 根,混凝土宽枕 1 760 根。每千米最少铺设轨枕根数均为 1 440 根。每千米铺设数量由线路等级决定,对于正线轨道,可根据"正线轨道类型"表选定。

1. 轨枕配置根数及间距的规定

《普速铁路线路修理规则》中规定的普速线路的轨枕间距尺寸,见表 6-22。

表 6-22 普速线路的轨枕间距尺寸

轨型	钢轨长度/m	每千米配置根数/根	每节钢轨配置根数/根	木枕/mm			混凝土枕/mm		
				c	b	a	c	b	a
75 kg/m、60 kg/m 或 50 kg/m	12.5	1 600	20	440	594	640	540	587	635
		1 680	21	440	544	610	540	584	600
		1 760	22	440	524	580	540	569	570
		1 840	23	440	534	550	540	544	544
		1 920	24	440	469	530	—	—	—
	25	1 600	40	440	537	635	540	579	630
		1 680	42	440	487	605	540	573	598
		1 760	44	440	497	575	540	549	570
		1 840	45	440	459	550	540	538	544
		1 920	48	440	472	525	—	—	—

（续上表）

轨型	钢轨长度/m	每千米配置根数/根	每节钢轨配置根数/根	木枕/mm c	木枕/mm b	木枕/mm a	混凝土枕/mm c	混凝土枕/mm b	混凝土枕/mm a
43 kg/m 或 38 kg/m	12.5	1 440	18	500	604	720	500	604	720
		1 520	19	500	604	675	500	604	675
		1 600	20	500	564	640	500	564	640
		1 680	21	500	559	605	500	559	605
		1 760	22	500	541	575	500	541	575
		1 840	23	500	504	550	500	504	550
		1 920	24	500	513	523	—	—	—
	25	1 440	36	500	622	705	500	622	705
		1 520	38	500	617	665	500	617	665
		1 600	40	500	599	630	500	599	630
		1 680	42	500	554	600	500	554	600
		1 760	44	500	569	570	500	569	570
		1 840	46	500	537	545	500	537	545
		1 920	48	500	509	522	—	—	—

非标准长度钢轨的轨枕配置根数和间距，比照表 6-23 通过计算采用接近值，但 a 值不得比标准值大 20 mm。

表 6-23　无缝线路轨枕间距

轨枕配置根数/（根/km）	轨枕间距/mm
1 667	600
1 760	568.2
1 840	543.5
1 920	520.8

2. 线路上的轨枕类型及配置根数

线路上的轨枕类型及配置根数，应根据运量、线路允许速度及线路设备条件等确定。允许速度大于 120 km/h 的正线铺设Ⅲ型混凝土枕，允许速度不大于 120 km/h 正线宜铺设Ⅲ型混凝土枕，大修时除应将失效的轨枕和严重伤损的混凝土枕更换外，还应根据运输发展的需要，按表 6-24 和表 6-25 所列标准，更换为与运营条件相适应的轨枕并补足配置根数。个别地段如需更换新木枕，轨枕配置根数不低于原标准。

表 6-24　正线轨枕类型和配置根数标准

项目		单位	Ⅰ级铁路				Ⅱ级铁路	
运营条件	旅客列车设计行车速度	km/h	200	160	120		≤120	
	货物列车设计行车速度	km/h	≤120	≤120	≤80		≤80	
混凝土枕	型号	—	Ⅲ	Ⅲ	Ⅲ	新Ⅱ	Ⅲ	新Ⅱ
	铺枕根数	根/km	1 667	1 667	1 667	1 760	1 667	1 760

表 6-25 站线轨枕类型和配置根数标准

项　　目		单位	到　发　线				其他站线
			无缝线路		普通线路		
混凝土枕	型号	—	Ⅲ	新Ⅱ	Ⅲ	新Ⅱ	新Ⅱ
	铺枕根数	根/km	1 667	1 760	1 600	1 600~1 760	1 600

3. 符合下列条件之一的正线木枕或Ⅱ型混凝土枕地段应加强,增加轨枕配置根数

(1)半径为 800 m 及以下的曲线地段。

(2)坡度大于 12‰ 的下坡制动地段。

加强办法为按表 6-24 所列轨枕配置根数,Ⅱ型混凝土枕每千米增加 80 根,木枕每千米增加 160 根。条件重合时只增加一次,但每千米轨枕最多铺设根数标准为Ⅱ型混凝土枕 1 840 根,木枕 1 920 根。

此外,非同类型轨枕不得混铺。混凝土枕与木枕、混凝土枕与混凝土宽轨枕的分界处,距钢轨接头不得少于 5 根轨枕。木枕与混凝土宽轨枕之间,应用混凝土轨枕过渡,其长度不得小于 25 m。混凝土枕轨道,在距木岔枕或无砟桥的挡砟墙和有护轮轨的有砟桥面两端,应各铺木枕 15 根作为过渡段,以保证轨道的弹性与上述处所轨道结构弹性一致。

轨枕的位置应用白油漆标记,原则上直线地段标记在顺计算里程方向左股钢轨内侧的轨腰上,曲线地段标记在外股钢轨内侧的轨腰上,曲线钢轨涂油地段可标记在内股内侧的轨腰上。各标记位置与轨端距离的误差不得大于 10 mm。轨枕应按标记位置铺设与方正并应与线路中线垂直。

五、轨枕使用要求及失效标准

1. 混凝土枕使用要求

(1)铺设混凝土枕地段,钢轨有接头病害时必须整治;路基有翻浆、不均匀下沉及超过 15 mm 的冻害时必须整治。

(2)承轨槽坡度不一致的轨枕应分别成段铺设,不宜交杂混铺。伤损轨枕应修理后才能铺设。

(3)螺纹道钉应用硫黄水泥砂浆锚固。

(4)混凝土枕质量大,在搬运、装卸和铺设时要使用适当工具,尽量避免砸、摔、撞、碰。

(5)混凝土枕截面为梯形,不便安装防爬器,要注意拧紧扣件,增加钢轨与轨枕的联结强度,防止钢轨爬行。

(6)混凝土枕的扣件要合理使用。无缝线路和 60 kg/m 及以上钢轨必须采用弹条扣件;使用 70 型扣板式扣件时,在 800 m 及以下的曲线地段,钢轨外侧应使用加宽铁座。

(7)在下列地段,不宜铺设混凝土枕:

①铺设木岔枕的普通道岔两端各 5 根,铺设木岔枕的提速道岔两端各 50 根轨枕。

②铺设木枕的有砟桥和无砟桥的桥台挡砟墙范围内及其两端各不少于 15 根轨枕(有护轨时应延至梭头外不少于 5 根轨枕)。

2. 混凝土枕伤损标准

正线及到发线接头轨枕应保持无失效,其他处所无连续失效(含岔枕)。轨枕失效及混凝土枕严重伤损标准如下:

(1)混凝土枕(含混凝土宽枕、混凝土岔枕及短轨枕)失效标准：

①明显折断。

②纵向通裂。

a. 挡肩顶角处缝宽大于 1.5 mm。

b. 纵向水平裂缝基本贯通(缝宽大于 0.5 mm)。

③横裂(或斜裂)接近环状裂纹(残余裂缝宽度超过 0.5 mm 或长度超过 2/3 枕高)。

④挡肩破损，接近失去支承能力(破损长度超过挡肩长度的 1/2)。

⑤严重掉块。

(2)混凝土枕严重伤损标准：

①横裂裂缝长度为枕高的 1/2～2/3。

②纵裂：

a. 两螺栓孔间纵裂(挡肩顶角处缝宽不大于 1.5 mm)。

b. 纵向水平裂缝基本贯通(缝宽不大于 0.5 mm)。

(3)挡肩破损长度为挡肩长度的 1/3～1/2。

(4)严重网状龟裂和掉块。

(5)承轨槽压溃,深度超过 2 mm。

(6)钢筋(或钢丝)外露(钢筋未锈蚀,长度超过 100 mm)。

(7)斜裂长度为枕高的 1/2～2/3。

第五节　碎石道床

一、道床的功用

道床是指铺设在路基之上,轨枕之下的道砟层,是轨枕的基础,它的主要功用是：

(1)直接承受轨枕传来的压力,并把这个压力扩散,均匀地传布于路基面,对路基面起到保护作用。

(2)阻止轨道框架在列车作用下发生的纵横向位移,保持轨道稳定。

(3)便于排水,使路基面和轨道保持干燥。

(4)使轨道具有更大的弹性和缓冲性能。

(5)便于校正轨道的平面、纵断面。

二、道床的材料及规格

道床材料以质地坚韧、不易风化的碎石为最好。常用的道砟材料有:碎石、天然级配卵石、筛选卵石、粗砂及熔炉矿渣等。目前我国多采用碎石、砂子为主要道床材料,干线上主要采用优质碎石一级道砟。道床材料要求质地坚固,吸水度低,排水性能强,不易风化。

一般土质筑成的路基面上道床可分为砂垫层和普通道砟两层。砂垫层采用粗砂和中砂,厚度为 20 cm。它可使道砟不至于压入路基面,有利于排水,并可阻止路基翻浆冒泥。上道道砟必须有"碎石道砟产品合格证"。混凝土枕线路的道床由面砟带和底层组成,均采用一级碎石道砟,其粒径级配见表 6-26。

表 6-26 碎石道砟粒径级配($v_{max} \leqslant 200$ km/h)

方孔筛边长/mm	63	56	45	35.5	25	16
过筛质量百分率/%	97～100	92～97	55～75	25～40	5～15	0～5

三、道床断面

道床断面包括道床厚度、顶面宽度及边坡坡率三个主要特征。图 6-14 为直线地段道床断面。

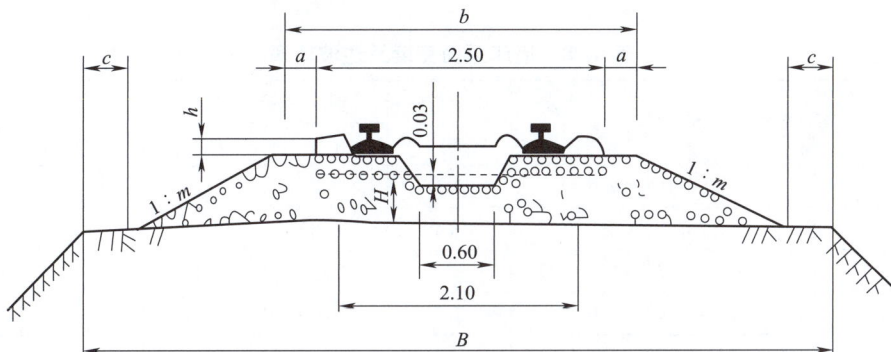

图 6-14 直线地段道床断面(单位:m)

1. 道床厚度

道床厚度是指直线上钢轨或曲线上内股钢轨中轴线下轨枕底面至路基顶面的距离。

道床厚度应根据运量、轴重、行车速度等运营条件和道砟质量、路基强度及轨枕间距等轨道条件确定。道床厚度应以满足压力传递不超过路基面上容许的最大压力为度,道床过厚既有碍作业,也不经济。在运量较小,行车速度较低的线路上,以及在隧道、车站范围内,在受条件限制时,可以酌情降低道床厚度。但在正线上木枕地段,碎石道床厚度不得小于 20～25 cm;混凝土枕地段不得小于 30 cm;桥梁上道砟槽内、隧道内及站线上不得小于 20 cm。

线路大、中修时,必须清筛道床,补充道砟,并对基床翻浆冒泥地段进行整治。枕下道床厚度应符合表 6-27 的规定。

表 6-27 道床厚度标准 单位:mm

五年内年计划通过总质量 $M_年$(Mt)		$M_年 \geqslant 50$	$50 > M_年 \geqslant 25$	$25 > M_年 \geqslant 15$	$M_年 < 50$
无垫层的碎石道床	一般路基	450	450	400	350
	不易风化的岩石、碎石路基	350	350	300	300
有垫层的碎石道床(碎石/垫层)		300/200	300/200	250/200	250/200
有砟桥面上的碎石道床	$v_{max} \leqslant 120$ km/h	250			
	$v_{max} > 120$ km/h	300			

线路大、中修后,无垫层的碎石道床,枕下清砟厚度不得小于 300 mm;特殊困难条件下道床厚度不足 300 mm 时,应清筛至路基面,并做好排水坡。运量小、允许速度低的线路或在隧道内、桥梁上和车站内受建筑物限制时,可酌情降低道床厚度。但正线木枕地段碎石道床厚度不得小于 200 mm,混凝土枕地段不得小于 250 mm,站线不得小于 200 mm。

2. 道床顶面宽度

道床顶面宽度与轨枕长度和道床肩宽有关。轨枕长度基本上是固定的,因此道床顶面宽度主要决定于道床肩宽。道床宽出轨枕两端的部分称为砟肩,其宽度称为道床肩宽。适当的肩宽可保持道床的稳定,并提供一定的横向阻力。一般情况下肩宽在 450～500 mm 已能满足要求,再宽则作用不大。在无缝线路地段,为了提高道床的横向阻力,可将砟肩适当堆高。此外,规定设计速度为 160 km/h 的线路,其正线道床顶面宽度不得小于 3.4 m;设计速度为 200 km/h 的线路,其正线道床顶面宽度不得小于 3.5 m。不同线路对道床顶面宽度的要求,见表 6-28。

表 6-28　道床顶面宽度及边坡坡率

线　路　类　别			顶面宽度/ m	曲线外侧加宽/m		砟肩堆高/ m	边坡坡率
				半径	加宽		
正线	无缝线路	$v_{max}>160$ km/h	3.5	—	—	0.15	1∶1.75
		$v_{max}\leqslant160$ km/h	3.4	≤800	0.10	0.15	1∶1.75
	普通线路	100 km/h$<v_{max}\leqslant$120 km/h	3.1	≤600	0.10	—	1∶1.75
		$v_{max}\leqslant100$ km/h	3.0	≤600	0.10	—	1∶1.75
站线	无缝线路	Ⅲ型混凝土枕	3.4	≤600	0.10	0.15	1∶1.75
		其他轨枕	3.3				
	普通线路	Ⅲ型混凝土枕	3.0	—	—	1∶1.50
		其他轨枕	2.9				

轨底处道床顶面应低于轨枕顶面 20～30 mm。Ⅰ型混凝土枕中部道床应掏空,其顶面低于枕底不得小于 20 mm,长度为 200～400 mm;Ⅱ型和Ⅲ型混凝土枕中部道床可不掏空,但应保持疏松。Ⅲ型混凝土枕中部道床顶面与轨枕顶面平齐。允许速度为 200 km/h 时,轨底处道床顶面应低于轨枕承轨面 20～30 mm。有砟桥上无缝线路应设挡砟板。

3. 道床边坡坡率

道床边坡是指自道床顶面引向路基顶面的斜边,其坡率大小是保证道床坚固稳定的重要因素。道床边坡的稳定取决于道砟材料的内摩擦角与黏聚力,也与道床肩宽有一定的联系。增大肩宽可采用较陡的边坡,而减小肩宽则必须采用较缓的边坡。实践表明,边坡坡率为 1∶1.5 时不能长期保持道床稳定,因此我国铁路规定正线区间边坡坡度均为 1∶1.75。

4. 混凝土宽枕线路道床

混凝土宽枕线路的道床由面砟带和底层组成,均应用一级道砟。有垫层时道床厚度不得小于 250 mm,无垫层时不得小于 350 mm;在岩石、渗水土路基上,隧道内及有砟桥面上,不得小于 200 mm。面砟带道砟粒径级配见表 6-29,厚度为 50 mm,每股轨下两侧宽度应各为 450～500 mm,底层为普通碎石道砟。道床顶面宽度不得小于 2.9 m,允许速度大于 120 km/h 的线路,道床顶面应与宽枕顶面平齐,其他线路枕端埋入道床深度应不少于 80 mm。

表 6-29　面砟带道砟粒径级配

方孔筛孔边长/mm	10	16	20	25	30	35.5
过筛质量百分率/%	0～5	5～15	25～40	55～75	95～100	100

垫砟起道用的道砟,采用火成岩材料,粒径为 8～20 mm。道砟必须有"碎石道砟产品合格证",作为竣工验收和评定道床质量的依据。线路修理补充的道砟应采用一级道砟,既有线二级道砟应结合线路大、中修逐步更换为一级道砟。碎石道砟粒径级配见表 6-30。

表 6-30　面砟粒径级配

方孔筛孔边长/mm	25	35.5	45	56	63
过筛质量百分率/%	0～5	25～40	55～75	92～97	97～100

道床应保持饱满、均匀和整齐,并应根据道床不洁程度有计划地进行清筛,保持道床弹性和排水良好。道床应保持密实,防止轨枕空吊、道床翻浆。

第六节　整体道床

无砟轨道是以混凝土或沥青混合料等取代散粒道砟道床而组成的轨道结构形式。我国西南山区地质构造复杂,大部分铁路线穿越喀斯特地貌,造成桥隧比例特别大。在长大隧道如果采用传统的碎石道床,工区的作业环境会是一个巨大的挑战。因此普速铁路上的长大隧道一般都会选用无砟道床。

自 20 世纪 60 年代开始,世界上很多国家在强化有砟轨道的同时,相继研发以"高平顺性"和"少维修"为主要目标的多种型式无砟轨道结构。随着技术经济性的不断提高,对铁路轨道结构也提出更高的要求,显然无砟轨道已成为世界铁路轨道结构的发展方向。

无砟轨道分为:CRTSⅠ型、CRTSⅡ型、CRTSⅢ型板式无砟轨道,双块式无砟轨道、岔区长枕埋入式及板式无砟轨道。

一、无砟轨道简介

(一)无砟轨道结构

1.CRTSⅠ型板式无砟轨道

(1)组成

CRTSⅠ型板式无砟轨道由钢轨、弹性扣件、轨道板、水泥乳化沥青砂浆充填层、底座、凸形挡台及其周围填充树脂等组成,如图 6-15 所示。

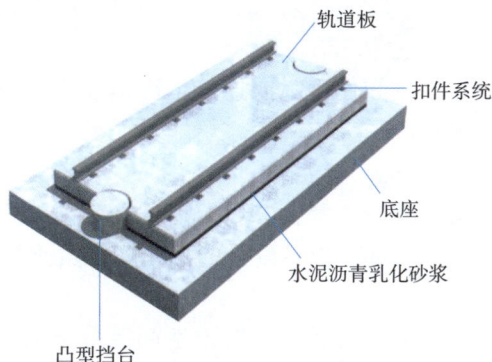

图 6-15　CRTSⅠ型板式无砟轨道

（2）轨道板结构

轨道板结构类型可分为预应力混凝土平板、预应力钢筋混凝土框架板和钢筋混凝土板。轨道板类型应根据环境条件和下部基础合理选用,如图 6-16 和图 6-17 所示。

图 6-16　预应力混凝土平板

图 6-17　预应力钢筋混凝土框架板

2. CRTS Ⅱ 型板式无砟轨道

（1）组成

CRTS Ⅱ 型板式无砟轨道由钢轨、弹性扣件、轨道板、水泥乳化沥青砂浆充填层、底座、侧向挡块等组成,如图 6-18 和图 6-19 所示。

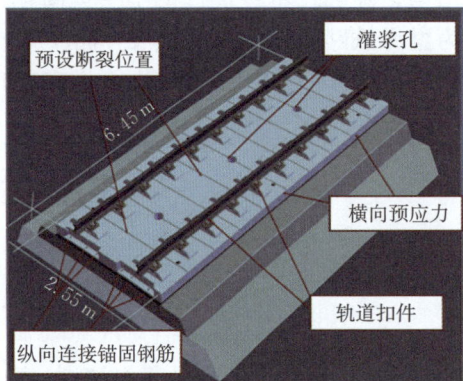

图 6-18　CRTS Ⅱ 型板式无砟轨道结构

图 6-19　CRTS Ⅱ 型板式无砟轨道

（2）轨道板结构

CRTS Ⅱ 型板式无砟板与板之间使用纵向连接锚固钢筋纵连成整体。

3. CRTS Ⅲ 型板式无砟轨道

（1）组成

CRTS Ⅲ 型板式无砟轨道由钢轨由弹性扣件、轨道板,现浇的钢筋混凝土底座上铺装板底预设连接钢筋的预制混凝土轨道板,中间设置的自密实混凝土层等组成。

（2）轨道板结构

CRTS Ⅲ 型无砟轨道轨道板为双向后张预应力钢筋混凝土结构,板上设置配套的承轨槽结构,板下设置 U 形连接钢筋,通过轨道板与自密实混凝土之间的粘结以及连接钢筋限制轨道板纵横向位移,如图 6-20 和图 6-21 所示。

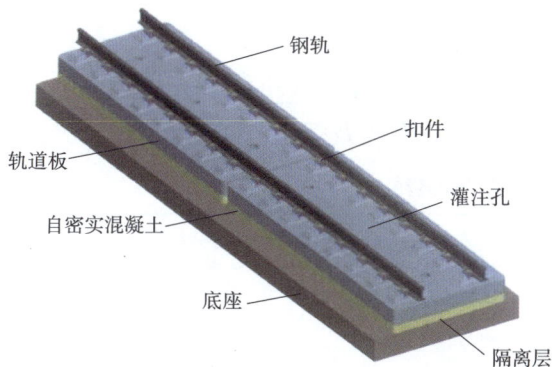

图 6-20 CRTSⅢ型板式无砟轨道结构

图 6-21 CRTSⅢ型无砟轨道轨

4. 双块式无砟轨道

(1)道床板采用钢筋混凝土结构,现场浇筑成型,混凝土强度等级为 C40,支撑块工厂预制成型的钢筋混凝土结构。

(2)路基地段双块式无砟轨道,如图 6-22 所示。

(3)桥梁地段双块式无砟轨道,如图 6-23 所示。

图 6-22 路基地段双块式无砟轨道

图 6-23 桥梁地段双块式无砟轨道

5. 道岔区轨枕埋入式无砟轨道

(1)轨道板组成:由道岔钢轨件、弹性扣件、岔枕、道床板及底座等组成,如图 6-24 和图 6-25 所示。

(2)道岔区扣件间距为 600 mm,特殊位置的扣件间距根据道岔结构确定。

图 6-24 道岔区轨枕埋入式无砟轨道

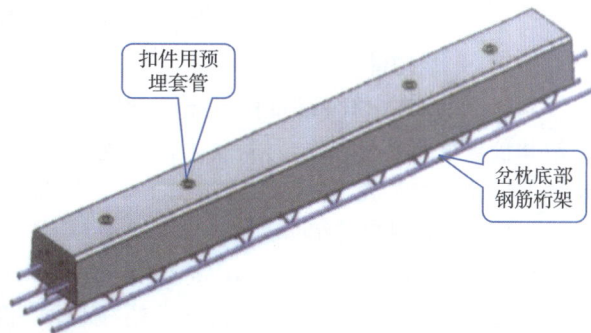

图 6-25 混凝土岔枕截面

(二)无砟轨道扣件系统

无砟轨道扣件系统包括 WJ-7 型、WJ-8 型、W300-1 型、SFC 型扣件等类型,按无砟道床形式分为有挡肩和无挡肩扣件。无砟轨道扣件系统具体分类及适用范围见表 6-31。

表 6-31　无砟轨道扣件系统

扣件类型	无砟道床形式
WJ-7 型扣件	无挡肩
WJ-8 型扣件	有挡肩
W300-1 型扣件	有挡肩
SFC 型扣件	无挡肩

1. WJ-7 型扣件组成

WJ-7 型扣件由 T 形螺栓、螺母、平垫圈、弹条、绝缘块、铁垫板、绝缘缓冲垫板、重型弹簧垫圈、平垫块、锚固螺栓、预埋套管,以及可能出现的轨下调高垫板和铁垫板下调高垫板组成,如图 6-26 所示。

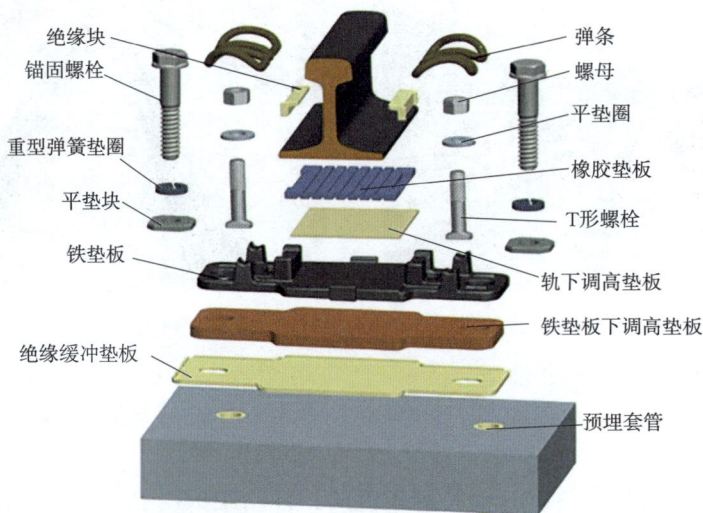

图 6-26　WJ-7 型扣件系统组成

2. WJ-8 型扣件组成

WJ-8 型扣件由螺旋道钉、平垫圈、弹条、绝缘轨距块、轨距挡板、铁垫板、铁垫板下弹性垫板和预埋套管等组成。为满足高低调整需要,还包括轨下微调垫板和铁垫板下调高垫板,如图 6-27 所示。

3. W300-1 型扣件组成

W300-1 型扣件分为 W300-1a 型和 W300-1u 型两种。扣件由弹条、绝缘垫片、轨距挡板、轨枕螺栓、轨下垫板、铁垫板、弹性垫板和预埋套管等组成,为满足高低调整需要,还包括调高垫板,如图 6-28 所示。

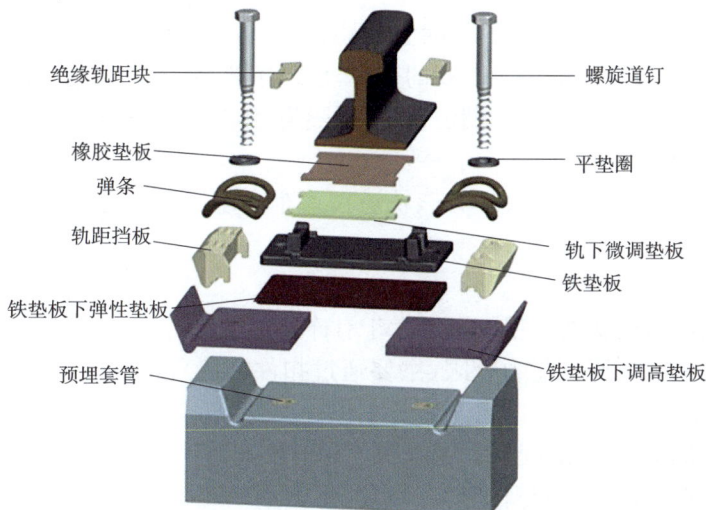

图 6-27　WJ-8 型扣件组成

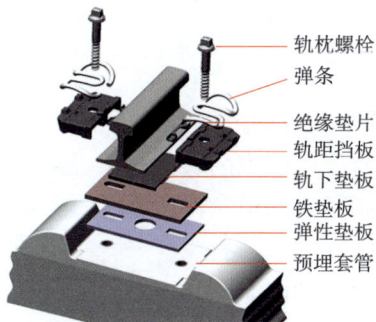

图 6-28　W300-1 型扣件组成

二、无砟轨道特点

1. 无砟轨道的优点

(1)轨道线路静态、动态平顺性高,稳定性好,舒适性好。

无砟轨道结构的几何形位能持久保持,横向阻力较高,轨道稳定性好,增加了运营的安全性;无砟轨道长波不平顺小,平顺性高;无砟轨道可通过轨道刚度的合理匹配,提高乘坐舒适性,尤其是通过不同结构物过渡段和道岔区的舒适性。

(2)线路维修工作量大幅减少,耐久性好,服务期长。

随着列车运行速度的不断提高,有砟轨道道砟粉化及道床累积变形的速度加快,为了满足高速铁路对线路的高平顺性、稳定性的要求,必须通过轨道结构的强化及频繁的养护维修来保持轨道的几何状态。与有砟轨道相比,无砟轨道养护维修工作量小,结构耐久性好,轨道使用寿命长。

(3)提供较大的纵、横向阻力,线路稳定性高。

有利于无缝线路的稳定,以及困难地段的线路平、纵断面参数选择。自重轻,减小桥梁的二期恒载,结构高度低,改善铁路隧道的通风条件和作业环境。

(4)初期土建工程投资相对较小,节省工程总造价。

无砟轨道在圆曲线地段可实现超出有砟轨道高达 25% 的超高,这就有可能在保持规定速度的情况下选择较小的曲线半径,同时无砟轨道可以采用较大的线路纵坡,提高线路平纵断面对地形、地物的适应性,减少对景观的破坏,可缩短桥梁、隧道结构物的长度,减少投资;结构高度低,自重轻,可减少桥梁二期恒载、降低隧道净空,从而降低工程总造价。

(5)整洁美观,利于环保。

无砟轨道道床整洁美观,解决了有砟轨道在列车高速运行下道砟飞溅带来的一系列问题,利于环保。

2. 无砟轨道的缺点

(1)轨道结构本身的初期工程投资要大于有砟轨道。

(2)无砟轨道的高低调整能力有限(主要通过扣件系统),特殊情况下,轨道结构破损后的修复和整治困难。

(3)无砟轨道的道床面相对平滑,轮轨噪声相对较大。

(4)基础变形要求高,必须建在坚实、稳定、不变形或有限变形的基础上,无砟轨道的高低调整能力有限(主要通过扣件系统),一旦下部基础变形下沉超出其调整范围,或导致上部轨道结构裂损,其修复非常困难。

三、无砟轨道铺设要求

基于无砟轨道的特点,其适于铺设的范围和条件主要有:

(1)基础变形相对较小、维修作业困难的长大桥梁、隧道区段。

(2)维修作业频繁、路基基础坚实的道岔区段。

(3)减振降噪与环境要求高的区段。

(4)优质道砟短缺、人工费用高的国家和地区。

第七节　轨道几何尺寸

轨道几何形位是指轨道各部分的几何形状、相对位置和基本尺寸。轨道几何形位按照静态与动态两种状况进行管理。静态几何形位是轨道不行车时的状态,可采用道尺及小型轨道检查车等工具测量。动态几何形位是行车条件下的轨道状态,可采用轨道检查车测量。我国铁路轨道几何形位的管理,实行静态管理与动态管理相结合的模式。

铁路轨道直接承载车轮并引导列车运行,轨道的几何形位与机车车辆轮对的几何尺寸必须密切配合,因而轨道几何形位的控制对于保证列车运行安全是非常重要的。另外,随着铁路列车提速及高速铁路技术的应用,为了保持列车运行的平稳性和舒适性,也必须对轨道的几何形位实行严格控制。

轨道有直线轨道和曲线轨道两种平面几何形式,还有轨道的分支与交叉。研究直线轨道几何形位的基本要素包括:轨距、水平、轨向、前后高低和轨底坡。

一、轨　　距

轨距是指钢轨踏面下 16 mm 范围内两股钢轨工作边之间的最小距离,如图 6-29 所示。轨距分为标准轨距、宽轨距和窄轨距三种。国际标准轨距尺寸为 1 435 mm,我国采用的是国际标准。

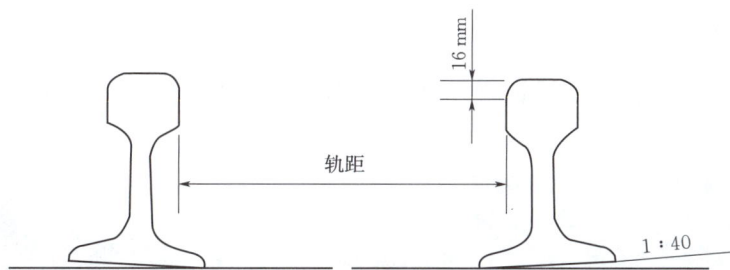

图 6-29 轨距

二、水平、三角坑

1. 水平是指线路左右两股钢轨顶面的相对高差。它必须满足规定的均匀和平顺要求，轨道上两股钢轨的顶面，在直线地段应保持同一水平，在曲线地段应满足外轨均匀和平顺超高的要求。

水平用道尺或其他工具进行测量，不同的行车速度对水平误差的要求不同。水平的变化不能太大，在 1 m 距离内，变化不得超过 1 mm，否则，即使两股钢轨的水平误差不超过容许范围，也将会引起机车车辆的强烈振动。

2. 三角坑（扭曲）是指在一段不太长的距离内，钢轨顶面连续出现两个正负不同的水平差。检查三角坑时，基长为 6.25 m，两个最大水平误差点之间的距离不足 18 m，就形成三角坑（扭曲）。

在一般情况下，超过允许标准的水平差，只是引起车辆的摇晃和两股钢轨的不均匀受力及磨耗。但如果在延长不足 18 m 的距离内出现水平差超过 4 mm 的三角坑，就会出现车轮不能全部正常压紧钢轨的情况，在最不利的情况下甚至可以爬上钢轨，引起脱轨事故。

三、高　低

高低是指钢轨顶面沿钢轨方向的竖向凹凸不平顺，如图 6-30 所示。轨道前后高低不平顺，危害甚大。列车通过这些地方时，冲击动力增加，使道床变形加速，从而又进一步扩大不平顺，使机车车辆对轨道的破坏力增大。

图 6-30 高低

四、轨　　向

轨向是指钢轨头部内侧面沿钢轨方向的横向凹凸不平顺,即直线上轨道是否平直,曲线上的轨道是否圆顺,如图 6-31 所示。

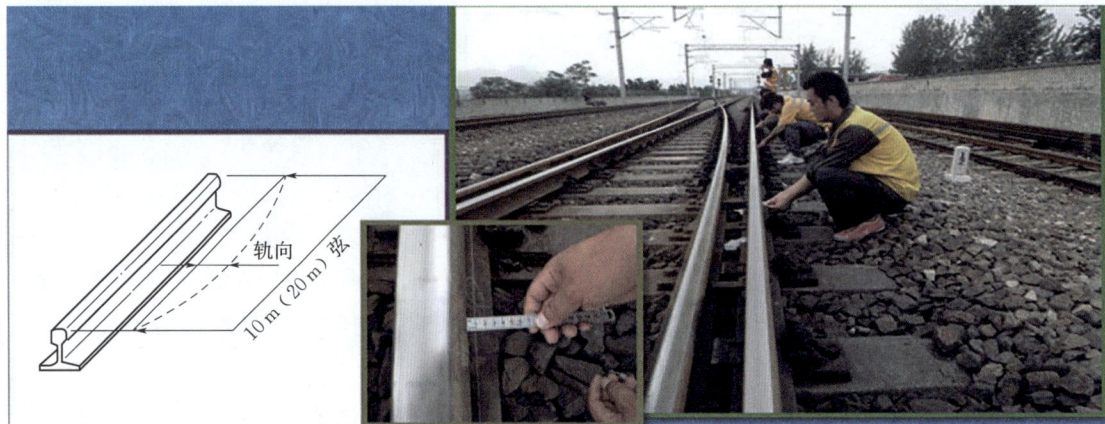

图 6-31　轨向

轨道方向对行车的平稳性具有重要的意义,若直线不直,必然会引起列车的蛇行振动,在行驶快速列车的线路上,相对轨距来说,轨道方向往往是控制性的,只要方向偏差保持在容许范围之内,轨距变化对车辆振动的影响就不会很大。

在无缝线路地段,若轨道方向不良,到了高温季节,在一定条件下,会引起胀轨跑道,威胁行车安全。

五、轨 底 坡

车轮踏面设计成锥形,踏面上有两个坡度。经常与钢轨顶面接触的车轮踏面是 1∶20 坡度的圆锥面,1∶10 的坡度只在小半径曲线上才与钢轨接触。所以在直线上,钢轨不应该竖直铺设,而应在轨底设置一个坡度,人为地使得两股钢轨顶面向线路中心线倾斜。钢轨中心线与垂直线之间的倾斜度称为轨底坡。在木枕地段,轨底坡是通过楔形垫板设置的;在混凝土枕地段,轨枕槽事先已按轨底坡的规定做成斜面,不需另设楔形垫板。我国铁路线路上直线轨底坡采用 1∶40,曲线轨底坡根据需要调整。

轨底坡是否正确,可以从钢轨顶面上的光带位置判定。如果光带偏向内侧,说明轨底坡不足;如果光带偏向外侧,则说明轨底坡过大;如果光带居中,则说明轨底坡合适。线路养护维修时,可根据光带位置对轨底坡进行调整。

第八节　曲　　　线

铁道线路在平面上由一个方向转向另一个方向时,中间必须用曲线来连接,这种曲线通称平面曲线。只有一个半径的曲线称为单曲线,由两个或两个以上不同半径组成的曲线称为复心曲线,线路上设置曲线时,应尽量采用单曲线,仅在困难条件下才设置复心曲线。

铁道线路在纵断面上由一个坡度转向另一个坡度,或由平坡与坡道连接时,当其代数差大于某一定值时,中间也必须用曲线连接,这种曲线通称竖曲线。竖曲线有圆曲线形和抛物线形两种。

一、曲线的基本要素

(1)曲线的转向角 α(转向角和线路中心角相等)。

(2)曲线半径 R(即圆曲线半径)。

(3)曲线切线长 T。

(4)曲线外矢距 E。

(5)曲线全长 L。

(6)缓和曲线长 l_0。

图 6-32 中虚线为无缓和曲线的情况,实线为有缓和曲线的情况。

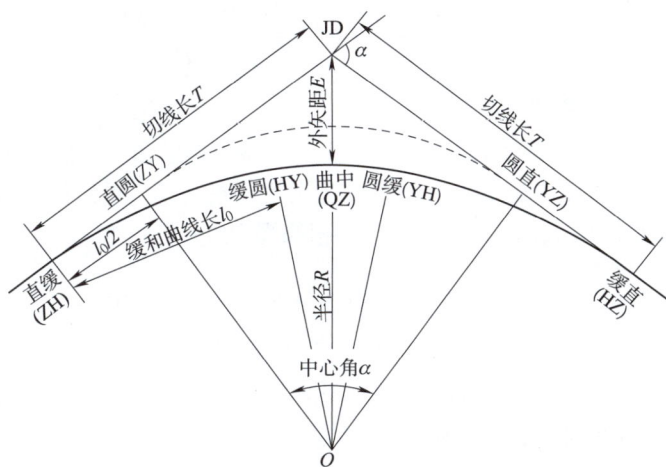

ZY—单圆曲线始点(直圆点);YZ—单圆曲线终点(圆直点);ZH—缓和曲线始点(直缓点);

HZ—缓和曲线终点(缓直点);HY—缓和曲线接圆曲线之交点(缓圆点);

YH—圆曲线接缓和曲线之交点(圆缓点);QZ—整个曲线的中央点(曲中点)。

图 6-32　曲线各要素

二、曲线轨道外轨超高的设置及计算

(一)设置曲线外轨超高的目的

列车由直线进入曲线时所产生的离心力的大小,取决于列车前进的速度和曲线半径。速度越高,半径越小,则离心力就越大,作用在外轨的力也越大,外轨磨耗加剧,钢轨外挤。为了克服离心力对车辆的影响,应该有一个与离心力相反、大小相等的向心力。这就需要将曲线外轨抬高(即设置超高),使车体内倾产生一个向心力,来平衡这个离心力。

设置曲线外轨超高能达到下列三个目的:

(1)减少曲线外股钢轨所受的垂直力和水平力,使两股钢轨受力均匀、垂直磨耗均匀等。

(2)保证轨道稳定,防止车辆倾覆。

(3)将离心力限制在一定范围内,保证旅客的舒适度。

(二)曲线外轨超高计算公式

1. 运营线上设置超高计算公式

$$H = 11.8 \frac{v^2}{R}$$

式中　H——外轨超高(mm);

　　　v——经实测计算而得的平均速度(km/h);

　　　R——曲线半径(m)。

为了使算得的超高能适应各种列车运行,采用各次列车的平均速度 $v_平$。计算曲线外轨超高值采用 5 mm 的整倍数。

2. 新线上设置超高计算公式

在新线上设置超高时,无法用测速方法计算平均速度,一般采用最高速度(允许速度)的 80% 作为平均速度进行计算,即

$$H = \frac{11.8 \times (0.8 v_{max})^2}{R} \approx \frac{7.6 v_{max}^2}{R}$$

(三)曲线最大超高度的规定

外轨超高的数值应以保证行车安全为前提。超高不能太小,要保证列车以较高速度通过时不致因离心力发生脱轨和倾覆事故;外轨超高也不能太大,要保证低速列车通过曲线时产生的向心力,即使有侧向大风也不致有向内侧倾覆的危险。《普速铁路线路修理规则》规定,超高按公式 $H = 11.8 \frac{v^2}{R}$ 计算。有砟轨道实设最大超高,在单线上不得大于 125 mm,在双线上不得大于 150 mm。所规定的是实际设置超高的最大限度,不包括水平误差在内。

两线路中心距离在 5 m 以下的曲线地段,内侧曲线的超高不得小于外侧曲线超高的一半,否则,必须根据计算加宽两线的中心距离。

(四)曲线外轨超高检算

1. 计算未被平衡欠超高和未被平衡过超高

由于各次列车通过曲线时的速度不可能完全相同,且与计算超高时的平均速度也不相同,因此,外轨超高不可能与行车速度完全适应,必定会产生未被平衡的离心力或向心力。为了保证旅客舒适,要限制这些力的大小,一般是把这些力换算成未被平衡的超高加以限制。超高不足部分称为欠超高,超高剩余部分称为过超高。欠超高和过超高统称为未被平衡超高。

《普速铁路线路修理规则》规定:最大允许未被平衡欠超高一般不应大于 75 mm,困难情况下不应大于 90 mm;但允许速度大于 120 km/h 线路个别特殊情况下已设置的 90(不含)~110 mm 的欠超高可暂时保留,但应逐步改造;未被平衡过超高不应大于 30 mm,困难情况下也不应大于 50 mm,允许速度大于 160 km/h 线路个别特殊情况下不应大于 70 mm。在按公式计算出超高以后,对未被平衡过超高和欠超高按下列公式计算:

$$H_c = \frac{11.8 v_{max}^2}{R} - H$$

$$H_g = H - 11.8 \frac{v_H^2}{R}$$

式中　H_c——未被平衡欠超高(mm)；

　　　H_g——未被平衡过超高(mm)；

　　　v_{max}——实测最高行车速度(km/h)；

　　　v_H——货物列车平均行车速度(km/h)；

　　　R——曲线半径(m)；

　　　H——曲线外轨超高(mm)。

实设超高在满足上述要求的条件下,货物列车较多时应尽量减小 H_g,旅客列车较多时应尽量减小 H_c。

行车条件有较大变化,或曲线发生木枕压切、混凝土枕挡肩破损、钢轨不正常磨耗等情况,应通过实测行车速度和实际牵引质量,重新计算和调整超高。

2. 通过曲线的允许速度

超高设置好后,可计算通过曲线的最大允许速度,计算公式为

$$v_{max} = \sqrt{\frac{(h + \Delta h_c)R}{11.8}}$$

式中　v_{max}——通过曲线的最大允许速度(km/h)；

　　　h——曲线实设超高(mm)；

　　　Δh_c——允许最大未被平衡欠超高(mm)；

　　　R——曲线半径(m)。

(五)计算平均速度

《普速铁路线路修理规则》规定,采用列车速度平方及列车质量加权平均方法计算速度,并依此设置超高,即

$$v_0 = \sqrt{\frac{N_1 m_1 v_1^2 + N_2 m_2 v_2^2 + \cdots + N_i m_i v_i^2}{N_1 m_1 + N_2 m_2 + \cdots + N_i m_i}} = \sqrt{\frac{\sum N_i m_i v_i^2}{\sum N_i m_i}}$$

式中　v_0——平均速度(km/h)；

　　　m_i——各类列车质量(t)；

　　　v_i——实测各类列车速度(km/h)；

　　　N_i——一昼夜各类列车次数(列)。

实测各类列车速度宜在列车按运行图比较正常运行条件下进行。为使测得的列车速度具有普遍性,如一昼夜的车次很少,可实测几个昼夜的车速。每类列车质量为牵引质量加上机车质量,可由各类区段的统计资料中查得,或按列车运行图牵引质量及机车质量计算确定。

(六)超高顺坡

(1)曲线超高应在整个缓和曲线内顺完,允许速度大于 160 km/h 的线路,超高必须在整个缓和曲线内顺完;允许速度大于 120 km/h 的线路,顺坡坡率不应大于 $1/(10v_{max})$;允许速度不大于 120 km/h 的线路,顺坡坡率不应大于 $1/(9v_{max})$。

允许速度不大于 160 km/h 的线路,如缓和曲线长度不足,顺坡可延至直线上;允许速度为 120(不含)～160 km/h 线路,在直线上顺坡坡率不应大于 $1/(10v_{max})$,在直线上顺坡的超高不应大于 8 mm;允许速度不大于 120 km/h 的线路,在直线上顺坡坡率不应大于

$1/(9v_{\max})$,在直线上顺坡的超高,有缓和曲线时不应大于 15 mm、无缓和曲线时不应大于 25 mm,如图 6-33 所示。

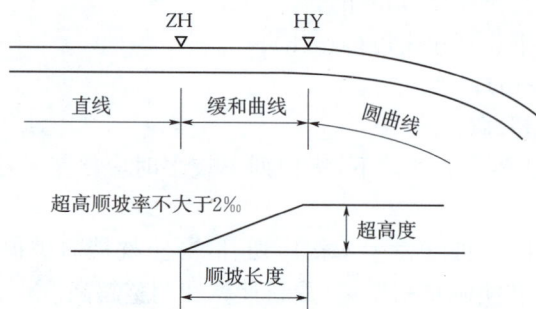

图 6-33　有缓和曲线时超高顺坡

在困难条件下,可适当加大顺坡坡率,但允许速度大于 120 km/h 的线路不应大于 $\dfrac{1}{8v_{\max}}$,其他线路不应大于 $\dfrac{1}{7v_{\max}}$,且不得大于 2‰。

（2）同向曲线两超高顺坡终点间的夹直线长度应满足表 6-32 的规定,允许速度不大于 160 km/h 的特殊困难地段不应短于 25 m。允许速度不大于 120 km/h 的线路在极个别情况下不足 25 m 时,可在直线部分设置不短于 25 m 的相等超高段。如设置相等超高段困难,可在直线部分从较大超高向较小超高均匀顺坡。

表 6-32　圆曲线或夹直线最小长度

线路允许速度/(km/h)		200	160	140	120	100	80
圆曲线或夹直线最小长度/m	一般	140	130	110	80	60	50
	困难	100	80	70	50	40	30

（3）反向曲线两超高顺坡终点间的夹直线长度应满足表 6-32 的规定,允许速度不大于 160 km/h 的特殊困难地段不应短于 25 m。允许速度不大于 120 km/h 的线路在极个别情况下不足 25 m 时,正线不应短于 20 m,站线不应短于 10 m;困难条件下可按不大于 $1/(7v_{\max})$ 顺坡,特殊困难条件下超高顺坡可延伸至圆曲线上,但圆曲线始终点的未被平衡欠超高不得超过《普速铁路线路修理规则》规定。

（4）允许速度不大于 120 km/h 的线路在特殊条件下的超高顺坡,铁路局集团公司可根据具体情况规定,但不得大于 2‰。

（5）同一条曲线实设欠超高、超高顺坡率、夹直线长度（含曲线与道岔夹直线）三个技术参数,一般不应采用两个及以上的困难条件限值。

三、曲线轨道轨距加宽

为使机车车辆平稳和安全地通过曲线,避免卡住并尽可能地减少轮轨磨耗及机车车辆对轨道的破坏,在半径小到一定数值的曲线上,必须将轨距适当加宽。因为机车车辆主要由曲线外股钢轨导向,为保持曲线外股钢轨圆顺,故规定曲线轨距加宽值加在里股,即将里股钢轨向曲线内侧横移,使其与线路中线的距离等于轨距的一半加上轨距加宽值。直线轨距标准为 1 435 mm,曲线轨距按表 6-33 规定的标准在内股加宽。

表 6-33 曲线轨距加宽标准

曲线半径 R/m	加宽值/mm
$R \geqslant 295$	0
$295 > R \geqslant 245$	5
$245 > R \geqslant 195$	10
$R < 195$	15

注:曲线轨距加宽值不符合上述规定时,应有计划地进行改造,道岔内的轨距加宽按设计图保留。

曲线轨距加宽递减应遵循以下要求:

(1)曲线轨距加宽应在整个缓和曲线内递减。如无缓和曲线,则在直线上递减,递减率不得大于 1‰。

(2)复曲线应在正矢递减范围内,从较大轨距加宽向较小轨距加宽均匀递减。

(3)两曲线轨距加宽按 1‰递减,其终点间的直线长度不应短于 10 m。不足 10 m 时,如直线部分的两轨距加宽相等,则直线部分保留相等的加宽;如不相等,则直线部分从较大轨距加宽向较小轨距加宽均匀递减。

在困难条件下,站线上的轨距加宽可按 2‰递减。

(4)特殊条件下轨距加宽递减,铁路局集团公司可根据具体情况规定,但不得大于 2‰。

四、曲线绳正法拨道基本原理及要求

1. 两条假定

(1)假定曲线两端切线方向不变,即曲线始终点拨量为零。

(2)曲线上某一点拨道时,其相邻测点在长度上并不随之移动。

2. 四条基本原理

(1)现场正矢的合计等于计划正矢的合计。

(2)曲线上任意点的拨动,对相邻点正矢的影响量为拨动点拨动量的二分之一,其方向相反。

(3)曲线上各点正矢之和为一常数。

(4)曲线上各点正矢差之代数和为零,即曲线终点的拨动量等于零。

3. 绳正法拨正曲线的基本要求

(1)曲线两端直线轨向不良,一般应事先拨正,两曲线间直线段较短时,可与两曲线同时计算、拨正。

(2)在外股钢轨上用钢尺丈量,每 10 m 设置一个测点(曲线头尾是否在测点上不限)。

(3)在风力较小条件下,拉绳测量每个测点正矢,测量三次,取平均值。

(4)按绳正法计算拨道量,计算时不宜为减少拨道量而大量调整计划正矢。

(5)设置拨道桩,按桩拨道。

4. 曲线整正外业测量

测量现场正矢是曲线整正计算前的准备工作。这项工作的质量好坏，直接关系到计算工作，并影响到拨后曲线的圆顺，因此应注意以下几点：

（1）测量现场正矢前，先用钢尺在曲线外股按计划的桩距丈量，并画好标记和编出测点号，测点应尽量与直缓、缓圆、圆缓、缓直点重合。

（2）测量现场正矢时，弦线必须拉紧，弦线的两端位置和量尺位置要正确。测量时应在轨距线处，有肥边应在肥边处量，肥边大于 2 mm 时应铲除之。

（3）尺在下，弦在上，尺不要顶弦也不要离开。读数时，视线、弦线、量尺三者应保持垂直；要读弦线靠钢轨一侧的数，如图 6-34 所示。

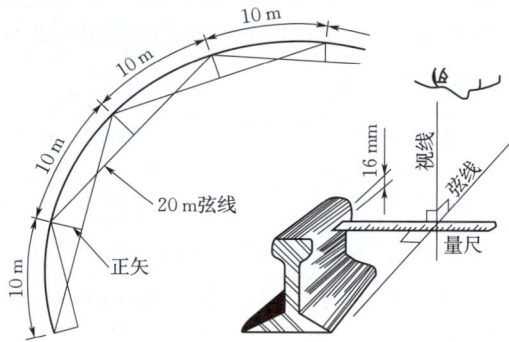

图 6-34　曲线正矢测量

（4）如果直线方向不直就会影响整个曲线，应首先将直线拨正后再量正矢；如果曲线头尾有反弯（鹅头）应先进行整正；如果曲线方向很差，应先粗拨一次，但应在新拨动部分经列车滚压后再量取现场正矢，以免现场正矢发生变化而影响拨道量计算的准确性。

（5）在测量现场正矢的同时，应注意线路两旁建筑物的界限要求，注意桥梁、隧道、道口等建筑物的位置，以供计划时考虑。

5. 曲线正矢允许偏差

曲线应保持圆顺。正矢用 20 m 弦在钢轨踏面下 16 mm 处测量。曲线正矢作业验收允许偏差管理值见表 6-34，曲线正矢计划维修容许偏差管理值见表 6-35。

表 6-34　曲线正矢作业验收允许偏差管理值

曲线半径 R/m		缓和曲线的计算与计划正矢差/mm	圆曲线正矢连续差/mm	圆曲线正矢最大最小差/mm
$R{\leqslant}250$		6	12	18
$250{<}R{\leqslant}350$		5	10	15
$350{<}R{\leqslant}450$		4	8	12
$450{<}R{\leqslant}800$		3	6	9
$R{>}800$	$v_{max}{\leqslant}120$ km/h	3	6	9
	$v_{max}{>}120$ km/h	2	4	6

表 6-35　曲线正矢计划维修容许偏差管理值

曲线半径 R/m	缓和曲线的正矢与计算正矢的差/mm		圆曲线正矢连续差/mm		圆曲线正矢最大最小值差/mm	
	正线及到发线	其他线	正线及到发线	其他线	正线及到发线	其他线
$R \leqslant 250$	7	8	14	16	21	24
$250 < R \leqslant 350$	6	7	12	14	18	21
$350 < R \leqslant 450$	5	6	10	12	15	18
$450 < R \leqslant 800$	4	5	8	10	12	15
$R > 800$	3	4	8	8	9	12

注：段管线、岔线按其他站线办理。

在复心曲线的大小半径连接处，正矢与计算正矢的允许差，按大半径曲线的缓和曲线规定办理，缓和曲线与直线连接处不得有反弯或"鹅头"。

现场曲线的始终点、缓和曲线长度、曲线全长、曲线半径、实设超高均应与设备图表保持一致。

五、曲线缩短轨配置及成段更换钢轨

1. 计算曲线缩短量

线路上两股钢轨的接头应当对齐，而曲线上，由于外股轨线要比里股轨线长一些，所以要铺设同样长度的钢轨，里股接头必然比外股钢轨接头错前。为了满足钢轨接头对接的要求，在曲线里股应适当铺设缩短轨，其里股缩短量与曲线半径和缓和曲线、圆曲线长度有关。

（1）整个曲线里股缩短量及缩短轨根数的计算

取两股钢轨中心线之间的距离为 1 500 mm。

①圆曲线部分的缩短量的计算方式为

$$缩圆 = \frac{1\,500 \times 圆曲线长}{曲线半径}$$

②一端缓和曲线的缩短量的计算方式为

$$缩缓 = \frac{1\,500 \times 一端缓和曲线长}{2 \times 曲线半径}$$

③缓和曲线里股任意点的缩短量的计算方式为

$$任意点的缩短量 = \frac{1\,500 \times 缓和曲线始点至计算点的长度^2}{2 \times 曲线半径 \times 一端缓和曲线长}$$

④整个曲线的缩短量

$$缩总 = 缩圆 + 缩缓\,1 + 缩缓\,2$$

⑤缩短轨根数的计算

$$缩短轨根数 = \frac{缩总}{一根缩短轨的缩短量}$$

曲线缩短轨可根据表 6-36 选择使用。

表 6-36　曲线缩短轨选择　　　　　　单位:mm

曲线半径/m	标准轨长	
	12.5 m	25 m
4 000～10 000	40	40、80
500～800	40	80、160
300～450	80	160
200～250	120	—

(2)确定缩短轨的铺设位置

使用缩短轨要做到曲线里股与相对外股的钢轨接头相错的距离,不超过所使用缩短轨缩短量的一半。

2. 配置缩短轨

[例题 1]缓和曲线长 80 m,圆曲线长 28.27 m,曲线半径 400 m,第一根钢轨进入曲线的长度为 7.06 m,用 12.50 m 标准轨及 12.42 m 的缩短轨铺设(即缩短量为 80 mm),如图 6-35 所示。

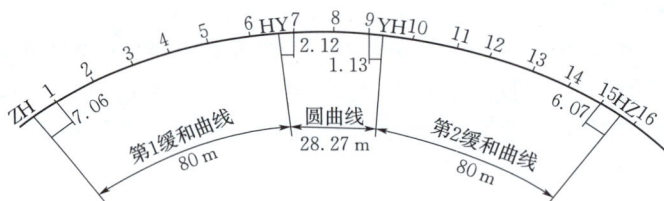

图 6-35　曲线缩短轨配置计算

解:(1)计算缩短量及缩短轨

①圆曲线的缩短量

$$缩圆=\frac{1\,500\times圆曲线长}{曲线半径}=\frac{1\,500\times28.27}{400}\ \text{mm}=106\ \text{mm}。$$

②一端缓和曲线的缩短量

$$缩缓=\frac{1\,500\times一端缓和曲线长}{2\times曲线半径}=\frac{1\,500\times80}{2\times400}\ \text{mm}=150\ \text{mm}。$$

③整个曲线的总缩短量

$$缩总=缩圆+2\times缩缓=106\ \text{mm}+2\times150\ \text{mm}=406\ \text{mm}。$$

④缩短轨根数

$$根数=\frac{缩总}{一根缩短轨的缩短量}=\frac{406}{80}\ 根=5.1\ 根,所以根数为\ 5\ 根。$$

(2)确定缩短轨的铺设位置,计算过程见表 6-37。

表 6-37 曲线缩短轨布置计算表

接头号数	由直缓或缓圆倒接头的距离/m	接头总缩短量/mm	标准轨(○)缩短轨(×)	实际缩短量/mm	接头错开量/mm	备注
1	7.06	缩(1)$=\dfrac{1\,500\times7.06^2}{2\times400\times80}=0.234\times7.06^2=1$	○	0	−1	进入缓和曲线 7.06 m
2	7.06+12.51=19.57	缩(2)$=0.023\,4\times19.57^2=9$	○		−1	
3	19.57+12.51=32.08	缩(3)$=0.023\,4\times32.08^2=24$	○		−9	
4	32.08+12.51=44.59	缩(4)$=0.023\,4\times44.59^2=47$	×	80	−24	
5	44.59+12.51=57.10	缩(5)$=0.023\,4\times57.10^2=76$	○	80	+33	
6	57.10+12.51=69.61	缩(6)$=0.023\,4\times69.61^2=113$	○	80	+2	进入圆曲线 2.12 m
7	69.61+10.39=80.00	缩(7)$=0.0234\times80^2+\dfrac{1\,500\times2.12}{400}=158$	×	160	−33	
8	2.12+12.51=14.63	缩(8)$=150+\dfrac{1\,500\times14.63}{400}=205$	×	240	+35	
9	14.63+12.51=27.14	缩(9)$=150+\dfrac{1\,500\times27.14}{400}=252$	○	240	−12	进入缓和曲线 11.38 m
10	80.00−11.38=68.62	缩(10)$=406−0.023\,4\times68.62^2=296$	×	320	+24	
11	68.62−12.51=56.11	缩(11)$=406−0.023\,4\times56.11^2=332$	○	320	−12	
12	56.11−12.51=43.60	缩(12)$=406−0.023\,4\times43.60^2=361$	×	400	39	
13	43.60−12.51=31.09	缩(13)$=406−0.023\,4\times31.09^2=383$	○	400	17	
14	31.09−12.51=18.58	缩(14)$=406−0.023\,4\times18.58^2=398$	○	400	2	
15	18.58−12.51=6.07	缩(15)$=406−0.023\,4\times6.07^2=405$	○	400	−5	

注:表中各列的序号从左至右依次为(1)～(7)。

在表中:

①第(2)列为每个接头到直缓点或缓圆点的距离。

例如:"7.06"表示 1 号接头到直缓点的距离(实地测量),"19.57"表示 2 号接头到直缓点的距离(计算得来),"14.63"表示 8 号接头到缓圆点的距离(计算得来)。

②第(3)列为各接头处的总缩短量。

例如:第 7 号接头有 10.39 m 在缓和曲线上,有 2.12 m 进入圆曲线,其总缩短量应为一端缓和曲线总缩短量加 2.12 m 长的圆曲线缩短量。

③第(4)列为缩短轨的布置。

"○"代表标准轨;"×"代表缩短轨。当计算的缩短轨量大于缩短轨缩短量的一半时,插入一根缩短轨。

例如:4 号接头的缩短量为 47 mm,大于 $40\left(\dfrac{80}{2}\right)$ mm,所以插入一缩短轨;7 号接头的缩短量为 158 mm, 158−70＝78 mm＞40 mm, 所以插入第 2 根缩短轨。

④第(5)列为实际缩短量。

当插入一根缩短轨时, 实际缩短量就缩短 80 mm。

例如: 4 号接头插入第 1 根缩短轨, 实际缩短量 80 mm; 7 号接头插入第 2 根缩短轨, 实际缩短 160 mm。

⑤第(6)列为接头错量。

接头错量＝第 5 列−第 3 列。

例如: 1 号接头错量＝0 mm−1 mm＝−1 mm。

4 号接头错量＝80 mm−47 mm＝33 mm。

"＋"表示上股在前; "−"表示下股在前。

3. 曲线上成段更换钢轨时钢轨联组配置

曲线上的钢轨由于运量增加或磨耗严重, 须成段更换钢轨。在更换前, 先将新轨联成一定长度的轨组, 布置在道心(距旧轨不小于 300 mm)或枕木头上(距旧轨不小于 150 mm), 新轨组的两端均应钉固或卡死。

当新轨组布置在道心时, 靠近外股的新轨组间有一搭头, 靠近里股的新轨组间应有一空头, 如图 6-36 所示。当新轨组布置在枕木头上时, 在外股外的新轨组间应有空头, 在内股外的新轨组间应有一搭头, 如图 6-37 所示。

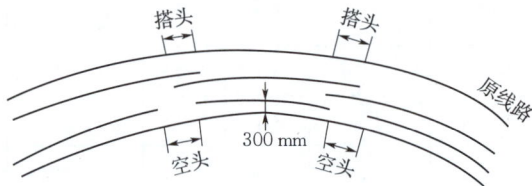

图 6-36　新轨组布置在道心　　　　图 6-37　新轨组布置在枕木头

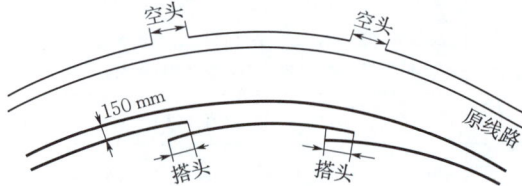

根据曲线半径不同弧长不同的原理, 空头和搭头长度的计算方法为

$$新旧轨组钢轨中心弧线差＝轨组长×\frac{新旧轨组间距离＋新旧轨平均宽}{曲线半径}$$

计算轨组长、曲线半径单位为 m, 轨组间距离、轨头宽单位均为 mm。

[例题 2]在曲线半径为 800 m 的轨道内侧(道心)散布和连接 60 kg/m 钢轨, 每段轨组长为 100 m, 新旧轨之间的距离为 300 mm, 旧轨头宽 70 mm, 60 kg/m 钢轨轨头宽 73 mm, 如预留轨缝为 8 mm 时, 求空头和搭头的数值。

解: 弧线差＝轨组长×$\frac{新旧轨组间距离＋新旧轨平均宽}{曲线半径}$＝$100×\frac{300＋71.5}{800}$ mm＝46.4 mm。

空头＝新旧轨组弧线差＋一个轨缝量＝46.4 mm＋8 mm＝54.4 mm。

搭头＝新旧轨组弧线差−一个轨缝量＝46.4 mm−8 mm＝38.4 mm。

第九节　限界及标志标识

铁路限界分为建筑限界和机车车辆限界两种, 统称为铁路的基本限界。

（1）铁路建筑限界是指一个和铁路线路中心线垂直的极限横断面轮廓。在此轮廓内，除机车车辆和与机车车辆有直接相互作用的设备（车辆减速器、路签授受器、接触电线及其他）外，其他设备或建筑物、构筑物均不得侵入。铁路建筑限界是根据机车车辆运动的最大轮廓尺寸并考虑一定的安全余量而制定的。限界尺寸一经规定不得随意缩小。缩小限界或者其他物体进入限界都可能危及列车运行安全，导致行车事故的发生。

（2）机车车辆限界是指机车车辆本身及其装载的货物不容许越出的轮廓线，机车车辆无论空、重状态，均不得超出机车车辆限界。

建筑限界和机车车辆限界两者之间留有一定的空隙，运行中的机车车辆就不会与沿线建筑物发生碰撞。

一、基本建筑限界

单线直线基本建筑限界半宽为 2 440 mm。这是由于最大级超限货物装载限界的半宽为 2 225 mm，加上货物横向移动量 170.5 mm，再加 44.5 mm 的安全量而得出，即

基本建筑限界半宽＝2 225 mm＋170.5 mm＋44.5 mm＝2 440 mm。

基本建筑限界高度为 5 500 mm，这是由于最大级超限货物装载限界高度为 5 300 mm，加上货物向上振动偏移量 46.5 mm，再加安全量 153.5 mm 而得出的，即

建筑限界高度＝5 300 mm＋46.5 mm＋153.5 mm＝5 500 mm。

进行桥隧维修时，施工机械和脚手架等均不得侵入基本建筑限界（曲线上为按规定加宽后的限界），以保证行车和人员安全。

二、曲线建筑限界

在曲线上建筑限界内外侧都需要进行加宽，其加宽值计算公式如下。

（1）曲线内侧加宽（mm）的计算公式为

$$W_1 = \frac{40\ 500}{R} + \frac{H}{1\ 500}h$$

（2）曲线外侧加宽（mm）的计算公式为

$$W_2 = \frac{44\ 000}{R}$$

（3）曲线内外侧加宽共计（mm）的计算公式为

$$W = W_1 + W_2 = \frac{84\ 500}{R} + \frac{H}{1\ 500}h$$

式中　R——曲线半径（m）；

$\quad\ \ H$——计算点自轨面算起的高度（mm）；

$\quad\ \ h$——外轨超高（mm）。

$\dfrac{H}{1\ 500}h$ 值也可以用内侧轨顶为轴，将有关限界旋转 θ 角 $\left(\theta = \arctan\dfrac{h}{1\ 500}\right)$ 求得。

曲线上建筑限界的加宽范围，包括全部圆曲线、缓和曲线和部分直线。加宽方法可采用图 6-38 所示阶梯形方式或采用曲线圆顺的方式。

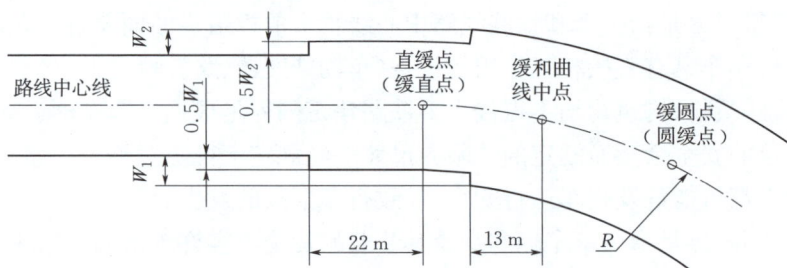

图 6-38　曲线建筑限界加宽方式

三、工务系统常用标志标识

1. 线路标志

线路标志包括:公里标、半公里标、曲线标、圆曲线和缓和曲线的始终点标、桥梁标、隧道(明洞)标、坡度标,以及铁路局集团公司、工务(工电)段、车间、工区的管界标。

线路标志设在线路按计算公里方向的左侧,其内侧距线路中心不小于 3.1 m 处(警冲标除外)。双线区段须另设线路标志时,应设在列车运行方向左侧。

(1)公里标、半公里标设在一条线路自起点计算每一整公里、半公里处,如图 6-39 所示。

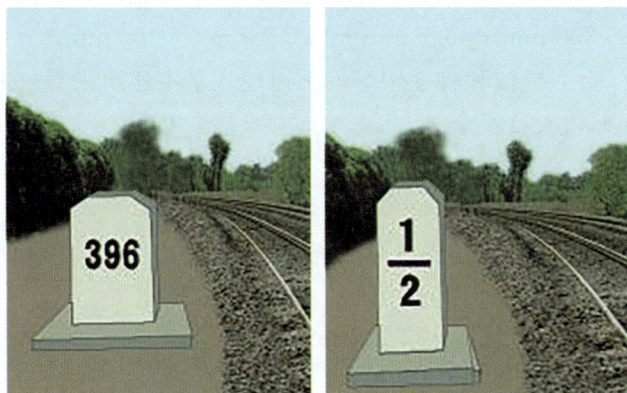

图 6-39　公里标、半公里标

(2)曲线标设在曲线中点处,标明曲线中心里程、半径大小、曲线和缓和曲线长度,如图 6-40 所示。

图 6-40　曲线标

（3）圆曲线和缓和曲线的始终点标设在直缓、缓圆、圆缓、缓直各点处,标明所向方向为直线、圆曲线或缓和曲线,如图 6-41 所示。

图 6-41 圆曲线和缓和曲线始终点标

（4）桥梁标设在桥梁两端桥头处,标明桥梁编号、中心里程和长度,如图 6-42 所示。

（5）隧道（明洞）标直接标注在隧道（明洞）两端洞门端墙上,标明隧道号或名称,中心里程和长度,如图 6-43 所示。

图 6-42 桥梁标

图 6-43 隧道（明洞）标

（6）坡度标设在线路坡度的变坡点处,两侧各标明其所向方向的上、下坡度值及其长度,如图 6-44 所示。

图 6-44 坡度标

（7）铁路局集团公司、工务（工电）段、车间、工区的管界标设在各单位管辖地段的分界点处，两侧标明所向的单位名称，如图6-45所示。

2. 信号标志

信号设在列车运行方向左侧（警冲标除外）。工务系统常用的信号标志包括：作业标、移动停车信号标、减速信号标、减速地点标、警冲标、司机鸣笛等。

（1）作业标设在施工线路及其邻线距施工地点两端500～1 000 m处，如图6-46所示。司机见此标志须长声鸣笛，注意瞭望。

图6-45　管界标

图6-46　作业标

（2）移动停车信号标一般在封锁线路施工、线路发生故障或灾害时需要设置停车防护时使用。昼间——表面有反光材料的红色方牌；夜间——柱上红色灯，如图6-47所示。

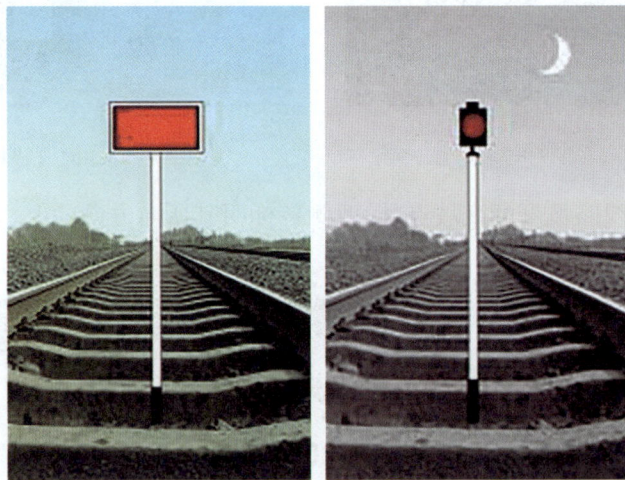

图6-47　移动停车信号标

（3）减速信号标一般在施工限速地段或病害限速地段使用。

①表面有反光材料的黄底黑字圆牌标明列车限制速度，如图6-48所示。

②施工及其限速区段，在减速信号牌外方增设的特殊减速信号牌为表面有反光材料的黄底黑"T"字圆牌，如图 6-49 所示。

图 6-48　限速标　　　　　　　图 6-49　减速信号标

（4）减速地点标设在需要减速地点的两端各 20 m 处。正面表示列车应按规定限速通过地段的始点，背面表示列车应按规定限速通过地段的终点，如图 6-50 所示。

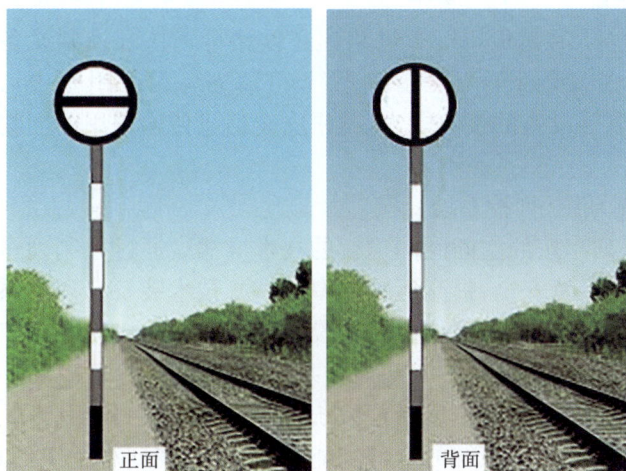

图 6-50　减速地点标

（5）警冲标设在两会合线路线间距离为 4 m 的中间。线间距离不足 4 m 时，设在两线路中心线最大间距的起点处，如图 6-51 所示。在线路曲线部分所设道岔附近的警冲标与线路中心线间的距离应按限界的加宽增加。

（6）司机鸣笛标设在道口、大桥、隧道及视线不良地点的前方 500～1 000 m 处，如图 6-52 所示。在非限鸣区域，司机见此标志须长声鸣笛；在限鸣区域内，司机见此标志应开启灯显示警设备，除遇危及行车安全等情况外，限制鸣笛。

图 6-51　警冲标

图 6-52　司机鸣笛标

第十节　铁路信号

一、信号系统

信号系统主要包括计算机联锁系统、列车运行控制系统、调度集中系统、信号集中监测系统和临时限速服务器等。

1. 计算机联锁系统

计算机联锁系统(CBI)是负责行车进路建立铁路行车核心控制设备。计算机联锁系统具备与调度集中(CTC)或列车调度指挥系统(TDCS)、无线闭塞中心(RBC)、列控中心(TCC)、信号集中监测等设备的接口能力,其中安全信息传输采用不同物理径路的冗余配置专用通道。

2. 列车运行控制系统(列控系统)

列控系统是保证列车按照空间间隔运行的技术方法。通过控制列车运行速度的方式来实现,是保证高速铁路运营安全,提高运输效率的核心技术装备。列控系统一般包括地面设备、车载设备、数据传输网络和车地信息传输设备。

3. 调度集中系统

调度集中系统(CTC)在列车调度指挥系统基础上构建,由集团公司、车站两级构成。调度集中除了实现列车调度指挥系统的全部功能外,还能实现列车编组信息管理、调车作业管理、综合维修管理、列/调车进路人工和计划自动选排、分散自律控制等功能。CTC 具备与无线闭塞中心、GSM-R 接口服务器、临时限速服务器、相邻调度区段的 CTC/TDCS、计算机联锁、列控中心及运营调度和客服系统的接口能力。

4. 信号集中监测系统

信号集中监测系统包括主机、站机、各级终端及数据传输设备,全程联网,实现远程诊断和故障报警功能。调度所、车站、线路所、动车段(所)应采用 CTC 系统实现列车调度指挥自动化。

5. 临时限速服务器

临时限速服务器集中管理客运专线的临时限速命令,具备全线临时限速命令的存储、校验、撤销、拆分、设置、取消及临时限速设置时机的辅助提示功能。

临时限速服务器接收 CTC 或临时限速操作终端生成的临时限速调度命令,并在校验、拆分后向相关的列控中心传递临时限速信息。临时限速服务器具备与不同型号的列控中心、CTC 和相邻临时限速服务器的接口能力,安全信息传输采用冗余配置的专用传输通道。

二、信 号 机

铁路信号是用于向司乘人员发出信号显示,以保证所防护区段内列车的运行安全,防止列车冲突或颠覆的设备。

铁路信号一般分为信号机和信号表示器两类。

(1)信号机按用途分为进站、出站、进路、调车、驼峰、遮断、预告、复示、道口等。

(2)信号表示器分为发车表示器、调车表示器、进路表示器、发车线路表示器、道岔表示器、脱轨表示器等。

三、轨道电路

1. 轨道电路的概念

轨道电路是以铁路线路的两根钢轨作为导体,两端加以机械绝缘(或电气绝缘),连接送电和受电设备构成的电路。

2. 轨道电路的作用

轨道电路的第一个作用是监督列车的占用。由轨道电路反映该段线路是否空闲,为开放信号、建立进路或构成闭塞提供依据;可利用轨道电路的被占用关闭信号,把信号显示与轨道电路是否被占用结合起来。

轨道电路的第二个作用是传递行车信息,即轨道电路作为传递行车信息的通道。例如,移频轨道电路中传送的行车信息,为列车运行控制系统直接提供控制列车运行所需要的前行列车位置、运行前方信号机状态和车站进路等有关信息,以决定列车运行的目标速度,控制列车在当前运行速度下是否停车或减速。

3. 轨道电路的组成

(1)送电端包括轨道变压器、变阻器,安装在变压器箱内。

(2)受电端包括中继变压器及轨道继电器。其中,中继变压器在变压器箱或电缆盒中,轨道继电器在室内组合架上。

(3)送、受电端根据相邻轨道电路的不同组合,有双送、一送一受、双受以及单送、单受等不同情况。

(4)变压器箱或电缆盒用钢轨引接线接向钢轨。

(5)钢轨接续线用来连接相邻钢轨,以减小钢轨接头处的接触电阻。

(6)钢轨绝缘设于轨道电路分界处,用于隔离开相邻的轨道电路。

四、道岔转辙设备

道岔转辙设备的作用是转换、锁闭道岔,并对其位置进行监督检查。简而言之,道岔转辙设备的三大基本功能是:转换、锁闭、监督。

常用的转辙机类型有:ZD6、ZD(J)9 电动转辙机,ZY4、ZY6、ZY(J)7 电液转机,ZK4 电空转辙机。

第七章　道　　岔

第一节　道岔主要类型

道岔是机车车辆从一股轨道转入或越过另一股轨道时必不可少的线路设备，在铁路站场布置中应用极为广泛。它是轨道结构的重要组成部分，如图 7-1 所示。

图 7-1　道岔铺设

道岔具有数量多、构造复杂、使用寿命短、限制列车速度、行车安全性低、养护维修投入大等特点，它与曲线、接头并称为轨道的三大薄弱环节。

道岔可按用途和平面铺设进行分类，如图 7-2 所示。

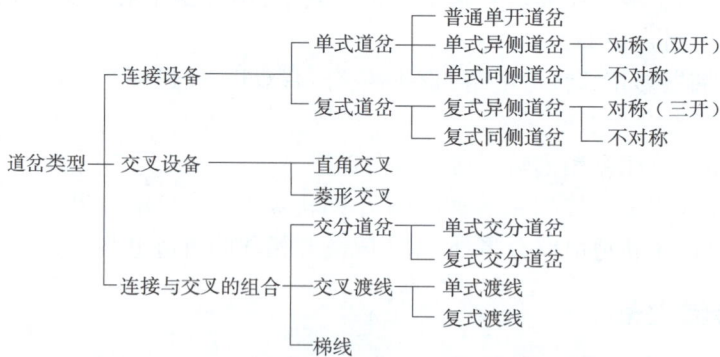

图 7-2　道岔分类

根据道岔的用途和构造形式的不同，广义的道岔可分为连接设备、交叉设备、连接与交叉组合设备三大类，下面结合道岔主要类型说明其功用。

一、连接设备

使机车车辆从一股轨道转入另一股轨道，主要有各类单式和复式道岔。

1. 单式道岔

使一条线路通向两条线路的道岔叫单式道岔，包括以下几种类型。

(1)普通单开道岔

这种道岔保持主线为直线，侧线在主线的一侧。站在岔头面向岔尾，侧线位于主线右侧的称为右开道岔，如图 7-3 所示，侧线位于主线左侧的称为左开道岔，如图 7-4 所示。

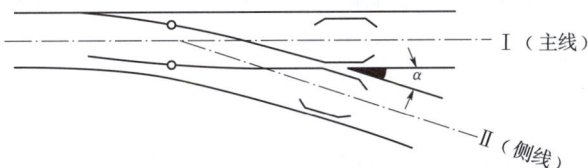

图 7-3　右开道岔

图 7-4　左开道岔

(2)单式异侧道岔

把直线轨道分为左右两条线路的道岔称为单式异侧道岔，其又分为对称双开道岔（图 7-5 对称双开道岔）和不对称双开道岔。

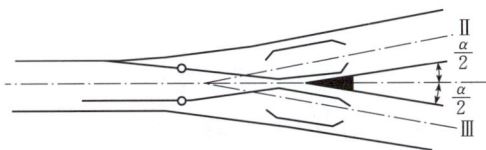

图 7-5　对称双开道岔

对称双开道岔整个道岔对称于主线的中线或辙叉角的中分线，道岔为 Y 形，列车通过时无直向及侧向之分。对称道岔增大导曲线半径，提高侧线通过速度，并可缩短站场长度。

(3)单式同侧道岔

把直线轨道在同一侧方向上分为两条轨道的道岔，称为单式同侧道岔。

2. 复式道岔

使一条线路通向三条线路的道岔叫作复式道岔，包括下列几种类型。

(1)复式异侧道岔

复式异侧道岔是指通过道岔的三条线路不全在主线的一侧，又称为对称三开道岔（图 7-6）和不对称三开道岔。

三开道岔是将一个道岔纳入另一个道岔内构成（两顺向道岔），有三个辙叉，可开通三个方向。三开道岔可缩短用地，但尖轨寿命短，两普通辙叉部分不能设置护轨，且存在有害空间，车辆沿主线方向运行速度低。

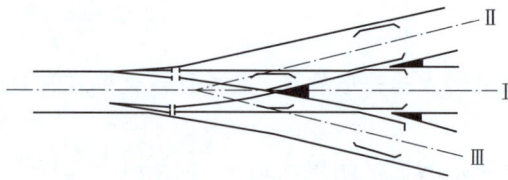

图 7-6　复式对称三开道岔

（2）复式同侧道岔

主线为直线，两条侧线从主线的一侧岔出的道岔称不复式同侧道岔，这种道岔现场使用较少。

二、交叉设备

两条轨道在同一平面上相互交叉的设备称为交叉，分为直角交叉和菱形交叉。机车车辆通过交叉设备时，只能沿原线路继续运行，而不能转线。

（1）直角交叉

两条直线轨道成直角相交的交叉称为直角交叉。直角交叉结构薄弱，稳定性差，几何尺寸不易保持，现场使用较少。

（2）菱形交叉

两条直线轨道在同一平面上相交成菱形的交叉称为菱形交叉，如图 7-7 所示。

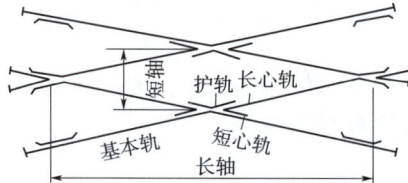

图 7-7　菱形交叉

复式交分道岔为"X"形，实际上相当于四组单开道岔和一副菱形交叉的组合。

三、连接与交叉的组合

连接与交叉的组合是指连接设备与交叉设备相互组合形成的较为复杂的道岔形式，包括交分道岔和渡线。

1. 交分道岔

两条线路相互交叉，列车不仅能够沿直线方向运行，而且还能转入另一直线，这种道岔称为交分道岔。交分道岔又分为单式交分道岔和复式交分道岔两类。

（1）单式交分道岔

两条线路相交，在菱形交叉之中增添两副转辙器和一副连接曲线，列车可沿某一侧由一条线路转入另一条线路，这种道岔叫作单式交分道岔。

（2）复式交分道岔

两条线路相交，中间增添四副转辙器和两副连接曲线，列车可沿任何一侧由一条线路转入另一条线路，这种道岔叫作复式交分道岔，如图 7-8 所示。复式交分道岔具有长度短，占地面积少,开通方向多,提高车站调车能力等优点,所以在我国广泛使用,但它对养护维修要求较高,难度较大。

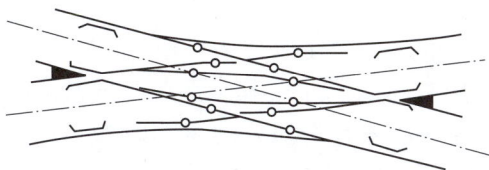

图 7-8　复式交分道岔

2.渡　线

渡线是连接两平行股道间的轨道设备,其作用是使列车由一条轨道过渡到另一条轨道上去。常见形式为单渡线和交叉渡线两种。

(1)单渡线

在两平行轨道间由两组同型号的单开道岔和一段较短的直线轨道组合构成,如图 7-9 所示。

图 7-9　单渡线

(2)交叉渡线

在两平行轨道间用四组同型号的单开道岔和一组菱形交叉以及必要的连接配轨所组成,如图 7-10 所示。其作用相当于两条连续而相反的单渡线,但占地却可减少一半,有利于缩短站场长度。

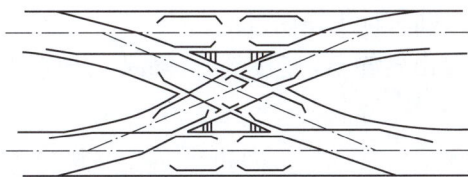

图 7-10　交叉渡线

3.梯　线

铁路梯线是一种将几条平行股道连接在一条公共线上的铁路线路,这条公共线称为梯线。梯线应与牵出线(或正线、连接线)直接连通,以保证停在某一线路上的机车车辆能够转线到其他任一线路上去,如图 7-11 所示。

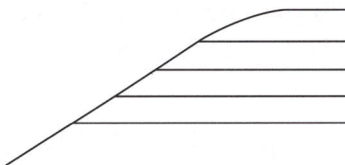

图 7-11　梯线

第二节　普通单开道岔的组成

在道岔的各种类型中,以单开道岔使用最为广泛,如图 7-12 所示,占各类道岔总数的 90％以上,并具有一定的代表性。因此,了解和掌握单开道岔的基本构造特征,对道岔在运营中的管理、铺设和养护维修,都具有十分重要的指导意义。

单开道岔除了以钢轨每米质量分类外,主要是以道岔号数区分类型。目前我国标准道岔号数(用辙叉号数来表示)有 6 号、7 号、9 号、12 号、18 号、24 号等。6 号、7 号仅用于厂矿企业内部铁路或驼峰下。9 号、12 号适用于铁路正线和站线,最为常用。18 号、24 号主要应用于要求侧线通过速度高的正线和站线。

目前主要铁路干线上大量使用着 60 kg/m 钢轨、11.3 mAT 尖轨、固定型辙叉的 12 号单开道岔。为适应既有线提速改造的要求,我国自行设计、制造的新型 60 kg/m 钢轨 12 号提速道岔已基本达到了国际先进水平,是我国高速道岔的雏形。因此,以 60 kg/m、12 号普通单开道岔为主,介绍其主要的结构组成。

图 7-12　普通单开道岔

为了便于学习理解,现将几个基本概念作如下解释:

(1)道岔始端(岔头)是指尖轨尖端前基本轨端缝中心处称为道岔始端。

(2)道岔终端(岔尾)是指辙叉跟端轨缝中心处则称为道岔终端。

(3)顺向过岔与逆向过岔是指列车通过道岔时,凡由道岔终端驶向道岔始端时,称为顺向过岔;反之,由始端驶向终端时,称为逆向过岔。

一组普通单开道岔,主要由转辙器、连接部分、辙叉及护轨以及岔枕等组成,如图 7-13 所示。

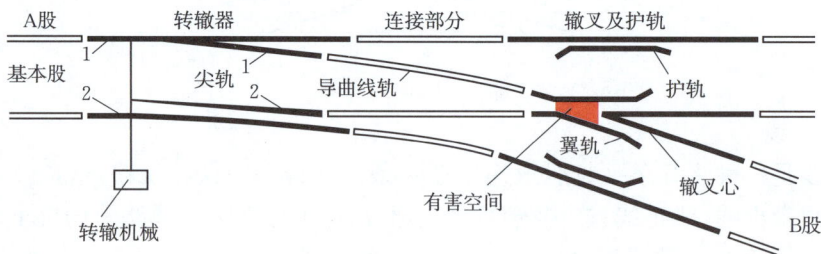

图 7-13　普通单开道岔的组成

一、转　辙　器

转辙器是引导车轮运行方向的设备,其作用是将尖扳动到不同的位置,使列车沿直线或侧线运行。转辙器主要包括两根基本轨、两根尖轨、联结零件及跟端结构等,如图 7-14 所示。此外转辙器中还包括转辙机械等设备。

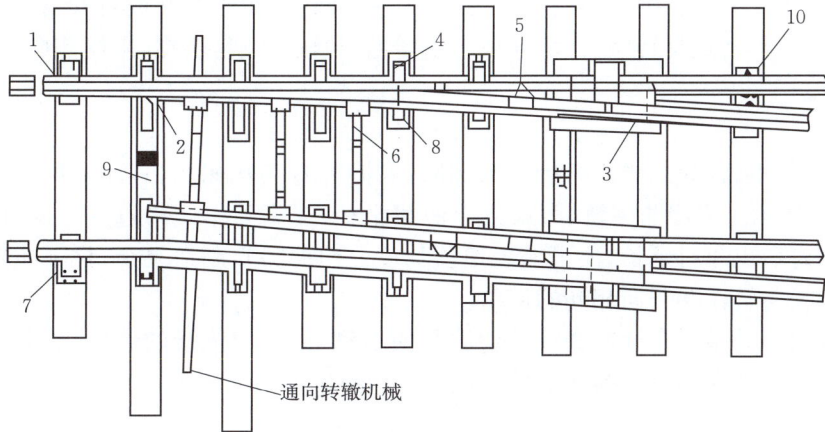

通向转辙机械

1—基本轨;2—尖轨;3—跟部结构;4—轨撑;5—顶铁;6—连接杆;
7—辙前垫板;8—滑床板;9—通长垫板;10—辙后顺坡垫板。

图 7-14 转辙器结构

1. 基 本 轨

在道岔中,接触尖轨或靠近护轮轨的钢轨叫基本轨。其作用除了承受车轮的垂直压力外,还与尖轨共同承受车轮的横向水平力,并保持尖轨位置的稳定。

(1)基本轨的构造

道岔基本轨用 12.5 m 或 25 m 的标准轨制成,一侧为直基本轨,一侧为曲基本轨,又有切底和不切底两种形式。切底型已被淘汰,现在基本上采用不切底形。75 型及以前各型道岔由于采用贴尖式,基本轨轨头不作刨切;92 型及以后各型道岔基本上采用藏尖式,基本轨轨头需要刨切。为了防止基本轨因承受横向力过大而横移,在基本轨轨腰处钻有若干个水平螺栓孔,便于在外侧安装轨撑,共同抵抗水平推力。基本轨上还应有联结辙跟设备和顶铁的螺栓孔。92 型道岔基本轨实现全长淬火,以提高其耐磨性能和使用寿命。

(2)曲股基本轨的曲折

当尖轨与基本轨密靠时,构成一个转辙角,因此在转辙部分必须加宽轨距,以满足机车固定轴距和车轮转入侧向时轮轨内接的需要。由于加宽后尖轨尖端轨距大于其跟端轨距,要使尖轨尖端轨距均匀递减到跟端,曲股基本轨必须加以曲折。一般有两个曲折点:尖轨尖端处(第一曲折点)和尖轨跟端处(第二曲折点)。1962 年以后的定型道岔(包括 60 kg/m 钢轨 12 号普通单开道岔),曲股基本轨都是在工厂预先加工好曲折点。

2. 尖 轨

尖轨是转辙器部分的重要构件,列车靠尖轨的引导依其不同位置而进入主线或侧线。爬坡式尖轨是用一定长度的与基本轨同类型的普通钢轨,经过竖直和水平刨切,将一头削尖,再经弯折和补强等工序制作而成;藏尖式尖轨采用矮型特种断面钢轨加工而成。尖轨长度根据道岔的种类和号码来确定,60 kg/m 钢轨 12 号普通单开道岔尖轨长度为 7 700 mm。

(1)尖轨平面类型

尖轨按其平面形式可分为直线型尖轨(直尖轨)和曲线型尖轨(曲尖轨)。60 kg/m 钢轨 12 号普通单开道岔采用直线型尖轨。

①直尖轨

我国目前主要采用直尖轨类型,其工作边为一直线,可用于左开或右开道岔,制造简单,便于维修更换。其特点是转辙角大,列车产生摇晃,尖轨尖端易磨损,限制侧向过岔速度,如图7-15所示。

②曲尖轨

曲尖轨与基本轨、导曲线的衔接较为圆顺,和同号直尖轨相比,其冲击角(转辙始角)较小,如图7-16所示。采用曲尖轨,可增大导曲线半径,提高列车侧向过岔速度,而且比较平稳,尖轨使用寿命也相对延长,还可缩短道岔长度。但曲尖轨制造复杂,且不能左右开道岔兼用,只能用于与转辙器开向相同的道岔。

此外,曲尖轨是指只有通向侧线的尖轨是曲线型,而通向主线的尖轨仍须采用直尖轨,不能互换使用,这点在铺设更换曲尖轨的道岔时应特别注意。

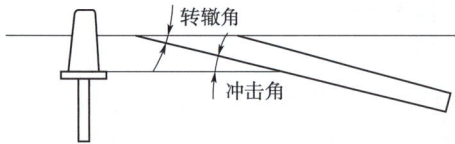

图7-15　直尖轨转辙角

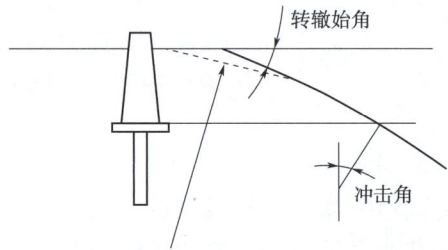

图7-16　曲尖轨冲击角示意

(2)尖轨断面类型

尖轨按其断面形式可分为普通断面尖轨、高型特种断面尖轨(GT尖轨)和矮型特种断面尖轨(AT尖轨)三种。

①普通断面尖轨

采用普通断面钢轨制作的尖轨,为了使尖轨尖端紧密贴靠基本轨,须将尖轨尖端轨头两侧及轨底内侧(靠基本轨方向)进行刨切,并使尖轨覆盖在基本轨底之上,尖轨轨底未刨切的部分,则放在高出基本轨底面6 mm的滑床台上。此外,为了加强尖轨的水平刚度,须在尖轨轨腰两侧增加两块条形补强钢板,其长度应与轨底的刨切长度相同。根据补强的方式可把普通钢轨断面尖轨分为不补强、一般补强和特殊补强三种,如图7-17所示。不补强的应用较少,后两种是我国目前普遍采用的形式。

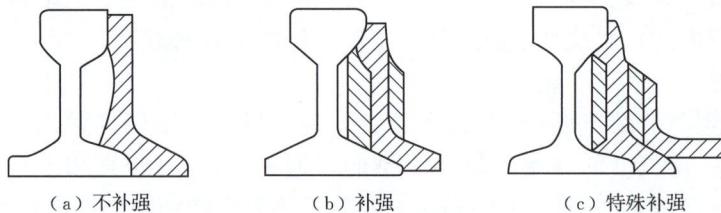

(a)不补强　　　　(b)补强　　　　(c)特殊补强

图7-17　普通钢轨断面尖轨形式

②高型特种断面尖轨(GT尖轨)

一般指用与基本轨同类型等高的特种断面钢轨制造的尖轨。这种尖轨无论竖向或横向的刚度都比较大,通常铺设在列车运行速度较高、轴重较大的线路上,如图7-18所示。

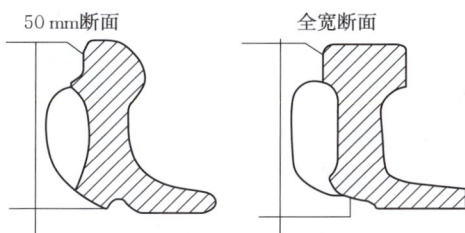

图 7-18　高型特种断面尖轨

③矮型特种断面尖轨（AT 尖轨）

一般指用比基本轨低的特种断面钢轨制造的尖轨，如图 7-19 所示。这种尖轨由于断面高度比较矮，所以稳定性较好，但须配合较高（24 mm）的滑床平台使用。目前，这类尖轨在我国已大量铺设使用。

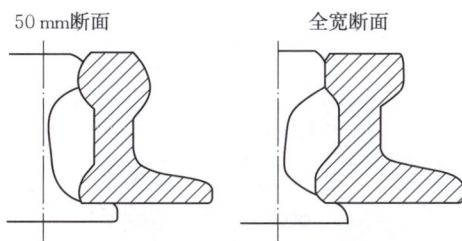

图 7-19　矮型特种断面尖轨

为便于与尖轨后面的标准断面钢轨的联结，特种断面尖轨其跟端的断面形式，无论是高型还是矮型，跟端有一小段模压或形（或铣切）加工成普通标准钢轨断面，以便用标准的跟端结构联结。

（3）尖轨的各个断面与基本轨的相对高度

尖轨是用普通断面钢轨轨底刨切，将头部经过刨切的尖轨置于基本轨轨底 6 mm 高的滑床台上。使尖轨叠盖在基本轨轨底，也是为了减少尖基轨的刨切量，为了避免车轮轮缘磨耗大爬上尖轨，通过计算尖轨尖端需低于基本轨 23 mm。尖轨尖端至顶宽 20 mm 断面完全由基本轨受力，顶宽 50 mm 以后才能承受全部车轮压力，则尖轨顶宽 20～50 mm 段为车轮轮载转移的过渡段，即车轮压力由基本轨逐渐过渡到尖轨。在过渡过程中尖轨各个断面处与基本轨面须保持相对的高度，在尖轨顶宽 70 mm、50 mm、40 mm、20 mm、5 mm 处与基本轨轨面相对高度分别为 3 mm、1 mm、0 mm、2 mm、14 mm，如图 7-20 所示。

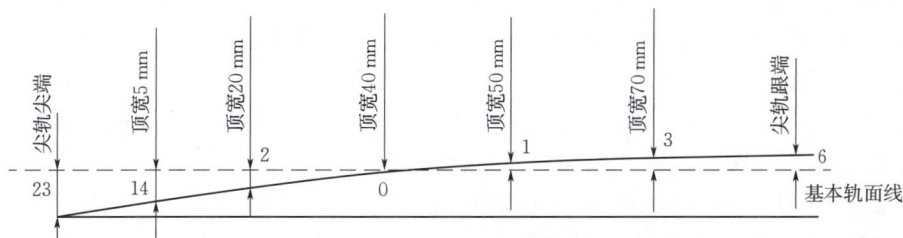

图 7-20　尖轨的各个断面与基本轨的相对高度

简单理解就是,车轮在尖轨尖端时是基本轨受力和引导车轮方向,20～50 mm 断面是由基本轨受力,尖轨引导,逐渐转变为尖轨受力,直至 50 mm 断面以后尖轨完全受力和引导。

而 AT 轨的纵坡是在顶宽 50 mm 以后,尖轨与基本轨等高,完全承受车轮压力。顶宽 20～50 mm 是车轮荷载转移的过渡段。AT 轨取消了普通尖轨跟端 6 mm 的抬高量,其跟端加工成普通钢轨断面,用标准夹板和间隔铁联结。

3. 尖轨跟端结构

尖轨跟端结构要求以跟部为轴心,应保证尖轨扳动灵活,又要保证尖轨与其后的基本轨连接牢固可靠。我国以前大部分采用间隔铁式,60 kg/m 钢轨 12 号普通单开道岔采用的就是这种形式。随着铁路轨道设备的发展,近年来也大量采用弹性可弯式。

(1)间隔铁式尖轨跟端结构

间隔铁式尖轨跟端结构又称为活接头,主要由间隔铁、辙跟夹板、轨撑、辙跟垫板、双头螺栓等组成,如图 7-21 所示。

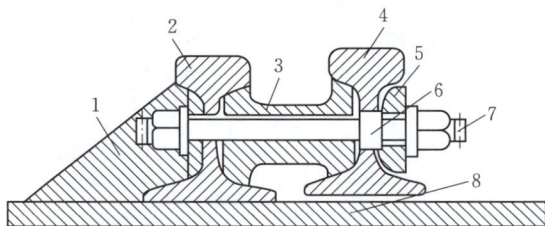

1—跟端轨撑;2—基本轨;3—间隔铁;4—尖轨;5—辙跟夹板;
6—双头异径螺栓;7—跟端螺栓;8—跟端大垫板。

图 7-21 尖轨跟端构造

活接头的第一根螺栓采用双头螺栓(也叫异径螺栓),一头顶靠间隔铁,另一头顶靠夹板,因此上紧该螺栓也夹不紧尖轨。辙跟夹板(也叫弯折夹板)在轨缝处,向道心一侧略微弯折 8 mm,这样将夹板螺栓上紧后,尖轨同夹板间略有缝隙,使尖轨可绕活接头转动。活接头的轨缝一般为 6 mm。

活接头的螺栓由尖轨外侧向基本轨方向穿入,因此,辙跟夹板上的螺栓孔均为圆孔,孔径比螺栓直径大 2 mm。

在尖轨跟端轮缘槽内设有间隔铁,用铸铁制成,有 5 个螺栓孔,按构造形式有左右之分,安装时应注意。间隔铁的作用是保持尖轨跟端处固定的轮缘槽宽度,保证车轮正常通过。内外轨撑的作用是固定跟端结构,抵抗横向力,防止轨距变化过大。

(2)弹性可弯式尖轨跟端结构

当采用特种断面尖轨时,由于轨腰厚度达到 45 mm,刚度比较大,所以必须进行刨切加工,才能满足灵活扳动的要求,如图 7-22 所示。刨切后的尖轨对靠近辙跟的部位进行特殊处理,在距跟端 1 180 mm 处向尖轨方向把内侧轨底刨切 28 mm,刨切长度为 1 200 mm,向两侧顺坡为 230 mm,这一段则被称为"弹性可弯段"。

由于采用了弹性可弯段的弹性变形原理,从而实现了尖轨的转换扳动,消灭了"活接头"。在靠近跟端的弹性可弯段末端,用间隔铁与基本轨相连,以保持间距并作为尖轨转动的固定点。尖轨跟端的断面和普通钢轨相同,从而实现了尖轨与辙后连接轨用普通接头固定联结,大大提高了辙跟的稳定性。

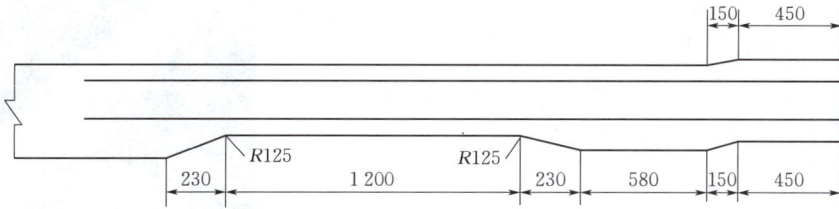

图 7-22　弹性可弯段轨底刨切(单位:mm)

4.转辙器部分其他主要零件

(1)连接杆

连接杆的作用是将两根尖轨连接成一个框架式整体结构而一起摆动,防止尖轨跳动,同时保持两尖轨在平面上的相对位置。连接杆多用扁钢(A型)或方钢(B型)制成,安装数量与尖轨长度有关。安装在尖轨最前面且与转辙机械相连的连接杆称为拉杆。在有轨道电路的道岔上,连接杆中部必须有绝缘装置。

(2)顶铁(轨距卡)

由于尖轨与枕木间没有道钉固定,为了保持尖轨在列车通过时不被车轮横向压力挤弯,须在尖轨轨腰上安装顶铁,当尖轨与基本轨密贴时,每个顶铁顶部正好顶在基本轨的腰部。这样,作用在尖轨上的横向力便通过顶铁传递至基本轨,使尖轨与基本轨共同抵抗列车的横向压力。顶铁的长度应准确,过短时,会压弯尖轨;过长时会造成尖轨与基本轨不密贴,危及行车安全。顶铁的形式较多,有半圆形、锥形等,如图7-23所示,而60 kg/m钢轨12号普通单开道岔采用的就是用铁板弯成的等腰梯形。

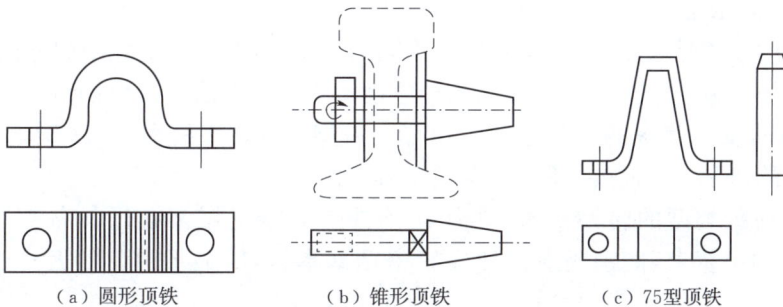

(a)圆形顶铁　　(b)锥形顶铁　　(c)75型顶铁

图 7-23　尖轨顶铁

(3)轨撑

为了增强转辙器的横向稳定性,在基本轨外侧安装轨撑,如图7-24所示。它的作用是承受水平压力和防止基本轨横移。轨撑多用铸钢制成,有双墙式、单墙式两种,通过水平螺栓与基本轨连接,用垂直螺栓与垫板和枕木相连,以保证基本轨的位置牢固可靠。单墙式基本上已淘汰,60 kg/m钢轨12号普通单开道岔采用的是双墙式轨撑。提速道岔中由于扣件扣压力足够大,未设轨撑。

(4)滑床板

承垫基本轨并供尖轨滑动或承垫翼轨并供可动心轨滑动的垫板,称为滑床板。滑床板用20 mm厚的钢板制成,板面上有凸出高6 mm、宽90 mm的滑床台。普通尖轨下的滑床台高度为6 mm,AT尖轨下的滑床台高度为24 mm。滑床板的作用是承托由尖轨、基本轨传来的压力,并传递到岔枕上去,还要保证尖轨在滑床上能正常地左右平滑摆动,同时滑床台具有阻止基本轨向内侧移动的作用。此外,滑床板靠枕木端头的一侧焊有挡肩(或弯折成直角钩肩),可作为轨撑的支座。

(5)辙前垫板(轨撑垫板)

辙前垫板铺设在尖轨尖端前面的一段基本轨下面,与轨撑共同配合防止基本轨向外横向移动。另外,在道岔导曲线中部支距点的前后,也铺设有这种垫板。

(6)辙后垫板(顺坡垫板或支距垫板)

为了使尖轨后部高出基本轨顶面的 6 mm 高差能逐渐顺坡降下来,辙后垫板。这种垫板的特点是在跟端接头后边连续了 3 块垫板的板面上,分别焊有高度为 4.5 mm、3.0 mm、1.5 mm 的凸台,由第四块开始即为使邻近两股钢轨保持同一水平的长垫板,直至两股钢轨间距的宽度能

图 7-24　轨撑

分别铺设两块平垫板为止。辙后顺坡垫板每块尺寸不同,有左、右开和上、下股之分,铺设和更换时应特别注重。

(7)平垫板

铺设在转辙器最前面的两块垫板,其平面形状与普通木枕垫板相同,但没有轨底坡,故称为平垫板。这是因为道岔内的所有垫板均不设轨底坡的缘故。此外,在道岔的连接部分以及直线、侧线的钢轨末端,也铺设这种垫板。

5. 转辙机械(扳道器)

转辙机械的作用是扳动尖轨,使其处于不同的位置上,开通所要经由的方向。

常用的转辙机械基本上可分为手动式和电动式两类。手动的有带柄道岔表示器和弹簧扳道器,常用于非集中操纵的道岔上;电动的有 ZD 型电动转辙机和 DFH 型电动转辙机,多用于集中操纵的道岔上。此外,还有电空式转辙设备。

无论使用何种类型的转辙机械,在任何条件下转辙机械都必须具备三个功能:能扳动尖轨到不同的位置上,能锁闭道岔使尖轨密贴基本轨,能显示道岔的开通方向(定位或反位)。

二、辙叉及护轨

辙叉及护轨包括辙叉、护轨、主轨(安装护轨的基本轨)以及其他联结零件。

1. 辙叉

辙叉是道岔中两股线路相交处的设备,其作用是使列车能够按确定的行驶方向,跨越线路正常地通过道岔。

(1)辙叉构造

辙叉由翼轨和心轨(叉心)组成,如图 7-25 所示。

翼轨的始端称为辙叉趾端,叉心的末端称为辙叉跟端。辙叉心轨两工作边的延长线交点称为辙叉心轨理论尖端,由于制造工艺关系,实际上的尖端处有 6～10 mm 的宽度,此处称为辙叉心轨实际尖端。叉心两个工作边之间的夹角称为辙叉角 α(道岔角)。

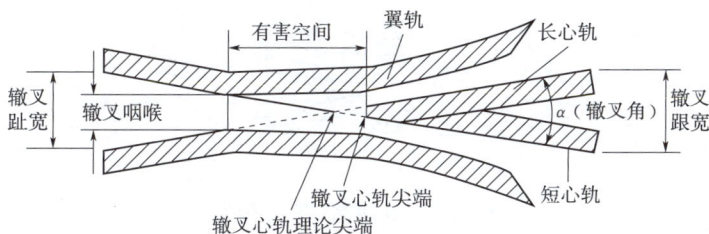

图 7-25 辙叉示意

心轨与翼轨之间保持一定宽度的轮缘槽,使车轮轮缘能够顺利通过,两翼轨工作边相距最近处称为辙叉咽喉(我国定型道岔咽喉宽度为 68 mm)。从辙叉咽喉至辙叉心轨实际尖端之间钢轨工作边中断,称为有害空间。9 号、12 号、18 号道岔的有害空间长度分别为 702 mm、936 mm、1 404 mm。为了保证车轮能安全顺利通过有害空间,在辙叉两侧相对位置的基本轨内侧设置护轨。

(2)辙叉类型

按构造材料分类,有钢轨组合式和高锰钢整铸式之分;按翼轨与心轨的固定关系分类,有固定式和可动心轨式之分;按辙叉的平面形状分类,有直线式和曲线式之分。60 kg/m 钢轨 12 号普通单开道岔采用的是固定型、高锰钢整铸式辙叉。

①钢轨组合式辙叉

用普通钢轨及其他零件加工组成的辙叉称为钢轨组合式(拼装式)辙叉,如图 7-26所示。

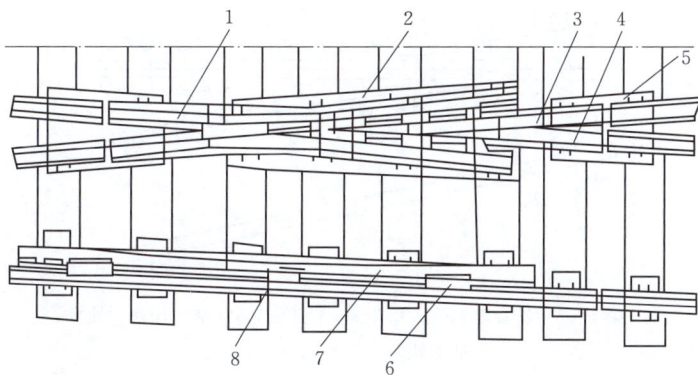

1—翼轨;2—大垫板;3—长心轨;4—短心轨;5—桥型垫板;
6—间隔铁;7—护轨;8—护轨垫板。

图 7-26 钢轨组合式辙叉及护轨

组合式辙叉由长心轨、短心轨、翼轨、间隔铁、垫板以及其他零件组成。长心轨、短心轨和翼轨都是用普通钢轨经过弯折、刨切加工后与联结零件组合而成。因此,各部分之间的联结较差,零件多,养护维修困难,使用寿命很短。目前我国已广泛采用高锰钢整铸辙叉来代替钢轨组合式辙叉。

②高锰钢整铸式辙叉

用含锰量 10%～14%的高锰钢把心轨和翼轨铸成整体的辙叉称为高锰钢整铸辙叉,如图 7-27 所示。

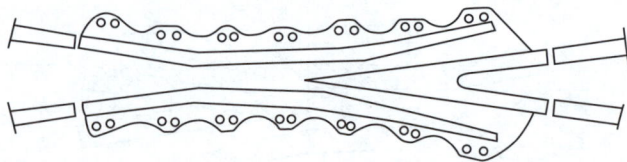

图 7-27 高锰钢整铸式辙叉

高锰钢是一种锰、碳（1.0%～1.4%）含量较高的合金钢，具有较高的强度与良好的冲击韧性，经过热处理后，在承受动力冲击荷载下，会很快产生硬化，使表面具有良好的耐磨性，同时还具有整体性及稳定性好的优点，可直接铺设在岔枕上，不需安装辙叉垫板，零件少，安装方便，养护维修省工，比钢轨组合辙叉使用寿命长（一般为 5～10 倍）。

③可动心轨辙叉（活动辙叉）

上述两种辙叉均属于固定辙叉，由于存在"有害空间"，形成轨线中断，当列车通过辙叉时，车轮会剧烈冲击钢轨，产生车体振荡，加速辙叉主要部件的磨耗损伤，限制了过岔速度的提高。而可动心轨辙叉，则是利用摆动心轨与翼轨紧密贴靠的特点，从根本上消灭"有害空间"的新型辙叉。由于心轨贴靠翼轨使轨线连续，不但避免了车轮对翼轨和心轨的冲击，而且还可以大大提高列车直向过岔的速度（27%～45%），辙叉直股也可以不设护轨。

可动心轨辙叉有活动叉心和弹性可弯叉心两种型式。可动心轨辙叉主要由翼轨、长心轨、短心轨拼装成的可动心轨、叉跟基本轨、帮轨和辙叉大垫板等组成，如图 7-28 所示。

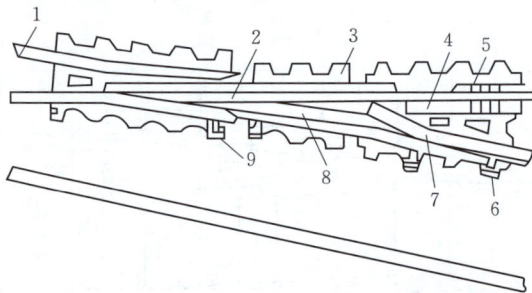

1—翼轨；2—长心轨；3—大垫板；4—帮轨；5—联结螺栓；6—轨撑；
7—基本轨；8—短心轨；9—轨撑。

图 7-28 可动心轨辙叉

我国 1971 年的设计方案中，翼轨、可动心轨及帮轨用 74 kg/m 的高型特种断面钢轨加工制造，叉跟基本轨用 50 kg/m 的普通钢轨制造，辙叉大垫板用 16 mm 厚的钢板制造。这种拼装式可动心轨，长心轨铺在直股采用弹性可弯式，它借助于固定在大垫板上的帮轨使心轨左右摆动；短心轨铺在侧股，可以沿固定在大垫板上的叉跟基本轨作 4 mm 的纵向滑动。在垫板的枕木位置上加焊 16 mm 厚、100 mm 宽（跟部为 180 mm 宽）的滑床台，以减少心轨扳动时的阻力，在每个支座上均设有轨撑，以保证心轨可靠地工作。

1975 年对 1971 年的设计方案进行改进：帮轨、心轨采用 45 kg/m 的矮型特种断面钢轨；翼轨、叉跟基本轨采用 50 kg/m 普通钢轨；心轨下设厚度 30 mm 的滑床台；长心轨跟端采用斜接式伸缩接头；加长辙叉跟距，增加翼轨始端到咽喉的长度；辙叉大垫板采用 20 mm

厚的钢板制造，并用螺栓把三块大垫板连成一个整体；翼轨内侧添设防跳板，轨腰长圆孔处增设两块补强板。

后来又设计制造了高锰钢型可动心轨辙叉，其主要部件有长心轨、短心轨、高锰钢铸造翼轨、大垫板及高锰钢铸造叉跟座等。长心轨与叉跟座用 6 根 $\phi27$ mm 螺栓联结，以防止长心轨爬行，短心轨末端沿叉跟座侧面滑动。改进了接头铁，克服了原来使用 T 形接头铁削弱翼轨轨腰及动态下接头铁撞击翼轨轨腰的缺点。

可动心轨辙叉配合使用的转辙器，尖轨平面为切线型（曲线型尖轨的一种形式），用高型特种断面钢轨制造，采用弹性可弯式跟部结构，在尖轨和可动心轨辙叉处各设一台 0.23 kW 的 DFH 型电动转辙机扳动。为了确保行车安全，尖轨和可动心轨的转换必须联动。

运营实践证明，可动心轨辙叉大幅度地提高列车过岔速度，显著改善了旅客的舒适度，适宜铺设在高速行车的线路上。

（3）辙叉纵断面（翼轨同心轨的相对高度）

当车轮通过辙叉时，为防止心轨在其断面过分削弱部分（前端）承受车轮荷载，应使翼轨和叉心顶面之间，保持必要的相对高差。

① 钢轨组合辙叉

对钢轨组合辙叉，规定叉心顶宽 40 mm 及以上部分才能承受全部车轮压力，而在顶宽 30 mm 以及其下部分则完全不能受力，另外，为防止车轮撞击心轨尖端，应使叉心尖端顶面低于翼轨顶面 33 mm，如图 7-29 所示。

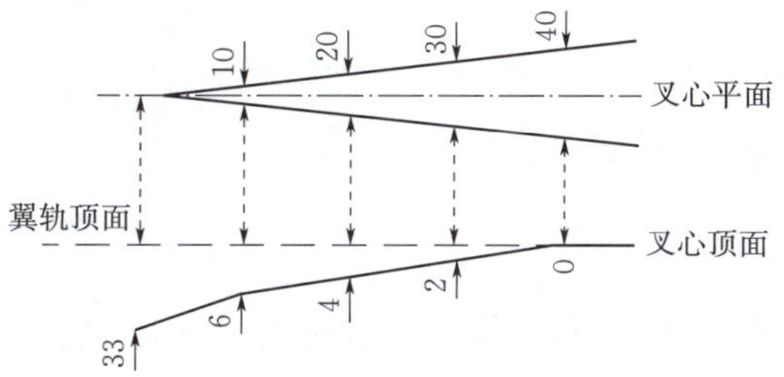

图 7-29　钢轨组合辙叉翼轨与心轨相对高度尺寸（单位：mm）

② 高锰钢整铸辙叉

对高锰钢整铸辙叉，由于它的强度较高，规定叉心顶宽 35 mm 及其以上部分承受全部车轮压力，而在顶宽 20 mm 及其以下部分则完全不受力。此外，还把翼轨顶面从咽喉至叉心顶宽 35 mm 的一段，用堆焊法加高，具体尺寸如图 7-30 所示。

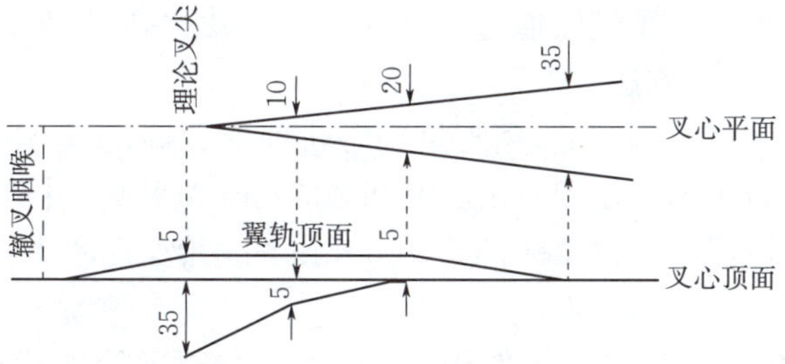

图 7-30　整铸辙叉翼轨与心轨相对高度尺寸（单位：mm）

由于车轮踏面是锥形状,当轮对通过辙叉时,经过了一个降低又升高的重心变化过程,这就是车轮经过有害空间时,形成列车振荡和冲击的主要原因。为了减轻车轮在通过有害空间时对心轨尖端的冲击,除采用可动心轨来消灭有害空间外,一般可采取以上方法,就是在有害空间范围内,将翼轨顶面适当加高,同时把心轨前端顶面适当降低,使心轨尖端范围内与翼轨顶面保持一定的高差,以保护心轨尖端。

(4)辙叉号数

辙叉号数 N 也就是通常所说的道岔号码。辙叉的号数是以辙叉角的大小来衡量的,如图 7-31 所示。

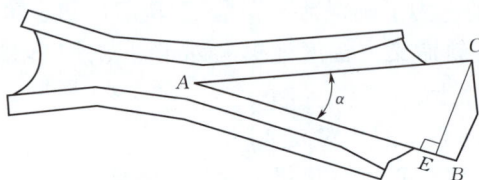

图 7-31 道岔号码表示

①辙叉号数的计算方法

$$N = \frac{AE}{CE} = \cot \alpha \quad (即 N 用辙叉角 \alpha 的余切来表示)$$

式中 N——辙叉号码(道岔号码);

    α——辙叉角;

    CE——叉心工作边上任一点 C 至另一工作边的垂直距离;

    AE——由辙叉心轨理论尖端至垂足点 E 的长度。

②辙叉角的计算方法

$$\alpha = \arctan(1/N)$$

单开道岔中,因辙叉角 α 小于 $90°$,所以一般称为锐角辙叉。我国常用道岔的号码和辙叉角的关系见表 7-1。

表 7-1   常用道岔的辙叉角

道岔号数 N	8	9	12	18	24	30
辙叉角 α	7°03′30″	6°20′25″	4°45′49″	3°10′47″	2°23′09″	0°54′33″

由表 7-1 可看出,辙叉角与道岔号码成反比,道岔号码愈大,辙叉角就愈小,连接部分的导曲线半径也就愈大,容许列车侧向通过道岔的速度也就愈高,列车过岔时愈平稳。

③现场确定道岔号数的方法

用脚测量:在心轨顶面一脚宽处,用脚量到心轨理论尖端,实量几脚就是几号道岔。

用尺测量:先在心轨顶面量出 100 mm 宽和 200 mm 宽两处,并分别画上两条线,然后再量出这两条线之间的垂直距离,这个距离是 100 mm 的几倍,就是几号道岔。

2. 护   轨

护轨与辙叉配合有以下两方面的作用:一方面是控制车轮的运行方向,使之正常通过"有害空间"而不错入轮缘槽;另一方面是保护辙叉尖端不被轮缘冲击撞伤,其具体形状如图 7-32 所示。

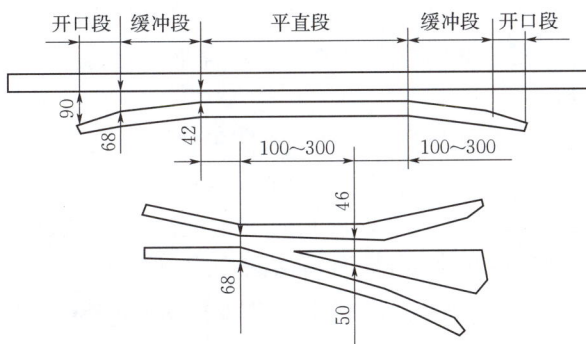

图 7-32　护轨构造(单位:cm)

护轨的平面形状,在中间的一段应为与主轨平行的直线,其长度为由咽喉至叉心顶宽50 mm 处之间的距离,两端再附加 100~300 mm,其轮缘槽宽为 42 mm。然后两端各向轨道内侧弯折一段长度,称为过渡段或缓冲段,其弯折角应近似等于尖轨的冲击角,使车轮进入护轨时起缓冲引导作用。护轨末端的外侧面,将轨头在 150 mm 长度内斜切去一部分,形成喇叭口,该处的槽宽为 90 mm。

护轨是用普通钢轨经过刨切弯折而成,并用间隔铁、螺栓等零件与主轨连接,间隔铁为可调整宽度的螺栓型,以便在护轨侧面磨耗达到限度时,可以调整轮缘槽宽度。我国标准的9 号、12 号及 18 号单开道岔的护轨,全长分别为 3.6~3.9 m、4.5~4.6 m、7.4~7.5 m。

3. 辙叉及护轨部分的主要零件

(1)辙叉大垫板

辙叉大垫板是铺设在钢轨组合辙叉下面的大垫板,其作用是为了加强辙叉的强度和稳定性,连接方式是通过扣板、螺栓将翼轨轨底扣紧在大垫板上。

(2)叉趾垫板

为防止辙叉趾端产生低接头,导致车轮通过趾端的不平顺,应在辙叉端设置叉趾垫板(因由接头处两根岔枕承托,故也叫桥型垫板)。为避免垫板顺木纹方向切割岔枕,叉趾垫板的边缘应与岔枕边缘平齐,长度为 720 mm,厚度与转辙器的垫板一致,采用 20 mm。

(3)叉跟垫板

叉跟垫板的厚度、长度与叉趾垫板相同,只是铺设位置不同。

(4)护轨垫板

护轨垫板是铺设在护轮轨与基本轨下面的垫板,护轨中间部分几块垫板带有轨撑,能防止护轨横向位移。

(5)趾前、叉后垫板

趾前、叉后垫板是铺设在辙叉趾前以及辙叉跟后钢轨下面的垫板。

(6)护轨螺栓

护轨螺栓是用来固定护轨,通过间隔铁使护轨与基本轨间保持正常的间隔尺寸。

三、连接部分

连接部分是转辙器和辙叉之间的连接线路,其包括四股钢轨,即两股直线钢轨和两股曲线钢轨组成,而两股曲线钢轨一般称为导曲线。

1. 导曲线平面

导曲线的平面形式主要有圆曲线型和抛物线型两种。

(1)圆曲线型导曲线

圆曲线型导曲线的特点是能与直尖轨和各种曲尖轨配合设置,设计简单,可获得最短的道岔长度,铺设养护方便,在我国各类型道岔中普遍采用。

导曲线半径的大小取决于道岔号数及侧向过岔速度。道岔号数大,则相应的导曲线半径也大,列车侧向过岔速度也愈高,同时道岔的长度也相应加长。常用道岔的导曲线半径9号为180 m,12号为330 m或350 m,18号为800 m。60 kg/m钢轨12号普通单开道岔为330 m。

导曲线起点一般位于尖轨跟端处,终点位于辙叉理论尖端前面一段直线长度处。这段直线的作用是使车体转向架进入叉心前,处于直线位置上,让列车能平稳地通过辙叉。该段直线的长度一般用K表示,道岔的号码和类型不同,K值不同。

(2)抛物线型导曲线

我国目前铺设的大号码道岔,有的采用三次抛物线型导曲线。它适用于侧向通过高速列车的道岔,具有使离心力和离心加速度逐渐变化,改善旅客舒适度等优点,并有设置外轨超高的可能性。但其特点是只能和同线型的尖轨配合,设计复杂,需要的道岔长度和尖轨长度较长,铺设养护较困难。

2. 导曲线超高

(1)导曲线超高

在现有道岔的尖轨中,大部分采用直尖轨,在构造上尖轨的后半段高于基本轨6 mm,在导曲线无超高时,这6 mm高度只有通过顺坡垫板向导曲线上顺坡。另外,在离心力作用上,导曲线上容易出现里股高于外股的情况,因此,宜在导曲线上设置适量超高。考虑到尖轨跟部高于基本轨6 mm的条件,故规定对曲线可根据需要设置6 mm的超高,即将高度为6 mm的顺坡,由导曲线前部移至导曲线后部。

导曲线外轨设置超高后,两端无条件递减顺坡,铁路建筑限界又有限制,少量的超高设置意义不大。因此,导曲线上是否设置超高,根据实际需要决定。如要设置,可采用调整垫板厚度,使用调高垫板等办法。调高垫板宜垫在铁垫板下面,先捣后垫,防止岔枕弯曲,日常维修亦应如此。所以《普速铁路线路修理规则》规定:导曲线可根据需要设置6 mm的超高,并在导曲线范围内按不大于2‰顺坡。此规定亦适用于尖轨和基本轨同高的道岔。

目前,我国使用钢筋混凝土岔枕铺设的道岔导曲线上,设置了6 mm的超高,两端用减薄胶垫厚度进行顺坡。

(2)导曲线轨底坡

钢轨组合式辙叉的道岔,为简化构造,导曲线不设轨底坡,轨底垫板为平垫板,但采用有轨顶横坡的特种断面尖轨和高锰钢整铸辙叉相配合的道岔时,导曲线应铺设带坡度的垫板,轨面应有1:20或1:40的横坡。当导曲线设轨面横坡时,有下列主要特征:

①道岔的转辙器、辙叉连同导曲线设置轨面横坡,可以避免道岔前后与区间线路连接时使用过渡垫板。

②导曲线上可以使用线路上的带坡垫板,不必特制平垫板。

③可以改善车轮与导曲线钢轨的接触条件,相应地减少轨面的接触应力。

3. 导曲线的附属设备

为了防止导曲线在荷载作用下的外股钢轨倾倒及轨距扩大,在导曲线部分安装若干轨距拉杆,或在两股钢轨外侧成对地安装一定数量的轨撑。

4. 道岔连接曲线的连接

(1)定义

两条线路连接,除由道岔完成外,一般还要在道岔曲股岔尾后设计一个曲线。一般规定:两条平行直线线路线间距不大于 5.2 m 时,道岔后方的连接曲线称为道岔连接曲线(也称为附带曲线)。不符合上述条件的岔后曲线,可按一般曲线对待。

(2)道岔连接曲线的技术要求

由于连接曲线紧接于道岔后,它的位置、长度受到一定的条件限制,尤其是方向是否圆顺,将直接影响列车通过道岔和曲线的平稳与安全。因此,在设计、铺设和养护道岔时,应将其与道岔视为一个整体,一并进行检查、维修和整正,并应符合下列技术要求:

①半径。连接曲线半径不得小于导曲线半径,也不宜大于导曲线半径的 1.5 倍,并应取为 50 m 的整倍数。

②夹直线。夹直线是指道岔终端至连接曲线起点间的距离,站线道岔与其连接曲线之间的直线段长度,一般不短于 7.5 m,困难条件下不得短于 6 m。

③轨距。连接曲线轨距加宽标准,与一般曲线相同。加宽递减一般按不大于 2‰ 向外递减,夹直线较短时可按不大于 3‰ 递减。

④水平。连接曲线可以设置超高,但不得大于 15 mm,顺坡率不得大于 2‰。

⑤方向。连接曲线采用圆曲线,不设缓和曲线,方向应保持圆顺。维修标准是用 10 m 弦测量正矢,正矢连续差在正线、到发线不得超过 3 mm;在其他站线、专用线不超过 4 mm。

(3)道岔连接曲线整正

在施工或养护工作中,若发现连接曲线的位置、方向不符合规定时,应结合全面整修或维修进行整正。

当连接曲线较短,头尾位置不准时,可采用直股支距法或"绳正法"整正。连接曲线支距是指直股线路里股钢轨工作边到连接曲线外股钢轨工作边的垂直距离,如图 7-33 所示。

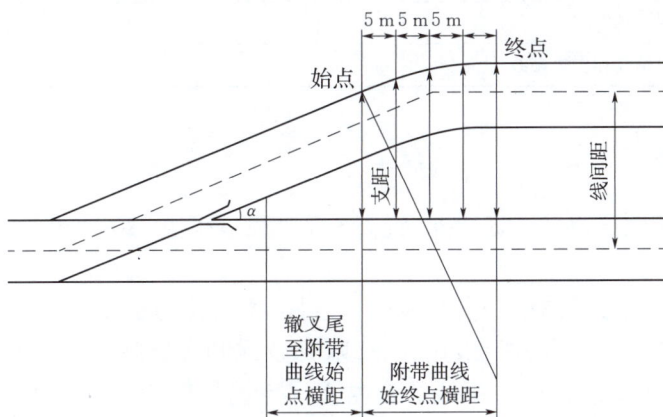

图 7-33 连接曲线支距

当连接曲线较长,状态好时,可用绳正法(一般用 10 m 线绳)进行整正。绳正法测点位置自岔后连接曲线始点前约 5 m 起,每隔 5 m 向曲线终点方向顺序设置至曲线终点。

5. 道岔与轨道及曲线的连接

正线上的道岔,其钢轨类型应与线路的钢轨类型一致。其他线路上,在道岔钢轨类型不低于线路钢轨类型的条件下,可以与线路钢轨类型不同,但需要在道岔前后各铺一节与道岔同类型的钢轨,称为引轨,起到一定的缓冲过渡作用,便于和轨道衔接。

在正线道岔上直向行车速度较高,道岔(直向)与曲线之间应有一定长度的直线段过渡,以减少行车时的振动和摇晃。此过渡段最小长度应不短于一节客车两转向架间的距离,以避免两转向架分别处于曲线和道岔上。因此《普速铁路线路维修规则》规定:正线道岔(直向)与曲线超顺坡终点之间的直线段长度,容许速度大于 120 km/h 的线路不短于 40 m,困难条件下不得短于 25 m;其他地段不得短于 20 m。站线道岔与曲线超高顺坡终点之间的直线段,一般不得短于 7.5 m,困难情况下不得短于 6 m,主要是考虑到其夹直线长度应满足超高顺坡和轨距加宽递减的需要。

6. 道岔与道岔的连接

应根据线路等级、铺设部位等条件,在道岔间插入一定长度的钢轨。《铁路线路设计规范》(TB 10098—2017)规定:Ⅰ、Ⅱ级铁路上,相邻道岔间插入的钢轨长度不应小于表 7-2 及表 7-3 规定。

表 7-2　两对向单开道岔间插入钢轨最小长度　　　　　　　　单位:m

线　别	有正规列车同时通过两侧线		无正规列车同时通过两侧线
	一般情况	特殊情况	
正线	12.5	6.25	6.25
到发线	6.25	6.25	0
其他站线和次要站线	—	—	0

表 7-3　两顺向单开道岔间插入钢轨最小长度　　　　　　　　单位:m

线　别	插入短轨最小长度
正线	6.25
到发线	4.5
其他站线和次要站线	0

四、岔　枕

我国道岔岔枕以木枕为主。近年来,混凝土岔枕发展很快,多用于中间站的正线道岔上。

1. 木 岔 枕

60 kg/m 钢轨 12 号普通单开道岔采用木岔枕,木岔枕的断面与线路的普通枕木断面相同,分为Ⅰ类和Ⅱ类。Ⅰ类岔枕一般用在正线、到发线和主要站线的道岔上;Ⅱ类岔枕一般用在次要站线和不重要的企业专用线的道岔上。木岔枕除应具备普通木枕的条件和性能外,在使用中应注意以下几点技术要求:

(1)木岔枕的长度为 2.6～4.8 m,级差 20 cm,共分 12 级。

(2)岔枕间距应尽量均匀一致,一般为区间轨枕间距的 90%～95%,并调整为 5 mm 的倍数。个别间距因构造需要可适当增大,如转辙器连接杆处。道岔内的接头轨枕间距,原则上应和区间接头轨枕间距相同。

(3)单开道岔的岔枕数量多,长度也不相同,在铺设和更换时应注意。

总的来说,由于木岔枕质量较轻,在列车的动力荷载下,道岔上各部分的尺寸状态不断变化,需要经常进行捣固、拨道、改道及削平岔枕等养护维修作业,故易于造成切伤、钉孔腐朽、弯曲失效等后果。因此,木岔枕使用寿命短、稳定性差是其主要特点。

2. 混凝土岔枕

单开道岔混凝土岔枕,自 20 世纪 70 年代开始试铺以来,经过不断改进,已取得良好成果。它不但达到了道岔基础与轨道基础的一致性,而且基本上消除了木岔枕的缺点,为国家节约了大量木材。用于 60 kg/m 钢轨 12 号单开道岔的混凝土岔枕的构造特点与技术要求如下:

(1)采用梯形截面,使用抗拉强度 1 500 MPa,直径 10 mm 的热处理钢筋 8 根,混凝土采用 C58 级。承轨槽预留锚固螺栓孔,并设挡肩抵抗横向力。

(2)岔枕长度为 2.4~4.3 m,级差长度为 0.1 m,每组道岔共铺设 94 根。在岔枕一端顶面上应注明岔枕编号,铺设施工时应按编号顺序摆放。

(3)混凝土岔枕皆不设轨底坡,但其中位于道岔始端前编号为 01、02 号的两根岔枕,分别设 1/80 和 1/60 的轨底坡,以便与设有标准轨底坡的一般混凝土枕过渡连接。

(4)为了改善列车进入侧股的运行条件和防止反超高,在导曲线上股的承轨槽内,设置有高于槽底 6 mm 的凸台(即导曲线保持有 6 mm 的超高),超高顺坡在编号为 55、56、57 的三根岔枕上进行。

(5)转辙器、辙叉及护轨部分用轨撑或扣板与垫板联结,垫板采用 B 型弹条联结于岔枕上,辙后及连接部分不设垫板,采用不分开式 A 型弹条,钢轨接头处采用不分开式 B 型弹条联结于轨枕上。

(6)各种垫板下设置有 12 mm 厚的橡胶垫及 3 mm 厚的塑料垫片各一块。道岔的连接部分,除 20 号~43 号岔枕处的导曲线外股下设有斜坡橡胶垫(工作边轨底一侧厚 10 mm,非工作边轨底一侧厚 12 mm,在铺设更换时应加以注意)以及 3 mm 厚的塑料垫片各一块处,其余均设 10 mm 厚橡胶垫和 3 mm 厚塑料垫片各一块。

(7)更换道岔时,应同时更换前后引轨,以免新旧钢轨(或辙叉)顶面不平顺,增加车轮对接头的冲击力,引起岔枕断裂。

总的来说,混凝土岔枕提高了道岔的稳定性、轨距、水平、方向等几何尺寸容易保持,并消除了导曲线、超高及道岔爬行的病害,减少了维修工作量的 1/3。混凝土岔枕的联结零件较复杂,损坏后不易更换和处理。另外,混凝土岔枕自重较大,不易单根抽换,弹性也较差。

3. 岔枕方向布置

(1)木岔枕

木岔枕结构如图 7-34 所示。

①在转辙部分和连接部分,岔枕应垂直于直股线路。

②在辙叉部分,岔枕应垂直于辙叉角平分线。

③两部分岔枕方向的扭转过渡,应在辙叉趾前 3~5 根岔枕之间完成。

④关于提速道岔使用木岔枕的规定,详见提速道岔相关章节。

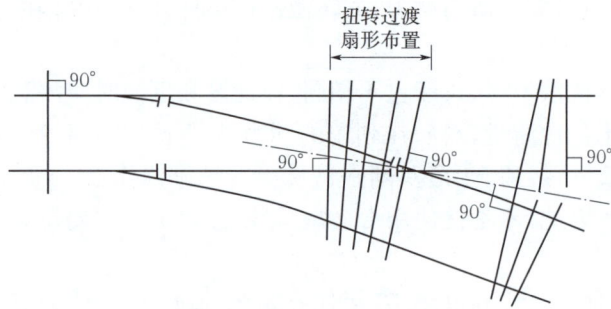

图 7-34　岔枕扭转过渡

（2）混凝土岔枕

混凝土岔枕均按垂直于道岔直股钢轨布置。

第三节　道岔病害及整治

一、道岔常见病害及成因

道岔构造比较复杂，零件多，受冲击力大，容易变形、磨耗，造成病害。道岔的病害种类较多，产生的原因是比较复杂的。

1. 道岔水平不良

一般道岔的岔枕上支承着四股钢轨，担负着直向和侧向两个方向的行车。通常，两个方向的行车密度是不会相同的，有的甚至相差悬殊，这就造成道岔上水平的变化有着不同的规律。归纳起来，影响道岔上水平变化的主要因素有：

（1）由于两个方向的行车密度不同，造成同一根岔枕上机械磨损不一致。

①主要行车方向为直向，则直股钢轨下的垫板因机械磨损而切入岔枕的深度普遍比行车较少的曲股严重，并且曲股两股钢轨产生吊板，尤其是导曲线上股最为显著。因为受荷载作用的钢轨下岔枕和枕下基础（道床）所产生的变形都比无荷载作用的钢轨大，而且无荷载作用的钢轨总是力图"阻止"受荷载作用的钢轨的变形。因此当道钉没有把无荷载作用的钢轨和岔枕牢固地联结在一起时，就会产生吊板，尤其是导曲线上股受直向两荷载作用的钢轨影响，吊板程度更为明显。严重时甚至发生"担"道尺的现象，无法测量直股钢轨的水平，如图 7-35 所示。

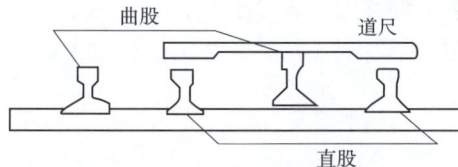

图 7-35　曲股钢轨担道尺

曲股两钢轨行车虽较直股少，但经常行车时，曲股两钢轨产生吊板的程度就轻，或不产生吊板。由于对岔枕的机械磨损程度不一致，其钢轨底面与直向钢轨的底面不会在同一个平面上。在这种情况下，如果进行岔枕单根抽换，未经磨损的岔枕顶面就与曲股两钢轨底面产生空隙,给养护作业造成麻烦。

在尖轨跟端,按爬底式尖轨的构造,内直轨应比外直轨高出 6 mm,但由于内直轨系接头部位,过车时冲击较大,因而垫板切入岔枕比外直股多,使 6 mm 的构造高度无法保持,严重的可与外直轨成水平。这种现象在 55 型、57 型尖轨跟端表现得更加明显。因为 55 型、57 型辙跟垫板内侧比外侧宽度窄,所以切入岔枕也深,如图 7-36 所示。在此情况下产生的水平超限,不能单纯地用起道法来解决,因为起一股要影响另外相应两股的水平。

图 7-36　辙跟垫板切入枕木

在支距垫板和辙叉"双接头"前端一带,由于邻近两股钢轨下岔枕机械磨损不一致,因此也不能单纯地用起道的方法来整治水平不良,起一股时也会影响另外相邻两股钢轨的水平。图 7-37 是支距垫板切入岔枕的情况。

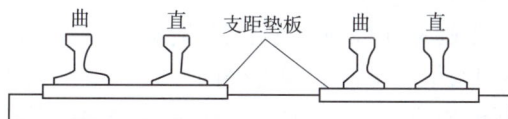

图 7-37　支距垫板切入枕木

②主要行车方向是侧向,则将产生与第一种情况相对应的结果,岔枕的机械磨损有更加鲜明的特征。因为侧向导曲线半径小,无超高,过车时会产生偏载。若行驶电力或内燃机车,侧压力将比蒸汽机大得多,因而导曲线上股钢轨承受的荷载也大,岔枕的机械磨耗加剧。尤其是在行车繁忙的道岔上,导曲线上股外侧垫板切入岔枕的初期速度,一年可达 10 mm左右,造成导曲线反超高。

(2)长岔枕中部低洼,造成导曲线反超高、内直股钢轨水平低,辙叉心沉落等

岔枕长度超过 2 750 mm 时,就可能发生中部低洼。从此部位开始,两内股钢轨逐渐移向岔枕中部,两内股钢轨靠得越近,岔枕越长,其中部低洼越显著。因为荷载向岔枕中部集中,道床的变形积累比两端快,加之岔枕埋于道床内,底部的湿度比上部的湿度大得多,本身就存在着使岔枕产生不均衡的胀缩应力,致使岔枕中部低洼,造成导曲线反超高、内直股钢轨水平低、辙叉心沉落和岔后中间两股水平低等病害。

(3)错开铺设的钢轨接头,造成水平不良

车轮通过钢轨接头时会产生较大的动力冲击,因而接头处的道床沉陷速度和岔枕的机械磨损比其他部位快得多,钢轨本身变形产生"低接头""高小腰"病害。道岔的连接部分,钢轨接头为错开布置,一股钢轨的接头正对应一股的小腰,很难使水平达到要求,也会给起道整修造成许多困难。例如 9 号道岔,中部两内轨的接头对应两外股短轨的中间,而短轨容易拱腰;又如 12 号道岔,中部两内轨的接头对应两外轨的小腰,而两外股的接头又对应两内轨的小腰。由于一股"低接头"对应另一股的"高腰",使水平超限的情况屡见不鲜,如图 7-38 所示。

(4)钢轨垂直磨耗不均,造成水平不良

由于道岔直、侧两个方向行车密度相差悬殊,因此使两个方向的钢轨垂直磨耗显著不

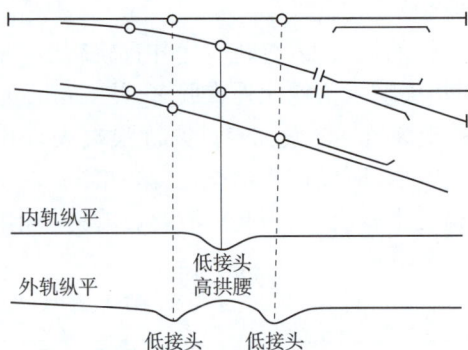

图 7-38　低接头高拱腰

一。这种情况多和岔枕机械磨损不一致同时存在,给起道整治水平的工作造成困难。因为不同向的两股钢轨相邻较近时,也不能单纯用起道的方法来整治水平不良,因起一股时会把邻近一股同时抬起,可能使另一方向的水平超限。

(5)养护作业不当,造成水平不良

在养护作业中,往往由于起道和捣固工作不慎,造成水平超限;也有在维修道岔时,未能根据两方向行车的密度不同而采取不同的起道捣固方式,因而不适应列车的运行情况,使水平不能保持;特别是道岔排水不良、翻浆冒泥未能根治时,水平、高低不良将会频繁出现。

2. 道岔方向不良

道岔是连接线路的设备,因此只有把道岔铺到正确的位置,才能使道岔与前后线路、道岔与道岔衔接顺直。影响道岔方向不良的因素有以下三个。

(1)道岔前后衔接不良造成方向不顺。

铺设或更换道岔时位置摆放不正;维修拨动线路或拨动道岔时,顾此失彼,只从一端看道未顾及两端,或只顾主线不管侧线等,都可能造成道岔与线路、道岔与道岔衔接不好。

(2)线路爬行,使道岔和道岔前后线路移动而改变方向。特别是渡线道岔,如两股线路为单向行车时,会将道岔拉长或挤缩,使方向无法保持。

(3)基本轨横移造成方向不良。

"三道缝"是造成基本轨横移的主要原因。"三道缝"如图 7-39 所示,"三道缝"之一是指基本轨轨底与滑床台边有缝隙;"三道缝"之二是指基本轨外侧轨颚及轨底上部与轨撑接触部分有缝隙;"三道缝"之三是指轨撑尾端与滑床板挡肩有缝隙。由于"三道缝"的存在,不能完全固定基本轨,过车时轨撑不能阻止基本轨横移,造成方向不良。此种病害在 55 型、57 型等旧道岔中较普遍地存在。

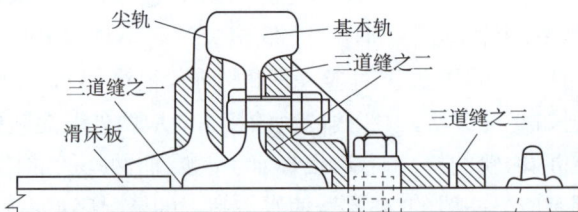

图 7-39　"三道缝"

(4)基本轨折点未弯好使方向不良。

为了做好尖轨部分和导曲线始点处的轨距顺坡,可对尖轨尖端处和导曲线始点处的曲股基本轨进行弯折。但1962年以前生产的道岔出厂前都未进行弯折,1962年以后生产的定型道岔,虽做了曲折点,但有的弯折量不够,并且钢轨存在弹性复原力,使轨距和方向容易发生变化。特别是尖轨尖端处的曲折点未弯好时对道岔的方向影响最大,形成直股基本轨上产生"三道弯",即基本轨前端接头向外支嘴,尖轨尖端处向里弯,对应尖轨竖切起点处基本轨向外鼓。

(5)异侧对口道岔,尖轨尖端处的轨距未按《普速铁路线路修理规则》规定顺坡,造成方向不顺。

此外,道岔排水不良、翻浆冒泥、钢轨有硬弯等都是造成方向不良的原因。

3. 尖轨部分的病害

(1)尖轨方向不良

①尖轨顶铁过长或过短,长期行车后使尖轨变形弯曲。

②为使尖轨竖切部分与基本轨密贴,盲目加长连接杆,几根连接杆的长度配合不好,撑弯尖轨。

③尖轨在制造时未调直,或运输过程中作业不慎被摔弯。

(2)尖轨与基本轨不密贴

①尖轨不直,基本轨或尖轨有飞边,造成尖轨与基本轨不密贴或假密贴。

②道岔拉杆尺寸、扳道器位置与尖轨尖端开口不配合。

③尖轨接头铁与道岔连接杆互相扭劲,压歪尖轨,使尖轨头部与基本轨离缝。

④两个转辙机动程不标准或推拉力不均、不足。

⑤尖轨顶铁过长。

⑥尖轨扳动不灵活,基本轨横移方向不直,曲基本轨弯折位置不对或弯折量不当,轨距递减不均匀,尖轨跟端轮缘槽过宽等,都可能造成尖轨竖切部分基本轨不密贴。

⑦道岔爬行,四股钢轨错位,各设计对应点不对应。

(3)尖轨跳动

①尖轨跟端轨缝过大,间隔铁和夹板磨耗,螺栓松动,过车时加大了冲击。

②尖轨跟端凸台脱落窜出,或震裂压塌使尖轨跟端悬空。

③尖轨拱腰与滑床板不密贴,车来压下去,车过跳起来。

尖轨产生拱腰主要是由于尖轨跟端养护得不好,捣固不实,产生吊板暗坑,形成低接头后未及时整治;尖轨尖端处由于各种杆件的影响,不易捣固坚实,经列车长期碾压,造成尖轨拱腰。

(4)尖轨被轧伤

尖轨尖端较为薄弱,容易被轧伤。当轧伤的长度和宽度达到一定程度时,就有车轮爬上尖轨的危险。被轧伤的原因有:

①尖轨与基本轨不密贴或假密贴,尖轨仅仅靠在基本轨的飞边上,使尖轨离缝,经车轮挤压轧伤。

②尖轨顶面的飞边盖在基本轨顶面上,经车轮碾压冲击而"揭盖"。

③尖轨顶铁过短,车轮挤压尖轨,使尖轨尖端离缝,被车轮轧伤。

④基本轨垂直磨耗严重，与尖轨的高度不配合，使尖轨较窄的断面过早受力，被车轮直接轧伤或压出飞边后被轧伤，特别是基本轨垂直磨耗严重而尖轨更换为新尖轨时，情况更加突出。

（5）尖轨扳动不灵活

尖轨扳动不灵活，将造成尖轨与基本轨密贴长度不足。造成尖轨扳动不灵活的原因有：

①钢轨爬行，将跟端螺栓拉斜或拉弯，使螺栓摩擦轨腹螺栓孔壁。

②尖轨不方正，道岔拉杆或道岔连接杆不正，与滑床板、枕木或基本轨底面发生摩擦。

③尖轨跟端双头螺栓或套管磨损，或间隔铁和夹板磨成凹坑，螺栓上紧后夹住尖轨。

④基本轨有小反、连接杆的接头铁螺栓孔壁磨耗扩孔，螺杆磨细，因空隙太大，不能把两根尖轨连成整体框架，减弱了刚性。

（6）尖轨与滑床板不密贴

①基本轨轨底不落槽，或基本轨轨底压上了滑床台。

②岔枕有吊板或基本轨前后高低不好。

③滑床台磨耗或塌陷。

④尖轨拱腰。

⑤基本轨有小反，使滑床板里高外低，但如更换尖轨部分个别岔枕，因新岔枕面是水平的，与有小反的基本轨接触时，出现里侧离缝，从而使尖轨与滑床板不密贴。

4. 导曲线病害

导曲线上股钢轨由于比其他股钢轨要经受更多的垂直力和水平力，使上股钢轨磨耗加快，垫板外侧切入枕木使钢轨外翻，造成轨距扩大，方向变形等。

5. 辙叉部分病害

（1）辙叉心沉落

由于辙叉存在着有害空间，心轨尖端易于磨损，压溃，列车通过时产生很大的冲击力，加之直、曲股行车都要经过辙叉心，而辙叉的隐蔽部分较宽，道床不易捣固坚实，因此岔枕往往被压弯，或辙叉下的岔枕机械磨损大于两侧而使辙叉心下沉，造成水平不良。此外，辙叉部分的岔枕较长，很重的辙叉心又压在岔枕中间，如果捣固作业不慎，很容易将两外侧护轨部分捣高，破坏道岔的前后高低和水平。

（2）方向不良

辙叉部分的侧线护轨处经常产生"膫肚"现象与侧线线路方向不顺。产生这种现象的原因是辙叉跟端宽度超过标准太多。辙叉跟端宽度超过标准的原因，一是制造时超过了正允差，二是高锰钢辙叉不耐压，被压堆后顶面变宽，造成侧股轨距线外移，形成"膫肚"。如遇护轨也有飞边，则"膫肚"更为显著。

（3）辙叉跟端错牙

辙叉跟端经常发生错牙现象。左右错牙的原因，一是跟端被压堆变宽，而与其连接的线路的钢轨轨端是经过淬火处理的，并不产生飞边；二是当辙叉跟端间隔铁耳墙磨耗后向轨腹靠拢，螺栓上紧后也会形成错牙。上下错牙的原因主要是辙叉跟端往往高于相连接的轨端，因辙叉更换远较钢轨频繁，尤其当换入的是新辙叉时更为突出。

（4）护轨与心轨的查照间隔和护背距离不合，车轮冲击叉心

护轨与心轨的查照间隔不对时，车轮将碰撞叉尖，甚至造成事故；护背距离不对时，将加

大护轨和翼轨的磨耗,严重者可拉断螺栓,引起不良后果。但有时用道尺检查,轨距和查照间隔均不超限,却仍有碰尖现象发生,这是因为:

①量度不准确。由于翼轨有加高和存在高护轨的现象,使量度不准确;不是在图纸规定的心轨断面处的轨面下 16 mm 处测量,加之心轨作用面有斜坡,护轨作用面磨耗后也有斜坡,使轨距测量点与查照间隔测量点不配合,因此测量的尺寸与实际情况不符。

②道钉浮离,枕木腐朽,过车时发生挤动变形。

③辙叉下有严重的吊板、暗坑,过车时下沉。

④辙叉前后方向不好,加大了列车摇摆、冲击。

(5)高护轨

高护轨是指护轨顶面高出主轨顶面,高护轨形成以后,影响轨距和查照间隔、护背距离的检查,同时会加速护轨本身的磨损。造成高护轨的原因如下:

①护轨的主轨置于同一垫板上,主轨承受车轮的压力,而护轨只受向内的横向推力,所以垫板外侧受压后切入枕木,而内侧跷起顶高护轨。

②主轨有垂直磨耗,而护轨则没有,这样就增加了护轨与主轨的相对高差。

③有些护轨的间隔铁不是整体,而是由两个半块合起来的,护轨受拉后将护轨带高。

二、道岔病害的整治

前面较为详细地分析了道岔常见病害产生的原因。由于一组道岔上可能产生各种病害,这就要求进行细致的调查,详尽、全面地分析造成病害的原因,对症下药,有针对性地采取相应的整治措施才能收到良好的效果。

1. 道岔水平和前后高低不良的整治

什么是道岔的良好水平和前后高低呢? 可以归结为:"四股平,水平好"。所谓"四股平"就是要求道岔上四股钢轨的前后高低平顺,沿岔枕方向四股钢轨轨底基本上在同一个平面上。做到了这一点,水平就好保持。通常,只看外直股的前后高低,用量水平的方法控制其他三股。这样做虽可保证水平不超限,但其他三股的前后高低却不一定好。因此,调查时必须做到"看四股前后高低,量四股水平"。可用弦绳测量沿岔枕方向四股钢轨轨底是否大致在一个平面上。这样就可对水平的变化一目了然,通过养护维修做到"四股平,水平好"。

整修道岔水平和前后高低,除采取起道和捣固的方法外,由于道岔本身的特点,还必须辅以其他方法,才能收到良好的效果。概括起来就是:起、捣、紧、翻、削、垫、换、直、落、综。

(1)起——起道。一组道岔采取"分段起道,四股钢轨一起抬平"的方法。分段起道的好处是效率高。如果一次起得过长,捣固作业跟不上去,过车时就容易造成返工。分段起道一般分为尖轨、导曲、辙叉、叉后四部分,也可以根据行车情况把段分得少一些或者更多一些。注意掌握四股钢轨一起抬平的原则,起外直股时,压机放在导曲线上股,使中间的钢轨和枕木一起带起来;起内直股时,压机放在导曲线下股(如放在内直股,可能会把外直股带起来),四股钢轨一起量水平。根据水平情况,在内直股打撬塞,或在外曲股同时打撬塞,这是一般的做法。特殊情况时,要根据前后高低和水平的不同情况,将压机放在适当的位置。例如,防止短轨拱腰,采取"远搭压机,近打撬塞"的方法,即把压机放在距短轨接头远一些,撬塞打在短轨接头处;起导曲线水平时,压机放在导曲线下股钢轨接头,道尺放在钢轨小腰处量水平,达到既起平接头又防止导曲线反超高的目的。

（2）捣——捣固。这是做好前后高低和水平的中心环节，必须切实做好。道岔维修最好用机械捣固。捣固作业一般应掌握"两轻两重"的原则，即重捣接头，重捣长岔枕中部，轻捣钢轨小腰，轻捣长岔枕两端，使道床的密实程度适应荷载情况，以使各部道床下沉积累大致相同。岔枕长度从 3 350 mm 以后，两内股钢轨逐渐向岔枕中部靠拢，岔枕中部承受的荷载大。同时岔枕长了刚性就差，容易将两端捣高。这就要求越是岔枕中间越要捣固密实，两端则要适当减镐（包括镐数和力度）。捣固还要注意顺序，轻捣部分宜先镐，重捣部分宜后捣，一般应自腰部向接头进行，自坑洼两端向坑洼底部进行，拱腰轨从中间向两端进行。如整组道岔的前后高低较好，仅有低接头和个别小坑，可先将平的部位捣固好，再将低接头和坑洼起平捣固，因为如果先起低的地方，势必把平的部位也带高了。为了保证捣固质量，对不易捣固的隐蔽部位加一遍斜镐，将辙叉用压机轻轻吊起进行二遍捣固，道心要捣实。轻微的岔枕中部低洼，以及辙叉心低落，导曲线反超高等病害不甚严重时，可在连阴雨天趁枕木发软时，抽出铁垫板逐根进行捣固。

（3）紧——起道前撬起吊板，打紧浮钉，拧紧叉心螺纹道钉。道岔上比普通线路上更容易产生浮离道钉，因为一根岔枕上支承着四根钢轨，担负着两个方向的行车，当其中的两股钢轨受荷载作用时，由于岔枕的下沉，使无荷载作用的两股钢轨也受力。该力是通过道钉传递给无荷载作用钢轨的。当该力大于道钉的抗拔力时，势必将道钉拔起，四股钢轨的两个方向交替受载，致使道钉普遍浮离，以内股轨更多。如不事先打紧浮钉，起道时可带来两个明显的害处：其一，不能很好地带起岔枕；其二，可能产生"假水平"，起道时水平好，过车后差异甚多，因为钢轨抬起后由于道钉与轨底的摩擦，回落时未必回落到垫板上。因此，起道前必须认真打好浮钉，但此项工作往往被忽略。

（4）翻——将捣不起来的弯曲的木岔枕翻转使用。岔枕中部低洼较大，机械磨损显著不匀，用起道捣固办法无法做好水平时，可将岔枕翻转使用。这种做法最适宜于两个方向行车量悬殊，岔枕被压弯，前后高低和水平不易做好时采用。

（5）削——削岔枕。轻微弯曲的岔枕削平两端，机械磨损不均的岔枕削成一致。这种做法只能在个别情况下采用，以免削弱和损伤岔枕。

（6）垫——在铁垫板下垫入垫片。一般只在岔枕机械磨损和四股钢轨垂直磨耗不匀，或个别岔枕低洼，用起道捣固不能整治不良水平的情况下，才采用垫的方法。垫板要选用防水、耐磨、耐压的材料制作，其尺寸与铁垫板尺寸相同，厚度可分为 2 mm、4 mm、6 mm 三种。垫前要看四股前后高低，量四股水平，前后高低较低的处所才能垫，否则不能垫。要防止滥垫，以免形成以垫代捣的错误做法。

（7）换——倒换垫板、钢轨。如将 62 型道岔垫板与 57 型道岔垫板互换，利用垫板的厚度不同来整治水平。在大站场，有时会有这种情况：57 型道岔铺设在繁忙的线路上，而 62 型道岔反而铺设在过车不多的线路上。这时便可将 62 型道岔垫板换在 57 型道岔的导曲线上股，把 57 型道岔垫板换在 62 型道岔的导曲线下股。有的道岔主要是直股行车，而有的道岔主要是侧股行车，造成四股钢轨垂直磨耗相差很大。这时将钢轨互换，既有利于水平的养护，又可做到材尽其用，延长设备使用寿命。在大的站场上，这种潜力是很大的。

（8）直——调直夹板，整治钢轨低接头。

（9）落——落道。一组道岔中因为前后高低过高致使水平和前后高低超限时，可将个别高起的处所挖空枕底落道。在整治站场大平时，遇有个别高处（一组道岔或几节轨长的线路),也可采取落道的办法。落道虽难,但动线路少,与大量抬道和高处起平比较,还是省工的。

(10)综——综合整治接头病害。接头状态好,高低水平就容易保持。接头状态不良时,除应做好接头捣固,拧紧接头扣件,清筛接头道床等外,还应分情况采取以下措施:打磨不平的轨面,更换为硬质道砟,在接头垫板下垫胶垫,采用摩擦接头,绝缘接头更换为高强装置等。

2. 道岔方向和轨距不良的整治

(1)道岔是整个线路的一个组成部分。孤立地整治道岔本身的方向,脱离道岔前后大方向,道岔就不能处在应有的正确位置上。因此,良好的方向是做好道岔质量的基本条件之一,大的站场尤为重要。良好方向的要求是:道岔与线路、道岔与道岔都衔接得很好,远处看去方向顺直,没有"甩弯",列车运行也就自然平稳,没有额外的阻力。所以,在养护维修道岔之前,首先要解决好道岔的大方向,然后再整治道岔本身的方向。在整治方向时,要坚持拨、改、捏的做法,即大弯拨、小弯改、硬弯捏。

在拨好道岔的方向后,为了得到比较精确的标准股,还必须用改道的方法改正小弯。用拉绳的方法可以保证改正方向的质量。线绳长约 30 m,两端用特殊的铁卡固定在枕木头上,其位置应选择在方向已经拨好的地方,离轨头的距离可定为 300 mm,然后每改一根枕木量一次线绳与轨头的距离,与 300 mm 比较,增减超过 1 mm 者就应改动。改第二绳时,应搭半绳前进。采用拉绳改道的好处是测量精确,既可避免因钢轨肥边和人的视力差异带来的影响,又可省去一人来回跑动看道。

有了精确的标准股,便可进行直股轨距和导曲线支距的改正。道岔支距是用专门的支距尺测量的。在改正支距之前,应用长钢尺和方尺核对支距点的位置,以免因钢轨爬行而错位。

短轨刚性大,导曲线中如有短轨存在,支距就不容易保持,此时可用弯轨器将短轨弯成弧状。

导曲线两端的轨距递减,根据"前三""后四"的要求,按每根岔枕计算的递减数来递减,比按每米递减好记好做。例如,50 kg/m 及 43 kg/m 钢轨 9 号道岔,顺"前三"时,在尖轨跟端后第二至第六根岔枕上各顺 2 mm,第七根岔枕上顺 1 mm,即

第二根岔枕处的轨距=1 439+2 mm=1 441 mm;

第三根岔枕处的轨距=1 441+2 mm=1 443 mm;

第四根岔枕处的轨距=1 443+2 mm=1 445 mm;

第五根岔枕处的轨距=1 445+2 mm=1 447 mm;

第六根岔枕处的轨距=1 447+2 mm=1 449 mm;

第七根岔枕处的轨距=1 449+1 mm=1 450 mm。

顺"后四"时,在辙叉前第二至第八根岔枕上各顺 2 mm,第九根岔枕上顺 1 mm,方法与顺"前三"时类似。

(2)改尖轨部分轨距时,要遵循一定的程序:

①在整治尖轨尖端曲折点后,固定尖轨尖端轨距(曲折点的整治方法见后面介绍)。

②在整治尖轨跟端轮缘槽后,固定尖轨跟端轨距。

③改尖轨中部轨距,应先固定下股基本轨的位置。在两尖轨竖切起点处,两基本轨的作

用边的距离等于尖轨中部轨距加一个轨头宽。

在竖切起点处按此距离固定下股基本轨后,便可参照轨尖端和尖轨跟端轨距将下股基本轨其余部分改直。

④除去基本轨、尖轨的肥边,结合整治尖轨中部轮缘槽等。这样做后,尖轨部分的轨距就能够达到均匀顺坡。

改辙叉部分时,首先要除去基本轨的肥边,高锰钢整铸辙叉的压堆部分和作用边的凸凹不平顺时,要用砂轮机打磨,轮缘槽应调至规定标准,然后再进行改道工作。这样,护轨与心轨的查照间隔和护背距离便可保持良好,下股基本轨也可避免"臌肚"现象。

为了使垫板、道钉共同受力,改道时将垫板挡肩与轨底边缘的空隙用铁条堵塞;道钉与道钉孔作用方向的空隙,用"L"形铁片堵塞。这样,钢轨就不易被挤动,方向、轨距就易于保持。同时,也增加了道钉的抗拔能力,延缓了无荷载作用钢轨产生吊板的进程,这在直、侧向行车量悬殊的情况下,效果尤其显著。

3. 曲股基本轨曲折点的整正

使用中的曲股基本轨,已按规定的轨距和方向钉固在轨枕上,由于轨距和方向容许存在一定的误差,因此在现场判断曲折点弯折的"够"与"不够",不能用测量支距或矢距的方法,而是看曲折点"弯死"没有。如果直股基本轨(尖轨尖端处)的方向有向内的弯,而且轨距也经常变化时,说明曲股基本轨曲折点存在弹性复原,没有"弯死",就需要用弯轨器重新弯折,在现场进行弯折时应先向行车部门要点,现场位置停车信号防护。弯折的作业顺序如下:

(1)矫直或者改直直股基本轨(尖轨尖端处)的方向。

(2)起出曲股基本轨曲折点附近7～8根枕木的道钉后用弯轨器进行弯折。弯折量的大小一般凭经验估计,也可根据轨距来判断,松开弯轨器后,用道尺量尖轨尖端处的轨距,如果比应有的轨距小2～3 mm,说明已经"弯够",如果比应有的轨距大则没有"弯够",还要重弯。

弯折器的顶松杆松开后,钢轨的回弹量一般可按弯折量的60%计,也可在实际弯折前,用同一类型的短轨进行试弯,找出回弹量的大小。

(3)为保证尖轨尖端与基本轨的密贴,在弯折第一曲折点时,弯轨器的顶杆应比理论弯折点向基本轨接头方向超前100 mm。此处,如果基本轨是经过淬火处理的,在弯折之前必须加热至250 ℃左右,否则就有折断的危险。没有经过淬火处理的,夏季可不加温,但冬季也要加温。

(4)为防止夹板、间隔铁与基本轨的不密贴,在弯折第二曲折点时,实际弯折点应向导曲线方向移至尖轨跟夹板末端的外侧。

4. 尖轨与基本轨不密贴的整治

尖轨竖切部分与基本轨不密贴的防治,一般可采取以下措施:

(1)校正连接杆的长度,或利用连接板的孔眼调整两尖轨间的距离,使符合设计标准要求。

(2)与电务配合,调整连接转辙机上拉杆的调整螺母,达到标准要求。

(3)整修过长或过短的顶铁。

(4)整修辙跟螺栓,更换失效的异径螺栓或套管。

(5)焊补或更换磨损挠曲不平的滑床台、轨撑与滑床板挡肩,或用螺栓道钉将轨撑、滑床板与枕木联结成一整体,并用水平螺栓使轨撑与基本轨牢固地联结在一起,以消灭"三道缝"

的病害。AT 型单开道岔采用可调分开式扣件,对防止基本轨外移,效果很好。

(6)校正基本轨弯折点的位置与弯折量,使之符合设计要求。

(7)整修基本轨或尖轨侧弯。

(8)及时剁除基本轨工作边与尖轨非工作边之间的肥边。

(9)整治尖轨爬行。

(10)经常清除尖轨与基本轨之间的冰雪及其他异物。

5. 尖轨跳动的整治

(1)尖轨跟端轨缝过大时,要及时调整。

(2)焊补磨损的间隔铁、夹板、桥形垫板、异径螺栓或套管。

(3)跟端桥形垫板上的 6 mm 平台串出时及时焊牢。

(4)道岔拉杆伸入基本轨轨底的部分与轨底间隙过大时应调整到 1~2 mm,及时调直弯曲的转辙拉杆和尖轨连接杆。

(5)整治尖轨拱腰。

(6)采取尖轨防跳措施。如在基本轨轨底增设尖轨防跳器;或将尖轨连接杆两端安设防跳补强板,使其长出部分卡在基本轨轨底,以防尖轨跳动。

(7)加强转辙部分枕下捣固,尤其是加强接头及尖轨跟端的捣固。

6. 尖轨"拱腰"的整治

(1)气体火焰矫正

金属物体不均匀受热会引起变形。气体火焰矫正就是利用普通气焊用的氧—乙炔火焰对尖轨顶面拱腰部位逐段加热,使尖轨顶面和底面产生一定的温差后,再在顶面浇水使之迅速冷却,从而使轨底产生拉伸变形,达到矫直尖轨的目的。

(2)烘炉加热矫正

加热时,待烘炉内燃火焰均匀后,将尖轨抬到烘炉上加热。将拱腰的一段正对火焰,使轨顶面与火焰接触,轨顶表面温度控制在 600 ℃以下,控制的方法主要是观察轨顶表面的颜色变化。碳素钢在 600 ℃时呈褐红色,所以必须在顶面褐红色不明显时,将尖轨抬出放入冷却池中,轨面进入水中的深度为 10 mm 左右。同时打开水池进水口与上部出水口,换水加速冷却。尖轨放入冷却池时,要垫平放稳,防止冷却不均匀产生水平变形(左右弯曲)。当轨面在水池中冷却不烫手时,抬出置于就近湿砂土中,用砂土半埋轨头继续冷却。如塌腰过度可不埋砂土,使其在空气中自然回火。

以上两种方法各有特点,烘炉加热法,在没有气焊设备的情况下可以采用,不需要特殊的材料和专门技术,煤电也易于就地解决,但火焰不易控制,轨面温度不一致,个别处所温度可能超过 600 ℃,因而质量不易保证。气体火焰法需要专用设备和技工,铁路沿线小站因氧气和乙炔不易解决,不宜采用,但该法工艺易于控制,在线路上和线路下均可作业。在线路上作业时不需更换尖轨,因而工效高。

7. 尖轨轧伤和非正常磨耗的整治

(1)防止尖轨跳动及确保尖轨竖切部分与基本轨之间的密贴。

(2)及时更换磨耗超限的基本轨。

(3)若尖轨尖端与基本轨顶面高差不足 23 mm,或尖轨尖端顶面过宽时应及时将尖轨尖端进行锉修,防止轮缘撞击尖轨尖端。

(4)严重轧伤的尖轨应及时焊修或更换,以免越伤越轧,越轧越伤而形成恶性循环,产生严重后果。

(5)如因岔前轨向不良而导致列车频繁蛇行,形成尖轨过快磨耗时,除对尖轨进行焊补或更换外,在站线上可考虑在尖轨前铺设防磨护轨,如图 7-40 所示。

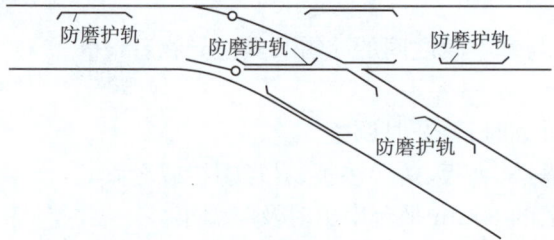

图 7-40　铺设防磨护轨示意

铺设防磨护轨时,应使防磨护轨平直段的轮缘槽保证在最不利情况下(最大轮背距的轮对,最厚轮缘的机车逆向通过),轮缘不与尖轨设计最小冲击断面(一般为宽 10～20 mm 处)前的尖轨接触。

这种设在内侧的防磨护轨,一般采用不等长的尖轨,在防磨护轨一侧的尖轨要短些,使护轨平直段设在正对另一侧尖轨尖端部分,以提高防磨效果。防磨护轨轮缘槽越窄,对防磨越有利,但太窄会使机车车辆转向时的内接状态变坏。防磨护轨也可以有采用等长尖轨的情况。

在站线道岔上,防磨护轨有时也设在直股基本轨的外侧,也可以得到很好的防磨效果。但要注意外侧的防磨护轨面要高出直股基本轨的顶面,防止车轮踏面端部爬上护轨而造成脱轨,其作用边与基本轨外侧的距离也要算好,以利收到防磨、防撞的效果。

8. 尖轨扳动不灵的整治

(1)拉方尖轨、基本轨,使尖轨跟端螺栓方向方正,锁定爬行。

(2)更换或焊补已磨损的异径螺栓,如果跟端间隔铁安装双头螺栓的螺孔磨成凹坑的也要焊补。

(3)道岔拉杆和接头铁螺孔因磨损而扩大时要及时焊补;拉杆螺栓磨损时要及时更换;道岔拉杆伸进基本轨轨底的部分,既不能摩擦轨底,也不能间隙过大。

(4)整平翘头的滑床板。

(5)焊补磨成凹槽的滑床台。

(6)保持尖轨跟端轨缝在 6 mm 左右,不允许挤成瞎缝。

9. 尖轨中部轮缘槽病害的整治

(1)尖轨中部轮缘槽是指尖轨竖切点至尖轨跟端一段,尖轨非工作边与基本轨工作边的距离。尖轨中部轮缘槽不足时,车轮轮背通过时撞击、磨损尖轨背面,尖轨中部的轮缘槽宽度计算公式为

$$t_中 = t_跟 + (S_中 - S_跟)$$

式中　$t_中$——尖轨中部轮缘槽宽度;

$t_跟$——尖轨跟端轮缘槽宽度,定型的 9 号、12 号道岔标准为 74 mm;

$S_中$——尖轨中部轨距;

$S_跟$——尖轨跟端轨距,定型的 9 号、12 号道岔标准为 1 439 mm。

通过上述公式可求得 9 号、12 号道岔尖轨中部轮缘槽宽度分别应达到 79 mm 和 77 mm,但是现场很难做到这个标准,主要原因为:

①使用普通钢轨制造的尖轨,横向刚度太小,虽然进行了补强,并用尖轨连接杆将两根尖轨连为整体,但刚度仍然不足。当扳动尖轨时,尖轨尖端与尖轨竖切点不能同时密贴基本轨作用边,形成尖轨竖切部分密贴长度不足,因此现场不得不采用加长连接杆的办法,撑弯尖轨,使尖轨呈折线和弧状。这样当扳动尖轨时,竖切起点就可与尖轨尖端同时密贴基本轨。经验表明,6 250 mm 尖轨撑弯的程度,在竖切起点处须外凸 7 mm 左右;7 700 mm 尖轨须外凸 10 mm 左右,致使轮缘槽缩小,达不到标准。

②尖轨动程不足。假定使用中的尖轨是很直的,并且刚性很强,扳动尖轨时,尖轨的每点都能按比例移动,在这种情况下,为满足尖轨背面不受车轮冲击,根据公式进行计算,即 6 250 mm 尖轨 $W_尖 = 155$ mm,$W_拉 = 145$ mm;7 700 mm 尖轨 $W_尖 = 150$ mm,$W_拉 = 143$ mm(W 指尖轨尖端开口宽度)。

以上数值说明仅仅满足规范要求的道岔拉杆处的动程不得小于 142 mm 是不能保证在最不利的情况下保证车轮轮背不磨撞尖轨背面。定型道岔规定,道岔拉杆处的动程为 152 mm,是个比较合理的数值,在一般情况下它能保证车轮轮背不磨撞尖轨背面,同时又能把尖轨稍撑弯,使竖切部分全靠基本轨。

(2)轮缘槽宽度是按最不利的情况计算的,实践经验说明,在做好尖轨部分轨距的情况下,尖轨中部轮缘槽宽度,12 号道岔达到 69 mm,9 号道岔达到 71 mm 左右,就可基本做到不使车轮轮背擦撞尖轨背面(个别情况下会有轻微的侧磨)。这一轮缘槽宽度在道岔拉杆处的动程为 142 mm 时,经过努力还是有可能做到的。因此,做好尖轨中部轮缘槽的关键在于:一是将尖轨动程调至转辙器容许最大动程,至少不得小于 142 mm,否则应设法更换转辙机械;二是尽量增加尖轨的刚度,做好连接杆与两根尖轨的联结,发挥整体框架作用,一切妨碍尖轨灵活扳动的因素都必须设法消除,使尖轨必须撑弯的外凸值减到最小程度。

10. 加强导曲线的措施

道岔侧向过车频繁时,由于导曲线上股不设超高,所以承受的水平侧压力和垂直力要比下股大得多,垫板切入枕木的程度和钢轨磨耗也比下股快,加上岔枕中部低洼,导曲线水平反超高是很容易发生的。由于导曲线上股垫板切入枕木是外侧深、内侧浅,因而钢轨产生小反,使轨距难以保持,因此有必要对导曲线采取以下加强措施:

(1)将导曲线上股每根枕木上的垫板全部改为轨撑垫板,以减少垫板外侧对枕木的切压,减少钢轨小反。必要时,导曲线下股每根枕木上的垫板也应改为轨撑垫板。

(2)导曲线做超高。将尖轨跟端 6 mm 构造高度延至导曲线上股全长,改在辙叉趾端前方五根枕木顺坡(每根顺坡 1 mm)。这样除顺坡地段处,导曲线全长内将有 6 mm 的超高,对于防止水平反超高和轨距扩大很有好处。加高的办法一是在原来的垫板下加焊 6 mm 厚的垫板;二是在加轨撑垫板时,用 26 mm 厚钢板做轨撑垫板。

11. 辙叉护轨部分病害的整治

(1)采用特制长颈捣固手镐,加强辙叉底部的捣固,必要时,可将坍腰辙叉处的岔枕翻转使用。

(2)在辙叉趾端和跟端与前后引轨接头处安设桥型垫板,加强接头的相互连接。

（3）用扣板和立螺栓把辙叉固定在垫板上，再用螺旋道钉把垫板固定在枕木上，如 AT 型道岔那样，如图 7-41 所示。

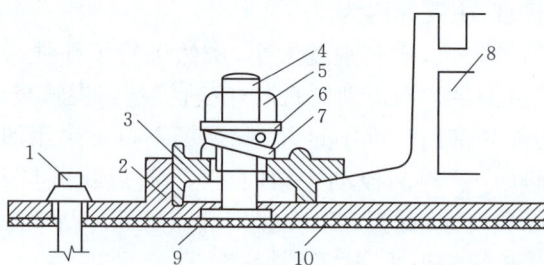

1—螺旋道钉；2—垫板挡肩；3—扣板；4—立螺栓；5—螺帽；6—平垫圈；
7—弹簧垫圈；8—整铸锰钢辙叉；9—橡胶垫板；10—通长铁垫板。

图 7-41　辙叉扣件联结

（4）可在辙叉部位的岔枕上安设特制铁座，用弹条 I 型扣件固定辙叉位置。由于弹条扣件压力大，既可防止辙叉横移，又可防止纵爬，对稳固辙叉可以取得较好的效果。

（5）在护轨靠近辙叉侧增设轨撑，前后引轨增设防爬设备，对防止护轨爬行也可收到较好效果。

第八章　无　缝　线　路

第一节　无缝线路类型

无缝线路按钢轨受力分为温度应力式和放散温度应力式两种类型。无缝线路按长度分为普通无缝线路、区间无缝线路和跨区间无缝线路

一、温度应力式无缝线路

温度应力式无缝线路一般由固定区、伸缩区、缓冲区三部分构成,如图 8-1 所示。固定区长度不得短于 50 m。伸缩区长度应根据年轨温差幅值、道床纵向阻力、钢轨接头阻力等参数计算确定,一般为 50～100 m。缓冲区一般由 2～4 节标准轨(含厂制缩短轨)组成,普通绝缘接头时为 4 节,采用胶接绝缘接头时,可将胶接绝缘钢轨插在 2 节或 4 节标准轨中间。缓冲区钢轨接头必须使用不低于 10.9 级的螺栓,螺栓扭矩应保持 700～1 100 N·m。绝缘接头轨缝不得小于 6 mm。

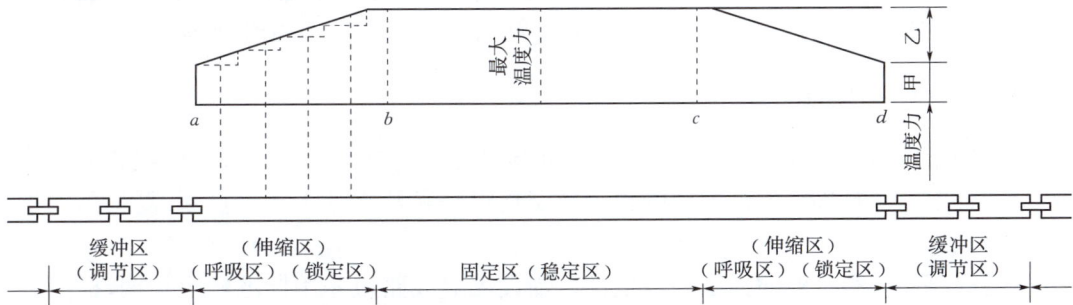

温度力甲—克服接头阻力产生的温度力;温度力乙—克服道床纵向阻力产生的温度力。

图 8-1　温度应力式无缝线路结构

二、放散温度应力式无缝线路

放散温度应力式无缝线路分为自动放散式和定期放散两种。在温差较大的地区和特大桥梁上,为了消除和减少钢轨温度力对钢梁伸缩的影响,采用自动放散温度应力式无缝线路。自动放散温度应力式无缝线路是在焊接长钢轨内设置桥用钢轨伸缩调节器,用以释放温度力。

定期放散温度应力式无缝线路的结构形式与温度应力式相同。根据当地轨温条件,对钢轨内部的温度应力每年调整 1～2 次。定期放散温度应力式无缝线路适用于温差较大的寒冷地区。

第二节 钢轨温度

一、钢轨温度

钢轨温度是指钢轨的实际温度。影响轨温的因素比较复杂,它不但受气温、风力、日照程度的影响,而且还与地形、线路方向、测量部位和测量条件有关。根据长期测定结果统计,最高轨温可高于同一时间最高气温约 20 ℃,最低轨温等于同一时间最低气温。

二、中和轨温

无缝线路必须有足够的强度和稳定性。铺设无缝线路应采用标准轨道结构。中和轨温的计算方式为

$$T_{中} = (T_{max} + T_{min})/2 + (\Delta T_u + \Delta T_d)/2 + \Delta T_k$$

式中　　$\Delta T_u, \Delta T_d$ ——允许温升和允许温降;

　　　　T_{max}, T_{min} ——当地历史最高、最低轨温;

　　　　ΔT_k ——中和轨温修正值,取 0~5 ℃。

三、锁定轨温

锁定轨温是长轨条铺设施工时实际的锁定轨温。此时钢轨内部不存在温度应力。它是一项非常重要的资料,是保证无缝线路正常养护和正常工作的前提,必须准确、可靠。一般以钢轨合龙、钢轨落槽后及拧紧接头螺栓时所测的轨温平均值作为锁定轨温。

四、设计锁定轨温

设计锁定轨温是设计无缝线路时采用的锁定轨温。它通常是在保证无缝线路的强度与稳定的条件下由计算确定的。这样的锁定轨温要保证长轨在冬天不被拉断、夏天不发生胀轨跑道事故。

无缝线路必须有足够的强度和稳定性。铺设无缝线路应采用标准轨道结构,根据各地轨温幅度、允许温升 ΔT_u 和允许温降 ΔT_d 计算设计锁定轨温。特殊情况需加强轨道结构时,应根据行车条件和线路平纵断面情况进行强度、稳定性及缓冲区轨缝检算。

有砟轨道设计锁定轨温的计算方式为

$$T_e = \frac{T_{max} + T_{min}}{2} + \frac{\Delta T_d - \Delta T_u}{2} \pm \Delta T_k$$

无砟轨道设计锁定轨温的计算方式为

$$T_e = \frac{T_{max} + T_{min}}{2} \pm \Delta T_k$$

式中　　T_e ——设计锁定轨温(℃);

　　　　ΔT_d ——允许温降(℃);

　　　　ΔT_u ——允许温升(℃);

　　　　T_{max} ——最高轨温(℃),取当地历年最高气温值加 20 ℃;

$T_{\min}$——最低轨温(℃)，取当地历年最低气温值；

ΔT_k——设计锁定轨温修正值(℃)，一般为 0～5 ℃。

当地最大轨温幅度超过允许铺设无缝线路最大轨温幅度时，应作特殊设计。长大坡道、制动地段及行驶重载列车区段铺设无缝线路时，可采取加强措施。

位于无缝线路固定区，跨度等于或小于 32 m 的简支梁桥，其桥长、轨道结构及当地最大轨温幅度符合表 8-1 的规定，可不作单独设计，无缝线路在桥梁两端路基上每端锁定长度均不应小于 100 m。

表 8-1　不作单独设计、允许铺设无缝线路的最大轨温幅度和桥梁长度

钢轨轨型/ (kg/m)	最大轨温幅值/ ℃	允许桥梁 长度/m	扣件类型与扭矩	
			钢梁桥	混凝土梁有砟桥
50	60～70	≤300	K 形扣件，扭矩为 60～80 N·m，桥头线路加强锁定	(1)小阻力扣件扭矩按设计要求； (2)弹条Ⅰ型、弹条Ⅱ型扣件扭矩与线路上相同； (3)桥头线路加强锁定
50	71～80	≤240		
50	81～90	≤200		
50	91～100	≤160		
60	60～70	≤220		
60	71～80	≤200		
60	81～90	≤160		
60	91～100	≤100		

不在上述规定之列的桥梁，应对钢轨和墩台的受力状态、冬季钢轨折断时断缝的大小进行检算，若各项检算结果未超过允许值则可铺设。

基础不明的桥梁应勘测或检定，有病害的桥梁应整治和加固，达到《铁路桥梁检定规范》的规定后，方准铺设。

第三节　温度应力和温度力

一、温度应力

如果钢轨完全被固定，不能随轨温变化而自由伸缩，则在钢轨内部产生应力，这种由于轨温变化而在钢轨内部产生的应力称为温度应力。

根据胡克定律，温度应力的计算公式为

$$\sigma_T = E \cdot \alpha \cdot \Delta T$$

式中　σ_T——温度应力(kN)；

　　　E——钢轨钢的弹性模量，$E = 2.1 \times 10^7$ N/cm²；

　　　α——钢轨的线膨胀系数[0.011 8 mm/(m·℃)]；

　　　ΔT——轨温变化度数(℃)。

$\sigma_T = E \cdot \alpha \cdot \Delta T = 2.1 \times 10^7 \times 0.000\ 011\ 8 \times \Delta T$ N/cm² $= 247.8\Delta T$ N/cm²。

温度应力只表示每平方厘米钢轨断面上受到的力，60 kg/m 钢轨的全断面面积为 77.45 cm²。

二、温度力

当轨温变化时,整个钢轨断面所承受的力(拉力或压力)称为温度力。其计算式为

$$P_T = S \cdot \sigma_T = S \times 247.8 \times \Delta T = 247.8 \Delta T \cdot S$$

式中　S——钢轨断面积(cm^2);

　　　P_T——温度力(N)。

由此可知,长钢轨内部温度应力和轨温变化 ΔT 成直线比例关系,而和钢轨长度 L 无关,这就是无缝线路得以铺设的主要理论依据。所以在一定轨温变化条件下,只要轨道稳定能够得到保证,钢轨长度可以不受任何限制。

普通无缝线路轨条长度应考虑线路平纵断面条件及道岔、道口、桥梁、隧道所处的位置。总长度不足 1 km 的桥梁、隧道,轨条应连续布置。但在小半径曲线列车制动、停车、启动、钢轨顶面擦伤严重等地段,应单独布置轨条。

普通无缝线路长钢轨长度一般采用 1 000～2 000 m,轨条长度不应短于 200 m,特殊地段不应短于 150 m。

三、无缝线路轨道结构应具备的条件

1. 轨道结构要求

(1)路基

路基稳定,无翻浆冒泥及下沉挤出等路基病害。

(2)道床

一级碎石道砟,道床清洁、密实、均匀。跨区间无缝线路道岔范围内道床肩宽 450 mm。

(3)轨枕及扣件

轨枕应使用混凝土枕、混凝土桥枕,混凝土宽枕可保留,扣件多采用弹条扣件。特殊情况可使用木枕及分开式扣件。

(4)钢轨

普通无缝线路应采用 50 kg/m 及以上钢轨,跨区间及区间无缝线路应采用 60 kg/m 及以上钢轨。

2. 特殊地段要求

普通无缝线路轨条长度应考虑线路平纵断面条件及道岔、道口、桥梁、隧道所处的位置。总长度不足 1 km 的桥梁、隧道,轨条应连续布置。但在小半径曲线,列车制动、停车、启动,钢轨顶面擦伤严重等地段,应单独布置轨条。跨区间或区间无缝线路轨条长度应根据线路条件、工点情况、施工工艺及养护维修等因素综合研究。单元轨节长度宜为 1 000～2 000 m,不应短于 200 m。

缓冲区和伸缩区不应设置在道口或不作单独设计的桥上。有砟桥跨度不大于 16 m 时,伸缩区可设置在桥上,但轨条接头必须设在护轨范围以外。

四、钢轨焊接、轨条管理及位移观测管理

1. 钢轨焊接

(1)钢轨焊接应符合《钢轨焊接》(TB/T 1632.1～TB/T 1632.4)的要求。

（2）工厂焊接采用固定式闪光焊接；现场焊接主要采用移动式闪光焊接或数控气压焊接；道岔内钢轨焊接、道岔与相邻两端钢轨的焊联、伤损钢轨的焊接修复、应力放散等可采用铝热焊接。

（3）现场焊接不应设置在不同轨道结构过渡段、不同线下基础过渡段、道口、桥台、桥墩、钢桁梁桥的伸缩纵梁上及不作单独设计的桥上，且距桥台边墙和桥墩不应小于 2 m。位于中跨度桥上的现场焊接应布置在 1/4～1/2 桥跨处，并避开边跨。铝热焊缝距轨枕边缘，线路允许速度不大于 160 km/h 的线路不应小于 40 mm，线路允许速度大于 160 km/h 的线路不应小于 100 mm。单元轨节端头应方正，左右股轨端的相错量当单元轨节间采取焊接时不应大于 100 mm，不焊接时不应大于 40 mm。

2. 轨条管理

（1）跨区间及区间无缝线路的维修管理，应以一次锁定的轨条为管理单元，无缝道岔应以单组或相邻多组一次锁定的道岔及其间线路为管理单元。

（2）跨区间及区间无缝线路和无缝道岔上的绝缘接头必须采用胶接绝缘，其质量应符合钢轨胶接绝缘接头标准要求，钢轨端面与绝缘端板之间应密贴，间隙不应大于 1 mm，左右两股钢轨绝缘接头应相对铺设，且绝缘接头轨缝绝缘端板距轨枕边不宜小于 100 mm。不同轨型的钢轨应采用异型钢轨联结，所用异型钢轨应符合《钢轨　第 3 部分：异型钢轨》（TB/T 2344.3）的要求。

（3）无缝道岔应做单独设计。无缝道岔应在设计锁定轨温范围内锁定，且与相邻单元轨节间的锁定轨温差不应大于 5 ℃。无缝道岔必须设在固定区。无缝道岔不应设在路桥过渡段上，不宜设在路隧、路涵过渡段上。

3. 位移观测

（1）区间无缝线路、跨区间无缝线路位移观测桩

跨区间无缝线路、区间无缝线路按单元轨节等距离设置位移观测桩，且桩间距离不宜大于 500 m。单元轨节位移观测桩可按图 8-2 设置，单元轨节长度不足 500 m 整倍数时，可适当调整桩间距离。

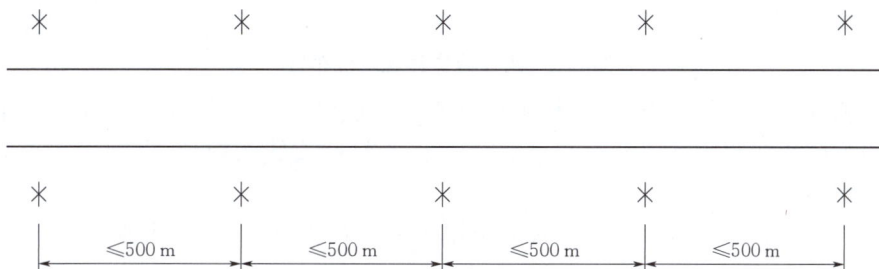

图 8-2　单元轨节位移观测桩布置

跨区间无缝线路、区间无缝线路在长轨条起、终点及距起、终点 100 m 处应分别设置一对位移观测桩。

（2）普通无缝线路位移观测桩

普通无缝线路的长轨条长度不大于 1 200 m 时，可按图 8-3 设置 5 对位移观测桩；长轨条长度大于 1 200 m 时，应适当增设位移观测桩且桩间距离不宜大于 500 m。

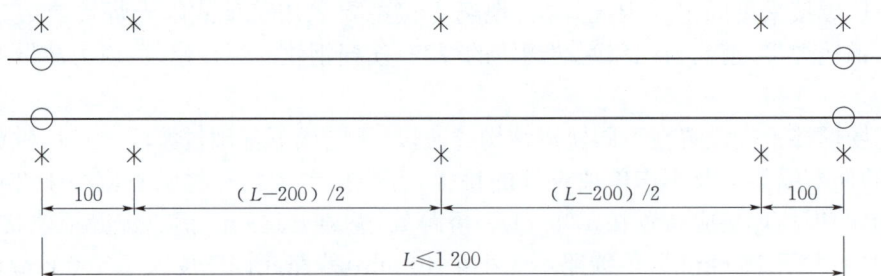

图 8-3 普通无缝线路观测桩设置(单位:m)

(3)无缝道岔位移观测桩

无缝道岔宜按图 8-4 分别在道岔始端和终端、尖轨跟端(或限位器处)分别设置一对钢轨位移观测桩,18 号及以上的道岔宜在心轨处加设一对位移观测桩。

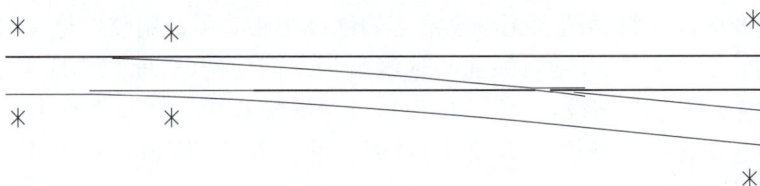

图 8-4 无缝道岔位移观测桩布置

调节器宜按图 8-5 在尖轨尖端、基本轨始端、基本轨跟端设置 3 对位移观测桩,用于观测尖轨、基本轨位移。

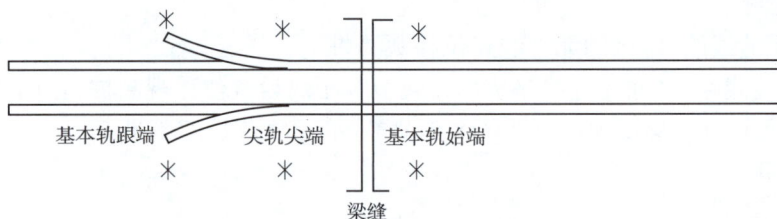

图 8-5 调节器位移观测桩布置

位移观测桩必须预先埋设牢固,桥上位移观测桩应设置在固定端(调节器设置位移观测桩除外),内侧应距线路中心不小于 3.1 m。在轨条就位或轨条拉伸到位后,应立即进行标记。标记应明显、耐久、可靠。

固定区位移量超过 10 mm 时,应及时上报工务段查明原因,及时处理。

五、无缝线路轨温管理

无缝线路的锁定轨温必须准确、均匀,有下列情况之一者,必须做好放散或调整工作:

(1)实际锁定轨温不在设计锁定轨温范围以内。

(2)锁定轨温不清楚或不准确。

(3)跨区间、区间无缝线路相邻单元轨节之间的锁定轨温之差大于 5 ℃,同一区间内单元轨节的最高与最低锁定轨温之差大于 10 ℃;左右股钢轨锁定轨温之差,允许速度 160 km/h 及以下线路大于 5 ℃,允许速度 160 km/h 以上线路大于 3 ℃。

（4）长轨节产生不正常的位移。

（5）无缝道岔限位器顶死或两股尖轨相错量超过 20 mm。

（6）夏季线路轨向严重不良，碎弯多。

（7）通过测试，发现温度力分布严重不均。

（8）因处理线路故障或施工造成实际锁定轨温超出设计锁定轨温范围或位移超限。

（9）低温铺设轨条时，拉伸不到位或拉伸不均匀。

（10）某些线路因施工需要需提高或降低无缝线路的锁定轨温时。

在无缝线路地段进行基建、大修（线路、桥隧、路基）、变更无缝线路结构或部分拆除时，必须有经铁路局集团公司批准的设计文件和施工安全技术组织措施。

第四节　无缝线路作业要求

一、无缝线路作业特点

1. 无缝线路地段应根据季节特点、锁定轨温和线路状态，合理安排全年维修计划。在气温较低的季节，应安排锁定轨温较低或薄弱地段进行维修；在气温较高的季节，应安排锁定轨温较高地段进行维修。

2. 高温时段不应安排影响线路稳定的作业。如必须进行维修作业时，应有计划地先放散后作业，并适时重新做好放散和锁定线路工作。临时补修，可采取调整作业时段的办法进行。

高温季节可安排矫直钢轨硬弯、钢轨打磨、焊补等作业。在较低温度下，如需更换钢轨或夹板，可采用钢轨拉伸器进行。

3. 无缝线路维修计划，宜以单元轨节为单位安排作业。

二、无缝线路作业要求

进行无缝线路作业时，必须掌握轨温，观测钢轨位移，分析锁定轨温变化，按实际锁定轨温。根据作业轨温条件进行作业，严格执行"作业前、作业中、作业后"测量轨温制度，并注意做好以下各项工作：

（1）在作业地段按需要备足道砟。

（2）起道前应先拨正线路方向。

（3）起、拨道器不得安放在铝热焊缝及胶接绝缘接头处。

（4）扒开的道床应及时回填、夯实。

三、无缝线路作业轨温条件

（1）混凝土枕（含混凝土宽枕）地段无缝线路维修作业轨温条件见表 8-2 和表 8-3。

（2）混凝土枕（含混凝土宽枕）地段无缝线路，当轨温在实际锁定轨温减 30 ℃以下时，伸缩区和缓冲区禁止进行维修作业。

（3）木枕地段无缝线路作业轨温按表 8-2 和表 8-3 规定减 5 ℃，当轨温在实际锁定轨温减 20 ℃以下时，禁止在伸缩区和缓冲区进行维修作业。

表 8-2　混凝土枕地段无缝线路作业轨温条件

线路条件	作业项目及作业量		
	连续扒开道床不超过 25 m，起道高度不超过 30 mm，拨道量不超过 10 mm	连续扒开道床不超过 50 m，起道高度不超过 40 mm，拨道量不超过 20 mm	扒道床、起道、拨道与普通线路相同
直线及 $R \geqslant 2\,000$ m	$+20\ \text{℃}$	$+15\ \text{℃}$ $-20\ \text{℃}$	$\pm10\ \text{℃}$
800 m$\leqslant R <$2 000 m	$+15\ \text{℃}$ $-20\ \text{℃}$	$+10\ \text{℃}$ $-15\ \text{℃}$	$\pm5\ \text{℃}$
300 m$\leqslant R <$800 m	$+10\ \text{℃}$ $-15\ \text{℃}$	$+5\ \text{℃}$ $-10\ \text{℃}$	—

表 8-3　混凝土枕地段无缝线路作业轨温条件

序号	作业项目	按实际锁定轨温计算				
		$-20\ \text{℃}$以下	$-20 \sim -10\ \text{℃}$	$-10 \sim +10\ \text{℃}$以内	$+10 \sim +20\ \text{℃}$	$+20\ \text{℃}$以上
1	改道	与普通线路同	与普通线路同	与普通线路同	与普通线路同	禁止
2	松动防爬设备	同时松动不超过 25 m	同时松动不超过 25 m	与普通线路同	同时松动不超过 12.5 m	禁止
3	更换扣件或涂油	隔二松一，流水作业	隔二松一，流水作业	隔二松一，流水作业	隔二松一，流水作业	禁止
4	方正轨枕	当日连续方正不超过 2 根	隔二方一，方正后捣固，恢复道床，逐根进行（配合起道除外）	与普通线路同	隔二方一，方正后捣固，恢复道床，逐根进行（配合起道除外）	禁止
5	更换轨枕	当日不连续更换	当日连续更换不超过 2 根（配合起道除外）	与普通线路同	当日连续更换不超过 2 根（配合起道除外）	禁止
6	更换接头螺栓或涂油	禁止	逐一进行	逐一进行	逐一进行	禁止
7	更换钢轨或夹板	禁止	禁止	与普通线路同	禁止	禁止
8	不破底清筛道床	逐孔倒筛夯实	逐孔倒筛夯实	逐孔倒筛夯实	逐孔倒筛夯实	禁止
9	处理翻浆冒泥（不超过 5 孔）	与普通线路同	与普通线路同	与普通线路同	禁止	禁止
10	矫直硬弯钢轨	禁止	禁止	禁止	与普通线路同	与普通线路同
11	更换胶接绝缘接头	禁止	禁止	拧紧两端各 50 m 范围扣件后，再进行更换	禁止	禁止

（4）在跨区间无缝线路上的无缝道岔尖轨及其前方 25 m 范围内进行影响线路稳定的作业时，作业轨温范围为实际锁定轨温±10 ℃。

（5）采用大型养路机械作业，有关起道量、拨道量及相应作业轨温条件按照表 8-2 规定执行。

（6）每年春、秋季应在允许作业轨温范围内逐段整修扣件及接头螺栓，整修不良绝缘接头，对接头螺栓及扣件进行除垢涂油，并复紧至达到规定标准。使用长效油脂时，按油脂实际有效期安排除垢涂油工作。

四、无缝线路应力放散

（1）无缝线路应力放散可根据具体条件采用滚筒配合撞轨法或滚筒结合拉伸配合撞轨法。

应力放散前，应在单元轨拉伸端及每隔 100 m 左右设一位移观测点以观测钢轨纵向位移量，及时排除影响放散的障碍，单元轨两端、中部各设置 1 处轨温观测点。总放散量应达到计算数值，钢轨全长放散均匀，各轨温观测点的观测值平均结果作为作业轨温，根据锁定轨温准确计算各位移观测点的钢轨位移量并作标记。应力放散时，各位移观测点的钢轨位移应达到标记处，容许偏差为 ±1 mm。锁定轨温应准确。

无缝线路应力放散或调整后，应按实际锁定轨温及时修改有关技术资料和位移观测标记。

（2）无缝线路应力放散和调整施工前，应制订施工计划及安全措施，组织人力，备齐料具，充分做好施工准备。

五、无缝线路钢轨重伤和折断的处理

1. 钢轨重伤处理

发现钢轨重伤时，应立即进行处理。

（1）钢轨核伤和焊缝重伤可加固处理，并在适宜温度及时进行永久处理；在实施永久处理前应加强检查，发现伤损发展时，应按照钢轨折断及时进行紧急处理、临时处理或永久处理。

（2）裂纹和可能引起轨头揭盖的重伤，应按照钢轨折断进行紧急处理、临时处理或永久处理。

（3）其他重伤可采取修理或焊复方法处理，处理前可根据现场实际情况采取限速措施。

2. 钢轨折断处理

（1）紧急处理。当钢轨断缝不大于 50 mm 时，应立即进行紧急处理。在断缝处上好夹板或臌包夹板，用急救器固定，在断缝前后各 50 m 拧紧扣件，并派人看守，放行列车速度不得超过 15 km/h。如断缝小于 30 mm 时，放行列车速度不得超过 25 km/h。有条件时应及时在原位焊复，否则应在轨端钻孔，上好夹板或臌包夹板，拧紧接头螺栓，然后可适当提高行车速度。重载铁路钢轨断缝小于 30 mm 时，使用夹板或臌包夹板钻孔加固，至少拧紧 4 个接头螺栓（每端 2 个），放行列车速度不得超过 45 km/h。

（2）临时处理。钢轨折损严重或断缝大于 50 mm，重载铁路钢轨断缝大于等于 30 mm，以及紧急处理后，不能立即焊接修复时，应封锁线路，切除伤损部分，两锯口间插入长度不短于 6 m 的同型钢轨，轨端钻孔，上接头夹板，用 10.9 级螺栓拧紧。在短轨前后各 50 m 范围内，拧紧扣件后，按正常速度放行列车，但不得大于 160 km/h。临时处理或紧急处理时，应先在断缝两侧轨头非工作边做出标记，标记间距离不小于 8 m，并准确丈量两标记间的距离和轨头非工作边一侧的断缝值，做好记录。

（3）永久处理。对紧急处理或临时处理的处所,应在条件适宜时及时插入长度不短于7 m 的同型钢轨进行焊复,恢复无缝线路轨道结构。

在线路上焊接时轨温不得低于 0 ℃,否则应采取相应保温措施;放行列车时,焊缝温度应低于 300 ℃。

3. 道岔内钢轨折断紧急处理

发生道岔尖轨、基本轨、心轨或翼轨折断时应立即封锁线路,进行紧急处理。

（1）断缝位于尖轨与基本轨、可动心轨与翼轨密贴段范围外,且能加固时,处理方法和放行列车条件同钢轨折断处理。

（2）断缝位于尖轨与基本轨、可动心轨与翼轨密贴段范围以外不能加固或断缝位于尖轨与基本轨、可动心轨与翼轨密贴范围内,且直股或曲股之一可单独放行列车时,根据现场实际情况,确认道岔开向,由工务部门紧固,电务部门确认尖轨及心轨密贴状态,道岔应现场加锁或控制台单锁(具体加锁办法由铁路局集团公司规定),限速放行列车,并派人看守、检查、确认;直股和曲股均不能放行列车时,应进行永久处理。

4. 无缝道岔

无缝道岔的辙叉、尖轨及钢轨伤损需要更换时,如不在设计锁定轨温范围内,可采用冻结接头进行临时处理,并尽快恢复原结构。

六、无缝线路胶接绝缘接头养护要求

应加强胶接绝缘接头的养护,做好胶接绝缘接头前后轨枕捣固、扣件紧固和轨端肥边打磨工作,发现下列情况时应及时处理。

（1）胶层及端板破损。

（2）扣件与夹板或螺栓可能接触、轨底道砟堆积过高等。

（3）轨端出现肥边。

（4）有漏电现象时。

胶接绝缘接头拉开时,应立即复紧两端各 50 m 线路的扣件,限速不超过 160 km/h,并及时进行永久处理。发现绝缘失效时,应及时进行临时处理并在温度适宜时进行永久处理。

七、桥上无缝线路养护要求

桥上无缝线路养护维修应注意做好以下工作:
（1）按照设计文件规定,保持扣件布置方式和拧紧程度。
（2）单根抽换桥枕应在实际锁定轨温＋10～－20 ℃范围内进行,起道量不应超过 60 mm。
（3）成段更换、方正桥枕等需要起道作业时,应在实际锁定轨温＋5～－15 ℃范围内进行。
（4）对桥上钢轨焊缝应加强检查,发现伤损应及时处理。
（5）桥上无缝线路应定期测量轨条的位移量,并做好记录。固定区位移量超过 10 mm时,应及时上报工务段查明原因,及时处理。

八、无缝线路胀轨跑道的防治和处理

1. 当线路出现连续碎弯并有胀轨迹象时,必须派专人监视,观测轨温和线路的变化。

若碎弯继续扩大,应采取限速或封锁措施,并进行紧急处理。

2. 作业中如出现轨向、高低不良,起道、拨道省力,枕端道砟离缝等胀轨迹象时,必须停止作业,并及时采取防胀措施。

无论作业中或作业后,发现线路轨向不良,用 10 m 弦测量两股钢轨的轨向偏差,当平均值达到 10 mm 时,必须设置移动减速信号,并采取夯拍道床、填满枕盒道砟和堆高砟肩等措施,来不及设置移动减速信号的,现场防护员应显示黄色信号旗(灯),指示列车限速运行,并及时向车站值班员报告限速地点和限速值,安排人员在车站登记;当两股钢轨的轨向偏差平均值达到 12 mm,必须立即设置停车信号防护,及时通知车站,并采取钢轨降温、切割等紧急措施,消除故障后放行列车。

3. 发现胀轨跑道时必须立即拦停列车,及时采取措施,恢复线路,首列放行列车速度不得超过 15 km/h,并派专人看守、整修线路,逐步提高行车速度。

第九章　线路设备修理标准

第一节　线路设备修理周期

一、钢轨大修周期

1. 直线或曲线半径 2 000 m 及以上的线路原则上按照表 9-1 规定的线路累计通过总质量确定。

表 9-1　线路设备大修周期表

轨道条件			周期(通过总质量)/Mt	
轨型	轨枕	道床	钢轨	道岔、道床大修
75 kg/m 无缝线路	混凝土枕	碎石	1 500	900(1 200)
75 kg/m 普通线路	混凝土枕	碎石	700	700(1 000)
60 kg/m 无缝线路	混凝土枕	碎石	1 000	700(1 000)
60 kg/m 普通线路	混凝土枕	碎石	600	600
50 kg/m 无缝线路	混凝土枕	碎石	550	550
50 kg/m 普通线路	混凝土枕	碎石	450	450
43 kg/m 及以下钢轨普通线路	混凝土枕或木枕	碎石	250	250

注:括号内为重载铁路道床大修周期。

累计通过总质量虽未达到规定大修周期的成段钢轨,但 60 kg/m 钢轨每千米重伤数量达到 2～4 处(含焊接和胶接绝缘接头伤损)、75 kg/m 钢轨每千米重伤数量达到 4～6 处(不含焊接和胶接绝缘接头伤损),应及时更换钢轨。当出现严重锈蚀、严重滚动接触疲劳以及其他影响钢轨安全使用的情况时,应及时更换钢轨。

2. 曲线半径 2 000 m 以下地段,钢轨应在侧面磨耗达到重伤前及时换轨,更换周期参见表 9-2。

表 9-2　曲线钢轨更换周期

曲线半径/m	周期(通过总质量)/Mt	轨道结构	备　　注
$R \leqslant 400$	100～200	60 kg/m 钢轨、无缝线路、混凝土枕	其他轨道结构根据实际条件进行调整
$400 < R \leqslant 800$	200～400		
$800 < R \leqslant 1 200$	400～700		
$1 200 < R \leqslant 2 000$	700～1 000		
$2 000 < R$ 或直线	1 000		

（续上表）

曲线半径/m	周期（通过总质量）/Mt	轨道结构	备　　注
$R \leqslant 400$	200～250	75 kg/m 钢轨、无缝线路、混凝土枕	其他轨道结构根据实际条件进行调整
$400 < R \leqslant 800$	250～500		
$800 < R \leqslant 1\,200$	500～1 000		
$1\,200 < R \leqslant 2\,000$	1 000～1500		
$2\,000 < R$ 或直线	1 500		

二、成组更换道岔钢轨及联结零件的周期

成组更换道岔钢轨及联结零件的周期原则上应按照表 9-1 规定的线路累计通过总质量确定，根据对道岔设备状态评价结果，周期可作适当调整。道岔尖轨、辙叉应达到规定的使用寿命，并根据道岔尖轨、辙叉磨耗和伤损情况确定更换周期。

三、成组更换混凝土岔枕的周期

成组更换混凝土岔枕的周期宜根据岔枕状态评估结果并参考表 9-3 确定。

表 9-3　成组更换混凝土岔枕周期

轨　　型	周期（通过总质量）/Mt
75 kg/m 无缝线路	2 700～3 600
75 kg/m 普通线路	2 100～2 800
60 kg/m 无缝线路	1 400～2 100
60 kg/m 普通线路	1 200～1 800
50 kg/m 无缝线路	1 100～1 650
50 kg/m 普通线路	900～1 350

四、道床大修周期

原则上应按照表 9-1 规定的线路累计通过总质量确定，根据对道床状态评价结果，周期可作适当调整。当道床质量脏污率大于 20%～25% 以上时，宜安排道床清筛。

五、扣件大修周期

根据对状态评价结果确定，成段扣件达到以下伤损标准，应成段更换大修。
（1）弹条折断或失效、锈蚀严重。
（2）螺旋道钉折断或锈蚀严重。
（3）轨下垫板压溃、严重变形或丧失作用。
（4）其他零部件状态不良、锈蚀或伤损严重。

六、特殊设备维修周期

（1）对成区段产生严重伤损或失效轨枕的地段，应及时进行大修作业。

（2）道口大修根据道口铺面、护轨、栏杆（栏门）、护桩、标志、平台、排水设施等工务设备状态综合评价结果确定。

（3）防护栅栏维修根据状态合理确定。

七、实行分级管理

根据线路允许速度、年通过总质量、在路网中的重要性以及客货运输特点等情况，划分线路等级为5级。

（1）Ⅰ级：年通过总质量大于5 000万t或线路允许速度120 km/h以上的铁路正线。

（2）Ⅱ级：年通过总质量大于3 000万t且不大于5 000万t或线路允许速度大于100 km/h且不大于120 km/h的铁路正线。

（3）Ⅲ级：年通过总质量不大于3 000万t且线路允许速度不大于100 km/h的铁路正线。

（4）Ⅳ级：支线铁路、到发线。支线铁路是指从干线引出、为地区或企业服务，且不开行客车、对路网运输影响较小的尽头式铁路。

（5）Ⅴ级：其他线路。

可根据支线铁路的运输特点以及线路允许速度、年通过总质量、在路网中的作用和自然环境等具体情况，合理制定支线铁路固定设备维护、投入和工装配置等标准。

八、正线线路设备维修周期

可参照表9-4和表9-5规定，结合线路大修和实际设备状况、线路条件、运输条件、自然条件及单元评价结果等具体情况确定。

表9-4　客货共线铁路线路设备维修周期表

项　　目	线路维修等级				
	Ⅰ级	Ⅱ级	Ⅲ级	Ⅳ级	Ⅴ级
大型养路机械捣固维修	1～2年	1.5～3年	3年	根据线路状态合理安排	
钢轨预防性打磨	直线及半径大于1 200 m曲线地段，一般100 Mt通过总质量打磨一次（含多遍，达到设计廓形为止）。半径不大于1 200 m曲线地段，每30～50 Mt打磨一次，侧面磨耗、伤损严重地段可适当缩短打磨周期			根据钢轨状态合理安排	
扣件维修	2～3年				

表9-5　重载铁路线路设备维修周期表

项　　目	年通过总质量			
	$M_年 \geqslant 250$ Mt	100 Mt$\leqslant M_年 <$250 Mt	40 Mt$\leqslant M_年 <$100 Mt	其他线路
大型养路机械捣固维修	0.5～1年	0.5～1.5年	1～2年	根据线路状态合理安排
钢轨预防性打磨	直线及半径大于1 600 m的曲线地段，一般100～200 Mt通过总质量打磨一次。半径不大于1 600 m的曲线地段，每50～100 Mt打磨一次，侧面磨耗、伤损严重地段可适当缩短打磨周期			根据钢轨状态合理安排
扣件维修	2～3年			

第二节　轨道静态几何不平顺容许偏差管理值

一、线路轨道静态几何不平顺容许偏差管理值

混凝土枕地段见表 9-6 的规定,木枕地段见表 9-7 的规定。

表 9-6　线路轨道静态几何不平顺容许偏差管理值(混凝土枕线路)　　单位:mm

项目		160 km/h <v_{max} 正线				120 km/h<v_{max} ≤160 km/h 正线				80 km/h<v_{max} ≤120 km/h 正线					v_{max}≤80 km/h 正线及到发线					其他站线				
		作业验收	计划维修	临时补修	限速(160 km/h)	作业验收	计划维修	临时补修	限速(120 km/h)	作业验收	计划维修	优先维修	临时补修	限速(80 km/h)	作业验收	计划维修	优先维修	临时补修	限速(45 km/h)	作业验收	计划维修	优先维修	临时补修	封锁
轨距		+2/−2	+4/−3	+6/−4	+8/−6	+4/−2	+6/−4	+8/−6	+14/−7	+6/−2	+7/−4	+8/−4	+14/−7	+16/−8	+6/−2	+7/−4	+9/−4	+16/−8	+19/−9	+6/−2	+9/−4	+10/−4	+19/−9	+21/−10
水平		3	5	8	10	4	6	10	14	4	6	9	14	17	4	6	10	17	20	5	8	11	20	22
高低		3	5	8	11	4	6	11	15	4	6	10	15	19	4	6	10	19	22	5	8	11	22	24
轨向(直线)		3	4	7	9	4	6	9	12	4	6	9	12	15	4	6	9	15	18	5	8	11	18	20
三角坑	缓和曲线	3	4	5	6	4	5	6	7	4	5	6	7	8	4	6	7	8	9	5	7	8	9	10
	直线和圆曲线	3	4	6	8	4	6	8	11	4	6	8	11	13	4	6	9	13	15	5	8	10	15	16

注:①轨距偏差不含曲线上按规定设置的轨距加宽值,但最大轨距(含加宽值和偏差)不得超过 1 456 mm。

　　②轨向偏差和高低偏差为 10 m 弦测量的最大矢度值。

　　③三角坑偏差不含曲线超高顺坡造成的扭曲量;检查三角坑时的基长,采用轨道检查仪时为 3 m,采用轨距尺时为 6.25 m,但在延长 18 m 的距离内无超过列表的三角坑。

　　④段管线、岔线按其他站线办理。

表 9-7　线路轨道静态几何不平顺容许偏差管理值(木枕线路)　　单位:mm

项目		120 km/h<v_{max} ≤160 km/h 正线			80 km/h<v_{max} ≤120 km/h 正线			v_{max}≤80 km/h 正线及到发线			其他站线		
		作业验收	计划维修	临时补修	作业验收	计划维修	临时补修	作业验收	计划维修	临时补修	作业验收	计划维修	临时补修
轨距		+4/−2	+6/−4	+8/−4	+6/−2	+7/−4	+8/−4	+6/−2	+8/−4	+9/−4	+6/−2	+9/−4	+10/−4
水平		4	6	8	4	6	9	4	6	10	5	8	11
高低		4	6	8	4	6	9	4	6	10	5	8	11
轨向(直线)		4	6	8	4	6	9	4	6	10	5	8	11
三角坑	缓和曲线	4	5	6	4	5	6	4	6	7	5	7	8
	直线和圆曲线	4	6	8	4	6	8	4	6	10	5	8	10

注:①轨距偏差不含曲线上按规定设置的轨距加宽值,但最大轨距(含加宽值和偏差)不得超过 1 456 mm。

　　②轨向偏差和高低偏差为 10 m 弦测量的最大矢度值。

　　③三角坑偏差不含曲线超高顺坡造成的扭曲量;检查三角坑时的基长,采用轨道检查仪时为 3 m,采用轨距尺时为 6.25 m,但在延长 18 m 的距离内无超过列表的三角坑。

　　④段管线、岔线按其他站线办理。

二、道岔轨道静态几何不平顺容许偏差管理值

道岔轨道静态几何不平顺容许偏差管理值见表9-8。

表 9-8　道岔轨道静态几何不平顺容许偏差管理值　　　　单位:mm

项　　目		160 km/h <v_max 正线			120 km/h<v_max ≤160 km/h 正线			80 km/h<v_max ≤120 km/h 正线			v_max≤80 km/h 正线及到发线			其他站线		
		作业验收	计划维修	临时补修	作业验收	计划维修	临时补修	作业验收	计划维修	临时补修	作业验收	计划维修	临时补修	作业验收	计划维修	临时补修
轨距		$^{+2}_{-2}$	$^{+4}_{-2}$	$^{+5}_{-2}$	$^{+3}_{-2}$	$^{+4}_{-2}$	$^{+6}_{-2}$	$^{+3}_{-2}$	$^{+5}_{-3}$	$^{+6}_{-3}$	$^{+3}_{-2}$	$^{+5}_{-3}$	$^{+6}_{-3}$	$^{+3}_{-2}$	$^{+5}_{-3}$	$^{+6}_{-3}$
水平		3	5	7	4	5	8	4	6	8	4	6	9	6	8	10
高低		3	5	7	4	5	8	4	6	8	4	6	9	6	8	10
轨向	直线	3	4	6	4	5	8	4	6	8	4	6	9	6	8	10
	支距	2	3	4	2	3	4	2	3	4	2	3	4	2	3	4
三角坑		3	4	6	4	6	8	4	6	8	4	6	9	5	8	10

注:①支距偏差为现场支距与计算支距之差。
　②导曲线下股高于上股的限值:作业验收为 0,计划维修为 2 mm,临时补修为 3 mm。
　③三角坑偏差不含曲线超高顺坡造成的扭曲量;检查三角坑时的基长,采用轨道检查仪时为 3 m,采用轨距尺按规定位置检查,但在延长 18 m 的距离内无超过表列的三角坑。
　④轨距偏差不含构造轨距加宽,尖轨尖处轨距的作业验收的容许偏差管理值为±1 mm。
　⑤段管线、岔线道岔按其他站线道岔办理。

三、调节器轨道静态几何不平顺容许偏差管理值

调节器轨道静态几何不平顺容许偏差管理值见表9-9。

表 9-9　调节器轨道静态几何不平顺容许偏差管理值　　　　单位:mm

项　　目	160 km/h <v_max 正线			120 km/h<v_max ≤160 km/h 正线			80 km/h<v_max ≤120 km/h 正线			v_max≤80 km/h 正线		
	作业验收	计划维修	临时补修	作业验收	计划维修	临时补修	作业验收	计划维修	临时补修	作业验收	计划维修	临时补修
轨距	$^{+2}_{-2}$	$^{+4}_{-2}$	$^{+5}_{-2}$	$^{+3}_{-2}$	$^{+4}_{-2}$	$^{+6}_{-2}$	$^{+3}_{-2}$	$^{+5}_{-3}$	$^{+6}_{-3}$	$^{+3}_{-2}$	$^{+5}_{-3}$	$^{+6}_{-3}$
水平	3	5	7	4	5	8	4	6	8	4	6	9
高低	3	5	7	4	5	8	4	6	8	4	6	9
轨向	3	4	6	4	5	8	4	6	8	4	6	9
三角坑	3	4	6	4	6	8	4	6	8	4	6	9

注:①轨距偏差不含构造轨距加宽值。
　②检查三角坑时的基长,采用轨道检查仪时为 3 m,采用轨距尺时按规定位置检查,但在延长 18 m 的距离内无超过表列的三角坑。

四、曲线正矢作业验收容许偏差管理值

曲线正矢作业验收容许偏差管理值见表9-10,日常保持容许偏差管理值见表9-11。

表 9-10　曲线正矢作业验收容许偏差管理值

曲线半径 R/m		缓和曲线的正矢与计算正矢差/mm	圆曲线正矢连续差/mm	圆曲线正矢最大最小值差/mm
R≤250		6	12	18
250＜R≤350		5	10	15
350＜R≤450		4	8	12
450＜R≤800		3	6	9
R＞800	v_{max}≤120 km/h	3	6	9
	v_{max}＞120 km/h	2	4	6

注：曲线正矢用 20 m 弦在钢轨踏面下 16 mm 处测量。

表 9-11　曲线正矢日常保持容许偏差管理值

曲线半径 R/m	缓和曲线的正矢与计算正矢差 /mm		圆曲线正矢连续差 /mm		圆曲线正矢最大最小值差 /mm	
	正线及到发线	其他站线	正线及到发线	其他站线	正线及到发线	其他站线
R≤250	7	8	14	16	21	24
250＜R≤350	6	7	12	14	18	21
350＜R≤450	5	6	10	12	15	18
450＜R≤800	4	5	8	10	12	15
R＞800	3	4	6	8	9	12

注：段管线、岔线按其他站线办理。

在复曲线的大小半径连接处，正矢与计算正矢的容许差，按大半径曲线的缓和曲线规定办理，缓和曲线与直线连接处不得有反弯或"鹅头"。

现场曲线的始终点、缓和曲线长度、曲线全长、曲线半径、实设超高均应与设备图表保持一致。

轨道静态几何不平顺容许偏差管理值中，作业验收管理值为线路设备大修、计划维修和临时补修作业的质量检查标准；计划维修管理值为安排轨道维修计划的质量管理标准；优先维修管理值为优先安排轨道维修计划的质量管理标准；临时补修管理值为应及时进行轨道整修的质量控制标准；限速管理值为保证列车运行平稳性和舒适性，需立即限速并进行整修的质量控制标准；封锁管理值为保证列车运行安全性，需立即封锁并进行整修的质量控制标准。

第三节　轨道动态几何不平顺容许偏差管理值

轨道动态几何不平顺容许偏差是指在有载作用下轨道几何不平顺值与标准值的偏差，主要通过轨道检查车或综合检测列车进行检测，按线路允许速度进行评价。动态几何不平顺容许偏差管理分为局部峰值管理和区段均值管理。

一、检测项目

轨道几何不平顺动态检测项目包括高低、轨向、轨距、水平、三角坑、复合不平顺、轨距变化率、车体垂向振动加速度、车体横向振动加速度等。

二、局部峰值管理

1. 局部峰值动态评价

采用四级管理：Ⅰ级为日常保持标准，Ⅱ级为计划维修标准，Ⅲ级为临时补修标准，Ⅳ级为限速标准。各级容许偏差管理值见表9-12。

表 9-12　轨道动态几何不平顺局部峰值容许偏差管理值

项　　目		160 km/h<v_{max} 正线				120 km/h<v_{max}≤ 160 km/h 正线				80 km/h<v_{max}≤ 120 km/h 正线				v_{max}≤80 km/h 正线			
		Ⅰ级	Ⅱ级	Ⅲ级	Ⅳ级（限速 160 km/h）	Ⅰ级	Ⅱ级	Ⅲ级	Ⅳ级（限速 120 km/h）	Ⅰ级	Ⅱ级	Ⅲ级	Ⅳ级（限速 80 km/h）	Ⅰ级	Ⅱ级	Ⅲ级	Ⅳ级（限速 45 km/h）
高低/ mm	1.5～42 m	5	8	12	15	6	10	15	20	8	12	20	24	12	16	24	26
	1.5～70 m	6	10	15	—	—	—	—	—	—	—	—	—	—	—	—	—
轨向/ mm	1.5～42 m	5	7	10	12	5	8	12	16	8	10	16	20	10	14	20	23
	1.5～70 m	6	8	12	—	—	—	—	—	—	—	—	—	—	—	—	—
轨距/mm		$^{+4}_{-3}$	$^{+8}_{-4}$	$^{+12}_{-6}$	$^{+15}_{-8}$	$^{+6}_{-4}$	$^{+10}_{-7}$	$^{+15}_{-8}$	$^{+20}_{-10}$	$^{+8}_{-6}$	$^{+12}_{-8}$	$^{+20}_{-10}$	$^{+23}_{-11}$	$^{+12}_{-6}$	$^{+16}_{-8}$	$^{+23}_{-11}$	$^{+25}_{-12}$
轨距变化率 （基长 3 m）/‰		1.2	1.5	—		1.5	2.0			2.0	2.5			2.0	2.5	—	
水平/mm		5	8	12	14	6	10	14	18	8	12	18	22	12	16	22	25
三角坑（基长 3 m） /mm		4	6	9	12	5	8	12	14	8	10	14	16	10	12	16	18
复合不平顺/mm		7	9	—	—	8	10	—	—								
车体垂向振动 加速度/(m/s²)		1.0	1.5	2.0	2.5	1.0	1.5	2.0	2.5	1.0	1.5	2.0	2.5	1.0	1.5	2.0	2.5
车体横向振动 加速度/(m/s²)		0.6	0.9	1.5	2.0	0.6	0.9	1.5	2.0	0.6	0.9	1.5	2.0	0.6	0.9	1.5	2.0

注：①表中管理值为轨道不平顺实际幅值的半峰值。

②水平不包含曲线按规定设置的超高值及超高顺坡量。

③高低和轨向采用对应波长的空间曲线。

④复合不平顺特指轨向和水平逆向复合不平顺。

⑤三角坑限值包含缓和曲线超高顺坡造成的扭曲量。

⑥固定型辙叉的有害空间部分不检查轨距、轨向，其他检查项目及检查标准与线路相同。

⑦车体垂向振动加速度采用 20 Hz 低通滤波，车体横向振动加速度采用 0.5～10 Hz 带通滤波和 10 Hz 低通滤波。

2. 局部峰值评价采用扣分法

各项目偏差扣分标准为Ⅰ级每处扣1分，Ⅱ级每处扣5分，Ⅲ级每处扣100分，Ⅳ级每处扣301分。

局部峰值评价以整千米为单位，每公里扣分总数为各级、各项偏差扣分总和，计算公式如下

$$S = \sum_{i=1}^{4} \sum_{j=1}^{M} K_i C_{ij}$$

式中　S——整公里扣分总数（分）；

K_i——各级偏差的扣分数（分）；

C_{ij}——各项目的各级偏差个数（个）；

M——参与评分的项目个数（个）。

3. 线路动态质量评定

线路动态质量评定以千米为单位，每千米扣分总数为各级、各项偏差扣分总和，每千米线路动态评定标准：优秀——总扣分在 50 分及以内；良好——总扣分在 51～300 分；一般——总扣分在 300 分以上。

三、区段均值管理

轨道质量指数 TQI 按Ⅰ、Ⅱ、Ⅲ级进行管理，见表 9-13。TQI 值计算的单元长度为 200 m。

1. Ⅰ级管理值为大型养路机械捣固维修和工程施工的验收质量管理标准。

2. Ⅱ级管理值为优先安排线路维修计划的质量管理标准。

3. Ⅲ级管理值为及时进行线路整修的质量管理标准。

表 9-13　轨道质量指数管理值　　　　　　单位：mm

速度等级/(km/h)	120 km/h<v_{max}≤160 km/h	80 km/h<v_{max}≤120 km/h	v_{max}≤80 km/h
Ⅰ级	5	7	9
Ⅱ级	9	12	14
Ⅲ级	11	13	15

注：不含道岔区。

第四节　线路设备大修和维修验收标准

一、线路设备大修

线路设备大修应按设计文件及表 9-14 相关项目进行验收，主要项目（轨道几何尺寸、线路锁定、道床清筛、捣固质量）一次达到标准，可评为"优良"。如有主要项目不符合标准，次要项目漏项或不合格，经整修后复验达到标准，评为"合格"。

表 9-14　线路大、中修验收标准

序号	项目	质　量　标　准
1	轨距	(1)符合作业验收标准； (2)轨距变化率(不含规定的递减率)允许速度大于 120 km/h 正线不得大于 1‰，允许速度不大于 120 km/h 正线及到发线不得大于 2‰，其他站线不得大于 3‰
2	水平	符合作业验收标准
3	轨向	(1)直线目视顺直，符合作业验收标准； (2)曲线方向圆顺，曲线正矢符合作业验收标准； (3)曲线始、终端不得有反弯或"鹅头"

（续上表）

序号	项目	质 量 标 准
4	高低	(1)目视平顺,符合作业验收标准; (2)轨面标高与设计标高误差不得大于 20 mm
5	三角坑	符合作业验收标准
6	捣固	(1)捣固、夯拍均匀; (2)空吊板:无连续空吊板;连续检查 50 头,正线、到发线不得超过 8%,其他站线不得超过 12%
7	路肩及排水	(1)路肩平整,无大草,并有向外流水横坡; (2)符合设计要求
8	道床	(1)清筛清洁,道砟中粒径小于 25 mm 的颗粒质量不得超过 5%; (2)清筛深度达到设计要求; (3)道床密实,符合设计断面,边坡整齐
9	轨枕	(1)位置方正、均匀,间距和偏斜误差不得大于 40 mm; (2)无失效,无严重伤损; (3)混凝土宽枕间距和偏斜误差均不得大于 30 mm
10	扣件	(1)混凝土枕 ①扣件齐全; ②螺旋道钉无损坏,丝扣及螺杆全面涂油; ③弹条安装正确,符合要求,不符合标准的不超过 8%(连续检查 100 头),且无连续失效; ④轨距挡板和挡板座顶严、密靠、压紧,不密贴(缝隙大于 2 mm)的数量不超过 6%(连续检查 100 头),且无连续失效; ⑤轨下垫板无缺损,歪斜大于 5 mm 者不超过 8%(连续检查 100 头)。 (2)木枕 ①垫板歪斜及不密贴者不得超过 6%(连续检查 100 头); ②道钉浮离或螺纹道钉未拧紧不得超过 8%(连续检查 100 头)
11	新钢轨及配件	(1)钢轨无硬弯,接头轨面及内侧错牙不得大于 1 mm; (2)接头相错量直线不得大于 20 mm,曲线不得大于 20 mm 加缩短轨缩短量的一半; (3)轨缝每千米总误差:25 m 钢轨不得大于 80 mm; (4)接头螺栓涂油,扭矩达到标准
12	再用轨及配件	(1)钢轨无硬弯,接头轨面及内侧错牙不得大于 1 mm; (2)接头相错:直线不得大于 40 mm,曲线不得大于 40 mm 加缩短轨缩短量的一半; (3)轨缝每千米总误差:25 m 钢轨不得大于 80 mm,12.5 m 钢轨不得大于 160 mm; (4)接头螺栓涂油,扭矩达到标准
13	无缝线路钢轨及配件	(1)轨条端头位移不得大于 20 mm,固定区位移不得大于 5 mm; (2)缓冲区接头相错量不得大于 40 mm; (3)焊接质量符合《钢轨焊接》(TB/T 1632.1~TB/T 1632.4)的要求; (4)现场焊接头位置符合《普速铁路线路修理规则》第 3.10.10 条的规定; (5)在设计锁定轨温上、下限范围内,缓冲区接头轨缝与设计轨缝相比,误差不得大于 2 mm; (6)锁定轨温应符合设计要求; (7)缓冲区接头螺栓涂油,采用 10.9 级螺栓,螺栓扭矩 900~1 100 N·m

（续上表）

序号	项目	质 量 标 准
14	护轨	(1)符合桥面布置图规定； (2)轨底悬空大于 5 mm 处所不超过 8%； (3)护轨与基本轨间距离符合规定； (4)护轨顶面高于基本轨顶面不大于 5 mm，低于基本轨顶面不大于 25 mm； (5)梭头各部联结牢固，尖端悬空小于 5 mm； (6)接头靠基本轨一侧左右错牙不大于 5 mm； (7)护轨道钉或扣件齐全完好，道钉浮离 2 mm 或扭矩不符合规定者不超过 5%
15	防爬设备	(1)安装齐全，无失效； (2)普通线路爬行量不得大于 20 mm
16	道口	(1)铺面平整牢固，轮缘槽符合标准； (2)两侧平台平整； (3)排水设施良好； (4)道口防护设施齐全有效
17	线路外观	(1)标识齐全、正确、清晰； (2)钢轨上的标记齐全、正确、清晰； (3)弃土清除干净； (4)无散落道砟； (5)施工拆除及临时拆开的防护栅栏按标准恢复，无开口及破损
18	旧料回收	旧料如数回收，运至指定地点，堆码整齐，并按规定移交

二、道岔大修

道岔大修应按设计文件及表 9-15 相关项目进行验收。主要项目(轨道几何尺寸，道床清筛和捣固质量，尖轨、可动心轨、辙叉与护轨状态，道岔锁定轨温)一次达到标准，可评为"优良"。如有主要项目不符合标准，次要项目漏项或不合格，经整修后复验达到标准，评为"合格"。

表 9-15　道岔大修验收标准

序号	项目	质 量 标 准
1	轨距	(1)符合作业验收标准； (2)轨距变化率(不含构造轨距加宽顺坡)允许速度大于 120 km/h 正线不得大于 1‰，允许速度不大于 120 km/h 正线及到发线不得大于 2‰，其他站线不得大于 3‰
2	水平	符合作业验收标准，导曲线内股不得高于外股
3	轨向	(1)直线目视顺直，符合作业验收标准； (2)导曲线支距符合作业验收标准； (3)连接曲线用 10 m 弦量，连续正矢差不得超过 2 mm
4	高低	符合作业验收标准
5	三角坑	符合作业验收标准
6	岔枕	(1)间距误差不得超过 20 mm，配置符合要求； (2)无失效，无失修； (3)无连续空吊板；连续检查 50 头，空吊板不得超过 6%； (4)混凝土岔枕符合标准

（续上表）

序号	项目	质 量 标 准
7	基本轨、导轨	钢轨无硬弯,钢轨接头轨面及内侧错牙不得超过 1 mm
8	尖轨	(1)尖轨竖切部分与基本轨密贴; (2)尖轨动程符合设计要求
9	轨缝	平均轨缝误差不得大于 3 mm,绝缘接头不得小于 6 mm
10	转辙联结零件	(1)连接杆不得脱节、松动,销子齐全、有效; (2)滑床板平直并与尖轨密贴,每侧不密贴的不得超过 1 块; (3)轨撑与钢轨不密贴的,每侧不得超过 1 个; (4)在尖轨密贴状态下,辊轮与尖轨轨底的间隙应为 1~2 mm;在尖轨斥离状态下,滑床台上表面与尖轨轨底的间隙应为 1~3 mm
11	辙叉与护轨	(1)查照间隔在有客车运行的线路上不得小于 1 391 mm,在仅运行货车的线路上不得小于 1 388 mm; (2)护背距离不得大于 1 348 mm; (3)可动心轨竖切部分与翼轨密贴; (4)可动心轨动程符合设计要求; (5)可动心轨辙叉尖趾距离误差在容许误差范围内
12	其他联结零件	(1)螺栓齐全,无松动,扭矩符合要求,涂油; (2)道钉浮离不得超过 8%; (3)铁垫板及橡胶垫板、橡胶垫片齐全,歪斜者不得超过 6%; (4)扣件齐全、密靠,离缝不得超过 6%
13	防爬设备	齐全、有效,尖轨与基本轨、尖轨与尖轨间的相错量不得超过 10 mm
14	焊接接头	位置符合设计要求,焊接质量符合《钢轨焊接》(TB/T 1632.1~TB/T 1632.4)的要求
15	无缝道岔	锁定轨温准确,并在设计规定的锁定轨温范围内;位移观测桩埋设齐全、牢靠,观测标记清楚,位移不得大于 5 mm;锁定要求及侧线和渡线锁定长度符合《普速铁路线路修理规则》第 4.2.4 条的规定;左右两股尖轨方正,相错量不超过 10 mm
16	钢轨胶接绝缘接头	钢轨胶接绝缘接头质量符合要求。铺设位置左右对齐、方正,并居于两轨枕正中,绝缘接头轨缝绝缘端板距离轨枕边缘不宜小于 100 mm
17	道床	(1)道床清洁,道砟中粒径小于 25 mm 的颗粒质量不得大于 5%; (2)清筛深度达到设计要求; (3)道床密实,符合设计断面,边坡整齐
18	外观	(1)标识齐全、正确、清晰; (2)道岔钢轨编号,各部尺寸标记齐全、正确、清晰; (3)旧料收集干净; (4)弃土清理干净; (5)施工拆除及临时拆开的防护栅栏按标准恢复,无开口及破损

三、调节器大修

调节器大修应按设计文件及表 9-16 相关项目进行验收。主要项目(轨道几何尺寸,道床清筛和捣固质量,尖轨、基本轨与护轨状态,尖轨锁定)一次达到标准,可评为"优良"。如有主要项目不符合标准,次要项目漏项或不合格,经整修后复验达到标准,评为"合格"。

表 9-16 调节器大修验收标准

序号	检测项目	质 量 标 准		补充要求及说明
1	轨距	(1)符合作业验收标准; (2)轨距变化率(不含构造轨距加宽顺坡)不得大于 2 mm/2 m		控制截面及逐枕检查 1 处。轨向检查在尖轨尖端前后 500 mm 范围内不应抗线
2	水平	符合作业验收标准		
3	高低	符合作业验收标准		
4	轨向	符合作业验收标准(构造轨距断面除外)		
5	三角坑	符合作业验收标准		—
6	基本轨伸缩零点位置或预留伸缩量位置	±10 mm		
7	尖轨尖端至第一块双轨垫板中心距	±10 mm		
8	尖轨轨头切削范围内与基本轨轨头密贴	尖轨尖端至 5 mm 断面	间隙小于或等于 0.5 mm	
9		其余范围	间隙小于或等于 1.0 mm	
10	尖轨轨头切削范围内轨顶降低值	15 mm 断面~零降低值断面	±1 mm	"+"表示降低值增加,"-"表示降低值减小
11		其余范围	$^{+2}_{-1}$ mm	"+"表示降低值增加,"-"表示降低值减小
12	尖轨轨撑密贴	在尖轨轨腰	无间隙	—
13		在尖轨轨底上表面	单块密贴间隙应小于或等于 0.5 mm,不应连续出现	—
14	基本轨轨撑密贴	在基本轨轨腰	间隙小于或等于 0.5 mm	—
15		在基本轨轨底上表面	间隙 0.1~1 mm	—
16		在轨腰、轨底同时有间隙时	不应连续出现	—
17	尖轨轨底与台板密贴	单块铁垫板上密贴间隙应小于或等于 0.5 mm,不应连续出现		—
18	基本轨轨底与铁垫板密贴	单块铁垫板上密贴间隙小于或等于 0.5 mm,不应连续出现		—
19	左右股轨端面相错量	±8 mm		左右股基本轨始端、尖轨跟端相错量
20	相邻铁垫板间距	±8 mm		—
21	两最远铁垫板间距	±20 mm		(1)单向调节器从基本轨始端至尖轨跟端的铁垫板间距 (2)双向调节器分别从一侧基本轨始端至尖轨中部的铁垫板间距

（续上表）

序号	检测项目	质量标准	补充要求及说明
22	轨枕方正	≤10 mm	同一根轨枕上左右股铁垫板在一侧轨距线上的间距偏差
23	联结零件	(1)螺栓齐全,无松动,扭矩符合要求,涂油; (2)道钉浮离不得超过8%; (3)铁垫板及橡胶垫板、橡胶垫片齐全,歪斜者不得超过6%; (4)扣件齐全、密靠,离缝不得超过6%	—
24	焊接接头	位置符合设计要求,焊接质量符合《钢轨焊接》(TB/T 1632.1~TB/T 1632.4)的要求	—
25	护轨	(1)符合布置图规定; (2)护轨与尖轨(基本轨)间净距偏差不大于10 mm; (3)护轨顶面高于尖轨(基本轨)顶面不大于5 mm,低于尖轨(基本轨)顶面不大于25 mm; (4)轨底悬空大于5 mm处所不超过8%; (5)接头靠基本轨一侧左右错牙不大于5 mm; (6)护轨道钉或扣件齐全完好,道钉浮离2 mm或扭矩不符合规定者不超过5%	—
26	位移观测标志	设置齐全、牢靠,观测标记清楚	—
27	道床	(1)道床清洁,道砟中粒径小于25 mm的颗粒质量不得大于5%; (2)清筛深度达到设计要求; (3)道床密实、符合设计断面,边坡整齐	—
28	外观	(1)标识齐全、正确、清晰; (2)旧料收集干净; (3)弃土清理干净; (4)施工拆除及临时拆开的防护栅栏按标准恢复,无开口及破损	—

四、铺设无缝线路

铺设无缝线路工程,应按设计文件及表9-17进行验收。

表9-17　铺设无缝线路验收标准

序号	项目	要求
1	锁定轨温	施工锁定轨温准确,在设计锁定轨温范围内;同一单元轨节左右股钢轨锁定轨温之差,允许速度160 km/h及以下线路不应超过5 ℃,允许速度160 km/h以上线路不应超过3 ℃;跨区间、区间无缝线路相邻单元轨节之间的锁定轨温之差不应超过5 ℃,同一区间内单元轨节最高与最低锁定轨温之差不应超过10 ℃

（续上表）

序号	项　目	要　求
2	轨条轨端相错量	单元轨节左右股轨端相错量，单元轨节间采取焊接时不应大于 100 mm，不焊接时不应大于 40 mm
3	焊接接头	焊接质量符合《钢轨焊接》(TB/T 1632.1～TB/T 1632.4)的要求，现场焊接头位置符合《普速铁路线路修理规则》第 3.10.10 条的规定
4	位移观测标志	设置齐全、牢靠，观测标记清楚
5	纵向位移观测	铺设后 5 天内纵向位移观测，伸缩区最大伸缩位移量不得大于 20 mm，固定区最大伸缩位移量不得大于 5 mm
6	钢轨硬弯	校直后用 1 m 直尺测量，允许速度大于 120 km/h 线路，其矢度不得大于 0.3 mm，其他地段矢度不得大于 0.5 mm
7	缓冲区钢轨接头	两根钢轨轨顶面及内侧面要求平齐，误差不得大于 1 mm；轨缝大小符合规定要求，在设计锁定轨温范围内测量，误差不应大于 2 mm；使用 M24 的 10.9 级螺栓，数量齐全，涂油，扭矩应保持 900～1 100 N·m，扭矩不足者不得超过 8%
8	扣件	扣件齐全。弹条安装正确，符合要求，不符合标准的不超过 8%（连续检查 100 头），且无连续失效；轨距挡板和挡板座顶严、密靠、压紧，不密贴（缝隙大于 2 mm）的数量不超过 6%（连续检查 100 头），且无连续失效；轨下垫板无缺损，歪斜量大于 5 mm 者不超过 8%（连续检查 100 头）；螺栓涂油
9	轨枕位置	轨枕方正、均匀，其误差不得大于 40 mm
10	道床	断面符合规定，且清洁、密实
11	钢轨胶接绝缘接头	钢轨胶接绝缘接头质量符合要求。铺设位置左右对齐、方正，并居于两轨枕正中，绝缘接头轨缝绝缘端板距离轨枕边缘不宜小于 100 mm
12	护轨	(1) 符合桥面布置图规定； (2) 护轨与基本轨间距离符合规定； (3) 护轨顶面高于基本轨顶面不大于 5 mm，低于基本轨顶面不大于 25 mm； (4) 轨底悬空大于 5 mm 处所不超过 8%； (5) 梭头各部联结牢固，尖端悬空小于 5 mm； (6) 接头靠基本轨一侧左右错牙不大于 5 mm； (7) 护轨道钉或扣件齐全完好，道钉浮离 2 mm 或扭矩不符合规定者不超过 5%
13	线路几何状态	符合作业验收标准
14	旧料回收	旧料如数回收，运至指定地点，堆码整齐，并按规定移交
15	其他	(1) 轨道加强设备恢复，齐全、有效； (2) 钢轨上的标记齐全、正确、清晰； (3) 施工拆除及临时拆开的防护栅栏按标准恢复，无开口及破损

五、线路大修

线路大修时各项目验收数量及扣分标准由各铁路局集团公司根据实际情况规定。验收其他线路设备大修工程时，应参照线路大修标准进行质量评定。

六、线路计划维修

验收评分标准见表 9-18。满分为 100 分，100～85 分为优良，85（不含）～60 分为合格，60 分以下为失格。失格线路整修复验后，在 60 分及以上者为合格。线路大型养路机械捣固维修按表 9-18 规定进行验收评分，其他单项维修由铁路局集团公司规定。

表 9-18 线路计划维修作业验收评分标准

项目	内容	编号	扣分条件 正线及到发线	其他站线	抽验数量	单位	扣分（分）	说明
轨道几何尺寸	轨距、水平、三角坑	1	超过作业验收标准容许偏差管理值	超过作业验收标准容许偏差管理值	连续检测 100 m	处	4	选择质量较差地段，有曲线时检测一个曲线的正矢，曲线正矢超过作业验收标准容许偏差每处扣4分，超过计划维修容许偏差每处扣41分
		2	超过计划维修标准容许偏差管理值	超过计划维修标准容许偏差管理值		处	41	
		3	轨距变化率（不含规定的递减率）允许速度大于 120 km/h 线路大于 1‰，其他线路大于 2‰	轨距变化率（不含规定的递减率）大于 3‰		处	2	
	轨向、高低	4	超过作业验收标准容许偏差管理值	超过作业验收标准容许偏差管理值	全面查看，重点检测	处	4	
		5	超过计划维修标准容许偏差管理值	超过计划维修标准容许偏差管理值		处	41	
钢轨	接头错牙	6	轨面及内侧错牙大于 1 mm	轨面及内侧错牙大于 2 mm	全面查看，重点检测	处	4	错牙大于3 mm时扣41分
	接头相对	7	直线偏差大于 40 mm，曲线偏差大于 40 mm 加缩短轨缩短量的一半	直线偏差大于 60 mm，曲线偏差大于 60 mm 加缩短轨缩短量一半	全面查看，重点检测	处	4	轨缝在调整轨缝轨温限制范围以内检查
	轨缝	8	连续瞎缝或大于构造轨缝，普通绝缘接头轨缝小于 6 mm	连续瞎缝或大于构造轨缝，普通绝缘接头轨缝小于 6 mm	全面查看，重点检测	处	8	
		9	轨端肥边大于 2 mm	轨端肥边大于 2 mm	全面查看，重点检测	处	8	含胶接绝缘钢轨
	焊缝	10	新焊接的焊缝不符合《钢轨焊接》(TB/T 1632.1～TB/T 1632.4)的标准；原焊缝打磨后，不符合钢轨打磨作业验收标准		全面检测	处	8	

（续上表）

项目	内容	编号	扣分条件		抽验数量	单位	扣分（分）	说明
			正线及到发线	其他站线				
轨枕	位置	11	位置、间距偏差或偏斜大于 50 mm	位置、间距偏差或偏斜大于 60 mm	全面查看，重点检测	处	1	枕上或枕下离缝大于2 mm者为吊板，枕下暗吊板不明显者，可拔起道钉或松开扣件查看
	失效	12	接头或焊缝处失效，其他处连续失效	接头或焊缝处失效，其他处连续失效	全面查看，重点检测	处	8	
	修理	13	应修混凝土枕未修，木枕应削平及劈裂者未修	应修混凝土枕未修，木枕应削平及劈裂者未修	全面查看	根	1	
	空吊率	14	大于 8%	大于 12%	连续检测50头	每增1%	2	
联结零件	接头螺栓	15	缺少/松动或扭矩不符合规定	缺少/松动或扭矩不符合规定	全面查看，抽测4个接头扭矩	个	16/2	
	扣件、道钉	16	铁垫板、轨下垫板缺少	铁垫板、轨下垫板缺少	连续查看100头	块	2	
		17	轨下垫板、轨下调高垫板失效（含偏斜、窜出）超过8%	轨下垫板、轨下调高垫板失效（含偏斜、窜出）超过16%	连续查看，检测100头	每增1%	1	
		18	道钉、扣件缺少	道钉、扣件缺少	连续查看100头	个	2	单股同侧钢轨连2缺少扣4分，连3缺少扣16分，连4缺少扣41分；一组扣件的零件不全，按缺少一个计算
		19	道钉浮离或扣板（轨距挡板）前、后离缝大于 2 mm 者，超过8%	道钉浮离或扣板（轨距挡板）前、后离缝大于 2 mm 者，超过12%	连续检测50个	每增2%	1	
		20	扣件扭矩（扣压力）或弹条扣件中部前端下颚离缝、Ⅲ型弹条小圆弧内侧与预埋铁座端部相距不符合标准者，超过8%	扣件扭矩（扣压力）或弹条扣件中部前端下颚离缝、Ⅲ型弹条小圆弧内侧与预埋铁座端部相距不符合标准者，超过12%	连续检测50个	每增1%	1	

（续上表）

项目	内容	编号	扣分条件		抽验数量	单位	扣分（分）	说明
			正线及到发线	其他站线				
轨道加强设备	轨距杆、轨撑	21	缺损或松动	缺损或松动	全面查看，重点检测	根、个	2	区间正线无观测桩或观测桩不起作用按爬行超限计算；站内线路爬行检查道岔及绝缘接头前后
	防爬设备	22	防爬器缺损、松动或离缝大于2mm	防爬器缺损、松动或离缝大于2mm	连续查看，检测50个	个	2	
		23	支撑缺损、失效、尺寸不符合标准	支撑缺损、失效、尺寸不符合标准	连续查看，检测50个	个	1	
	线路爬行	24	普通线路爬行量大于20mm，无缝线路位移观测无记录	普通线路爬行量大于20mm，无缝线路位移观测无记录	全面检测	km	41	
护轨	护轨与基本轨间距	25	护轨与基本轨间距离不符合规定	护轨与基本轨间距离不符合规定	全面查看，重点检测	处	2	
	护轨与基本轨高差	26	顶面高出基本轨5mm，低于基本轨25mm	顶面高出基本轨5mm，低于基本轨25mm	全面查看，重点检测	处	4	
	护轨轨底	27	轨底悬空大于5mm处所超过8%	轨底悬空大于5mm处所超过8%	连续查看，检测50头	处	1	
	梭头	28	梭头各部联结松动，尖端底部悬出桥枕大于5mm	梭头各部联结松动，尖端底部悬出桥枕大于5mm	全面检测	处	4	
	扣件、道钉	29	护轨垫板设置不符合规定，厚度大于30mm处所超过8%	护轨垫板设置不符合规定，厚度大于30mm处所超过8%	连续检测50块	块	1	
		30	护轨道钉或扣件缺少、道钉浮离2mm或扭矩不符合规定者超过8%	护轨道钉或扣件缺少、道钉浮离2mm或扭矩不符合规定者超过8%	连续检测50个	个	1	
道床	脏污	31	枕盒或边坡清筛深度不足，清筛不洁/翻浆冒泥	枕盒或边坡清筛深度不足，清筛不洁/翻浆冒泥	全面查看，重点扒开道床检查	每10m/空	2/41	按工务段下达的计划验收
	尺寸	32	Ⅰ型混凝土枕中部道床凹下尺寸不符合规定	Ⅰ型混凝土枕中部道床凹下尺寸不符合规定	连续查看，检测100m	每10m	1	
	外观	33	道床断面不符合标准、不均匀、不整齐、有杂草	道床断面不符合标准、不均匀、不整齐、有杂草	全面查看	每10m	1	

（续上表）

项目	内容	编号	扣分条件		抽验数量	单位	扣分（分）	说明
			正线及到发线	其他站线				
路基	路肩	34	不平整、有大草	不平整	全面查看	每20 m	1	单侧计算
	排水	35	有反坡、弃土未清理	有反坡、弃土未清理	全面查看	每10 m	2	单侧计算
道口	铺面	36	不平整、松动	不平整、松动	查看检测	块	4	—
	轮缘槽	37	尺寸不符合规定	尺寸不符合规定	查看检测	处	16	
	防护设施	38	缺损、歪斜	缺损、歪斜	全面查看	处	2	
标志标识	标志	39	缺损、歪斜、错误、字迹不清	缺损、歪斜、错误、字迹不清	全面查看	个	2	—
	标识	40	钢轨上标识不全、位置不对、不清晰或错误	钢轨上标识不全、位置不对、不清晰或错误	全面查看	处	1	—

七、道岔计划维修

道岔计划维修验收评分标准见表 9-19。满分为 100 分，100～85 分为优良，85（不含）～60 分为合格，60 分以下为失格。失格线路整修复验后，在 60 分及以上者为合格。道岔大型养路机械捣固维修按表 9-19 规定进行验收评分，其他单项维修由铁路局集团公司规定。

表 9-19　道岔计划维修作业验收评分标准

项目	内容	编号	扣分条件		抽验数量	单位	扣分（分）	说明
			正线及到发线道岔	其他站线道岔				
轨道几何尺寸	轨距、水平、三角坑、支距	1	超过作业验收标准容许偏差管理值	超过作业验收标准容许偏差管理值	全面检测	处	4	同时检测两线间距小于 5.2 m 的连接曲线轨向。用 10 m 弦测量。连续正矢差超过 2 mm，每处扣 4 分
		2	超过计划维修标准容许偏差管理值	超过计划维修标准容许偏差管理值		处	41	
		3	轨距变化率（不含构造轨距加宽顺坡）允许速度大于 120 km/h 线路大于 1‰，其他线路大于 2‰	轨距变化率（不含构造轨距加宽顺坡）大于 3‰		处	2	
	轨向、高低	4	超过作业验收标准容许偏差管理值	超过作业验收标准容许偏差管理值	全面查看，重点检测	处	4	
		5	超过计划维修标准容许偏差管理值	超过计划维修标准容许偏差管理值		处	41	
	查照间隔	6	超过容许限度	超过容许限度	全面检测	处	41	尖趾距离指可动心轨辙叉长心轨尖端至叉趾的距离
	护背距离	7	超过容许限度	超过容许限度	全面检测	处	41	
	尖趾距离	8	超过容许限度	超过容许限度	全面检测	处	41	

（续上表）

项目	内容	编号	扣分条件		抽验数量	单位	扣分（分）	说明
			正线及到发线道岔	其他站线道岔				
钢轨	尖轨、可动心轨靠贴	9	尖轨尖端与基本轨、可动心轨尖端与翼轨不靠贴	尖轨尖端与基本轨、可动心轨尖端与翼轨不靠贴	全面检查	组	41	不靠贴指二者之间的缝隙大于1 mm
	接头错牙	10	轨顶面或内侧面错牙大于1 mm	轨顶面或内侧面错牙大于1 mm	全面查看，重点检测	处	4	错牙大于3 mm时扣41分
	轨缝	11	连续瞎缝或大于构造轨缝，普通绝缘接头轨缝小于6 mm	连续瞎缝或大于构造轨缝，普通绝缘接头轨缝小于6 mm	全面查看，重点检测	处	8	轨缝在调整轨缝轨温限制范围以内检查
		12	轨端肥边大于2 mm	轨端肥边大于2 mm	全面查看，重点检测	处	8	含胶接绝缘钢轨
岔枕	位置	13	位置或间距偏差大于40 mm（钢枕为20 mm）	位置或间距偏差大于50 mm	全面查看，重点检测	处	2	
	失效	14	接头处失效，其他处连续失效	接头处失效，其他处连续失效	全面查看，重点检测	处	8	枕上或枕下离缝大于2 mm者为吊板，枕下暗吊板可根据道床与岔枕间状态判断，不明显者可扒开道床查看
	修理	15	应修混凝土岔枕未修，木岔枕未削平或劈裂未修	应修混凝土岔枕未修，木岔枕未削平或劈裂未修	全面查看	根	2	
	空吊率	16	大于8%（钢枕不得有空吊）	大于12%	连续检测50头	每增1%	2	
联结零件	滑床板	17	尖轨、可动心轨与滑床板缝隙大于2 mm	尖轨、可动心轨与滑床板缝隙大于2 mm	查看检测	块	2	
		18	滑床板及护轨弹片上反或离缝大于2 mm，销钉离缝大于5 mm	滑床板及护轨弹片上反或离缝大于2 mm，销钉离缝大于5 mm	查看检测	块	2	
	螺栓	19	接头、连杆、顶铁、间隔铁螺栓缺少/顶铁离缝大于2 mm	接头、连杆、顶铁、间隔铁螺栓缺少/顶铁离缝大于2 mm	全面查看	个、块	16/8	
		20	接头螺栓松动或扭矩不符合规定，连杆、顶铁、间隔铁及护轨螺栓松动	接头螺栓松动或扭矩不符合规定，连杆、顶铁、间隔铁及护轨螺栓松动	查看检测	个、块	2	
		21	心轨凸缘或轨护螺栓缺少、松动	心轨凸缘或轨护螺栓缺少、松动	查看检测	个	41	
		22	长心轨与短心轨联结螺栓缺少、松动	长心轨与短心轨联结螺栓缺少、松动	查看检测	个	41	
		23	其他各种螺栓或螺栓开口销缺少、松动	其他各种螺栓或螺栓开口销缺少、松动	查看检测	个	1	

（续上表）

项目	内容	编号	扣分条件		抽验数量	单位	扣分（分）	说明
			正线及到发线道岔	其他站线道岔				
联结零件	铁垫板	24	铁垫板、橡胶垫板、橡胶垫片缺少	铁垫板、橡胶垫板、橡胶垫片缺少	连续查看50块	块	2	
	胶垫	25	橡胶垫板或橡胶垫片失效超过8%	橡胶垫板或橡胶垫片失效超过12%	连续查看，检测50块	每增1%	1	
	道钉、扣件	26	道钉、扣件缺少	道钉、扣件缺少	连续查看50个	个	2	一组扣件的零件不全，按缺少一个计算
		27	扣件扭矩（扣压力）或弹条扣件中部前端下颚离缝不符合标准者，超过8%	扣件扭矩（扣压力）或弹条扣件中部前端下颚离缝不符合标准者，超过12%	连续查看，检测50个	每增1%	1	
	辊轮	28	辊轮缺失或失效	辊轮缺失或失效	全面查看	处	41	
		29	在尖轨密贴状态下，辊轮与尖轨轨底的间隙超出1～2 mm；在尖轨斥离状态下，滑床台上表面与尖轨轨底的间隙超出1～3 mm	在尖轨密贴状态下，辊轮与尖轨轨底的间隙超出1～2 mm；在尖轨斥离状态下，滑床台上表面与尖轨轨底的间隙超出1～3 mm	全面查看，检测	处	8	
轨道加强设备	轨撑、轨距杆	30	转辙或辙叉部位轨撑离缝大于2 mm，其他部位轨撑或轨距杆缺损、松动	转辙或辙叉部位轨撑离缝大于2 mm，其他部位轨撑或轨距杆缺损、松动	查看检查	个、根	2	轨撑离缝系指轨撑与轨头下颚或轨撑与垫板挡肩之间的间隙
	防爬设备	31	防爬器缺损、松动或离缝大于2 mm，支撑缺损、失效、尺寸不符合标准	防爬器缺损、松动或离缝大于2 mm，支撑缺损、失效、尺寸不符合标准	查看检查	个	2	
	爬行	32	道岔两尖轨尖端相错量大于20 mm，无缝道岔位移无观测记录	道岔两尖轨尖端相错量大于20 mm，无缝道岔位移无观测记录	检测	组	41	
道床	脏污	33	枕盒内或边坡道床不清/翻浆冒泥	枕盒内或边坡道床不清/翻浆冒泥	全面查看，重点扒开检查	组/空	6/41	
	外观	34	道床断面不符合标准、不均匀、不整齐、有杂草	道床断面不符合标准、不均匀、不整齐、有杂草	全面查看	组	4	
路基	路肩	35	不平整、有大草	不平整、有大草	全面查看	组	2	
	排水	36	有反坡、弃土未清理	有反坡、弃土未清理	全面查看	组	4	

（续上表）

项目	内容	编号	扣分条件		抽验数量	单位	扣分（分）	说明
			正线及到发线道岔	其他站线道岔				
标志标识	标志	37	警冲标损坏或不清晰	警冲标损坏或不清晰	查看检查	组	8	警冲标缺少或位置不对扣41分
	标识	38	钢轨上标识不全、位置不对、不清晰或错误	钢轨上标识不全、位置不对、不清晰或错误	全面查看	处	1	含钢轨编号、轨距、支距、钢轨伤损等标记

八、计划维修

计划维修验收评分标准见表9-20。满分为100分,100～85分为优良,85(不含)～60分为合格,60分以下为失格。失格线路整修复验后,在60分及以上者为合格。调节器大型养路机械捣固维修按表9-20规定进行验收评分,其他单项维修由铁路局集团公司规定。

表9-20　调节器计划维修作业验收评分标准

项目	编号	扣分条件		抽查数量	单位	扣分（分）	说明
轨道几何尺寸	1	轨距、水平、轨向、高低、三角坑超过作业验收标准容许偏差管理值,轨距变化率(不含构造轨距加宽顺坡)大于2 mm/2 m		轨距、水平、三角坑全面检测,轨向、高低全面查看,重点检测	组	4	
	2	轨距、水平、轨向、高低、三角坑超过计划维修容许偏差管理值			组	41	
伸缩	3	基本轨伸缩量超过设计伸缩量		重点检测	处	41	
	4	焊缝边缘至扣件或轨撑铁垫板距离	5 mm＜间距≤20 mm	重点检测	处	4	
	5		间距≤5 mm	重点检测	处	41	
	6	尖轨伸缩量	0＜伸缩量≤30 mm	全面检测	处	4	
	7		伸缩量＞30 mm	全面检测	处	41	
	8	位移观测桩缺少或位移观测无记录		全面检测	个	4	
密贴	9	尖轨尖端至5 mm断面与基本轨密贴段密贴	0.5 mm＜间隙≤1.0 mm	全面检测	处	4	
	10		间隙＞1.0 mm	全面检测	处	41	
	11	尖轨其余密贴段与基本轨密贴	间隙＞1.0 mm	全面检测	处	16	
	12	尖轨轨撑与轨腰密贴	0.2 mm＜间隙≤0.5 mm	全面检测	个	4	
	13		间隙＞0.5 mm	全面检测	个	8	
	14	尖轨轨撑与轨底上表面密贴	0.5 mm＜间隙≤1.0 mm	全面检测	个	4	
	15		间隙＞1.0 mm	全面检测	个	8	
	16	尖轨轨底与台板密贴	0.5 mm＜间隙≤1.5 mm	全面检测	块	4	
	17		间隙＞1.5 mm	全面检测	块	8	

（续上表）

项目	编号	扣分条件		抽查数量	单位	扣分（分）	说明
密贴	18	基本轨轨撑与轨腰密贴	0.5 mm＜间隙≤1.0 mm	全面检测	个	2	
	19		1.0 mm＜间隙≤2.0 mm	全面检测	个	4	
	20		间隙＞2.0 mm	全面检测	个	8	
	21	基本轨轨撑与轨底上表面密贴	间隙＞1.0 mm	全面检测	个	2	
	22	在轨腰、轨底同时有间隙时	连续出现	全面检测	块	2	
钢轨	23	尖轨轨头切削范围内轨顶降低值	15 mm断面～零降低值断面偏差＞±1 mm	全面检测	处	16	
	24		其余范围＞$^{+2}_{-1}$ mm	全面检测	处	4	
	25	尖轨、基本轨轻伤		全面检测、查看	处	16	
	26	钢轨肥边＞1 mm		全面检测	处	4	
	27	钢轨折断未及时进行永久处理		全面查看	处	41	"未及时"指轨温具备焊接条件未进行永久处理
	28	焊接质量不符合《钢轨焊接》(TB/T 1632.1～TB/T 1632.4)的要求,现场焊接接头位置符合《普速铁路线路修理规则》第3.10.10条的规定		全面检测	处	8	
联结零件	29	轨撑及铁垫板螺栓	缺少	全面查看	个	16	
	30		松动	全面查看,重点检测	个	4	
	31		扭矩不符合规定	全面检测	个	2	
	32	扣件	铁垫板缺少或折断	全面查看	块	41	
	33		橡胶垫板缺少/窜出或失效	全面查看	块	8/4	
	34		扣件(含轨撑)失效、缺少/连续失效、缺少	全面查看	个	8/41	
	35		预埋套管失效	全面查看	个	8	
	36		弹条中肢前端间隙不符合规定	全面查看,重点检测	个	2	
	37		道钉浮离超过8%	全面查看	个	2	
护轨	38	护轨与尖轨(基本轨)间净距偏差超过10 mm		全面查看,重点检测	处	2	
	39	护轨高于尖轨(基本轨)5 mm或低于尖轨(基本轨)25 mm		全面查看,重点检测	处	4	
	40	轨底悬空大于5 mm处所超过8%		全面查看	处	1	
	41	护轨垫板设置不符合规定,厚度大于30 mm处所超过8%		全面查看	块	1	

（续上表）

项目	编号	扣分条件	抽查数量	单位	扣分（分）	说明
轨枕	42	护轨道钉或扣件缺少、道钉浮离 2 mm 或扭矩不符合规定者超过 8%	全面查看	个	1	
	43	位置或间距偏差大于 40 mm	全面查看，重点检测	处	2	
	44	失效	全面查看，重点检测	根	41	
	45	吊板（枕上或枕下离缝大于 2 mm）	全面查看，重点检测	头	4	
道床	46	肩宽不足，不饱满，有杂物	全面查看，重点检测	处	2	
	47	翻浆冒泥/严重不洁、影响排水	全面查看，重点检测	组	16/4	
标识	48	缺少、错误、位置不对，字迹不清	全面查看	处	1	

第五节　线路设备修理验收办法

铁路局集团公司应配备专职验收人员，对主要大修工程的安全、质量进行监督检查，并组织验收工作。

一、线路设备大修验收

线路设备大修应按下列单位进行验收：

（1）线路大修正线为千米（始终点不是整千米时，可按实际长度合并验收），站线为一股道。

（2）铺设无缝线路为一个区间（包括相衔接的普通线路），特殊情况为一段。

（3）其他各项线路设备大修由铁路局集团公司规定。

二、大型养路机械施工作业验收

大型养路机械施工作业验收主要项目包括清筛、起道、拨道、捣固、动力稳定和钢轨打磨等，应采用静态和动态相结合的验收办法，具体验收办法由铁路局集团公司规定。

三、工程交验

施工单位在办理工程交验时，应备齐下列竣工资料。

1. 线路大修

（1）施工日期、时间。

（2）主要材料使用数量表。

（3）竣工后的线路平、纵断面图。

（4）钢轨配轨表（其中包括钢轨的钢种、熔炼炉号、生产厂、淬火厂、出厂年月等资料）。

（5）无缝线路的锁定轨温及应力放散资料。

（6）隐蔽工程记录。

（7）其他有关技术资料。

(8)铺设无缝线路工程除上述资料外,还需备齐以下资料:

①无缝线路布置图、观测桩位置。

②位移观测记录。

③现场焊接、探伤及外观检查记录。

④钢轨编号和焊接编号表、现场胶接绝缘接头记录。

⑤应力放散记录。

⑥厂焊单位及出厂时间。

2. 其他各项线路设备大修

(1)施工日期、时间。

(2)主要工程数量表。

(3)隐蔽工程记录。

(4)其他有关技术资料。

如因季节影响,无缝线路不能在工程交验前按设计锁定轨温锁定线路时,应先组织交验,再适时组织应力放散。

四、线路设备大修验收组织和程序

线路大修每完成 3～5 km(铺设无缝线路为一个区间),经施工单位自验并做好记录,及时向铁路局集团公司提请验收。铁路局集团公司应及时组织施工单位和设备接管单位,按照设计文件及有关验收标准进行验收。

验收其他工程时,应参照线路大修进行质量评定,具体验收办法由铁路局集团公司规定。

五、线路、道岔维修

线路、道岔维修应按下列单位进行验收

(1)正线为 1 km(月维修不足 1 km 的也可验收),无缝线路可为 1 个单元轨节。

(2)站线为 1 股道。

(3)道岔为 1 组。

重点维修车间(工区)完成单项维修后,应及时进行自验并做好记录,报请线路车间初验。线路车间应及时组织初验并做好记录,报请工务段组织验收。工务段应及时组织验收。

代维修岔线的线路、道岔维修标准和验收办法,按其他站线办理(代维修合同中有特殊规定者除外)。

第十章　基本规章

第一节　线路修理

一、起道捣固、垫砟和垫板作业

1. 采用大型养路机械进行线路维修作业时,应拆除所有调高垫板,全面起道,全面捣固。采用小型养路机械时,可根据线路状态重点起道,全面捣固。

2. 混凝土宽枕线路起道作业,应采用枕下垫砟和枕上垫板相结合的方法。

3. 垫砟起道应具备的条件:

(1)混凝土宽枕线路。

(2)路基稳定,无翻浆。

(3)道床较稳定,局部下沉量较小。

(4)当轨下调高垫板厚度达到 10 mm,或连续 3 根及以上宽枕调高垫板厚度达到 8~10 mm,使用调高扣件时调高垫板厚度达到 20 mm。

(5)垫砟使用的道砟应符合《普速铁路线路修理规则》第 3.3.3 条的规定。

4. 垫砟起道时,一次垫入的厚度不得超过 20 mm,抬起高度不得超过 50 mm,两台起道机应同起同落。垫砟作业每撬长度不得超过 6 根枕,并随垫随填,夯实道床。

5. 起道作业收工时,顺坡率应满足:允许速度不大于 120 km/h 的线路不应大于 2.0‰,允许速度为 120(不含)~160 km/h 的线路不应大于 1.0‰,允许速度大于 160 km/h 的线路不应大于 0.8‰。

6. 调高垫板应垫在橡胶垫板与轨枕顶面之间,每处调高垫板不得超过 2 块,总厚度不得超过 10 mm。使用调高扣件的混凝土枕、混凝土宽枕,每处调高垫板不得超过 3 块,总厚度不得超过 20 mm(大调高量扣件除外)。

二、拨道和改道作业

1. 线路直线地段轨向不良,可用目测方法拨正。曲线地段轨向不良,可用绳正法测量、计算与拨正。如需改变曲线头尾位置、缓和曲线长度与圆曲线半径,应用仪器测量改动。

2. 用绳正法拨正曲线的基本要求。

(1)曲线两端直线轨向不良,应事先拨正;两曲线间直线段较短时,可与两曲线同时拨正。

(2)在外股钢轨上用钢尺丈量,每 10 m 设置 1 个测点(曲线头尾是否在测点上不限)。

(3)在风力较小条件下,拉绳测量每个测点的正矢,测量 3 次,取其平均值。

(4)按绳正法计算拨道量,计算时不宜为减少拨道量而大量调整计划正矢。

3.设置拨道桩,按桩拨道。

(1)改道时,木枕地段应使铁垫板外肩靠贴轨底边;混凝土枕地段应调整不同号码扣板、轨距挡板、挡板座。同时应修理和更换不良扣件。螺纹道钉改道时,应用木塞填满钉孔,钻孔后旋入道钉,严禁锤击螺纹道钉。改道的前后作业程序应紧密衔接,应按改道量将钢轨拨正,严禁利用道钉或扣件挤动钢轨。

(2)在道岔转辙部分改道时,应将曲股基本轨弯折尺寸和尖轨侧弯整修好。在辙叉部分改道时,应处理好查照间隔、护背距离和翼轨、护轨轮缘槽宽度之间的关系,应用打磨钢轨肥边和间隔铁加垫片等方法调整好轮缘槽宽度。

(3)凡有硬弯的钢轨,均应于铺轨前矫直,常备轨亦应保持顺直。线路上的钢轨硬弯,应在轨温较高季节矫直,矫直时轨温应高于 25 ℃。矫直钢轨前,应测量确认硬弯的位置、形状和尺寸,确定矫直点和矫直量,避免矫后硬弯复原或产生新弯。矫直钢轨时,应防止钢轨扭曲。矫直钢轨后用 1 m 直尺测量,允许速度不大于 120 km/h 地段,矢度不得大于 0.5 mm;允许速度大于 120 km/h 地段,矢度不得大于 0.3 mm。

第二节　铁路技术管理

一、养护维修及检查

1.铁路技术设备的养护维修工作,应实现机械化、自动化、专业化、信息化,落实责任制和检验制,坚持以预防为主、检修与保养并重、预防与整治相结合的原则,合理确定检修项目和检修周期,组织定期检查,加强日常维修,提高设备质量。基础设施实行天窗修制度,并推行预防性计划修、专业化集中修制度。

2.铁路技术设备应保持完整良好状态。根据设备变化规律、季节特点,安排设备检修。检修单位应保证检修质量符合规定的标准和使用期限,并经检验合格后,方准交付运用。

3.为满足检修需要,应建立检修基地,设置检修、试验设备(包括检查车、试验车)、运输工具、必要的生产辅助车间和生产房屋,并应储备定量的器材和备品,以备急需和替换时使用。储备的器材和备品动用后,应及时补齐。对各种机械设备应制定相应的检修、保养范围及安全操作规程。有关人员应做到正确使用,精心保养,细心检修,保持其良好状态。

4.铁路技术设备,除由直接负责维修及管理的部门经常检查、周期维修外,集团公司还应按规定组织有关人员进行定期全面检查和专项检查,具体办法由集团公司规定。

固定行车设备定期全面检查和专项检查的检查结果记入"行车设备检查登记簿"内。检查中发现问题,要及时解决;对危及行车安全的,须立即采取措施;当时不能解决的,要安排计划,限期完成,并进行复查;需要上级解决的,要按程序上报。

5.集团公司有关专业管理部门应按规定组织专项检查。

(1)对重要线路的平面及纵断面复测、限界检查,每五年不少于一次;技术复杂及重要的桥梁、隧道检定,其他线路的平面及纵断面复测、限界检查,每十年不少于一次;对其他桥梁、隧道检定,应根据实际需要进行。对驼峰及调车场线路溜放纵断面复测,每五年不少于一次。

(2)登乘机车、动车组列车或其他旅客列车尾部对线路全面检查,每月不少于一次。

二、灾害防护

1. 集团公司应根据历年降雨、洪水规律和当年的气候趋势预测,发布防洪命令,制定防洪预案,汛期前进行防洪检查处理,组织有关部门对沿线危树、危石进行检查,完成防洪工程和预抢工程,储备足够的抢险料具及机具,组织抢修队伍并进行演练,依靠当地政府建立群众性的防洪组织。加强雨中和雨后的检查,严格执行汛期安全行车措施,强化降雨量和洪水位警戒制度、防洪重点处所监护制度。对于可能危及行车安全的地点,有条件时可安装自动报警装置。对水流量大、河床不稳定的桥梁,要设置必要的监测仪器,建立观测制度,掌握桥梁水文及河床变化情况,及时采取预防和整治措施。汛前,须将防洪重点处所抄送相邻相关集团公司。

一旦发生灾害,积极组织抢修,尽快修复,争取不中断行车或减少中断行车时间。设备修复后,须达到规定标准。

加强对电子电气设备的雷电防护及电磁兼容防护工作,逐步建立雷电预警系统,减少或防止雷电等自然灾害对设备的影响。

2. 对防寒工作,应提前做好准备,集团公司要抓好以下工作。

(1)对有关人员进行防寒过冬培训,并按规定做好防寒劳动防护用品的配备和发放工作。

(2)对铁路技术设备进行防寒过冬检查、整修,并根据需要做好包扎管路等工作。

(3)做好易冻设备、物资的防冻解冻工作。

(4)储备足够的防寒过冬材料、燃料和工具,检修好除冰雪机具和防雪设备,组织好除冰雪队伍。

3. 在需要进行防暑工作的调度室、行车人员值班室、较大车站的生产车间、作业人员间休室等重要生产房屋,应设有降温设备。露天作业场所根据需要设置凉棚。

在炎热季节应有足够的防暑用品和药物,并应有供职工饮用的清凉饮料。在暑季前,应对防暑降温设备进行检查、整修。

三、行车安全监测设备

1. 铁路行车安全监测设备是保障铁路运输安全的重要技术设备,具备监测、记录、报警、存取功能,应保持其作用良好、准确可靠,并定期进行计量校准。

铁路行车安全监测设备主要包括:

(1)机车车辆的车载监测设备;

(2)机车车辆的地面监测设备;

(3)轨道、通信、信号、牵引供电、电力等固定设备的移动检测设备;

(4)线路、桥梁、隧道、通信、信号、牵引供电、电力等固定设备的在线自动监测设备;

(5)车站行车作业监控设备;

(6)自然灾害综合监测预警设备;

(7)列车安全防护预警系统、道口及施工防护设备。

2. 铁路行车安全监测设备应实现信息共享,为运输组织、行车指挥、设备检修、救援及事故分析等提供信息。

四、线路、桥梁及隧道管理要求

1. 一般要求

(1)为了保证线路、桥隧、路基等设备质量,应设工务段等工务维修机构。

工务段管辖正线长度,应根据单线或双线、平原或山区等条件确定。在工务段管辖范围内有枢纽或编组站时,应适当减少正线管辖长度。

集团公司根据需要和条件,设供铁路专用的采石场和林场。

(2)工务维修机构应有机具检修、配件修理、辅助加工等设施,动力、机修、起重、试验等设备,以及轨道车和汽车等运输工具;根据养护维修需要还应有大型养路机械、工务专用机械设备、移动检测设备以及检修、焊轨基地等。

2. 铁路线路

(1)Ⅰ、Ⅱ级铁路区间线路最小曲线半径及最大限制坡度规定见表 10-1 和表 10-2。

表 10-1　铁路区间线路最小曲线半径

铁路等级	Ⅰ			Ⅱ	
路段设计行车速度/(km/h)	200	160	120	120	80
一般/m	3 500	2 000	1 200	1 200	600
困难/m	2 800	1 600	800	800	500

表 10-2　铁路区间线路最大限制坡度

铁路等级		Ⅰ		Ⅱ	
		一般	困难	一般	困难
牵引种类	电力	6.0‰	15.0‰	6.0‰	20.0‰
	内燃	6.0‰	12.0‰	6.0‰	15.0‰

(2)车站应设在线路平直、宽阔的处所。

车站必须设在坡道上时,其坡度不应大于 1‰;在地形特别困难的条件下,会让站、越行站可设在不大于 6‰的坡道上,不应连续设置,并保证列车能够顺利启动。

车站必须设在曲线上时,到发线有效长范围内不得设在反向曲线上,其曲线半径不得小于该区段内的最小曲线半径,且不得小于表 10-3 中规定的数值。

表 10-3　车站平面最小曲线半径

路段设计行车速度/(km/h)	最小曲线半径/m		
	区段站	中间站、会让站、越行站	
		一般	困难
80	800	600	600
120		1 200	800
160	1 600	2 000	1 600
200	2 000	3 500	2 800

3. 线路平面及纵断面

线路平面及纵断面应保持原有标准状态。区间线路变动时,须经集团公司批准,但曲线半径不得小于该区间规定的最小曲线半径,坡度不得大于该区间规定的最大限制坡度。线路平面及纵断面有变动时,必须及时通知有关单位。凡变更线路平面及纵断面,竣工后由施工单位立即检查,并形成完整的竣工资料,移交负责维修和使用的单位。

在任何情况下,线路平面及纵断面的变动,必须满足限界要求。

4. 路　　基

(1)路基面的宽度,应考虑铁路等级、维修和机械化作业的远期发展,并根据路拱断面、轨道类型、道床标准形式及尺寸、线间距、电缆槽、接触网支柱、路肩宽度等计算确定。

(2)有砟轨道路肩宽度:线路设计速度为 200 km/h 区段的路肩宽度不应小于 1.0 m;线路设计速度为 160 km/h 及以下的铁路,位于路堤上的路肩宽度不应小于 0.8 m,位于路堑上的路肩宽度不应小于 0.6 m。牵出线的中心线至路肩边缘的宽度不得小于 3.5 m。

(3)曲线地段路基外侧加宽办法按铁路有关规定、规范执行。

(4)路基应避免高堤深堑。

(5)路肩标高受洪水或潮水水位控制时,路肩标高不低于设计洪水位加波浪侵袭高加壅水高再加 0.5 m。

(6)路基两侧应留有足够宽度的铁路用地,保证路基稳定,满足维修检查通道、栅栏设置、绿色通道建设及防沙工程的要求。

(7)路基应按铁路等级采用优质填料填筑坚实,基床及过渡段应强化处理,并设置良好的防排水设备、完善的防排水系统、安全可靠的防护设施和支挡结构,工后沉降应满足相应的限值要求。对不良地质条件、特殊土及特殊环境等地段的路基,应采取可靠的加固处理措施,困难时应以桥梁等结构物代替。应及时、彻底加固整治路基病害,对于一时难以彻底整治的病害,应加强路基监视和检查,并分期整治。

(8)在路基范围内埋设电缆和接触网支柱基础时,必须保证路基稳定坚固,排水等设施能正常使用。

(9)路基宜优先采用有利于环保的植物(以灌木为主)保护,并结合混凝土、土工合成材料等其他防护措施进行防护,不得影响列车司机瞭望,不应侵入限界和接触网的安全距离。

5. 桥隧建(构)筑物

(1)铁路桥梁、涵洞及隧道均应修建为永久性结构,具有良好的耐久性,符合工程结构抗振和相应的技术规范要求,桥上和隧道内有砟轨道应满足大型养路机械清筛作业的要求,其限界应考虑发展规划的需要。

(2)桥涵的承载能力和动力性能要符合有关规定的技术要求,并根据承载能力及技术状态,制定运用条件。桥涵建(构)筑物应确保通过的线路具有良好的稳定性和平顺性,结构构造应便于检查和养护,并设置检查设施。桥上通过超重货物列车、重型铁路救援起重机前,应进行承载性能检算。

(3)隧道断面面积应满足旅客舒适性要求,衬砌、洞门结构、洞口仰坡、轨下基础应安全稳定,并具备良好的防排水系统。

(4)全长 500 m 以上的钢桥、全长 3 000 m 以上的隧道设置通信设备,必要时设置固定照明、安全警报装置;非全封闭运营时,应进行巡守,必要时进行监视。

（5）桥梁、涵洞孔径及净空，应满足国家防洪设防标准，能保证设计的最大洪水正常通过，并保证流冰、泥石流、漂浮物和通航等必要高度。

（6）桥梁墩台基础应有足够深度，当基础及其附近存在超过容许冲刷时，应防护、加固既有桥涵基础，必要时改建原有桥涵。墩台基础工后沉降应满足相应的限值要求。

（7）桥梁、涵洞应考虑排洪和灌溉等功能。

（8）桥梁、隧道应按规定设置作业通道、避车台（洞）、电缆沟（槽）、电气化预埋件及必要的检查和消防设备等。铁路桥梁作业通道和隧道内安全空间、救援通道、应急照明和通信以及其他相关设施的设置应符合有关设计规范规定。隧道内空气标准达不到规定要求时，应设置机械通风，瓦斯隧道还应设置必要的瓦斯监测设备。

（9）直线桥梁自线路中心至作业通道栏杆内侧的净距要求为钢梁明桥面应不小于 2.45 m，混凝土梁桥面应不小于 3.00 m，线路允许速度 160 km/h 以上桥梁桥面应不小于 3.25 m。作业通道宽度应不小于 0.8 m。

6. 轨　　道

（1）新建、改建铁路正线采用 60 kg/m 钢轨的跨区间无缝线路，重载铁路正线宜采用 60 kg/m 及以上类型钢轨的无缝线路。钢轨优先采用 100 m（60 kg/m）、75 m（75 kg/m）长定尺轨。

（2）设计速度 120 km/h 以上铁路正线有砟轨道应采用Ⅲ型混凝土枕和与轨枕配套的弹条扣件、一级碎石道砟。

（3）轨距是钢轨头部踏面下 16 mm 范围内两股钢轨工作边之间的最小距离。直线轨距标准为 1 435 mm，曲线轨距根据表 10-4 规定加宽。

表 10-4　曲线轨距加宽值

曲线半径 R/m	加宽值/mm
$R \geqslant 295$	0
$295 > R \geqslant 245$	5
$245 > R \geqslant 195$	10
$R < 195$	15

注：曲线轨距加宽值不符合上述规定时，应有计划地进行改造，道岔内的轨距加宽按设计图保留。

验收线路时，线路、道岔轨距相对于上述标准的静态允许偏差规定见表 10-5。

表 10-5　线路、道岔轨距静态允许偏差

允许速度/(km/h)	$v \leqslant 120$	$120 < v \leqslant 160$	$160 < v \leqslant 200$
线路轨距静态允许偏差/mm	$+6$ -2	$+4$ -2	± 2
道岔线路轨距静态允许偏差/mm	$+3$ -2	$+3$ -2	± 2

（4）线路两股钢轨顶面在直线地段应保持同一水平。曲线地段的外轨超高，应按有关规定的办法和标准确定。最大实设超高：双线地段不得超过 150 mm，单线地段不得超过 125 mm。

验收线路时，线路两股钢轨水平，较上述标准的静态允许偏差规定见表 10-6。

表 10-6 钢轨水平静态允许偏差

表 10-6 钢轨水平静态允许偏差

允许速度/(km/h)	$v \leqslant 120$	$120 < v \leqslant 160$	$160 < v \leqslant 200$
正线及到发线允许偏差/mm	4	4	3
道岔允许偏差/mm	4	4	3

(5)钢轨接头的预留轨缝应根据钢轨长度、当地历史最高及最低轨温、更换钢轨或调整轨缝时的轨温,经计算确定。绝缘接头的最小轨缝为 6 mm,最大轨缝为构造轨缝。长度大于或等于 25 m 钢轨铺设在历史最高与最低轨温差大于 100 ℃的地区时,预留轨缝应进行个别设计。

(6)道岔应铺设在直线上,正线道岔不得与竖曲线重叠,其他道岔应尽量避免与竖曲线重叠。

(7)正线道岔钢轨应与线路上的钢轨采用同一类型。其他道岔钢轨在不得已情况下采用与线路钢轨不同类型时,须保证道岔钢轨强度不低于线路钢轨强度,并在道岔前后各铺一节与道岔同轨型的钢轨。

(8)道岔辙叉号数选择应符合下列规定:

①正线道岔的直向通过速度不应小于路段设计行车速度。

②用于侧向通过列车的单开道岔的辙叉号数应根据列车侧向通过的最高速度合理选用。

③侧向接发停车旅客列车的单开道岔不得小于 12 号。

④侧向接发停车货物列车并位于正线的单开道岔,在中间站不得小于 12 号,在其他车站不得小于 9 号。

⑤列车轴重大于 25 t 的铁路正线单开道岔不得小于 12 号。

⑥其他线路的单开道岔不得小于 9 号。

⑦狭窄的站场采用交分道岔不得小于 9 号,但尽量不用于正线,必须采用时不得小于 12 号。

⑧峰下线路的对称道岔不得小于 6 号,三开道岔不得小于 7 号。

⑨段管线的对称道岔不得小于 6 号。

既有道岔的类型及辙叉号数不符合上述规定时,应按该道岔的辙叉号数限制行车速度,且应有计划地进行改造。

(9)线路允许速度 120 km/h 及以下区段的正线道岔,采用固定型辙叉道岔;线路允许速度 120 km/h 以上至 160 km/h 及以下或货车轴重 25 t 及以上区段的正线道岔,采用可动心轨道岔或固定型辙叉道岔;线路允许速度 160 km/h 以上区段的正线道岔,须采用可动心轨道岔。

(10)道岔应保持良好状态,道岔各零部件应齐全,作用良好,缺少时应及时补充。道岔出现伤损或病害时,应及时修理或更换。

(11)联锁道岔应配备紧固、加锁装置,以备联锁失效时用以锁闭道岔。联锁失效时防止扳动的办法应在《车站行车工作细则》内规定。未设联锁而需加锁的道岔也应安装加锁装置。加锁装置包括锁板、勾锁器、闭止把加锁、带柄标志加锁。

7. 道口、交叉及线路接轨

(1)列车运行速度 120 km/h 及以上线路全封闭、全立交,线路两侧按标准进行栅栏封闭,并设置相应的警示标志。列车运行速度 120 km/h 以下的线路,铁路道口、人行过道的设置或拓宽按照国铁集团有关规定办理。铁路道口、人行过道的等级、标准、铺设、拆除及是否需要看守,由铁路局集团公司决定。

(2)铁路道口应设置警示标志、铁路道口路段标线、司机鸣笛标及护桩;人行过道应设置路障、鸣笛标;站内道口、人行过道两端不设鸣笛标。根据需要设置栅栏或其他安全设施。有人看守道口应修建道口看守房,设置照明灯、列车接近报警装置、警示灯、遮断色灯信号机和道口自动通知设备,并督促地方道路管理部门设置、维护警示标志、铁路道口路段标线。根据需要设置列车无线调度通信设备。

(3)铁路道口的铺面、两侧道路的坡度及平台长度应符合要求。

(4)站内平过道必须与站外道路和人行道路断开,禁止社会车辆、非工作人员通行,平过道不得设在车站两端咽喉区内。

(5)在电气化铁路上,铁路道口通路两面应设限高架,其通过高度不得超过 4.5 m。道口两侧不宜设置接触网锚段关节,不应设置锚柱。

(6)栏杆(门)以对道路开放为定位。特殊情况下需要以对道路关闭为定位时,由集团公司规定。

(7)一切车辆、自动走行机械和牲畜,均须在立体交叉或平交道口处通过铁路。铁路工作人员发现有违反上述情况时,应予制止。

(8)特别笨重、巨大的物件和可能破坏铁路设备、干扰行车的物体通过道口时,应提前通知铁路道口管理部门,采取安全和防护措施,并在其协助指导下通过。

(9)新建的岔线,不应在区间内与正线接轨;特殊情况必须在区间内接轨时,须经国铁集团批准,并在接轨地点开设车站(线路所)或设辅助所管理。因路内施工临时性的区间出岔,应按期拆除。

(10)站内铺设及拆除道岔、线路时,须经铁路局集团公司批准。

(11)各种建(构)筑物、电线路、管道及渡槽跨越铁路,横穿路基,或在桥梁上下、涵洞内通过铁路时,应提出设计、施工方案和安全措施等文件,经集团公司同意,并派专业人员对施工现场实行安全监督下,才可施工。

8. 安全线及避难线

(1)安全线设置应符合有关设计规范的规定。

①岔线、段管线与正线、到发线接轨时,均应铺设安全线。岔线与站内到发线接轨,当站内有平行进路及隔开道岔并有联锁装置时,可不设安全线。

②在进站信号机外的制动距离内,沿进站方向为超过 6‰ 下坡道的车站,应在正线或到发线的接车方向末端设置安全线。

③合资铁路、地方铁路及专用铁路与国家铁路车站接轨,其接轨处或接车线末端应设隔开设备(设有平行进路并有联锁时除外)。

④安全线向车挡方向不应采用下坡道,其有效长度一般不小于 50 m。

(2)为防止在长大下坡道上失去控制的列车发生冲突或颠覆,应根据线路情况,在区间或站内设置避难线。

9. 防护栅栏

(1)防护栅栏设置应符合铁路线路防护栅栏有关标准的规定。

（2）防护栅栏的设备管理由工务部门负责,治安管理由铁路公安部门负责。

（3）对各类通道须设门加锁,由使用单位落实管理责任。铁路工务、电务、车务、供电等部门因作业需要设置作业门时,按照"谁使用,谁申请,谁管理"的原则,由使用单位提出申请报集团公司栅栏设备管理部门批准,站区内还需经车务部门批准,与栅栏设备管理单位和属地铁路公安部门办理书面手续后方可设置。铁路工作人员专用通道、作业门应有警示标识。

10. 声 屏 障

（1）根据铁路噪声排放治理需要,可在铁路两侧设置声屏障。声屏障应满足国家和行业相关标准和规范的要求。

（2）声屏障设置应符合铁路建筑限界的规定,安装强度须保证运输安全,并满足铁路设施检修和维护的要求,不得影响其他行车设备的安全运行。

（3）声屏障应定期进行检查和维护。

（4）路基声屏障连续长度超过 500 m 时,应根据疏散和检修要求统一设置安全通道,安全通道外边坡处应有安全通行条件;桥梁声屏障安全通道应结合救援疏散通道设置。

第三节 行车组织

一、技术设备

1. 道口的规定

（1）新建、改建铁路原则上不设平面交叉。在既有线路上原则不再增设新的平交道口。因施工需要设置临时道口时,须符合国铁集团的规定,按协议制实行管理。同时与相关站段签订安全使用协议,限期拆除。

（2）有人看守道口看守分工为区间(进站信号机以外)道口由工务段负责看守;站内(进站信号机以内)道口由车务段、直属站负责看守;段管线、货物线内道口由归属单位负责看守;路产专用线上的道口,以有利于安全、作业为原则,由铁路局集团公司确定看守管理单位;非路产专用线上的道口,应由产权单位负责看守,也可委托相关铁路单位代为看守;当道口仅由一个单位使用时,由该单位负责看守;临时道口由申请单位负责看守;特殊情况由铁路局集团公司确定。

（3）道口栏杆(门)应以对道路开放为定位。以对道路关闭为定位时,必须经铁路局集团公司批准。间歇看守道口间歇时间以道路关闭为定位,栏杆(门)必须加锁闭。间歇看守道口应设置公告牌,说明看守时间及相关注意事项。

（4）道口应具备以下设备并按规定维护。工务部门负责维护道口铺面、道路连接平台,同一道口两相邻线路股道间的道路路面、栏杆(栏门)及其红牌和警示信号灯、护桩(栏)、鸣笛标、公告牌、宣传牌。道口的自动信号、自动通知、遮断信号、道口无线报警装置、道口电话、列车无线调度通信设备等由电务部门负责维护。供电部门负责所属道口限界架、揭示牌以及道口电源等设备设施的安装和维修管理。道口房及室内电源由产权部门管理。对道口加装的作业记录仪、栏杆(栏门)开闭显示装置、视频监视设备等,由看守单位负责使用维护。道口道路交通标志按国家相关规定执行。

(5)专用线(铁路)道口及临时道口设备的维护管理按协议执行。

2. 区间通话柱管理及使用规定

(1)区间有通信电缆的区段及需要设置扳道电话的站场应设置区间通话柱,区间通话柱可内置电话机或设置专用便携式电话机接线插孔,内置电话机的通话柱必须加锁。通话柱的方向由管辖的通信段在线路旁的电杆、支柱、隧道壁、边坡及一切可以标示方向的固定物体上用"D→"表示出来。有条件的地方应每隔200 m标示一个"指示标",表示距所在位置最近通话柱的方向。

(2)区间通信柱钥匙或专用便携式电话机配备的规定。

配备范围:车站站长,机车(动车组)司机,随车机械师、车辆乘务员、列车长、自轮运转特种设备司机、救援列车主任、施工负责人,通信、信号、养路、桥隧、接触网、电力工区工长,巡道工,危险地段看守工配备区间通话柱钥匙或专用便携式电话机。

配备在机车上的区间通信柱钥匙或专用便携式电话机按机车随车工具备品进行管理、使用。

设备开通前(改造后)由通信段通知管内各车务、机务、车辆、客运、工务、供电段按需要造册请领、发放。以后人员增加所需的通话柱钥匙或专用便携式电话机由使用单位造册向管辖的通信段请领。

区间通话柱钥匙或专用便携式电话机应控制发放范围。使用单位、个人不得自行配制。领取的人员应妥善保管,不得遗失。脱离工作岗位,必须交回本单位。

其他人员因区间施工等工作临时需要时,可向通信段请领,经同意后发给,用后如数交回。

(3)区间通话柱应处于良好状态。检修办法在通信维修制度中规定。

(4)各通信段应将区间通话柱设置位置图抄送有关机务、工务、电务、车辆、客运、车务、供电段,无线调度通信设备场强示意图抄送机务段,由使用单位通告所有参加通话人员。通信设备图纸按机密文件保管。

3. 工务部门与电务部门技术设备分界

(1)道岔转换及锁闭装置由工务部门负责,具体工作包括:

①尖轨连接杆、轨距杆、基本轨通长垫板的维修;

②保持道岔处的轨距的变化不超过限度,基本轨不横移,尖轨走动灵活一致、不偏斜,前后爬行不超过20 mm;

③在尖轨与基本轨上装设道岔安装装置的钻孔(大修及技术改造除外)。

(2)轨道电路由工务部门负责,具体工作包括:

①附有绝缘的尖轨连接杆、轨距杆、通长垫板、轨道绝缘部分的接头夹板及其螺栓的检查、维修和更换;在配合电务部门更换轨端绝缘时,负责拆装联结零件;更换胶接绝缘及钢轨飞边的处理。有绝缘的轨距杆,使用前须经国铁集团、铁路局集团公司鉴定合格,并经电务部门测试,绝缘良好后,方可上道使用。

②做好有关设备的维修工作。道砟清洁,道砟顶面距枕木顶面不小于20 mm;铺设木枕的线路装有轨端绝缘时,各轨端绝缘处前后的钢轨应增加防爬器数量;轨道绝缘前后各三根枕木捣固良好,接头夹板螺栓不松动;尖轨连接杆、轨距杆、通长垫板、小半径曲线防脱轨等均应保持绝缘良好。

③大修更换磨耗轨、再用轨或重伤轨时,负责钻绝缘接头夹板用的六个螺栓孔(电务部门负责钻导线用的塞孔)。

④由工务部门负责(电务部门配合)胶接绝缘的安装更换。

(3)电务部门负责的工作。

①密贴调整杆、尖端杆、连接杆及电动(空、液)转辙机、锁闭器和控制锁的安装装置的维修和道岔密贴调整工作。

②轨道电路钢轨接续线、跳线及送受电端接续线的钻孔。

③道岔转换锁闭器、转辙锁闭器和电动(空、液)转辙机外部的清扫。

④轨道绝缘的定期检查和更换,配合工务部门维修及更换装有轨道绝缘、连接线的有关工作时的绝缘材料、连接线的拆装;负责胶接绝缘测试及配合工务更换胶接绝缘。

4. 车辆减速器

(1)工务部门负责部分

①基本轨、护轮轨、枕木、固定基本轨的配件及其螺栓、轨距杆、枕木上部承座的维修及更换。

②保持减速器区段内轨距、水平不超过限度。

③保持驼峰场压力管道通过的涵洞高度、水平不超限度,排水良好。

(2)电务部门负责部分

减速器制动夹板、制动梁、复轨器及制动部分动力设备的维修。

5. 站场安全警示标志的规定

(1)主要警示标志的外形规范

①《铁路安全管理条例》公告牌为长方形,黄底黑字(黑体字),长170 cm、宽100 cm。

②车站平过道警示标志。该警示标志为竖式长方形,方牌左侧约1/3宽处为黄底黑字(黑体字),内容为:禁止非工作人员通行。其余部分为白底色,从上至下共排列三个带斜线红色圆圈,圆圈内依次为汽车、自行车、行人黑色图形。规格为长130 cm、宽60 cm,圆圈外直径为31 cm,内直径25 cm。

③路外安全警示标志。该警示标志为横式长方形,白底黑字(黑体字)、黑色边框,内容为:禁止在铁路线路上行走、坐卧,禁止穿越铁路,禁止钻车、扒车、跳车(三句话共用一个版面)。标志尺寸由站段根据现场实际情况确定。地处少数民族区域的站段可考虑在警示标志的汉字下面增加少数民族文字。

④其他警示标志。各站段可根据自身实际情况,在路外人员可能进入站场区域的地点设置警示标志,内容、尺寸根据需要自行确定。

(2)《铁路安全管理条例》公告牌和警示标志的设置

《铁路安全管理条例》公告牌设置于车站醒目地点;车站平过道警示标志设置于车站平过道边上的醒目地点;路外安全警示标志由车站安置于需要警示的醒目地点。其余警示标志由车站根据实际需要安置。《铁路安全管理条例》公告牌和警示标志的设置中间站不少于4块,二等及以上车站不少于8块。警示标志的设置不能影响车站工作人员的行车作业和人身安全。

(3)《铁路安全管理条例》公告牌和警示标志的制作

为使《铁路安全管理条例》公告牌和警示标志持久耐用,须使用质地坚硬、强度较高的材料制作。要求《铁路安全管理条例》公告牌和警示标志色彩鲜明、字迹清晰、版面匀称美观。站场安全警示标志由车务站段负责制作。

二、其他规定

1. 电气化区段工务施工的规定：

(1)线路抬道超过±30 mm时，须供电、工务部门现场共同调查确定，并在作业前三天书面通知接触网工区进行配合，施工作业不得造成接触线距轨面最低高度低于《铁路技术管理规程》规定的最低高度。

(2)线路拨道超过30 mm或外轨超高变化7 mm以上时，须通知供电、工务部门共同确认后方准施工，在作业前三天书面通知接触网工区进行配合。

(3)线路成段施工，工务应在施工前三天书面通知供电段派人进行配合，接地线、吸上线的安装、拆卸由供电段人员负责。

(4)电气化区段施工拆除钢轨的规定

①工务更换单根钢轨(含接头夹板、短轨焊接)时，换轨前由工务部门在被换钢轨两端的左右轨节间各安设一根横向连接线，连接线用截面不小于70 mm²的铜线，用专用线夹紧密接触到钢轨底部(需用钢丝刷或锉刀去除线夹接触点铁锈)。在更换钢轨过程中，工务部门要派专人不间断检查防护，确保其可靠连接。钢轨更换完毕，两端接头夹板紧固良好(自动闭塞区段，电务人员轨端连接线安装良好)后方可拆除横向连接线。

②更换带有轨端绝缘的钢轨时，施工负责人须提前通知电务人员到场配合，并按上述规定设置好横向连接线，方可拆除带有轨端绝缘的钢轨。

③工务成组更换道岔(区间人工成段更换钢轨)时，在断开道岔(线路)前，分别在被换道岔(线路)两端轨节间各安装一根横向连接线，并在两横向连接线之间安装一根贯通道岔(线路)前后的纵向连接线。连接线用截面不小于70 mm²的铜线，用专用线夹紧密接触到钢轨底部(需用钢丝刷或锉刀去除线夹接触点铁锈)。两端横向、纵向连接线经电务人员检查确认后，方可断开道岔(线路)。在更换道岔(线路)过程中，工务专业要派专人不间断检查防护，电务人员加强监护，确保其可靠连接。道岔(线路)更换完毕，区段内轨端连接线安装完成，经电务人员检查确认良好后方可通知工务人员拆除两端横向、纵向连接线。

④工务使用换轨台车成段更换区段钢轨铺设无缝线路时，由工务部门在换轨"龙头""龙尾"既有线路端轨节间安装一根横向连接线，并在既有钢轨横向连接线与新换无缝钢轨之间安装一根纵向连线，纵向连接线采用"ω"连接。连接线用截面不小于70 mm²的铜线，用专用线夹紧密接触到钢轨底部(需用钢丝刷或锉刀去除线夹接触点铁锈)。在成段更换线路过程中，工务专业要派专人不间断检查防护，电务人员加强监护，确保其可靠连接。"龙头""龙尾"的轨端接续线安装完毕，经电务人员检查确认良好后方可通知工务人员拆除两端横向、纵向连接线。

⑤拉开钢轨调整轨缝时，要在拉开的两钢轨间预先设置200 mm伸缩范围的临时连接线并可靠连接。

2. 电气化区段进行线路养护维修时，要注意保护供电和信号装置设置的接地线、连线。不得损坏，影响设备正常运行。

第四节　铁路交通事故调查处理

一、总体要求

1. 为及时准确调查处理铁路交通事故,严肃追究事故责任,防止和减少铁路交通事故的发生,根据《铁路交通事故应急救援和调查处理条例》(中华人民共和国国务院令第 501 号,以下简称《条例》),制定《铁路交通事故调查处理规则》。

2. 铁路机车车辆在运行过程中发生冲突、脱轨、火灾、爆炸等影响铁路正常行车的事故,包括影响铁路正常行车的相关作业过程中发生的事故;铁路机车车辆在运行过程中与行人、机动车、非机动车、牲畜及其他障碍物相撞的事故,均为铁路交通事故(以下简称事故)。

3. 国家铁路、合资铁路、地方铁路以及专用铁路、铁路专用线等发生事故的调查处理,适用《铁路交通事故调查处理规则》。

4. 国铁集团、铁路安全监督管理办公室(以下简称安全监管办)要加强铁路运输安全监督管理,建立健全铁路交通事故调查处理工作制度,发生事故后应当按照法定的权限和程序,及时组织、参与事故的调查处理。国铁集团、安全监管办的安全监察部门负责铁路交通事故调查处理的日常工作。国铁集团、安全监管办派驻各地的安全监察机构,依据《铁路交通事故调查处理规则》的规定,分别承担国铁集团、安全监管办指定的事故调查处理工作。

5. 铁路运输企业及其他相关单位、个人应及时报告事故情况,如实提供相关证据,积极配合事故调查工作。

6. 事故调查处理应坚持以事实为依据,根据法律、法规、规章的规定,认真调查分析,查明原因,认定损失,定性定责,追究责任,总结教训,提出整改措施。

二、事故等级

1. 依据《条例》规定,事故分为特别重大事故、重大事故、较大事故和一般事故四个等级。

(1)有下列情形之一的,为特别重大事故。

①造成 30 人以上死亡。

②造成 100 人以上重伤(包括急性工业中毒)。

③造成 1 亿元以上直接经济损失。

④繁忙干线客运列车脱轨 18 辆以上并中断铁路行车 48 h 以上。

⑤繁忙干线货运列车脱轨 60 辆以上并中断铁路行车 48 h 以上。

(2)有下列情形之一的,为重大事故。

①造成 10 人以上 30 人以下死亡。

②造成 50 人以上 100 人以下重伤。

③造成 5 000 万元以上 1 亿元以下直接经济损失。

④客运列车脱轨 18 辆以上。

⑤货运列车脱轨 60 辆以上。

⑥客运列车脱轨 2 辆以上 18 辆以下,并中断繁忙干线铁路行车 24 h 以上或者中断其他

线路铁路行车 48 h 以上。

⑦货运列车脱轨 6 辆以上 60 辆以下,并中断繁忙干线铁路行车 24 h 以上或者中断其他线路铁路行车 48 h 以上。

(3)有下列情形之一的,为较大事故。

①造成 3 人以上 10 人以下死亡。

②造成 10 人以上 50 人以下重伤。

③造成 1 000 万元以上 5 000 万元以下直接经济损失。

④客运列车脱轨 2 辆以上 18 辆以下。

⑤货运列车脱轨 6 辆以上 60 辆以下。

⑥中断繁忙干线铁路行车 6 h 以上。

⑦中断其他线路铁路行车 10 h 以上。

(4)一般事故分为:一般 A 类事故、一般 B 类事故、一般 C 类事故、一般 D 类事故。

①有下列情形之一,未构成较大及以上等级事故的,为一般 A 类事故。

a. 造成 2 人死亡。

b. 造成 5 人以上 10 人以下重伤。

c. 造成 500 万元以上 1 000 万元以下直接经济损失。

d. 列车及调车作业中发生冲突、脱轨、火灾、爆炸、相撞,造成下列后果之一的:

繁忙干线双线中的一线或单线行车中断 3 h 以上 6 h 以下,双线行车中断 2 h 以上 6 h 以下。

其他线路双线中的一线或单线行车中断 6 h 以上 10 h 以下,双线行车中断 3 h 以上 10 h 以下。

客运列车耽误本列 4 h 以上。

客运列车脱轨 1 辆。

客运列车中途摘车 2 辆以上。

客车报废 1 辆或大破 2 辆以上。

机车大破 1 台以上。

动车组中破 1 辆以上。

货运列车脱轨 4 辆以上 6 辆以下。

②有下列情形之一,未构成一般 A 类以上事故的,为一般 B 类事故。

a. 造成 1 人死亡。

b. 造成 5 人以下重伤。

c. 造成 100 万元以上 500 万元以下直接经济损失。

d. 列车及调车作业中发生冲突、脱轨、火灾、爆炸、相撞,造成下列后果之一的:

繁忙干线行车中断 1 h 以上。

其他线路行车中断 2 h 以上。

客运列车耽误本列 1 h 以上。

客运列车中途摘车 1 辆。

客车大破 1 辆。

机车中破 1 台。

货运列车脱轨 2 辆以上 4 辆以下。

③有下列情形之一,未构成一般 B 类以上事故的,为一般 C 类事故:

a. 列车冲突。

b. 货运列车脱轨。

c. 列车火灾。

d. 列车爆炸。

e. 列车相撞。

f. 向占用区间发出列车。

g. 向占用线接入列车。

h. 未准备好进路接、发列车。

i. 未办或错办闭塞发出列车。

j. 列车冒进信号或越过警冲标。

k. 机车车辆溜入区间或站内。

l. 列车中机车车辆断轴,车轮崩裂,制动梁、下拉杆、交叉杆等部件脱落。

m.列车运行中碰撞轻型车辆、小车、施工机械、机具、防护栅栏等设备设施或路料、坍体、落石。

n. 接触网接触线断线、倒杆或塌网。

o. 关闭折角塞门发出列车或运行中关闭折角塞门。

p. 列车运行中刮坏行车设备设施。

q. 列车运行中设备设施、装载货物(包括行包、邮件)、装载加固材料(或装置)超限(含按超限货物办理超过电报批准尺寸的)或坠落。

r. 装载超限货物的车辆按装载普通货物的车辆编入列车。

s. 电力机车、动车组带电进入停电区。

t. 错误向停电区段的接触网供电。

u. 电气化区段攀爬车顶耽误列车。

v. 客运列车分离。

w.发生冲突、脱轨的机车车辆未按规定检查鉴定编入列车。

x. 无调度命令施工,超范围施工,超范围维修作业。

y. 漏发、错发、漏传、错传调度命令导致列车超速运行。

④有下列情形之一,未构成一般 C 类以上事故的,为一般 D 类事故。

a. 调车冲突。

b. 调车脱轨。

c. 挤道岔。

d. 调车相撞。

e. 错办或未及时办理信号致使列车停车。

f. 错办行车凭证发车或耽误列车。

g. 调车作业碰轧脱轨器、防护信号,或未撤防护信号动车。

h. 货运列车分离。

i. 施工、检修、清扫设备耽误列车。

j. 作业人员违反劳动纪律、作业纪律耽误列车。

k. 滥用紧急制动阀耽误列车。

l. 擅自发车、开车、停车,错办通过或在区间乘降所错误通过。

m.列车拉铁鞋开车。

n. 漏发、错发、漏传、错传调度命令耽误列车。

o. 错误操纵、使用行车设备耽误列车。

p. 使用轻型车辆、小车及施工机械耽误列车。

q. 应安装列尾装置而未安装发出列车。

r. 行包、邮件装卸作业耽误列车。

s. 电力机车、动车组错误进入无接触网线路。

t. 列车上工作人员往外抛掷物体造成人员伤害或设备损坏。

u. 行车设备故障耽误本列客运列车 1 h 以上,或耽误本列货运列车 2 h 以上;固定设备故障延时影响正常行车 2 h 以上(仅指正线)。

2. 国铁集团可将影响行车安全的其他情形,列入一般事故。

3. 因事故死亡、重伤人数 7 日内发生变化,导致事故等级变化的,相应改变事故等级。

三、事故报告

1. 事故发生后,事故现场的铁路运输企业工作人员或者其他人员应当立即向邻近铁路车站、列车调度员、公安机关或者相关单位负责人报告。有关单位和人员接到报告后,应立即将事故情况向企业负责人和事故发生地安全监管办安全监察值班人员报告,安全监察值班人员按规定向安全监管办负责人报告。

2. 铁路运输企业列车调度员要认真填写"铁路交通事故(设备故障)概况表"(安监报 1),分别向事故发生地安全监管办安全监察值班人员、国铁集团列车调度员报告。事故发生地安全监管办安全监察值班人员接到"安监报 1"或现场事故报告后,要立即填写"铁路交通事故基本情况表"(安监报 3),并向国铁集团安全监督管理局值班人员报告。报告后要进一步了解事故情况,及时补报"安监报 3"。

3. 涉及其他安全监管办辖区的事故,发生地安全监管办安全监察值班人员应及时将"安监报 3"传送至相关安全监管办的安全监察部门。

4. 国铁集团列车调度员接到事故报告后,应及时收取或填写"安监报 1",并立即向值班处长和安全监督管理局值班人员报告;值班处长、安全监督管理局值班人员按规定分别向本部门负责人、国铁集团办公厅部长办公室报告,由部门负责人向上级领导报告。事故涉及其他部门时,由办公厅部长办公室通知相关部门负责人。

5. 发生特别重大事故、重大事故,由国铁集团办公厅负责向中华人民共和国国务院办公厅报告,并通报相关部门。发生特别重大事故、重大事故、较大事故或者有人员伤亡的一般事故,安全监管办应向事故发生地县级以上地方人民政府及其安全生产监督管理部门通报。

6. 事故报告的主要内容。

(1)事故发生的时间、地点、区间(线名、里程)、线路条件、事故相关单位和人员。

(2)发生事故的列车种类、车次、机车型号、部位、牵引辆数、吨数、计长及运行速度。

（3）旅客人数，伤亡人数、性别、年龄以及救助情况，是否涉及境外人员伤亡。

（4）货物品名、装载情况，易燃、易爆等危险货物情况。

（5）机车车辆脱轨辆数、线路设备损坏程度等情况。

（6）对铁路行车的影响情况。

（7）事故原因的初步判断，事故发生后采取的措施及事故控制情况。

（8）应当立即报告的其他情况。

7. 事故报告后，人员伤亡、脱轨辆数、设备损坏等情况发生变化时，应及时补报。

8. 事故现场通话按"117"立接制应急通话级别办理。

9. 国铁集团、安全监管办、铁路运输企业应向社会公布事故报告值班电话，受理事故报告和举报。

四、事故调查

1. 特别重大事故按《条例》规定由中华人民共和国国务院或国务院授权的部门组织事故调查组进行调查。

2. 重大事故由国铁集团组织事故调查组进行调查。调查组组长由国铁集团负责人或指定人员担任，安全监督管理局、运输部、公安局等部门和国铁集团派出机构、相关安全监管办等部门（单位）派员参加。

3. 较大事故和一般事故由事故发生地安全监管办组织事故调查组进行调查。调查组组长由安全监管办负责人或指定人员担任，安全监管办安全监察部门、有关业务处室、公安机关等部门派员参加。国铁集团认为必要时，可以参与或直接组织对较大事故和一般事故进行调查。

4. 根据事故的具体情况，事故调查组还可由工会、监察机关有关人员以及有关地方人民政府、公安机关、安全生产监督管理部门等单位派人组成，并邀请人民检察院派人参加。事故调查组认为必要时，可以聘请有关专家参与事故调查。

5. 发生一般 B 类以上、重大以下事故（不含相撞的事故），涉及其他安全监管办辖区时，事故发生地安全监管办应当在事故发生后 12 h 内发出电报通知相关安全监管办。相关安全监管办接到电报后，应当立即派员参加事故调查组。

6. 自事故发生之日起 7 日内，因事故伤亡人数变化导致事故等级发生变化，依照《条例》规定由上级机关调查的，原事故调查组应当及时报告上级机关。

7. 事故调查组履行下列职责。

（1）查明事故发生的经过、原因、人员伤亡情况及直接经济损失。

（2）认定事故的性质和事故责任。

（3）提出对事故责任者的处理建议。

（4）总结事故教训，提出防范和整改措施建议。

（5）提交事故调查报告。

8. 事故调查组在事故发生后应当及时通知相关单位和人员；一般 B 类以上、重大以下的事故（不含相撞的事故）发生后，应当在 12 h 内通知相关单位，接受调查。

9. 事故调查组到达现场前，组织事故调查组的机关可指定临时调查组组长，组成临时调查组，勘查现场，掌握人员伤亡、机车车辆脱轨、设备损坏等情况，保存痕迹和物证，查找事故线索及原因,做好调查记录,及时向事故调查组报告。

10. 事故调查组到达后,发生事故的有关单位必须主动汇报事故现场真实情况,并为事故调查提供便利条件。事故发生单位的负责人和有关人员在事故调查期间应当随时接受事故调查组的询问,如实提供有关资料和物证。事故调查组有权向有关单位和个人了解与事故有关的情况,并要求其提供相关文件、资料,有关单位和个人不得拒绝。

11. 事故调查组根据需要,可组建若干专业小组,进行调查取证。

(1)搜集事故现场物证、痕迹,测量并按专业绘制事故现场示意图,标注现场设备、设施、遗留物的名称、尺寸、位置、特征等。需要搬动伤亡者、移动现场物体时,应做出标记,妥善保存现场的重要痕迹、物证;暂时无法移动时,应予守护,并设明显标志。

(2)询问事故当事人及相关人员,收取口述、笔述、笔录、证照、档案,并复制、拍照。不能书写书面材料的,由事故调查组指定人员代笔记录并经本人签认。无见证人或者当事人、相关人员拒绝签字的,应当记录在案。

(3)对事故现场全貌、方位、有关建筑物、相关设备设施、配件、机动车、遗留物、致害物、痕迹、尸体、伤害部位等进行拍照、摄像。及时转储、收存安全监控、监测、录音、录像等设备的记录。

(4)收取伤亡人员伤害程度诊断报告、病理分析、病程救治记录、死亡证明、既往病历和健康档案资料等。

(5)对有涂改可能或以后难以取得的相关证据进行登记封存。

(6)查阅有关规章制度、技术文件、操作规程、调度命令、作业记录、台账、会议记录、安全教育培训记录、上岗证书、资质证书、承(发)包合同、营业执照、安全技术交底资料等,必要时将原件或复印件附在调查记录内。

(7)对有关设备、设施、配件、机动车、器具、起因物、致害物、痕迹、现场遗留物等进行技术分析、检测和试验,组织笔迹鉴定,必要时组织法医进行尸表检验或尸体解剖,并写出专题报告。

(8)脱轨事故发生后,在全面调查的基础上,必要时应对事故地点前后一定长度范围内的线路设备进行检查测量,并调阅近期内该段线路质量检测情况;对事故地点前方(列车运行相反方向)一定长度的线路范围内,有无机车车辆配件脱落、刮碰行车设备的痕迹等进行检查,对脱轨列车中有关的机车车辆进行检查测量,并调阅脱轨机车车辆近期内运行情况监测记录。

12. 事故调查中需要对相关的铁路设备、设施进行技术鉴定或者对财产损失情况以及中断铁路行车造成的直接经济损失进行评估的,事故调查组应当委托具有国家规定资质的机构进行技术鉴定或者评估。技术鉴定或者评估所需时间不计入事故调查期限。

13. 各专业小组应按调查组组长的要求,及时提交专业小组调查报告。调查组组长应组织审议专业小组调查报告,并研究形成《铁路交通事故调查报告》,由调查组所有成员签认。调查组成员意见不一致时,应在事故报告中分别进行表述,报组织调查的机关审议、裁定。

14. 事故调查中发现涉嫌犯罪的,事故调查组应当及时将有关证据、材料移交司法机关。

15.《铁路交通事故调查报告》应包括下列内容。

(1)事故概况。

(2)事故造成的人员伤亡和直接经济损失。

(3)事故发生的原因和事故性质。

(4)事故责任的认定以及对事故责任者的处理建议。

(5)事故防范和整改措施建议。

(6)与事故有关的证明材料。

16. 事故调查组应在以下规定期限内向组织事故调查组的机关提交《铁路交通事故调查报告》。

(1)特别重大事故的调查期限为 60 日。

(2)重大事故的调查期限为 30 日。

(3)较大事故的调查期限为 20 日。

(4)一般事故的调查期限为 10 日。

事故调查期限自事故发生之日起计算。

17. 事故调查组形成《铁路交通事故调查报告》,报组织事故调查的机关同意后,事故调查组的工作结束。国铁集团、安全监管办的安全监察部门应在事故调查组工作结束后 15 日之内,根据事故报告,制作《铁路交通事故认定书》,经批准后,送达相关单位。一般 B 类以上、重大以下事故(相撞事故为较大事故)的档案材料,应报国铁集团备案(3 份)。

18. 国铁集团发现安全监管办对事故认定不准确时,应予以纠正。必要时,可另行组织调查。

19. 事故调查组成员在事故调查工作中应诚信公正、恪尽职守,遵守事故调查组的纪律,保守事故调查的秘密。未经事故调查组组长允许,调查组成员不得擅自发布有关事故的调查信息。

20. 调查事故应配备必要的调查设备和装备,保证调查工作顺利进行。调查设备和装备包括通信设备、摄影摄像设备、录音设备、绘图制图设备、便携电脑以及其他必要的装备。

21.《铁路交通事故认定书》是事故赔偿、事故处理以及事故责任追究的依据。《铁路交通事故认定书》应按照国铁集团规定的统一格式制作,包括以下内容。

(1)事故发生的原因和事故性质。

(2)事故造成的人员伤亡和直接经济损失。

(3)事故责任的认定。

(4)对有关责任单位及人员的处理决定或建议。

22. 事故责任单位接到《铁路交通事故认定书》后,于 7 日内,填写"铁路交通事故处理报告表"(安监报 2),按规定报送《铁路交通事故认定书》制作机关,并存档。

五、事故责任判定

1. 事故分为责任事故和非责任事故。事故责任分为全部责任、主要责任、重要责任、次要责任和同等责任。

2. 铁路运输企业或相关单位发布的文电,违反法律法规、国铁集团规章或铁路相关技术标准和作业标准等,直接导致事故发生的,定发文电单位责任。

3. 因设备管理不善造成的事故,定设备管理单位责任。

4. 因产品质量不良造成事故,属设计、制造、采购、检修等单位责任的,定相关单位责任;应采用经行政许可或强制认证的产品而采用其他产品的,追究采用单位责任;采购不合格或不达标产品的,追究采购单位责任。

5. 自然灾害原因导致的事故,因防范措施不到位,定责任事故。确属不可抗力原因导致的事故,定非责任事故。

6. 营业线施工中发生责任事故,属工程建设、设计、监理、施工等原因造成的,定上述相关单位责任;同时追究设备管理单位责任。已经竣工验收的设备,因质量问题发生责任事故,确属工程建设、设计、施工、监理等单位责任的,定上述相关单位责任;属设备管理不善的,定设备管理单位责任。

7. 涉嫌人为破坏造成的事故,在公安机关确认前,定相关单位责任事故;经公安机关确认属人为破坏原因造成的,定相关单位非责任事故。

8. 机车车辆断轴造成事故,由于探测、监测工作人员违章违纪或设备不良、管理不善等原因造成漏报、误报或预报后未及时拦停列车的,定相关单位责任。由于货物超载、偏载造成车辆断轴事故,定装车站或作业站责任。

9. 因列车折角塞门关闭造成事故,无法判明责任的,定发生地铁路运输企业责任事故。

10. 错误办理行车凭证发车或耽误列车的事故责任划分:司机启动列车,定车务、机务单位责任;司机发现未动车,定车务单位责任;通过列车司机未及时发现,定车务、机务单位责任;司机发现及时停车,定车务单位责任。

11. 应停车的客运列车错办通过,定车站责任;在区间乘降所错误通过,定机务单位责任。

12. 因断钩导致列车分离事故,断口为新痕时定机务单位责任(司机未违反操作规程的除外),断口为旧痕时定机车车辆配属或定检修单位责任;机车车辆车钩出现超标的砂眼、夹渣或气孔等铸造缺陷定制造单位责任。未断钩造成的列车分离事故根据具体情况进行分析定责。

13. 因货物装载加固不良造成事故,定货物承运单位责任;属托运人自装货物的,定托运人责任,货物承运单位监督检查失职的,追究货物承运单位同等责任。因调车作业超速连挂和"禁溜车"溜放等造成货物装载加固状态破坏而引发的事故,定违章作业站责任;因押运人员在运输途中随意搬动货物和降低货物装载加固质量而引发的事故,定押运人员所在单位责任,货物承运单位管理失职的,追究同等责任;货检人员未认真履行职责的,追究货检人员所在单位同等责任。因卸车质量不良造成事故,定卸车单位责任,同时追究负责检查的单位责任。

14. 自轮运转设备编入列车因质量不良发生事故时,定设备配属单位责任;过轨检查失职的,定检查单位责任;违规挂运的,定编入或同意放行的单位责任。

15. 因临时租(借)用其他单位的设备设施、人员,发生事故,定使用单位责任。产权单位委托其他单位维修设备设施,因维修质量不良造成事故,定维修单位责任;产权单位管理不善的,追究其同等责任。

16. 凡经国铁集团批准或铁路运输企业批准并报总公司核备后的技术革新项目、科研项目在运营线上试验时,在限定的试验期限内确因试验项目本身原因发生事故,不定责任事故;但由于违反操作规程以及其他人为因素造成的事故,定责任事故。

17. 事故发生后,因发生单位未如实提供情况,导致不能查明事故原因和判定责任的,定发生单位责任。

18. 事故涉及两个以上单位管理的相关设备,设备质量均未超过临修或技术限度时,按事故因果关系进行推断,确定责任单位。

19. 事故调查组未及时通知有关单位接受事故调查,不得定有关单位责任。有关单位接到通知后,应派员而未派员接受事故调查的,事故调查组可以直接定责。

20. 铁路作业人员在从事与行车相关的作业过程中,不论作业人员是否在其本职岗位,由于违反操作规程、作业纪律、铁路运输生产设备设施、劳动条件、作业环境不良,或安全管理不善等原因造成伤亡,定责任事故。具体情形按以下规定办理。

(1)乘务人员及其他作业人员在企业内候班室、外地公寓、客车宿营车等处候班、间休期间,因违章违纪、设备设施不良等造成伤亡,定有关单位责任。

(2)作业人员在疏导道口、引导或帮助旅客上下车、维持站车秩序过程中被列车撞轧而伤亡的,定作业人员所在单位责任。

(3)事故发生过程中,作业人员在避险或进行事故抢险时因违章作业再次出现伤亡,应按同一件事故定责;事故过程已终止,在事故救援、抢修、复旧及处理中又发生事故导致伤亡的,按另一件事故定责。

(4)铁路运输企业所属临管铁路发生的责任伤亡事故,定该企业责任事故。

(5)作业人员在工作或间歇时间擅自动用铁路运输设备设施、工具等导致伤亡的,定该作业人员所在单位责任事故,同时追究设备设施配属(或管理)单位的责任。

(6)作业人员因职业禁忌病症而导致行为失控,造成伤亡的,定该作业人员所在单位责任。

(7)两个及以上铁路运输企业在交叉作业中发生伤亡,定主要责任单位事故;若各方责任均等,定伤亡人员所在单位责任,同时追究其他相关单位责任。若各方责任均等且均有人员伤亡,分别定责任事故。

(8)作业人员发生伤亡,经二级以上医院、急救中心诊断或经法医检验、解剖,证明系因脑溢血、心肌梗死、猝死等突发性疾病所致,并按事故处理权限得到事故调查组确认的,不定责任事故。医院等级不够的,须经法医进行尸表检验或尸体解剖鉴定。法医尸检或解剖鉴定报告结论不确定的,定责任事故。

21. 作业人员伤亡事故原因不清,或公安机关已立案但尚无明确结论的,定责任事故。暂时不能确定事故性质、责任的,按待定办理。若跨年度仍不能确定或处理,时间超过法定期限的,定伤亡人员所在单位责任。在年度统计截止前,该事故已查清并作出与原处理决定相反结论的,可向原处理部门申请更正。

22. 铁路机车车辆与行人、机动车、非机动车、牲畜及其他障碍物相撞造成事故,按以下规定判定责任。

(1)事故当事人违章通过平交道口或者人行过道,或者在铁路线路上行走、坐卧造成人身伤亡,定事故当事人责任。

(2)事故当事人逃逸或者有证据证明当事人故意破坏、伪造现场、毁坏证据,定事故当事人责任。

（3）事故当事人违反国家法律法规，有明显过失的，按过错的严重程度，分别承担责任。

23.国铁集团、安全监管办有关部门及其人员未能依法履行职责，发生下列情形之一的，应当追究其行政责任。涉嫌犯罪的，移送司法机关处理。

（1）违反国家公布的技术标准或国铁集团颁布的规章、技术管理规程和作业标准，擅自公布部门技术标准，导致事故发生的，追究相关部门及其人员的责任。

（2）在实施行政许可、强制认证、技术审查或鉴定，以及产品设备验收等监督管理职责的过程中，违反法定权限、法定程序和有关规定，或对相关产品设备等监督检查不力，造成不合格、不达标产品设备等投入运用，导致事故发生的，追究相关部门及其人员的责任。

六、事故损失认定

事故相关单位要如实统计、申报事故直接经济损失，制作明细表，经事故调查组确认后，在《铁路交通事故认定书》中认定。

下列费用列入事故直接经济损失。

（1）铁路机车车辆、线路、桥隧、通信、信号、供电、信息、安全、给水等设备设施的损失费用。报废设备按报废设备账面净值计算，或按照市场重置价计算；破损设备设施按修复费用计算。

（2）铁路运输企业承运的行包、货物的损失费用。

（3）事故中死亡和受伤人员的处理、处置、医治等费用（不含人身保险赔偿费用）。

（4）被撞机动车、非机动车、牲畜等财产物资，造成的报废或修复费用。

（5）行车中断的损失费用。

（6）事故应急处置和救援费用。

（7）其他与事故直接有关的费用。

有作业人员伤亡的，直接经济损失统计范围、计算方法等按《企业职工伤亡事故经济损失统计标准》（GB/T 6721—1986）执行。

负有事故全部责任的，承担事故直接经济损失费用的100%；负有主要责任的，承担损失费用的50%以上；负有重要责任的，承担损失费用的30%以上50%以下；负有次要责任的，承担损失费用的30%以下。有同等责任、涉及多家责任单位承担损失费用时，由事故调查组根据责任程度依次确定损失承担比例。负同等责任的单位，承担相同比例的损失费用。

七、事故统计分析

（1）国铁集团、安全监管办、铁路运输企业及基层单位应按照《铁路交通事故调查处理规则》的规定，建立事故统计分析制度，健全统计分析资料，并按规定及时报送。各级安全监察部门负责事故统计分析报告的日常工作，并负责监督指导有关部门（单位）做好事故统计分析报告工作。

（2）事故的统计报告应当坚持及时、准确、真实、完整的原则。

（3）事故的统计应按照事故类别、等级、性质、原因、部门、责任等项目分类。

（4）每日事故的统计时间，从上一日18时至当日18时止。但填报事故发生时间时，应以实际时间为准，即以零点改变日期。

（5）责任事故件数统计在负全部责任、主要责任的单位，非责任事故和待定责事故件数统计在发生单位,相撞事故统计在发生单位。负同等责任或追究同等责任的,在总数中不重复统计件数。

(6)一起事故同时符合两个以上事故等级的,以最高事故等级进行统计。

(7)发生人员伤亡的事故应按以下规定统计。

①人员在事故中失踪,至事故结案时仍未找到的,按死亡统计。

②事故受伤人员因正常手术治疗而加重伤害程度的,按手术后的伤害程度统计。

③事故受伤人员经救治无效,在7日内死亡,按死亡统计;经医疗事故鉴定委员会确认为医疗事故的,或7日后死亡,按原伤害程度统计。

④事故受伤人员在7日内由轻伤发展成重伤的,按重伤统计。

⑤未经医疗事故鉴定委员会确认为医疗事故的伤亡,按责任事故统计。

⑥相撞事故发生后,经调查确认为自杀、他杀的,不在伤亡人数中统计。

(8)有关部门、单位应按以下规定填写、传送、管理各种事故报表。

有从业人员伤亡的事故,事故发生单位填写"铁路作业人员伤亡概况表"(安监报6-1),上报安全监管办;一般B类以上事故,安全监管办填写"铁路作业人员伤亡概况表"(安监报6-1),上报国铁集团。安全监管办于次月5日前(次年1月10日前),填写"铁路作业人员伤亡统计报表"(安监报6-2),报国铁集团。国铁集团所属铁路运输企业每月27日前将本月安全分析总结报国铁集团安全监督管理局。企业内部各业务部门须按月、半年、年度,对本系统事故进行分析总结,向上级主管部门报告,并抄送安全监管办安全监察部门。合资铁路、地方铁路、专用铁路须按月、半年、年度,对本单位事故进行分析,并报安全监管办。

八、惩 罚

(1)铁路运输企业及其职工违反法律、行政法规的规定,造成事故的,由国铁集团或者安全监管办依法追究行政责任,构成犯罪的,依法追究刑事责任。

(2)铁路运输企业及其职工迟报、漏报、瞒报、谎报事故的,对单位,由国铁集团或安全监管办处10万元以上50万元以下的罚款;对个人,由国铁集团或安全监管办处4000元以上2万元以下的罚款;属于国家工作人员的,依法给予处分;构成犯罪的,依法追究刑事责任。

(3)安全监管办迟报、漏报、瞒报、谎报事故的,由国铁集团对直接负责的主管人员和其他直接责任人员依法给予处分,构成犯罪的,依法追究刑事责任。

(4)干扰、阻碍事故调查处理的,对单位,由国铁集团或安全监管办处4万元以上20万元以下的罚款;对个人,由国铁集团或安全监管办处2000元以上1万元以下的罚款;情节严重的,对单位,由国铁集团或安全监管办处20万元以上100万元以下的罚款;对个人,由国铁集团或安全监管办处1万元以上5万元以下的罚款;属于国家工作人员的,依法给予处分;构成违反治安管理行为的,由公安机关依法给予治安管理处罚;构成犯罪的,依法追究刑事责任。

(5)在事故调查中,调查人员索贿受贿、借机打击报复或不负责任,致使调查工作有重大疏漏的,由组成事故调查组的机关给予处分,构成犯罪的,依法追究刑事责任。

第十一章 养路机械

第一节 液压传动原理及其系统组成

一、液压传动原理

液压传动是以液体为工作介质，通过驱动装置将原动机的机械能转换为液体的压力能，然后通过管道、液压控制及调节装置等，借助执行装置，将液体的压力能转换为机械能，驱动负载实现直线或回转运动。液压千斤顶工作原理如图 11-1 所示。

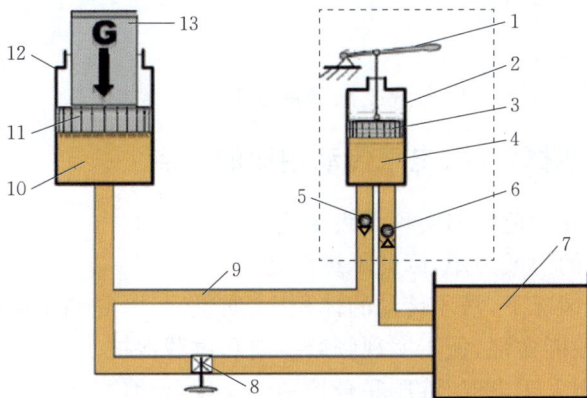

1—杠杆；2—泵体；3—泵体活塞；4—泵体油腔；5—排油单向阀；6—吸油单向阀；7—油箱；
8—放油阀；9—油管；10—缸体油腔；11—缸体活塞；12—缸体；13—重物。

图 11-1　液压千斤顶工作原理

液压千斤顶工作时，关闭放油阀，向上提起杠杆，泵体活塞被带动上升，泵体油腔的工作容积增大，由于排油单向阀受缸体油腔中油液的作用力而关闭，泵体油腔形成真空，油箱中的油液受大气压力的作用，推开吸油单向阀的钢球，进入并充满泵体油腔。压下杠杆，泵体活塞被带动下移，泵体油腔的工作容积减小，其内的油液在外力的挤压作用下压力增大，迫使吸油单向阀关闭，而排油单向阀的钢珠被推开，油液经油管进入缸体油腔，缸体油腔的工作容积增大，推动缸体活塞连同重物一起上升。

反复提、压杠杆，就能不断从油箱吸入油液并压入缸体油腔，使缸体活塞和重物不断上升，从而达到起重的目的。提、压杠杆的速度越快，单位时间内压入缸体油腔的油液越多，重物上升的速度越快，重物越重，下压杠杆的力就越大，停止提、压杠杆，排油单向阀被关闭，缸体油腔中的油液被封闭，此时，重物保持在某一位置不动。

将放油阀旋转 90°，缸体油腔中的油液直接连通油箱，缸体油腔中的油液在重物的作用下流回油箱，缸体活塞下降并恢复到原位。

二、液压传动系统的组成

液压传动系统通常由动力元件、执行元件、控制元件、辅助元件和传动介质等部分组成。

1. 动力元件

动力元件是将原动机所输出的机械能转换成液体压力能的元件,其作用是向液压系统提供压力油,动力元件是液压系统的心脏。其常见的形式是液压泵。

2. 执行元件

把液体压力能转换成机械能以驱动工作构件的元件,称为执行元件。其形式有做直线运动的液压缸和做回转运动的液压电动机。

3. 控制元件

控制元件的作用是用来控制和调节液压传动系统中油液的压力、流量、方向,以保证执行元件和工作装置完成指定工作。其常见形式是各种液压阀,如溢流阀、节流阀、换向阀等。

4. 辅助元件

辅助元件是除上述三部分以外的其他元件,主要有油箱、油管、滤油器等,对保证液压传动系统正常工作有着重要作用。

5. 传动介质

传动介质指传动液体,通常称为液压油或液压液。

三、液压传动与机械传动、电气传动相比的优点

(1)易于在较大的速度范围内实现无级变速。

(2)易于获得很大的力或力矩,因此承载能力大。

(3)在功率相同的情况下,液压传动的体积小、质量轻,因此动作灵敏、惯性小。

(4)传动平稳,吸振能力强,便于实现频繁换向和过载保护。

(5)操纵简便,易于采用电气、液压联合控制以实现自动化。

(6)由于采用油液为工作介质,液压传动系统的零部件之间能够自行润滑,使用寿命较长。

(7)液压元件易于实现系列化、标准化、通用化,便于设计、制造,有利于推广应用。

四、液压传动与机械传动、电气传动相比的缺点

(1)液压元件制造精度和密封性能要求较高,加工和安装都较为困难。

(2)泄漏难以避免,并且油液有一定的可压缩性,因此,传动比不恒定,不适用于传动要求严格的场合。

(3)泄漏引起的能量损失(也称容积损失)是液压传动中主要的能量损失,此外,油液在管道中受到的阻力及机械摩擦等也会引起一定的能量损失,致使液压传动的效率降低。

(4)油液的黏度随温度而变化,当温度变化时,会直接影响传动机构的工作性能。因此,在低温条件或高温条件下采用液压传动会有较大的困难。

(5)油液渗入空气时,会产生噪声,容易引起振动和爬行(运动速度不均匀),影响传动的平稳。

(6)维修保养要求较高,当液压系统产生故障时,故障原因不易查找,排除较为困难。

第二节　小型养路机械结构及工作原理

一、液压起拨道器

轨道线路在列车载荷和动态作用的影响下会不断发生变形,若变形值超过规定标准,将会增加列车运行阻力,影响行车速度,威胁行车安全。因此,必须不断对线路进行校正,以恢复线路的正常位置,校正线路纵断面位置称为起道,校正线路平面位置称为拨道,起道或拨道作业是线路维修保养的一项重要内容。

型液压起拨道器是一种便携式小型液压起拨道器,适用于各种型号钢轨线路的起道和拨道作业,它具有结构新颖、操作轻便、安全可靠、机身不侵限、工作效率高、整机质量轻等特点。同时,也适用于对道岔的起、拨道作业,是铁路工务部门维修线路的必备工具。

1. 液压起拨道器的主要结构

液压起拨道器,主要由底架、起拨架、工作油缸、回油阀及安全阀等组成,如图 11-2 所示。

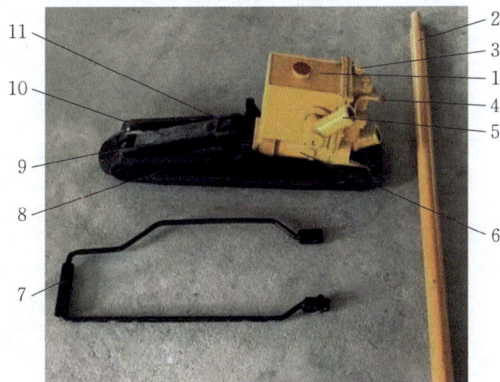

1—油箱;2—手摇把;3—安全阀;4—放油阀;5—外摇臂;6—工作油缸;
7—提梁;8—底架;9—铰链销轴;10—起拨道架;11—起道滚轮。

图 11-2　液压起拨道器结构

（1）底架

为提高拨道效果,在底架横梁上设有防退挡。为使起拨道器不侵入限界,安装时防止撞击油箱,设有兼作提把、耳环等多种用途的凸形防撞挡。

（2）起拨架

为达到起拨道作业效果,在铰链销轴和起道滚轮间设起拨道架,为起拨道作业提供更大的工作面,保障起拨道作业安全。

（3）工作油缸

为提高使用寿命,一般选用缸径较大、系统压力较低的工作油缸,活塞须进行镀铬处理。

（4）回油阀

为确保起拨道作业安全,提高回油速度,使操作简单方便,选用偏心扳把式快速回油阀。

（5）安全阀

为适应工务作业特点,保证机具正常使用,在工作油路中设有安全阀。安全阀在出厂前已设定开启压力为 55 MPa,工作中不得轻易调整。检修拆卸后组装应重新调整安全阀压力。

2. 液压起拨道器的工作原理

液压起拨道器通过摆动手摇把,使柱塞泵连续工作(吸、压油),将液压油压入工作油缸。活塞外伸,推动起道轮垂直向上和水平运动。对钢轨产生一个向上和水平的推力,从而达到起道和拨道的目的。

起道时,依靠起道轮在轨底的相对拱起滚动来消除对钢轨的水平作用力,这样起道轮对钢轨只有垂直作用力,因此可将钢轨抬至所需的高度。

拨道时,将起道轮的侧面卡在轨底的边缘处,迫使钢轨随着起拨架向外侧移动。虽然钢轨高度发生了变化,但是当取出起拨道器时,轨排靠自重下落,如果道砟的高度不发生变化,钢轨轨排便落到原有的高度上,对线路的垂向不产生影响。这样就可以使轨排水平移动一段距离,达到拨道的目的。

3. 液压起拨道器的主要技术参数

液压起拨道器的主要技术参数见表 11-1。

表 11-1　液压起拨道器主要技术参数

额定起道力	200 kN
额定拨道力	135 kN
最大起道量	120 mm
最大拨道量	80 mm
系统额定压力	55 MPa
空载效率	6 mm/次
手柄操作力矩	≤410 N · m
整机质量	21.8 kg
外形尺寸	540 mm×180 mm×240 mm

4. 液压起拨道器使用及保养注意事项

(1)使用时的注意事项

①使用前应检查油箱内液压油是否适量,作业前对机具进行空载试验,检查各运动部件是否动作灵活。打开回油阀,检查回油阀动作是否可靠,无任何异状时方可作业。

②作业时,将起拨道器装入安装位置,手摇把插入外摇臂,往复摇动手摇把,直至达到作业要求。作业完毕后,扳动快速回油阀杆回油卸荷,在钢轨自重的作用下,液压油通过回油阀被压回油箱。

③起拨道器作业时安装在钢轨内、外侧均不侵限,但作业中遇列车通过时,起拨道器及其使用人员必须同时撤离线路。作业中要求人不离机,手不离把(手摇把),以确保行车安全。

④作业中,遇有绝缘接头时,不得在钢轨顶面推行,避免连通轨道电路。

⑤在道岔上进行起道作业时,要求使用两台起拨道器。在整铸辙叉心上起道作业时,注意起道滚轮不要进入辙叉心中间的凹坑中。

⑥根据使用地区的气候条件和季节来正确选用液压油。一般夏季选用 40 号机油,冬季选用 20 号机油为宜。加油时必须过滤,保证机油清洁,不得使用污浊或混有水的机油。

（2）保养时的注意事项

①日常保养

做好每日保养工作,铰链的传动部位应经常加油润滑。

②定期保养

每两个月定期执行以下检修工作:

a. 清洗油泵、油路及工作油缸,不得用棉纱擦拭。

b. 更换液压油,换下的液压油要沉淀 24 h 以上,并只能取用上部 80% 的油液,有杂质的不能再用。

c. 更换或检修磨耗的零部件及密封件。

d. 更换油缸及油泵密封件时,在组装前应检查钢球是否定位。

e. 组装回油阀和安全阀前,检查钢球和阀孔接触是否良好。如接触不良,钢球放入孔阀可用平头钢棒轻打几下,使钢球与孔阀接触良好。拆装时防止钢球脱落。

5. 液压起拨道器故障及排除方法

液压起拨道器常见故障及排除方法见表 11-2。

表 11-2　液压起拨道器常见故障及排除方法

故障现象	产生原因	排除方法
油缸漏油	密封圈老化	更换密封圈
活塞爬行	油缸内油量不足	补充液压油
系统不保压	阀体被污物堵塞	清洗液压系统
手摇把摆动不灵活	油路堵塞	清洗油路

二、液压起拨道机

目前线路上使用的较先进的起拨道机是液压起拨道机,本机型适用于铁路线路大、中修及道床维护的起道、拨道作业,既能抬高轨道又能调整轨道水平。其具有工作效率高,操作简单、轻便,能够减轻体力劳动,安全可靠、适用范围广等特点。

1. 液压起拨道机的主要结构

液压起拨道机主要由内燃发动机、多路换向阀、起道机构、拨道机构、钩轨机构、走行起落机构、下道装置、手动油泵等部分组成,如图 11-3 所示。

（1）内燃发动机

液压起拨道机采用本田 GX390 型风冷汽油机为动力源,用螺栓固定在油箱盖板机座上,齿轮油泵固定在油箱盖板上的油泵支架座上,由发动机通过两根 A 型三角皮带带动。

（2）多路换向阀

多路换向阀用于控制各油缸往复运动,内设卸荷阀,当液压系统过载时,可随时卸荷,确保机具的使用安全。

（3）起道机构

起道机构用于起道作业。该机构分为两个工作油缸,铰接在机架上,每个油缸下部都安

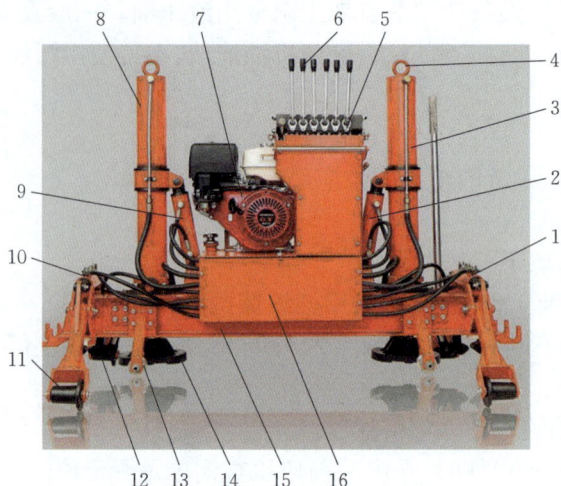

1—右起落缸；2—右拨道缸；3—右升降缸；4—吊装环；5—换向阀；6—操纵手柄；7—汽油机；8—左升降缸；
9—左拨道缸；10—左起落缸；11—走行轮；12—钩轨机构；13—下道轮；14—支脚；15—机架；16—油箱。

图 11-3   液压起拨道机结构

装有支脚。作业时液压油进入油缸上腔活塞杆伸出，支脚与道砟接触，应用反作用力，使整机向上抬起，反之则落下。

（4）拨道机构

拨道机构用于控制升降缸倾斜角度，通过升降缸的伸缩，实现拨道作业。

（5）钩轨机构

钩轨机构主要由钩轨油缸、轨钩、销轴、销座、绝缘套等组成。钩轨油缸由焊接在油缸上的环销连接在固定于横梁销座的环销座上，钩轨油缸与轨钩由销轴连接在一起。两销轴用尼龙绝缘套与轨钩油缸及轨钩隔开，不影响线路信号。

（6）走行起落机构

走行起落机构主要由走行油缸、同步杆、走行轮支架、走行轮等组成。该机构用于控制设备自身的起落，升起时设备可在钢轨上走行或进行上下道作业，落下时可进行下个序列的钩轨和起拨道作业。该机构走行轮为尼龙轮，使钢轨与机身绝缘。

（7）下道装置

下道装置主要由主梁、横梁、导轨、支撑板、后支撑柱、斜撑管、定位销、钩轨底拉杆、活销、挡铁等组成。在作业完毕后，使机器快速、安全下道。

2. 液压起拨道机的工作原理

液压起拨道机以小型汽油发动机作为动力，带动齿轮泵产生高压油进入多路换向阀，通过多路换向阀的操纵手柄来控制各个油缸的动作。起道时，先操纵换向阀手柄使高压油进入钩轨油缸内，由它完成钩轨动作，然后再操纵换向阀手柄，使高压油进入起道油缸，活塞杆下移，把机器和钢轨抬起，从而达到起道的目的。拨道时，先操纵换向阀手柄控制升降油缸的倾斜角度，然后再操纵换向阀手柄使高压油进入升降油缸，通过升降缸的伸缩，从而达到拨道的目的。其工作原理如图 11-4 所示。

3. 液压起拨道机的主要技术参数

液压起拨道机的主要技术参数见表 11-3。

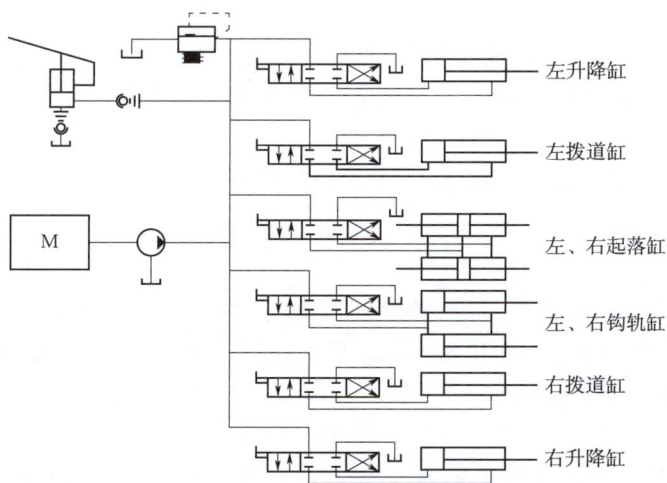

图 11-4　液压起拨道机工作原理

表 11-3　液压起拨道机主要技术参数

额定起道力	150 kN×2
升降缸行程	800 mm
额定拨道力	200 kN
拨道量	≥150 mm/次
系统工作压力	16 MPa
手动泵操作压力	350 N
发动机功率	9.5 kW
体积(长×宽×高)	1 750 mm×850 mm×1 510 mm
质量	588 kg

4. 液压起拨道机使用及保养注意事项

(1)使用时的注意事项

①使用前的准备

a. 使用前需检查各紧固件是否牢固,如有松动,要先进行紧固后再作业,确保机具安全使用。

b. 使用前应首先检查液压油是否充足,向油箱内注入约 3/4～4/5(约 30 L)清洁的液压油,根据使用地区的气候条件和季节的不同,一般规定夏季选用 68 号液压油,冬季选用 46 号液压油。

c. 发动机是本机的动力源,使用前应熟悉注意事项和操作方法,确保机器正常运转,延长使用寿命。

d. 多路换向阀内设有溢流阀,出厂时系统压力已经调好,不需随意调整,若需调整,压力不能超过 16 MPa。

e. 使用前应扳动多路换向阀操纵手柄,检查各个部分单独动作是否正常。应熟悉换向阀方向,保证正确操纵。

②起道作业

起道前,先将阀体"左、右拨道控制"手柄,扳到"复位"位置,待左、右拨道缸到位后松开手柄。然后按铭牌指示方向扳动"左、右升降控制"控制手柄进行起道作业。

③拨道作业

拨道时,若需要左拨道,先将阀体"左拨道控制"手柄,扳到"升"位置,左侧拨道缸开始伸出,将左升降缸调至需要角度时松开手柄。然后按铭牌指示方向,进行拨道作业。

④作业完成后

起、拨道作业完成,扳动"左、右升降控制"手柄至"降"位置,待支脚完全收回,将"钩轨控制"手柄扳到"松"位置,待钩子打开后,再将"起落控制"手柄扳到"起"位置,等设备升至最高位置,即可推行到下一个作业点。

⑤下道作业

需要下道时,不要将汽油机熄火,先完成作业完成后的操作,再将辅助下道架从要下道端的另一侧穿入,使绝缘节卡住钢轨外侧,然后将下道架放在能与辅助下道架相连接的地方,并连接牢固,放置平稳后,扳动换向阀"起落控制"手柄落,使设备降低,熄灭汽油机后,推动液压起拨道机至下道架最后端,用固定销将下道轮固定好,取下辅助下道架后,放在建筑限界外的安全位置即可。

(2)保养时的注意事项

①液压起拨道机加油时一定要过滤,保证液压油清洁,不得使用污浊或混有杂质的液压油。

②液压起拨道机如果经常使用,可半年清洗一次,清洗时要用毛刷、煤油将油缸、油箱、油道清理干净,注意不得用棉纱擦拭。

③有损坏的部件要及时更换,机具不得带病作业。

④每工作500 h,应对机具进行检查、保养,具体工作如下。

a. 重点检查液压系统工作是否正常,有无渗漏油现象,如发现异常,应解体检查确认液压件是否磨损,密封件是否损坏,油路是否畅通。确认后,更换相应的零部件或密封件并清理油路。

b. 检查各机构工作是否正常,如有严重磨耗和变形,应更换相应的零部件或进行维修。

c. 对各连接件进行紧固。

d. 本田 GX390 型汽油机为四冲程汽油机,润滑油容量为 1.1 L,汽油容量为 5 L,每箱燃油可工作约 2 h。

e. 如长期不使用,应适当地进行防锈处理,并用覆盖物防尘。

5. 液压起拨道机常见故障及排除方法

液压起拨道机常见故障及排除方法见表11-4。

表 11-4　YQBJ-300×200 型液压起拨道机常见故障及排除方法

故障现象	产生原因	排除方法
油泵不出油	(1)油箱油面过低; (2)滤油器、吸油管或出油口堵塞; (3)吸油管密封不严、漏气	(1)加至规定油面高度; (2)清洗; (3)清除漏气

（续上表）

故障现象	产生原因	排除方法
油缸动作无力	(1)溢流阀调定压力过低； (2)溢流阀调压失灵； (3)换向阀各位置磨损严重； (4)油泵严重磨损； (5)油缸内漏压严重	(1)重新调定； (2)检修、清洗； (3)修理或更换； (4)修理或更换； (5)更换O形密封圈或其他损坏零件
油缸爬行	(1)液压系统混入空气； (2)油缸内部密封不良； (3)活塞杆弯曲变形	(1)油面过低，加油，消除吸油管、油泵密封漏气部位； (2)更换密封件； (3)修复或更换
作业时有异响	(1)紧固件松动或脱落； (2)零部件性能异常	(1)检修并配齐紧固件； (2)检查、修理或更换
工作机构升起后严重自行下降	(1)升降油缸内漏油严重； (2)换向阀中安全阀堵塞； (3)油管、油管接头或缸盖渗漏	(1)更换O形密封圈或其他损坏零件； (2)清洗或更换； (3)排除渗漏
手动泵不起压或排量小	(1)吸油管或滤油网堵塞； (2)吸、排油单向阀密封不严； (3)活塞与缸之间密封不严； (4)多路换向阀端单向阀内泄(观察是否从齿轮泵吸油端回油)； (5)多路换向阀中安全阀内泄； (6)液压油过于黏稠	(1)清洗； (2)清洗、修整或更换； (3)更换密封圈； (4)清洗或更换； (5)清洗或更换； (6)更换(按规定换油)

三、液压捣固机

目前线路上使用的较多的液压捣固机，适用于铁路线路（除道岔外）大、中修，新建线路及日常维护中的道砟捣固作业，采用双导柱框架，单缸升降方式，结构紧凑，操作灵活，液压稳定。带有快速下道机构，下道迅速安全。采用内燃机为动力，更适应野外作业，具有先进的技术性能，能满足铁路线路各型轨枕的捣固要求。

1. 液压捣固机的主要结构

液压捣固机主要由动力部分、液压系统、液压控制系统、振动装置、夹实捣固部分、夹轨装置及底架走行等部分组成，主要结构如图 11-5 所示。

（1）动力部分

液压捣固机采用汽油机或柴油机作为动力。

（2）液压系统

液压系统包括齿轮油泵、液压缸、多路换向阀、手压泵、油箱以及油管、滤油器和压力表等辅助元件。

①齿轮油泵

齿轮油泵是液压动力装置，它将发动机输出的机械能转换成油液的压力能，并经多路换向阀输送给各工作油缸。

②液压缸

本机型包括一个升降液压缸和两个夹实油缸，是捣固机液压系统的执行机构。它将油液的压力能转换成机械能，并传递给捣镐。

③多路换向阀

多路换向阀是捣固机的操纵控制装置，通过多路换向阀（包括溢流阀、单向阀、换向阀）控制油液的方向和压力，操纵捣固机的升降及捣镐的张合。

（3）振动装置

振动装置包括振动架、振动轴组、捣镐和同步杆、夹实液压缸、减振器等。

①振动架

振动架采用钢板焊接的鱼腹形箱体结构，两轴承座为通孔，因而刚性好，容易保持轴承孔的同心度。四个轴头悬臂较短，改善了轴头的受力条件。

②振动轴组

振动轴组由振动轴、轴承、轴承盖、轴套、偏心皮带轮、平键、挡油板、偏心块等组成。

③捣镐和同步杆

捣镐由镐板和镐头组成。镐头焊接在镐板上，镐板中间有一个 55 mm 的孔，以便安装在振动架的支承轴上；另外还有三个 28 mm 的小孔，其中的端头孔用于连接夹实液压缸耳环，另外两个小孔则用以连接同步杆。

④减振器

减振器是由鼓形橡胶球和两个 M16 螺栓的盖板组成，安装在油箱和振动架四角的承托板上，用它将捣固机的上下两部分连接成一个整体。同时，振动架所产生的强烈振动经橡胶减振装置减振后，使捣固机上半部分不受振动或仅受轻微振动，从而保证捣固机的正常工作和延长各零部件的使用寿命。

（4）夹轨装置

夹轨装置的工作原理与钳子类似，夹轨器的尾端通过连杆分别与底架连接，在夹轨器中部的轴上设有吊杆，通过弹簧与油箱的滑套连接。当捣固机的主体部分上升时，夹轨器在弹簧和吊杆的拉动下，随之上升而脱离钢轨；当捣镐下插进行捣固作业时，捣固机的主体部分下降，吊杆对夹轨器不产生拉力，夹轨器靠自重下落在钢轨上，夹轨器的头部位于钢轨头部的两侧。

夹轨器的钳口为锯齿形结构，由于钢轨本身的硬度很高，使用一定阶段后，会使锯齿磨损变钝，使夹轨钳失去夹持力。因此，夹轨钳使用一段时间后发现磨损变钝，应对钳口进行更换。

（5）底架和走行装置

①底架

底架承载着捣固机的全部质量。液压捣固机的底架放置在走行架上，由走行架在轨道

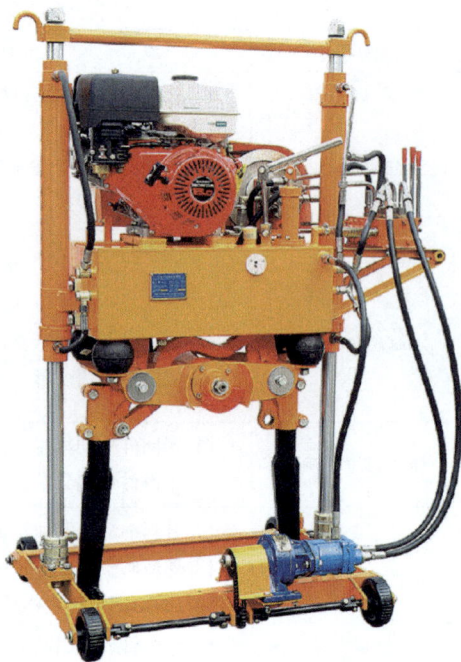
图 11-5　液压捣固机主要结构

上行走。液压捣固机底架是用两根角钢作边梁、六根扁铁作横梁焊接而成的框架结构。扁铁中部焊有连接导柱座铁及穿夹轨钳提动杆的扁铁。底架下部装有四个下道轮,下道轮内装有滚动轴承。

②走行装置

走行装置包括走行架和下道架,是液压捣固机的附属装置。

2. 液压捣固机的工作原理

液压捣固机是通过振动力和夹实力的共同作用,使道砟运动至轨枕底部以填满枕底的空隙,从而达到捣固密实的目的。

液压捣固机是以内燃机(汽油机或柴油机)作为原动力,通过皮带传动驱动油泵产生压力油,把原动机产生的机械能转换为油液的压力能,压力油通过换向阀进入工作油缸,把油液的压力能转换为机械能,从而使捣镐升降或张合。同时,原动机通过另一皮带传动驱动振动轴高速旋转,使捣镐产生振动;振动着的捣镐下插后,道砟受到振动,原有的静止状态被改为"流动状态",加上捣镐夹紧动作时的夹实力的作用,使道砟"运动"至轨枕下,使枕下道砟密实,达到捣固作用。液压捣固机的工作原理如图 11-6 所示。

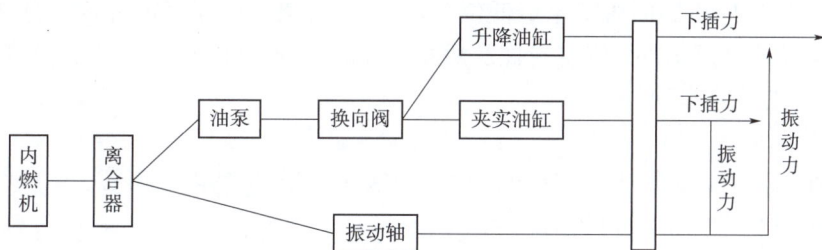

图 11-6　液压捣固机的工作原理

3. 液压捣固机使用及保养注意事项

(1)使用中的注意事项

①使用前的准备

a. 使用前检查各零部件是否齐全完好。

b. 检查电气系统绝缘性能是否符合要求。

c. 将发动机传动皮带撤下,空车状态怠速运转 20 min 后,再加大油门运转 10 min,确认发动机工作正常后将皮带按原位上好。

d. 检查液压油是否充足,根据使用地区气温情况按用油表规定从油箱注油口加注液压油。注油量以油窗上孔中心为宜。作业过程中油面不低于油窗下孔红线。

e. 检查随机工具和备品,如高压软管、三角皮带、活动插销、螺栓螺母等是否齐全有效。

f. 检查活动连接部位,特别是油缸的各式连接销、捣固镐悬挂处及同步杆两端等,应加注润滑油。

g. 检查并试验手压泵技术状态是否良好。

h. 经检查与处置后,确认各部位状态完好,方可上道试机。

②使用中的注意事项

a. 上道后应做试捣工作,试捣中应注意各部音响、振动和夹轨装置的作用情况,仔细观察各部运转是否正常,如有故障应及时排除。

b. 作业中应注意捣固机移动时的平衡,以避免造成倾覆。

c. 捣固时应注意防爬器、轨距杆、支撑木等障碍物,以保证作业安全和线路质量。

d. 作业中如出现捣镐提升后,夹轨钳不能松开钢轨,可用手压泵压杆铣有缺口的一端将安全销拔出,夹轨钳便可完全松开。

e. 捣固作业1h后应停机检查各部状态,紧固件是否松动或脱落,各部温升、音响是否正常。

f. 捣固作业中振动架轴承温升不得超过50℃,张紧轮轴承温升不得超过60℃,各部销轴或套温升不得超过70℃。

g. 捣固作业发生故障时,应用手压泵迅速提高镐头下道进行处理,严禁在线路上停机排除故障。

③下道作业的注意事项

a. 下道架的安放必须平稳可靠,并向外倾斜3°~5°,捣固机推上后应插上定位销,工作结束后须防止滑移侵限。

b. 捣固机在避车下道时,如遇超限列车,应取下走行架。

c. 工作完毕后应将捣固机降至最低位置,去掉走行架并加锁固定后,盖上防护罩。

d. 捣固机若长期不用时,应将导柱及活塞杆外露部分涂油防护,并卸下传动三角皮带。

(2)保养中的注意事项

①日常保养

每天作业完毕后,必须进行一次全面检查和保养,主要包括以下内容。

a. 擦净各部件上的油污和灰尘。

b. 检查并拧紧各紧固件及油管接头螺母。

c. 检查三角皮带的技术状态和松紧程度,必要时调整或更换三角皮带。

d. 检查各焊缝有无裂痕,如发现裂纹应及时补焊。

e. 检查手压泵、安全销、夹轨钳和吊链,以及走行架和下道架等是否完好。

f. 检查镐头磨损情况,如磨损超限应立即补焊或更换。

g. 做完上述各项保养工作后,应将夹实油缸活塞杆全部塞入油缸内,将捣镐下降至最低位置,插好定位销,盖好防雨罩。

②定期保养

液压捣固机每工作50h需进行一次定期保养,除完成日常保养的各项外,还需做好下列工作。

a. 检查或更换镐板套,水平缸耳环套,同步杆套等。

b. 焊补镐掌,恢复到原设计尺寸。

c. 滤清或更换液压油,清洗液压缸、油箱,清洗滤油器,清洗油管。

d. 更换失效的紧固件。

e. 重新调整油压至5 MPa±0.5 MPa。

f. 消除漏油处所,更换不良密封圈。

g. 检查并更换夹轨钳。

h. 检查内燃机机油状态及运转性能。

i. 振动框架加注润滑脂。

（3）检修中的注意事项

捣固机使用 500 h 后，需对液压捣固机进行全面检查、修理工作，使液压捣固机各部件和性能恢复到设计水平，主要包括以下内容。

a. 拆开振动架，检查或更换轴承。

b. 分解液压系统，全面清洗、更换不良部件和密封圈。

c. 清洗活塞杆、缸体，拉伤严重的应更换。

d. 更换全部尼龙套。

e. 检查和清理各部轴承灰尘污物，加注润滑脂，内燃机按相关要求进行检修。

f. 补焊或更换捣固镐镐掌达到设计要求。

g. 对各零件孔径要逐件检查，磨损严重的要更换。

h. 油泵、阀件要用测试台进行测试，性能不良者应予以更换或修理。

i. 检修完毕后的捣固机要经过 3 h 空载和 1 h 的试捣并测试记录各项技术指标，经确认达设计要求后方可使用。

4. 液压捣固机常见故障及排除方法

液压捣固机常见故障及排除方法见表 11-5。

表 11-5　液压捣固机常见故障及排除方法

故障现象	原因分析	排除方法
油泵不出油	(1)油泵转向不对； (2)油箱油面过低； (3)滤油器、吸油管或出油口堵塞； (4)吸油管路或油泵严重漏气	(1)更换符合旋向要求的油泵； (2)加至规定油面高度； (3)清洗； (4)清除漏气部位
系统压力过低	(1)溢流阀调定压力过低； (2)溢流阀调压失灵； (3)换向阀各位置内漏严重； (4)油泵严重磨损	(1)重新调定； (2)检修； (3)修理或更换； (4)修理或更换
油缸动作无力	油缸内漏严重	更换 O 形密封圈或其他损坏零件
油缸爬行	(1)液压系统混入空气； (2)油缸精度差； (3)两导柱弯曲变形	(1)油面过低需加注液压油，消除吸油管、油泵密封漏气部分； (2)修理或更换； (3)修配或更换
夹实缸不同步	(1)两侧捣镐销套、螺母松紧不均； (2)两侧油缸内部摩擦阻力不等； (3)一侧油缸内漏严重； (4)一侧油路堵塞或阻力大	(1)调整； (2)在试验台上给阻力一致的油缸配对； (3)检修或更换； (4)清洗或修调
噪声大	(1)镐板套间隙大； (2)水平缸、同步杆、尼龙套间隙大； (3)紧固件松动或脱落； (4)零部件性能异常	(1)更换； (2)更换； (3)检查并配齐紧固； (4)检查修理或更换

（续上表）

故障现象	原因分析	排除方法
工作机构升起后严重自行下降	(1)升降油缸内漏严重； (2)换向阀中位内漏超过规定值； (3)油管、油管接头或缸盖渗漏	(1)更换 O 形密封圈或其他损坏零件； (2)修配或更换； (3)消除渗漏部位
手压泵不出油或排量小	(1)吸油管或滤油网堵塞； (2)吸、排油口单向阀密封不严； (3)活塞与缸壁密封不严； (4)油稠	(1)清洗； (2)清洗、修理或更换； (3)更换； (4)按规定换油
振动轴轴承温升超限	(1)润滑不良； (2)轴承磨损超限； (3)轴承间隙改变； (4)框架或振动轴疲劳变形	(1)加注润滑脂； (2)更换； (3)重新调整； (4)修复或更换
夹轨装置作用不良	(1)钳口磨损超限； (2)开口过大或过小	(1)更换钳口铁； (2)调整钳尾销孔

四、垂直打磨机

垂直打磨机如图 11-7 所示。

1—升降手轮；2—发动机；3—横梁杆；4—搬运把手；5—升降机构；6—翻转角度刻度板；7—走行轮；
8—翻转手轮；9—滚轮；10—定位座；11—横向进给手柄；12—配重块；13—翻转机构；14—扶手架。

图 11-7　垂直打磨机

多功能垂直打磨机是一款以内燃机作为动力的现场打磨作业设备，针对钢轨正线、焊接接头以及所有类型的尖轨、心轨、翼轨、整铸辙叉心、道岔的钢轨任意部位顶面及内侧进行去毛刺和打磨维护的轨道专用设备。

产品特点：

(1)打磨角度可在外侧 30°至内侧 30°间任意锁定。

(2)可通过多台设备组合作业的方式，一次作业使钢轨各个面达到轮廓要求，极大提高打磨作业效率。

此机型目前使用率很高，操作人员需经过专业培训后方能使用。

五、内燃仿形打磨机

内燃仿形打磨机是用于钢轨焊接及钢轨伤损焊补后,对轨头进行仿形打磨的小型机具。现场使用较多的内燃仿形打磨机是 FMG-4.4 型内燃仿形打磨机。本机型适用于 43～75 kg/m 各型钢轨在基地或作业现场焊接机轨头补焊后的打磨作业。它加上辅助装置还可进行长平打磨和波浪磨耗打磨,同时也是超长无缝线路铺设、断轨修复及应力放散的理想工具。具有结构紧凑、操作灵活、性能可靠的特点,并且采用汽油发动机作为动力源,更适应野外现场作业,具有先进的技术性能。钢轨经过仿形打磨后不仅平顺,而且能恢复原来的轨头轮廓,使列车运行更平稳、更安全。

1. FMG-4.4 型内燃仿形打磨机的主要结构

FMG-4.4 型内燃仿形打磨机主要由动力部分、进给部分、辅助部分、砂轮、仿形轮等部分组成,如图 11-8 所示。

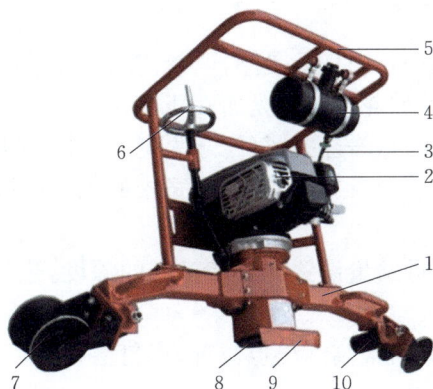

1—机架;2—内燃发动机;3—输油管;4—燃油箱;5—扶手;6—进给手轮;
7—护轨轮;8—砂轮;9—砂轮防护罩;10—仿形轮。
图 11-8　FMG-4.4 型内燃仿形打磨机基本结构

(1)动力部分

FMG-4.4 型内燃仿形打磨机采用本田 GXV260 型汽油机或美国百力通汽油机作为动力。

(2)进给部分

进给部分由进给手轮、连接件、砂轮等组成,用于实现砂轮的进给磨削。

(3)辅助部分

辅助部分由扶手、机架、砂轮防护罩等组成,用于整机的安全辅助。

2. FMG-4.4 型内燃仿形打磨机的工作原理

FMG-4.4 型内燃仿形打磨机打磨作业时,是以汽油机为动力驱动传动轴转动,通过传动装置带动打磨头旋转。磨削时,转动磨头进给手轮,调整磨头进给量,操纵手把推动打磨机在钢轨上纵向移动磨削钢轨踏面,同时将机架在 90°范围内转动,打磨轨头圆角及钢轨工作边,利用仿形轮和导向轮共同作用,完成轨头仿形打磨作业。

3. FMG-4.4 型内燃仿形打磨机的主要技术参数

FMG-4.4 型内燃仿形打磨机的主要技术参数见表 11-6。

表 11-6　FMG-4.4 型内燃仿形打磨机主要技术参数

发动机功率	5.2 kW
磨头最大转速	4 000 r/min
砂轮规格	$\phi 150$ mm×$\phi 55$ mm×70 mm
砂轮型号	GZ16-24ZYI
砂轮行程	60 mm
砂轮倾角	0~90°
进给手轮每转进给量	1.35 mm
外形尺寸	1 500 mm×630 mm×760 mm
整机质量	62 kg

4. FMG-4.4 型内燃仿形打磨机使用及保养注意事项

(1)使用注意事项

①使用前的准备

a. 使用前必须检查砂轮是否损坏及受潮,严禁使用有缺陷的砂轮。

b. 使用前必须检查砂轮、砂轮保护罩是否在正确位置。

c. 使用前必须检查机器的急停开关,急停开关应处于打开状态。

d. 操作人员必须戴护目镜及耳塞,不能穿太宽松的工作服进行打磨作业。

②使用中的注意事项

a. 转动进给手轮将砂轮进给量设置到所需打磨的深度,进给量需要根据钢轨附近的情况进行调整。

b. 打磨时,需优先打磨钢轨最高凸出点位置,当打磨机来回打磨时,用进给手轮控制砂轮的进给量。

c. 打磨机两侧各有一套护轨轮,用于打磨时砂轮的导向。打磨钢轨两侧面时,护轨轮的相对位置可依据与空中的间隔(或钢轨的型号)来调整两护轨轮的间隙,调整护轨轮时将四个螺栓扭松后,相对挪动支架即可调整间隙,将打磨机调整到适当位置再调整进给量完成钢轨侧面的打磨作业。

d. 砂轮进给精度为 0.1 mm,每次进给量不应大于 0.3 mm,过大的进给量会造成机器损伤,影响打磨机的寿命和打磨钢轨的表面质量。

③作业完成后的注意事项

作业完成后需先将砂轮提升到高出轨面 3 mm 以上高度,然后将油门减小到怠速状态,再旋转熄火开关熄火,最后关闭汽油机。

(2)保养中的注意事项

①打磨机主轴的轴承和齿轮箱内需定期注入和更换润滑脂,一般选用二硫化钼润滑脂。

②打磨机运行累计 200 h 后,应拆卸清洗主轴轴承,更换润滑脂。

③汽油机运行环境温度需在 -15~40 ℃之间。

④加注汽油时发动机应停机,并远离火源,加油后须擦净机体表面残留的汽油。

⑤砂轮应注意防潮、防撞、防压,砂轮受潮后不可使用。

⑥打磨机长时间不使用时,应放置在通风、干燥、无腐蚀气体的库房内,汽油机内的汽油应放尽。

5.FMG-4.4 型内燃仿形打磨机常见故障及排除方法

FMG-4.4 型内燃仿形打磨机常见故障及排除方法见表 11-7。

表 11-7　FMG-4.4 型内燃仿形打磨机常见故障及排除方法

故障现象	产生原因	排除方法
启动困难	(1)砂轮接触轨面或主轴上有其他阻力； (2)汽油不足； (3)汽油油箱阀门没开； (4)油管不畅通化油器没有汽油； (5)火花塞点火异常	(1)逆时针旋转进给手轮使砂轮离开轨面并排除主轴上的其他阻力； (2)加注混合燃油至油箱容积的 90%； (3)打开油箱阀门； (4)按动注油器给油(最多三次)，使汽油进入化油器； (5)清除积炭，必要时调整电极间隙或更换
启动正常负载能力差	化油器堵塞	清洗化油器
进给不畅通	(1)进给齿轮及轴承损坏； (2)进给导柱变形或缺少润滑油	(1)更换齿轮或轴承； (2)更换导柱或加注润滑油
仿形轮或护轨轮不旋转	轴承损坏	更换

六、内燃切轨机

目前国内使用的切轨机主要有圆锯机、弓锯机及砂轮切轨机等。线路上普遍使用的移动式切轨机主要是砂轮切轨机。NQG-4.8 型内燃切轨机是一种以内燃机为动力的切轨机，是目前使用较多的一类切轨机。本机型是以汽油机为动力，具有操作简便、质量轻、便于移动的特点，适用于工务维修、线路大中修过程中对 43～75 kg/m 各型钢轨的切割作业。

1.NQG-4.8 型内燃切轨机的主要结构

NQG-4.8 型内燃切轨机主要由卡轨器、摆动机构、机架体、汽油机、切割头总成、带传动装置及移动机构组成，如图 11-9 所示。

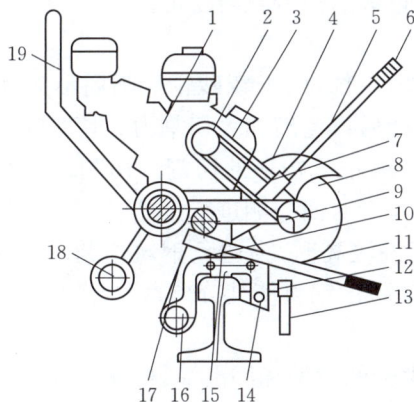

1—汽油机；2—皮带；3—皮带防护罩；4—砂轮防护罩；5—右手操作杆；6—绝缘把套；7—右操作杆接头；
8—砂轮；9—上架体；10—左操作杆接头；11—左手操作杆；12—顶丝；13—加力杆；14—卡具轴；
15—卡具侧板；16—下轴；17—下架体；18—走行轮总成；19—汽油机保护架。

图 11-9　NQG-4.8 型内燃切轨机结构示意

2. NQG-4.8型内燃切轨机的工作原理

NQG-4.8型内燃切轨机是以汽油机为动力,通过三角皮带驱动切割头。切割头围绕两个轴旋转,可使砂轮片对钢轨的切割方向作随机变化,不仅避免了砂轮片定向切割易烧结的缺陷,而且可使砂轮片始终沿着阻力最小的方向进给,从而因切割负载减小而达到高效切轨的目的。

3. NQG-4.8型内燃切轨机的主要技术参数

NQG-4.8型内燃切轨机的主要技术参数见表11-8。

表 11-8　NQG-4.8 型内燃切轨机主要技术参数

发动机功率	4.8 kW
发动机转速	3 600 r/min
砂轮片空载转速	3 000 r/min
砂轮片	PB400 mm×3.5 mm×32 mm
线速度	≤70 m/s
钢轨切断面垂直度	≤0.5 mm
钢轨切断面平面度	≤0.35 mm
外形尺寸	660 mm×500 mm×640 mm
整机质量	50 kg

4. NQG-4.8型内燃切轨机使用及保养注意事项

(1)使用注意事项

①砂轮片的检查与安装

砂轮片不得有裂纹,两侧面应平整,不得使用凹凸不平或表面翘曲的砂轮片。安装砂轮片时,只需轻轻拧紧压片螺栓即可。若旋紧力过大,则砂轮片易碎裂。

②卡轨器与钢轨的连接

操作人员左右拉动扳杆,另一人配合,就能轻松地使卡轨器与钢轨顶面密贴并将顶丝拧紧。顶丝旋紧力应适当,用力过大易使卡轨器变形。

③切割方法

一般切割法:首先切割钢轨头部,由于新砂轮片圆周不太规则,所以初切时应使砂轮片与钢轨轻微接触,待砂轮片磨圆后再逐渐加大切割力。切割时扳杆要以每秒一次的频率,约150 mm的摆幅不停地往复摆动,不可在一处切割。切割轨腰时,摆幅要小些,频率要大些。切割轨底时,将切轨机扳至操作者对面一侧进行。

无缝线路切割方法:当气温较高时,为避免钢轨切断时因胀轨挤烂砂轮片,可保留6～8 mm轨底不切割,而后用大锤敲击钢轨使其分离,残余断口用砂轮机打磨平整。

(2)保养注意事项

①按要求定期更换规定牌号的燃油和润滑油,机油池及汽油箱应定期清洗,加注的油料应清洁。

②切轨机累计运转1 000 h或使用1年左右,应全面解体进行彻底保养,必要时应更换易损件。

③较长时间停用,应卸掉砂轮片,放尽燃油,擦拭干净,遮盖好置于干燥处。

5. NQG-4.8 型内燃切轨机常见故障及排除方法

NQG-4.8 型内燃切轨机常见故障及排除方法见表 11-9。

表 11-9　NQG-4.8 型内燃切轨机常见故障及排除方法

故障现象	形成原因	排除方法
夹卡砂轮片	(1)皮带松弛； (2)砂轮片烧结； (3)砂轮片失效或表面翘曲	(1)调整机座螺栓位置,适当张紧皮带； (2)更换砂轮片； (3)更换砂轮片
砂轮片局部烧焦	(1)扳杆摆动太慢或摆动过小； (2)砂轮片质量有问题	(1)按操作要求作业； (2)更换砂轮片
断面垂直度超差	(1)砂轮片表面翘曲； (2)操作杆下压力过大； (3)切割方法待改进	(1)更换砂轮片； (2)减少操作杆下压力； (3)采用三向切割法

七、液压轨缝调整器

由于受到气候变化及行车等因素的影响,钢轨接头的间隙经常发生变化。为了保证行车安全,工务部门对钢轨接头间隙有一定要求。轨缝调整器是调整铁路钢轨接头间隙,保证行车安全的专用设备。YTF-400 型液压轨缝调整器推力大,适用于 50～75 kg/m 钢轨轨缝调整工作,因此在线路轨缝调整作业中广泛运用。

1. YTF-400 型液压轨缝调整器的主要结构

YTF-400 型液压轨缝调整器主要由机体、夹轨装置、油箱组件、工作油缸、摇杆机构、走行机构、复位弹簧、下道装置、夹具体及斜铁等组成,如图 11-10 所示。

1—前夹具体；2—活塞杆；3—油缸；4—回油阀；5—后夹具体；6—斜铁；
7—手摇把；8—油泵摇杆；9—油箱；10—复位弹簧；11—安全销。

图 11-10　YTF-400 型液压轨缝调整器主要结构

（1）机体

油箱用螺栓固定在油泵底座上,油泵底座和后夹具体底座用托架立轴将两个工作油缸连接成一个整体,构成了轨缝调节器的机体。

（2）夹轨装置

在机体两端,装有操纵加紧斜铁的拨叉,操纵手摇把可使作业斜铁在油泵底座的凹槽内沿着钢轨的方向前后移动。当手摇把往下压时,由于拨叉的作用,使斜铁往油泵底座里移动,咬住钢轨的轨头(即工作状态)。

(3)油箱组件

油箱组件由油箱、柱塞、回油阀以及安全阀等零部件组成。在油泵体的一侧,装有压力表接头座及丝堵,以备为检查和调整安全阀、安装压力表之用。

油泵体内的四个柱塞是成平行安装的,每对都有独立的传动轴和摇臂,但柱塞与工作缸之间的油路都是互相连通的,因此不论是一对柱塞工作,还是两对柱塞同时工作,压力油都能同时进入两个工作油缸。

(4)工作油缸

YTF-400 型液压轨缝调整器的两个工作油缸分别装在机体的两侧,当油泵压出的压力油经管道进入油缸时,活塞即向右移动,在夹轨斜铁的作用下,使轨缝逐渐变化。当轨缝达到要求时,手摇泵停止工作,打开回油阀,使油缸内的压力油流回油箱。与此同时,在机体上的弹簧作用下将活塞拉回,使其恢复原来的位置。

2.YTF-400 型液压轨缝调整器的工作原理

当需要轨缝增大时,使用前夹具体与后夹具体,通过四个柱塞泵将液压油压入双油缸中,活塞向外伸出,前、后夹具体中的斜铁夹住两条钢轨后,推动钢轨使两条钢轨间的间隙增大,从而达到调整轨缝的目的。

3.YTF-400 型液压轨缝调整器的主要技术参数

YTF-400 型液压轨缝调整器的主要技术参数见表 11-10。

表 11-10　YTF-400 型液压轨缝调整器主要技术参数

额定推力	400 kN
工作行程	140 mm
工作缸额定压力	52 MPa
空载效率	2.2 mm/一次往返
工作缸数及内径	$2 \times \phi 70$ mm
柱塞泵数及内径	$4 \times \phi 16$ mm
工作缸总容积	115.8 cm^3
手柄最大操作力	450 N
外形尺寸	920 mm×320 mm×370 mm
整机质量	90 kg

4.YTF-400 型液压轨缝调整器使用及保养注意事项

(1)使用注意事项

①使用前的检查

a. 检查各连接紧固部位是否松动。

b. 检查各管路有无漏油现象。

c. 检查油箱内油面高度是否达到油箱高度的 2/3。根据使用地区气温和季节性变化选用机油,夏季选用 40 号机油,冬季选用 20 号机油,加油时需过滤。

d. 操纵检查各部分是否灵活可靠。

e. 检查回油阀开关是否正常,各液压元件工作是否正常。

②使用中的注意事项

a. 操作时,将机具置于被调整的两根钢轨接头处,使轨缝位于前夹具体和后夹具体之间。

b. 向下扳动夹具体上的操作手摇把,使夹具体落在钢轨上。

c. 顺时针旋紧回油阀,用操纵杆摇动油泵摇杆,使液压油输入工作油缸中,当活塞伸长20 mm 后,斜铁则可夹住钢轨,继续摇动操纵杆就能达到调整轨缝的目的。

d. 每次调整轨缝完毕应按逆时针方向先旋开回油阀,然后向上扳动手摇把松开斜铁,使工作油缸活塞在拉簧的作用下复位,即完成一次工作循环。

e. 使用中,应防止冲击和碰撞,工作中摇动摇把不可用力过猛。

③使用后的操作

作业完成后,向上扳动各夹具体上的手摇把,通过棘爪将走行轮落在钢轨面上,推行至下一轨缝处或整机下道。

(2)保养注意事项

①需保持整个机具的清洁干净,加入对应牌号的适量机械油。加油时应注意排出工作缸内的空气,以防止液压系统中出现气泡。

②油箱内设有溢流阀,其压力在出厂前已调整至 52 MPa,当负载过大时,溢流阀自动卸荷,以保证机具使用安全。经过维修保养后需对溢流阀压力进行校验。

③本机型为液压系统机具,零部件配合精度较高,在运输和使用过程中难免有污物进入机内,一般常见故障为油泵失灵,可将压力表丝堵旋下,压出油泵,排出旧油,然后在油箱中加入清洗用油,用同样的方法将油路清洗干净后再加入新油。

5. YTF-400 型液压轨缝调整器常见故障及排除方法

YTF-400 型液压轨缝调整器常见故障及排除方法见表 11-11。

表 11-11　YTF-400 型液压轨缝调整器常见故障及排除方法

故障现象	产生原因	排除方法
油缸不工作或爬行	(1)活塞密封圈失效; (2)回油阀未拧紧或有污物; (3)油泵阀座的单向阀存有污物,使球阀不能密封; (4)油泵柱塞和油泵套严重磨损间隙过大; (5)溢流阀内有污物,导致溢流阀密封不严	(1)更换密封圈; (2)拧紧回油阀或清洗; (3)解体清洗; (4)更换新件; (5)清洗溢流阀
工作油缸与连接头或连接头与夹具体螺纹连接处漏油	螺纹松动或胶圈老化	如果紧固螺纹失效,可换橡胶密封圈
夹不住钢轨,作业时斜铁与钢轨之间产生滑动	斜铁齿过度磨损	更换斜铁
推力不足又无外泄	(1)油泵阀体螺纹连接处松动; (2)溢流阀弹簧产生塑性变形; (3)溢流阀钢珠有污物	(1)用扳手紧固各连接件; (2)调整溢流阀或更换弹簧; (3)清洗

八、内燃螺栓扳手

轨道螺栓的松紧是扣件螺栓涂油、应力放散、线路铺设、钢轨更换等线路作业中涉及的一项单调、繁重的劳动,利用内燃螺栓扳手进行轨道螺栓的松、紧作业,螺栓的紧固强度可以得到保证,大大降低了劳动强度,效率明显提高。NLB-600 型内燃螺栓扳手适用于铁路线路轨枕螺栓的旋松和紧固作业。本机型为双套筒同时作业,具有冲击力大、控制集中、扭矩可调、操作携带方便、工作效率高的特点。

1. NLB-600 型内燃螺栓扳手的主要结构

NLB-600 型内燃螺栓扳手主要由发动机、变速箱、机架、工作套筒操纵机构、换向操纵机构、行走装置及调节机构、工作套筒及照明灯辅助装置等组成,如图 11-11 所示。

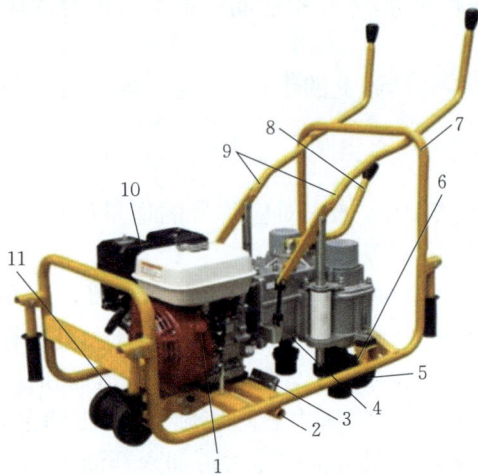

1—发动机开关;2—辅助支撑插座;3—工作套筒照明灯;4—变速箱放油螺栓;5—工作套筒;6—后走行轮及调节装置;
7—机架;8—换向操纵杆;9—工作套筒操纵杆;10—汽油机;11—前走行轮及调节装置。

图 11-11　NLB-600 型内燃螺栓扳手主要结构

(1)发动机

NLB-600 型内燃螺栓扳手采用本田 GX160H1 型发动机作为动力。

(2)变速箱

变速箱是实现将汽油机输入的高转速转变为输出的低转速,并可对输出轴的旋转方向进行频繁换向的装置。变速箱主要由箱盖、箱体、操纵手柄、拨头、结合子、上大锥齿轮、下大锥齿轮、小锥齿轮轴、花键轴等部件组成。

(3)行走装置

行走装置分为钢轨走行轮和地面走行轮两部分。当在钢轨上走行时,机架可根据需要水平旋转角度。碰到道岔、道口时,地面走行轮可向上收起,可以顺利通过道岔、道口等。

(4)工作套筒

套筒为八螺栓槽,上端固定在丁字轴的下端,工作时将螺栓槽套在螺栓上,实现对螺栓的紧固与松开。

2. NLB-600 型内燃螺栓扳手的工作原理

NLB-600 型内燃螺栓扳手由汽油机作为动力,经过直齿轮和圆弧伞齿轮进行减速,通过拨叉进行换向,将扭矩传递到扭矩限制器上,将设定好的扭矩传递给主轴套筒用以实现松、紧螺栓的目的。

3. NLB-600 型内燃螺栓扳手的主要技术参数

NLB-600 型内燃螺栓扳手的主要技术参数见表 11-12。

表 11-12　NLB-600 型内燃螺栓扳手主要技术参数

汽油机额定功率	4 kW
汽油机转速	1 800 r/min
主轴转速	122 r/min
套筒数量	2 个
套筒中心距	214 mm±0.5 mm
旋紧扭矩可调范围	80～200 N·m
最大旋松扭矩	≥600 N·m
出厂旋松扭矩	180 N·m
工作效率	≥10 个/min
外形尺寸	900 mm×500 mm×1 025 mm
整机质量	90 kg

4. NLB-600 型内燃螺栓扳手使用及保养注意事项

（1）使用注意事项

①使用前的检查

a. 使用前必须对各部分进行检查，确认状态良好，紧急下道装置有效。机器有故障而未排除时，严禁上道作业。

b. 检查润滑油及燃油是否充足，不足时应及时补充，严禁使用不合格的汽油、机油。

c. 机器启动后应怠速运转 2～3 min，待各部运转正常后，方可上道作业。

②使用中的注意事项

a. 在无缝线路作业中采用流水作业，并按作业轨温条件办理，及时拧紧螺栓，当日收工前再拧紧一遍，使扭力符合要求。

b. 在作业中机器出现故障时，应及时下道，将机器放置在铁路安全限界以外，禁止在线路上维修机器。

c. 当轨枕螺母与螺母套筒卡帽时，应及时将套筒销拉出，上抬套筒操纵杆使机器脱离螺母套筒，再将机器迅速抬到安全限界以外进行处理。

③作业完毕后的注意事项

a. 作业完毕后，应先将汽油机转速降低到怠速，然后再熄火，机器抬下道后不得侵入铁路安全限界。

b. 对作业后的轨枕螺栓扣压拧紧扭矩进行抽检，确保行车安全。

（2）保养注意事项

①内燃螺栓扳手是一种长时间承受强烈冲击的机具，使用过程中一些连接件的螺栓可能会发生松动，每次使用前、作业后均应检查并复紧。

②减速箱齿轮采用润滑脂进行润滑，每使用 50 h 或每月定时补充润滑脂，以确保性能良好。

③传动轴、换向手柄的偏心套每周检查并加注润滑脂一次，保持清洁。

④走行轮的滚动轴承每两个月检修一次,确保运行自如。

5. NLB-600 型内燃螺栓扳手常见故障及排除方法

NLB-600 型内燃螺栓扳手常见故障及排除方法见表 11-13。

表 11-13　NLB-600 型内燃螺栓扳手常见故障及排除方法

故障现象	产生原因	排除方法
换向操纵杆自动脱挡或换挡困难	钢球压缩弹簧压力过小或过大	调整螺杆重新调整弹簧压力
漏油	(1)密封件磨损或密封面损伤; (2)密封面的密封胶没涂抹好; (3)箱体内有气孔、砂眼等铸造缺陷	(1)更换密封圈; (2)重新涂抹密封胶; (3)用密封胶堵漏
螺母套筒容易卡帽	(1)螺母套筒的内六方已经严重磨损; (2)轨枕螺母严重锈蚀和磨损	(1)更换螺母套筒; (2)更换轨枕螺母
扭矩变化	(1)输出轴总成处的离合器分离斜面,缺少润滑油,润滑不良; (2)离合器摩擦面配合不好; (3)扭矩调整螺母未锁紧,导致弹簧压力变化,引起扭矩变化; (4)扭矩弹簧已经疲劳变形无力; (5)扭矩弹簧加压到下限,产生扭矩仍然小,离合器已严重磨损	(1)应加油或换油; (2)进行小拧紧扭矩运转,磨合上下离合器摩擦面; (3)将扭矩调整螺母与上部的锁紧薄螺母相互锁紧; (4)更换扭矩弹簧; (5)更换上、下离合器
变速箱内异响	(1)箱内零件出现松脱或损坏; (2)部分零件严重磨损,间隙太大	(1)检查、修理或更换零件; (2)检查、修理或更换零件
运动中断	(1)传递运动的零件如平键、齿轮等损坏; (2)齿轮松脱; (3)换向离合套未真正挂上挡	(1)更换平键及相关零件; (2)重新装配调整有关部位并紧固; (3)检查、调整、修理或更换零件

随着技术不断更新,低碳减排等技术更新,目前小型养路机具逐步在向电动力转化转变,锂电小型养路机械具有噪声小,功率大,效率高等特点,也是今后的发展趋势。

第十二章 轨道电路基本知识

第一节 轨道电路结构

轨道电路是铁路信号自动控制的基础设施。利用轨道电路能够自动检测列车、车辆的地点,控制信号机的显示;轨道电路能够将地面信号传达给机车,进而能够控制列车运转。轨道电路是以铁路线路的两根钢轨作为导体,两头进行电气绝缘或电气切割,并接上送电和受电设备构成的电路。

当两根钢轨完整,且无车占用,即轨道电路空闲时,电流通过两根钢轨和轨道继电器,使轨道继电器吸起,前接点闭合,信号开放。当列车占用轨道电路时,电流通过机车车辆轮对,轨道电路被分路。由于轮对电阻比轨道继电器电阻小得多,使电源输出电流显著加大,限流电阻上的压降随之增加,两根钢轨间的电压降低,流经轨道继电器的电流减少到它的落下值,使轨道继电器落下,后接点闭合,信号关闭。同时,当轨道电路发生断轨、断线时,同样会使轨道继电器落下。

一、25 Hz 相敏轨道电路的组成及原理

25 Hz 相敏轨道电路是适用于电力牵引区段或非电力牵引区段的一种站内轨道电路制式。

25 Hz 相敏轨道电路主要由轨道电源、发送设备、接收设备以及连接室内外设备的电缆等组成。发送设备、接收设备因制式不同,设备布置有所不同,有全部安装在室外轨旁的,有部分装在室内部分装在室外的,有全部装在室内的。25 Hz 相敏轨道电路如图 12-1 所示。

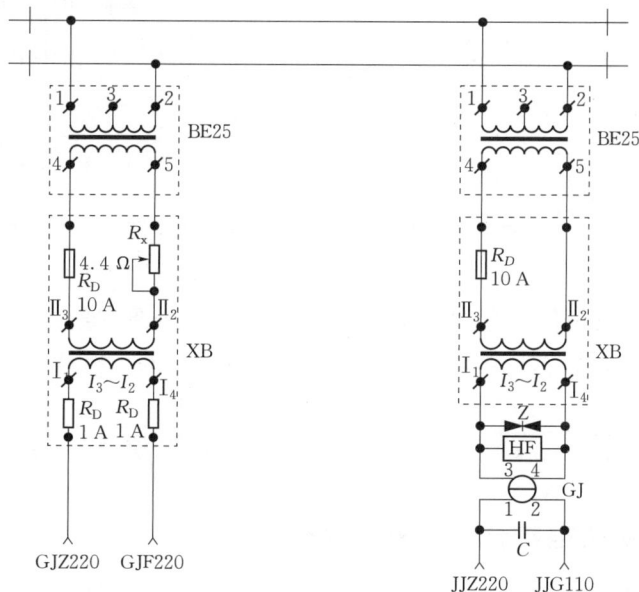

图 12-1　25 Hz 相敏轨道电路

连接发送设备的一端叫作送电端,用于把轨道电源(信号)送到钢轨上。25 Hz 相敏轨道电路送电端包括轨道电路电源、熔断器、轨道变压器、限流电阻、扼流变压器等设备。

连接接收设备的一端叫作受电端,用于根据接收到的轨道信号动作轨道继电器 GJ。25 Hz 相敏轨道电路受电端包括扼流变压器、熔断器、轨道变压器等室外设备,防护盒、轨道继电器、防雷补偿器、局部电源等室内设备。

二、ZPW-2000 系列轨道电路的组成及原理

ZPW-2000A 无绝缘轨道电路由主轨道和小轨道两部分组成,如图 12-2 所示。

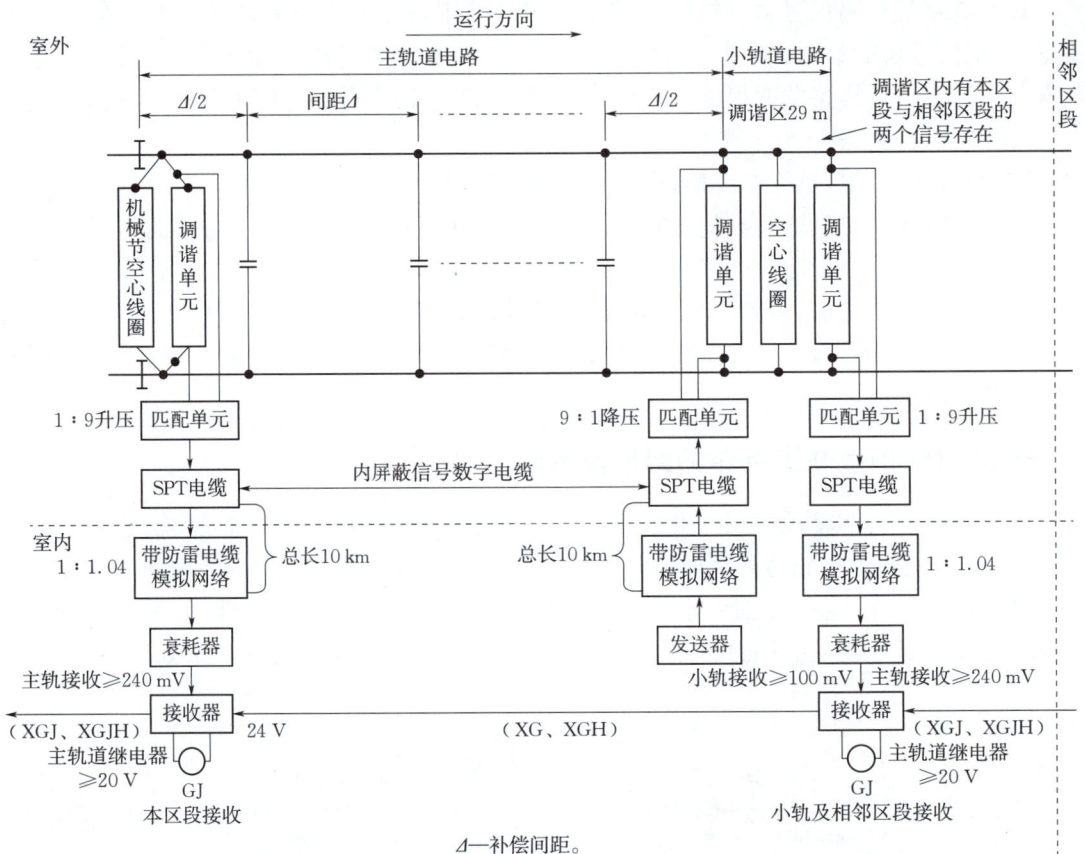

图 12-2　ZPW-2000A 无绝缘轨道电路

本区段主轨道的状态信息通过本区段接收器处理。

本区段小轨道的状态信息通过前方相邻区段接收器处理,通过小轨道检查条件(XG、XGH)送回本区段接收器后,成为本区段小轨道检查条件(XGJ、XGJH)。

第二节　轨道电路区段作业配合

一、钢轨绝缘等工电结合部设备管理分工

(1)分体式绝缘接头夹板及其螺栓等有关线路强度的金属部分由工务负责维护,其保证

电气特性的绝缘部分由电务负责维护。工务、电务发现绝缘接头不良需分解检查或更换时，应通知对方联合整治。

（2）胶接绝缘接头、轨距杆、地锚拉杆由工务负责维护，其保证电气特性的绝缘部分由电务负责测试，测试发现绝缘部分存在问题时由工务负责维修。工务、电务发现绝缘接头不良时，通知对方配合作业。

（3）工务段牵头、电务段配合，每月对钢轨绝缘接头、轨距杆、地锚拉杆、道岔连接杆等设备进行检查，电务段应按周期测试绝缘性能。发现绝缘阻值低于预警值时，工务、电务应及时进行联合检查、处置。每年春秋季应按照集团公司安排，工务、电务组成联合调查小组开展绝缘接头专项排查整治活动。

（4）工务、电务应加强轨道绝缘接头的日常检查养护，及时打磨绝缘接头前后 50 m 范围内的钢轨剥离掉块病害，位于半径≤500 m 曲线的正线胶接绝缘接头应逐步纳入改造，消除胶接绝缘接头搭接金属异物导致的红光带隐患。

（5）发生牵引回流击穿胶接绝缘接头，工务、电务、供电应联合分析击穿原因。如同一区段反复发生绝缘击穿，工务、电务、供电应联合开展原因排查。工务负责检查分割绝缘设备状态；电务负责检查分割绝缘电气特性，清理牵引回流通道是否畅通；供电负责排查吸上线、回流线、回所通道状态是否良好。

（6）轨道电路区段内道床整治及施工作业时，应确保道床清洁、排水良好。因道床泄漏造成轨道电路电气特性变化，工电双方应联合开展整治。

（7）工务部门在安装轨距拉杆、地锚拉杆等设备前，应提前与电务部门联系，做好绝缘性能测试并记录，测试绝缘性能达标后方可安装上道。轨距拉杆、地锚拉杆不得安装在轨道电路引入线处。

二、在集中联锁车站的联锁区内更换钢轨和道岔

（1）工务部门在车站集中联锁区内更换基本轨、尖轨、叉心及重伤轨前，须对钢轨进行除锈处理。需机车压道除锈时，由工务部门提出，车务部门负责安排。

（2）工务部门在车站集中联锁区更换道岔和钢轨后，信号部门应立即测试轨道电路分路残压值，发现残压超标时，要及时通知工务施工负责人，并在行车设备检查登记簿内进行登记，工务施工部门签认，由工务施工部门进行处理。车务部门按行车设备检查登记簿内登记的要求办理行车。

（3）工务部门在驼峰及峰尾自动集中的轨道电路区段、减速器区段、测长区段内更换道岔和钢轨前，须对钢轨进行除锈处理。在驼峰及峰尾自动集中的轨道电路区段、减速器区段、测长区段内更换道岔和钢轨后，电务部门应立即测试轨道电路分路残压或分路直流电流值，检查确认轨道电路分路作用是否良好并签认。如分路不良，电务部门应立即在行车设备检查登记簿内进行登记，工务部门签认并及时处理。进路控制须由自动改为手动控制，手动控制期间，信号、工务人员须在场值守，待轨道电路分路作用良好，经电务人员确认轨道电路分路作用良好并销记后，方准进路控制改为自动控制方式。

三、自动闭塞区段（不包括计轴自动闭塞）的区间内更换钢轨

（1）工务部门在区间内更换钢轨后，电务部门应立即测试轨道电路分路残压值，发现残

压超标时,及时通知工务施工负责人,并在行车设备检查登记簿内进行登记,施工部门签认并立即组织处理(需压道除锈时,由工务部门提出,车务部门安排)。

(2)区间内更换钢轨后,如闭塞分区轨道电路分路不良,经电务部门在行车设备检查登记簿内登记后,列车调度员应按站间掌握行车,CTC区段按非常站控办理。按站间开行列车期间,电务、工务人员须在车站(调度所)值守,并实行每过一列车进行一次现场测试,经电务人员测试轨道电路分路作用良好,并销记后才能恢复正常行车。

第三节　轨道电路区段作业要求及注意事项

一、钢轨绝缘处的整治标准

(1)绝缘接头处应使用厂制标准长度的钢轨,使用非标准长度的钢轨时,应将厂制端放在绝缘接头一侧。

(2)接头处轨枕无失效,扣件应保持齐全,作用良好。

(3)装有钢轨绝缘处的轨缝宽度:胶接绝缘应保持 6 mm,分体绝缘应保持 6～15 mm。轨缝两端钢轨轨头部位应保持平顺,高低相差不大于 2 mm,无低塌接头和轨面错牙、接头肥边。

(4)接头处道床应经常保持饱满、均匀、排水良好,无翻浆冒泥。

(5)正线上的绝缘接头必须采用高强度螺栓及高强度钢平垫紧固件。

(6)高强度绝缘接头应采用符合标准的绝缘接头夹板和紧固件,无毛刺及凹凸不平缺陷。

(7)高强度绝缘接头螺栓应从钢轨两侧交叉配置,不得从一侧安装,安装后确保扭矩不小于 700 N·m。

(8)绝缘拉杆、尖轨连接杆的绝缘性能良好,安装状况良好,绝缘拉杆无接触轨底导致导电的现象。

二、联合作业的基本要求

(1)双方在联合作业时,工务、电务车间根据批复的天窗计划组织联合协同作业,工务为主体的联合作业由工务指派作业负责人,电务为主体的联合作业由电务指派作业负责人,工务、电务作业人员组成联合作业小组,小组成员听从负责人的统一指挥。

(2)施工中必须严格执行各项安全生产制度和作业纪律,落实作业标准,加强质量验收和考核,确保作业效率和作业质量。工电联整道岔作业时由施工主体负责登销记,按规定设置现场防护人员。联合作业完毕,由双方现场联合检修作业小组成员共同验收,共同确认放行列车条件。

(3)联合整治过的结合部设备,工电双方要通过监测、动态检测及现场检查等手段对设备状态进行跟踪,分析变化规律,掌握后续的调整、整治经验与方法,实现设备质量动态可控、常态达标。

第十三章 电气化铁路基本知识

第一节 电气化铁路知识

一、电气化铁路

电气化铁路是运用电力作为牵引动力的铁路。电力牵引是用固定电源的电能,通过电力机车上的牵引电动机的旋转和齿轮转动,驱使列车在轨道上前进。

二、接 触 网

接触网是电气化铁路的动脉。在电气化铁路上,沿着铁路线旁边,架设一排支柱,或通过软横跨、硬横跨线路两侧,以一定的悬挂形式将接触网直接架设在铁路线路的上方。电力机车顶上的受电弓,就是通过与它接触而获得电能,牵引列车运行。

第二节 电气化铁路线路作业规定

一、电气化铁路线路作业规定

在电气化铁路线路上作业,应遵守以下规定。

(1)起道作业时,两股钢轨同时起道时,一次作业起道量不得超过 30 mm,且两股钢轨起道量相差不得超过 11 mm;调整曲线超高时,单股起道量不得超过 11 mm。起道量超出上述规定时,应事先通知供电单位调查确认接触网设备调整工作量并配合作业。起道后轨面高度超出原轨面标准线 30 mm 时,由工务、供电部门共同确认,并由铁路局集团公司批准。起道作业时,隧道、穿式桁架桥和拱桥、斜拉桥、悬索桥应满足建筑限界要求。

(2)拨道作业时,线路中心位移一次不得超过 30 mm,一侧拨道量年累计不得大于 120 mm,并满足建筑限界和线间距要求。拨道量超出上述规定时,应事先通知供电单位调查确认,满足调整要求后方可作业。桥梁上线路一侧拨道量年累计不得大于 60 mm,且线路中心与桥梁中心的偏差值符合以下要求:线路允许速度 $v_{max} \leqslant 120$ km/h 地段,钢梁不得大于 50 mm,圬工梁不得大于 70 mm;线路允许速度 120 km/h$<v_{max}<$200 km/h 地段,钢梁、圬工梁不得大于 50 mm。

(3)清除危石、爆破作业可能影响接触网及行车安全时,应有供电单位人员配合;有碍接触网及行车安全时,应先停电后作业。

二、自动闭塞的电气化区段换轨作业规定

1. 在同一地点同时更换两股钢轨时,无论该地段接触网是否停电,换轨前必须在被换

钢轨两端的左右轨节间横向各设一条截面不小于 70 mm² 的铜导线,在被换一股钢轨两端轨节间纵向安装一条截面不小于 70 mm² 的铜导线。铜导线两端用夹子牢固夹持在相邻的轨底上,夹持位置应除锈,如图 13-1 所示。作业完毕后方准拆除接地线和铜导线。

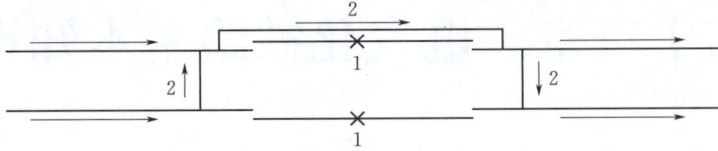

1—被更换钢轨;2—铜导线。

图 13-1　在同一地点同时更换两股钢轨时,铜导线安装位置

2. 更换一股钢轨时,换轨前应在被换钢轨两端的左右轨节间横向各设一条截面不小于 70 mm² 的铜导线,用夹子牢固夹持在相邻的轨底上,夹持位置应除锈,如图 13-2(a)所示。或换轨前应在被换钢轨两端轨节间纵向安设一条截面不小于 70 mm² 的铜导线。铜导线两端牢固夹持在相邻的轨底上,夹持位置应除锈,如图 13-2(b)所示。作业完毕后方准拆除铜导线。

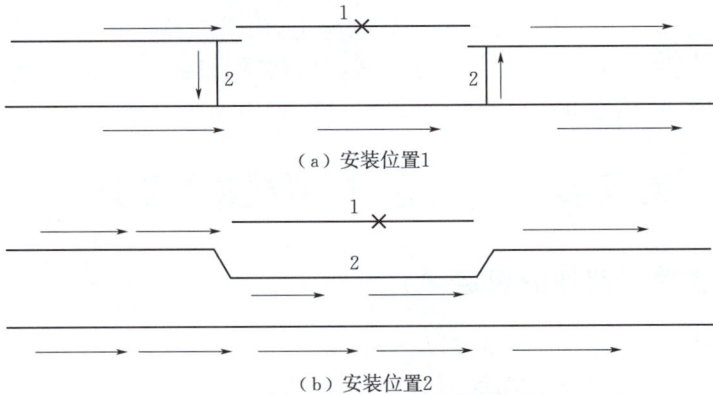

（a）安装位置1

（b）安装位置2

1—被更换钢轨;2—铜导线。

图 13-2　更换一股钢轨时,铜导线安装位置

三、非自动闭塞的电气化区段换轨作业规定

1. 在同一地点同时更换两股钢轨时,无论该地段接触网是否停电,换轨前必须在被换钢轨两端轨节间纵向各设一条截面不小于 70 mm² 的铜导线。铜导线两端牢固夹持在相邻的轨底上,夹持位置应除锈,如图 13-3 所示。作业完毕后方准拆除接地线和铜导线。

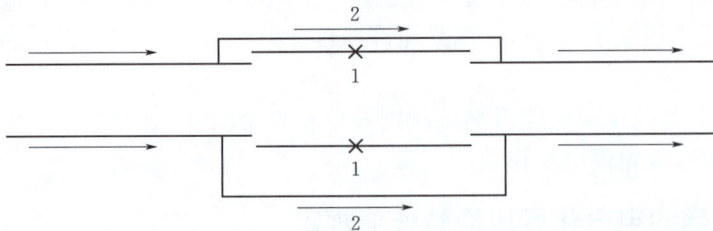

1—被更换钢轨;2—铜导线。

图 13-3　在同一地点同时更换两股钢轨时,铜导线安装位置

2.更换一股钢轨时,换轨前应在被换钢轨两端轨节纵向安设一条截面不小于 70 mm^2 的铜导线。导线两端牢固夹持在相邻的轨底上,夹持位置应除锈,如图 13-4 所示。作业完毕后方准拆除铜导线。

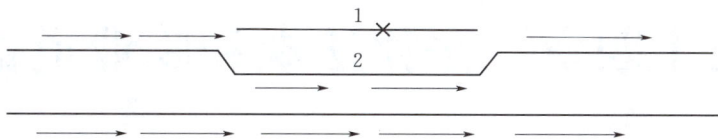

1—被更换钢轨;2—铜导线。

图 13-4　更换一股钢轨时,铜导线安装位置

四、其他作业要求

(1)成组更换道岔按照自动闭塞区段同一地点同时更换两股钢轨办理。施工单位必须提前通知电务等单位配合,更换完毕必须经电务人员检查符合要求后,方准撤除临时安全设施。

(2)更换钢轨需拆装扼流变钢轨引线时,应有电务单位现场配合,拆装作业由电务人员完成;未设置好分路电缆之前,不得将扼流变钢轨引线从钢轨上拆开;如需拆开扼流变吸上线时,还应有供电单位配合。

(3)在站内更换钢轨或夹板时,铜导线的连接方法,必须考虑轨道电路和车站作业的要求。可使用钢轨替代纵向铜导线。

(4)更换带有吸上线的钢轨,必须先通知供电单位采取安全措施后,方准作业。

(5)线路作业必须保持电气化及信号装置的接地线与轨端连接线的正常连接。

①如需临时拆除接触网支柱地线连接线时,应在供电单位配合下,采取相应的安全措施后方准开工;作业完毕后应及时恢复其可靠连接,经供电单位确认后方准结束作业。

②如需临时拆除与贯通地线的连接时,应在电务单位配合下,采取相应的安全措施后方准开工;作业完毕后应及时恢复与贯通地线的可靠连接,经电务单位确认后方准结束作业。

③如需临时拆除其他与贯通地线连接的接地线时,应在该接地线所属单位的配合下,采取相应的安全措施后方准开工;作业结束后应及时恢复接地线,并经该接地线所属单位确认后方准结束作业。

④V 形天窗,严禁拆除与贯通地线连接的各种接地线。

五、大型养路机械或工程机械作业要求

大型养路机械或工程机械作业,如不超出机车车辆上部限界,且作业人员所持机具、物品与接触网带电部分保持 2 m 以上距离时,接触网可不停电,不符合上述条件时,由供电单位按照规定办理停电手续并做好安全防护措施后,方可作业。使用大修列车、路基处理车在电气化区段作业时,接触网必须停电。

六、作业工具要求

在轨道电路区段天窗点外作业时,必须防止作业连电,应遵守以下规定:

(1)养路工机具、轨距尺等,均必须具有与轨道电路的绝缘装置。

(2)取放工具、抬运金属料具时,不得搭接两股钢轨、绝缘接头、引入线或轨距杆等。

第十四章　法律法规和职业道德

第一节　法律法规

一、《中华人民共和国安全生产法》相关知识

1. 总　则

(1)安全生产工作坚持中国共产党的领导。

安全生产工作应当以人为本,坚持人民至上、生命至上,把保护人民生命安全摆在首位,树牢安全发展理念,坚持安全第一、预防为主、综合治理的方针,从源头上防范化解重大安全风险。

安全生产工作实行管行业必须管安全、管业务必须管安全、管生产经营必须管安全,强化和落实生产经营单位主体责任与政府监管责任,建立生产经营单位负责、职工参与、政府监管、行业自律和社会监督的机制。

(2)生产经营单位的从业人员有依法获得安全生产保障的权利,并应当依法履行安全生产方面的义务。

(3)国家实行生产安全事故责任追究制度,依照本法和有关法律、法规的规定,追究生产安全事故责任单位和责任人员的法律责任。

2. 生产经营单位的安全生产保障

(1)生产经营单位应当对从业人员进行安全生产教育和培训,保证从业人员具备必要的安全生产知识,熟悉有关的安全生产规章制度和安全操作规程,掌握本岗位的安全操作技能,了解事故应急处理措施,知悉自身在安全生产方面的权利和义务。未经安全生产教育和培训合格的从业人员,不得上岗作业。

生产经营单位使用被派遣劳动者的,应当将被派遣劳动者纳入本单位从业人员统一管理,对被派遣劳动者进行岗位安全操作规程和安全操作技能的教育和培训。劳务派遣单位应当对被派遣劳动者进行必要的安全生产教育和培训。

生产经营单位接收中等职业学校、高等学校学生实习的,应当对实习学生进行相应的安全生产教育和培训,提供必要的劳动防护用品。学校应当协助生产经营单位对实习学生进行安全生产教育和培训。

生产经营单位应当建立安全生产教育和培训档案,如实记录安全生产教育和培训的时间、内容、参加人员以及考核结果等情况。

(2)生产经营单位应当在有较大危险因素的生产经营场所和有关设施、设备上,设置明显的安全警示标志。

(3)生产经营单位进行爆破、吊装、动火、临时用电以及有关部门规定的其他危险作业,应当安排专门人员进行现场安全管理,确保遵守操作规程和落实安全措施。

（4）生产经营单位必须为从业人员提供符合国家标准或者行业标准的劳动防护用品,并监督、教育从业人员按照使用规则佩戴、使用。

（5）两个以上生产经营单位在同一作业区域内进行生产经营活动,可能危及对方生产安全的,应当签订安全生产管理协议,明确各自的安全生产管理职责和应当采取的安全措施,并指定专职安全生产管理人员进行安全检查与协调。

3. 从业人员的安全生产权利义务

（1）生产经营单位的从业人员有权了解其作业场所和工作岗位存在的危险因素、防范措施及事故应急措施,有权对本单位的安全生产工作提出建议。

（2）从业人员有权对本单位安全生产工作中存在的问题提出批评、检举、控告;有权拒绝违章指挥和强令冒险作业。生产经营单位不得因从业人员对本单位安全生产工作提出批评、检举、控告或者拒绝违章指挥、强令冒险作业而降低其工资、福利等待遇或者解除与其订立的劳动合同。

（3）从业人员发现直接危及人身安全的紧急情况时,有权停止作业或者在采取可能的应急措施后撤离作业场所。生产经营单位不得因从业人员在前款紧急情况下停止作业或者采取紧急撤离措施而降低其工资、福利等待遇或者解除与其订立的劳动合同。

（4）从业人员在作业过程中,应当严格落实岗位安全责任,遵守本单位的安全生产规章制度和操作规程,服从管理,正确佩戴和使用劳动防护用品。

（5）从业人员应当接受安全生产教育和培训,掌握本职工作所需的安全生产知识,提高安全生产技能,增强事故预防和应急处理能力。

（6）从业人员发现事故隐患或者其他不安全因素,应当立即向现场安全生产管理人员或者本单位负责人报告;接到报告的人员应当及时予以处理。

（7）生产经营单位使用被派遣劳动者的,被派遣劳动者享有本法规定的从业人员的权利,并应当履行本法规定的从业人员的义务。

4. 安全生产的监督管理

（1）应急管理部门和其他负有安全生产监督管理职责的部门依法开展安全生产行政执法工作,对生产经营单位执行有关安全生产的法律、法规和国家标准或者行业标准的情况进行监督检查,行使以下职权:

①进入生产经营单位进行检查,调阅有关资料,向有关单位和人员了解情况。

②对检查中发现的安全生产违法行为,当场予以纠正或者要求限期改正;对依法应当给予行政处罚的行为,依照本法和其他有关法律、行政法规的规定作出行政处罚决定。

③对检查中发现的事故隐患,应当责令立即排除;重大事故隐患排除前或者排除过程中无法保证安全的,应当责令从危险区域内撤出作业人员,责令暂时停产停业或者停止使用相关设施、设备;重大事故隐患排除后,经审查同意,方可恢复生产经营和使用。

④对不符合保障安全生产的国家标准或者行业标准的设施、设备、器材以及违法生产、储存、使用、经营、运输的危险物品予以查封或者扣押,对违法生产、储存、使用、经营危险物品的作业场所予以查封,并依法作出处理决定。监督检查不得影响被检查单位的正常生产经营活动。

（2）生产经营单位对负有安全生产监督管理职责的部门的监督检查人员（以下统称安全生产监督检查人员）依法履行监督检查职责,应当予以配合,不得拒绝、阻挠。

（3）负有安全生产监督管理职责的部门依法对存在重大事故隐患的生产经营单位作出停产停业、停止施工、停止使用相关设施或者设备的决定，生产经营单位应当依法执行，及时消除事故隐患。生产经营单位拒不执行，有发生生产安全事故的现实危险的，在保证安全的前提下，经本部门主要负责人批准，负有安全生产监督管理职责的部门可以采取通知有关单位停止供电、停止供应民用爆炸物品等措施，强制生产经营单位履行决定。通知应当采用书面形式，有关单位应当予以配合。

负有安全生产监督管理职责的部门依照前款规定采取停止供电措施，除有危及生产安全的紧急情形外，应当提前 24 h 通知生产经营单位。生产经营单位依法履行行政决定、采取相应措施消除事故隐患的，负有安全生产监督管理职责的部门应当及时解除前款规定的措施。

（4）任何单位或者个人对事故隐患或者安全生产违法行为，均有权向负有安全生产监督管理职责的部门报告或者举报。

因安全生产违法行为造成重大事故隐患或者导致重大事故，致使国家利益或者社会公共利益受到侵害的，人民检察院可以根据民事诉讼法、行政诉讼法的相关规定提起公益诉讼。

5. 生产安全事故的应急救援与调查处理

（1）生产经营单位发生生产安全事故后，事故现场有关人员应当立即报告本单位负责人。单位负责人接到事故报告后，应当迅速采取有效措施，组织抢救，防止事故扩大，减少人员伤亡和财产损失，并按照国家有关规定立即如实报告当地负有安全生产监督管理职责的部门，不得隐瞒不报、谎报或者迟报，不得故意破坏事故现场、毁灭有关证据。

（2）有关地方人民政府和负有安全生产监督管理职责的部门的负责人接到生产安全事故报告后，应当按照生产安全事故应急救援预案的要求立即赶到事故现场，组织事故抢救。参与事故抢救的部门和单位应当服从统一指挥，加强协同联动，采取有效的应急救援措施，并根据事故救援的需要采取警戒、疏散等措施，防止事故扩大和次生灾害的发生，减少人员伤亡和财产损失。事故抢救过程中应当采取必要措施，避免或者减少对环境造成的危害。任何单位和个人都应当支持、配合事故抢救，并提供一切便利条件。

（3）任何单位和个人不得阻挠和干涉对事故的依法调查处理。

6. 法律责任

（1）生产经营单位的其他负责人和安全生产管理人员未履行本法规定的安全生产管理职责的，责令限期改正，处一万元以上三万元以下的罚款；导致发生生产安全事故的，暂停或者吊销其与安全生产有关的资格，并处上一年年收入百分之二十以上百分之五十以下的罚款；构成犯罪的，依照刑法有关规定追究刑事责任。

（2）两个以上生产经营单位在同一作业区域内进行可能危及对方安全生产的生产经营活动，未签订安全生产管理协议或者未指定专职安全生产管理人员进行安全检查与协调的，责令限期改正，处五万元以下的罚款，对其直接负责的主管人员和其他直接责任人员处一万元以下的罚款；逾期未改正的，责令停产停业。

（3）生产经营单位与从业人员订立协议，免除或者减轻其对从业人员因生产安全事故伤亡依法应承担的责任的，协议无效；对生产经营单位的主要负责人、个人经营的投资人处二万元以上十万元以下的罚款。

（4）生产经营单位的从业人员不落实岗位安全责任，不服从管理，违反安全生产规章制度或者操作规程的，由生产经营单位给予批评教育，依照有关规章制度给予处分；构成犯罪的，依照刑法有关规定追究刑事责任。

（5）违反本法规定，生产经营单位拒绝、阻碍负有安全生产监督管理职责的部门依法实施监督检查的，责令改正；拒不改正的，处二万元以上二十万元以下的罚款；对其直接负责的主管人员和其他直接责任人员处一万元以上二万元以下的罚款；构成犯罪的，依照刑法有关规定追究刑事责任。

（6）生产经营单位违反本法规定，被责令改正且受到罚款处罚，拒不改正的，负有安全生产监督管理职责的部门可以自作出责令改正之日的次日起，按照原处罚数额按日连续处罚。

（7）生产经营单位发生生产安全事故造成人员伤亡、他人财产损失的，应当依法承担赔偿责任；拒不承担或者其负责人逃匿的，由人民法院依法强制执行。生产安全事故的责任人未依法承担赔偿责任，经人民法院依法采取执行措施后，仍不能对受害人给予足额赔偿的，应当继续履行赔偿义务；受害人发现责任人有其他财产的，可以随时请求人民法院执行。

二、《中华人民共和国铁路法》相关知识

《中华人民共和国铁路法》所称的铁路包括国家铁路、地方铁路、专用铁路和铁路专用线。国家铁路是指由国务院铁路主管部门管理的铁路；地方铁路是指由地方人民政府管理的铁路；专用铁路是指由企业或者其他单位管理，专为本企业或者本单位内部提供运输服务的铁路；铁路专用线是指由企业或者其他单位管理的与国家铁路或者其他铁路线路接轨的岔线。

公民有爱护铁路设施的义务。禁止任何人破坏铁路设施，扰乱铁路运输的正常秩序。

1. 铁路安全与保护

（1）铁路运输企业必须加强对铁路的管理和保护，定期检查、维修铁路运输设施，保证铁路运输设施完好，保障旅客和货物运输安全。

（2）在铁路线路和铁路桥梁、涵洞两侧一定距离内，修建山塘、水库、堤坝，开挖河道、干渠，采石挖砂，打井取水，影响铁路路基稳定或者危害铁路桥梁、涵洞安全的，由县级以上地方人民政府责令停止建设或者采挖、打井等活动，限期恢复原状或者责令采取必要的安全防护措施。在铁路线路上架设电力、通信线路，埋置电缆、管道设施，穿凿通过铁路路基的地下坑道，必须经铁路运输企业同意，并采取安全防护措施。违反规定的，给铁路运输企业造成损失的单位或者个人，应当赔偿损失。

（3）对损毁、移动铁路信号装置及其他行车设施或者在铁路线路上放置障碍物的，铁路职工有权制止，可以扭送公安机关处理。

（4）禁止偷乘货车、攀附行进中的列车或者击打列车。对偷乘货车、攀附行进中的列车或者击打列车的，铁路职工有权制止。

（5）禁止在铁路线路上行走、坐卧。对在铁路线路上行走、坐卧的，铁路职工有权制止。

（6）禁止在铁路线路两侧 20 m 以内或者铁路防护林地内放牧。对在铁路线路两侧 20 m 以内或者铁路防护林地内放牧的，铁路职工有权制止。

（7）对聚众拦截列车或者聚众冲击铁路行车调度机构的，铁路职工有权制止；不听制止

的,公安人员现场负责人有权命令解散;拒不解散的,公安人员现场负责人有权依照国家有关规定决定采取必要手段强行驱散,并对拒不服从的人员强行带离现场或者予以拘留。

(8)对哄抢铁路运输物资的,铁路职工有权制止,可以扭送公安机关处理;现场公安人员可以予以拘留。

(9)在列车内,寻衅滋事,扰乱公共秩序,危害旅客人身、财产安全的,铁路职工有权制止,铁路公安人员可以予以拘留。

(10)因铁路行车事故及其他铁路运营事故造成人身伤亡的,铁路运输企业应当承担赔偿责任;如果人身伤亡是因不可抗力或者由于受害人自身的原因造成的,铁路运输企业不承担赔偿责任。违章通过平交道口或者人行过道,在铁路线路上行走、坐卧造成的人身伤亡,属于受害人自身的原因造成的人身伤亡。

2. 法律责任

(1)故意损毁、移动铁路行车信号装置或者在铁路线路上放置足以使列车倾覆的障碍物的,依照刑法有关规定追究刑事责任。

(2)盗窃铁路线路上行车设施的零件、部件或者铁路线路上的器材,危及行车安全,尚未造成严重后果的和造成严重后果的,依照刑法有关规定追究刑事责任。

(3)聚众拦截列车不听制止的,对首要分子和骨干分子依照刑法有关规定追究刑事责任。聚众冲击铁路行车调度机构不听制止的,对首要分子和骨干分子依照刑法有关规定追究刑事责任。

(4)聚众哄抢铁路运输物资的,对首要分子和骨干分子依照刑法有关规定追究刑事责任。铁路职工与其他人员勾结犯前款罪的,从重处罚。

(5)倒卖旅客车票数额较大的,依照刑法有关规定追究刑事责任。以倒卖旅客车票为常业的,倒卖数额巨大的或者倒卖集团的首要分子,依照刑法有关规定追究刑事责任。铁路职工倒卖旅客车票或者与其他人员勾结倒卖旅客车票的,依照刑法有关规定追究刑事责任。铁路职工利用职务之便走私的或者与其他人员勾结走私的,依照刑法有关规定追究刑事责任。

(6)铁路职工玩忽职守、违反规章制度造成铁路运营事故的,滥用职权、利用办理运输业务之便谋取私利的,给予行政处分;情节严重、构成犯罪的,依照刑法有关规定追究刑事责任。

三、《铁路安全管理条例》相关知识

1. 总　　则

(1)铁路安全管理坚持安全第一、预防为主、综合治理的方针。

(2)铁路建设、运输、设备制造维修单位的工作人员应当严格执行规章制度,实行标准化作业,保证铁路安全。

(3)禁止扰乱铁路建设、运输秩序。禁止破坏或者非法占用铁路设施设备、铁路标志和铁路用地。任何单位或者个人发现损坏或者非法占用铁路设施设备、铁路标志、铁路用地以及其他影响铁路安全的行为,有权报告铁路运输企业,或者向铁路监管部门、公安机关或者其他有关部门举报。对维护铁路安全做出突出贡献的单位或者个人,按照国家有关规定给予表彰奖励。

2. 铁路线路安全

(1)铁路线路两侧应当设立铁路线路安全保护区。铁路线路安全保护区的范围,从铁路线路路堤坡脚、路堑坡顶或者铁路桥梁(含铁路、道路两用桥,下同)外侧起向外的距离分别为:

①城市市区高速铁路为 10 m,其他铁路为 8 m;

②城市郊区居民居住区高速铁路为 12 m,其他铁路为 10 m;

③村镇居民居住区高速铁路为 15 m,其他铁路为 12 m;

④其他地区高速铁路为 20 m,其他铁路为 15 m。

(2)设计开行时速 120 km 以上列车的铁路应当实行全封闭管理。铁路建设单位或者铁路运输企业应当按照规定在铁路用地范围内设置封闭设施和警示标志。

(3)禁止在铁路线路安全保护区内烧荒、放养牲畜、种植影响铁路线路安全和行车瞭望的树木等植物。禁止向铁路线路安全保护区排污、倾倒垃圾以及其他危害铁路安全的物质。

(4)在铁路线路安全保护区内建造建筑物、构筑物等设施,取土、挖砂、挖沟、采空作业或者堆放、悬挂物品,应当征得铁路运输企业同意并签订安全协议,遵守保证铁路安全的国家标准、行业标准和施工安全规范,采取措施防止影响铁路运输安全。铁路运输企业应当派工作人员对施工现场实行安全监督。

(5)铁路线路安全保护区内既有的建筑物、构筑物危及铁路运输安全的,应当采取必要的安全防护措施;采取安全防护措施后仍不能保证安全的,依照有关法律的规定拆除。

(6)在铁路线路安全保护区及其邻近区域建造或者设置的建筑物、构筑物、设备等,不得进入国家规定的铁路建筑限界。

(7)任何单位和个人不得擅自在铁路桥梁跨越处河道上下游各 1 000 m 范围内围垦造田、拦河筑坝、架设浮桥或者修建其他影响铁路桥梁安全的设施。因特殊原因确需在前款规定的范围内进行围垦造田、拦河筑坝、架设浮桥等活动的,应当进行安全论证,负责审批的机关在批准前应当征求有关铁路运输企业的意见。

(8)架设、铺设铁路信号和通信线路、杆塔应当符合国家标准、行业标准和铁路安全防护要求。铁路运输企业、为铁路运输提供服务的电信企业应当加强对铁路信号和通信线路、杆塔的维护和管理。

(9)机动车或者非机动车在铁路道口内发生故障或者装载物掉落的,应当立即将故障车辆或者掉落的装载物移至铁路道口停止线以外或者铁路线路最外侧钢轨 5 m 以外的安全地点。无法立即移至安全地点的,应当立即报告铁路道口看守人员;在无人看守道口,应当立即在道口两端采取措施拦停列车,并就近通知铁路车站或者公安机关。

(10)在下列地点,铁路运输企业应当按照国家标准、行业标准设置易于识别的警示、保护标志:

①铁路桥梁、隧道的两端;

②铁路信号、通信光(电)缆的埋设、铺设地点;

③电气化铁路接触网、自动闭塞供电线路和电力贯通线路等电力设施附近易发生危险的地点。

(11)禁止实施下列危及铁路通信、信号设施安全的行为:

①在埋有地下光(电)缆设施的地面上方进行钻探,堆放重物、垃圾,焚烧物品,倾倒腐蚀性物质;

②在地下光(电)缆两侧各 1 m 的范围内建造、搭建建筑物、构筑物等设施;

③在地下光(电)缆两侧各 1 m 的范围内挖砂、取土;

④在过河光(电)缆两侧各 100 m 的范围内挖砂、抛锚或者进行其他危及光(电)缆安全的作业。

(12)禁止实施下列危害电气化铁路设施的行为:

①向电气化铁路接触网抛掷物品;

②在铁路电力线路导线两侧各 500 m 的范围内升放风筝、气球等低空飘浮物体;

③攀登铁路电力线路杆塔或者在杆塔上架设、安装其他设施设备;

④在铁路电力线路杆塔、拉线周围 20 m 范围内取土、打桩、钻探或者倾倒有害化学物品;

⑤触碰电气化铁路接触网。

3. 铁路运营安全

(1)铁路运输企业应当加强铁路专业技术岗位和主要行车工种岗位从业人员的业务培训和安全培训,提高从业人员的业务技能和安全意识。

(2)禁止使用无线电台(站)以及其他仪器、装置干扰铁路运营指挥调度无线电频率的正常使用。

(3)铁路运营指挥调度无线电频率受到干扰的,铁路运输企业应当立即采取排查措施并报告无线电管理机构、铁路监管部门;无线电管理机构、铁路监管部门应当依法排除干扰。

(4)禁止实施下列危害铁路运营安全的行为:

①非法拦截列车、阻断铁路运输;

②扰乱铁路运输指挥调度机构以及车站、列车的正常秩序;

③在铁路线路上放置、遗弃障碍物;

④击打列车;

⑤擅自移动铁路线路上的机车车辆,或者擅自开启列车车门、违规操纵列车紧急制动设备;

⑥拆盗、损毁或者擅自移动铁路设施设备、机车车辆配件、标桩、防护设施和安全标志;

⑦在铁路线路上行走、坐卧或者在未设道口、人行过道的铁路线路上通过;

⑧擅自进入铁路线路封闭区域或者在未设置行人通道的铁路桥梁、隧道通行;

⑨擅自开启、关闭列车的货车阀、盖或者破坏施封状态;

⑩擅自开启列车中的集装箱箱门,破坏箱体、阀、盖或者施封状态;

⑪擅自松动、拆解、移动列车中的货物装载加固材料、装置和设备;

⑫钻车、扒车、跳车;

⑬从列车上抛扔杂物;

⑭在动车组列车上吸烟或者在其他列车的禁烟区域吸烟;

⑮强行登乘或者以拒绝下车等方式强占列车;

⑯冲击、堵塞、占用进出站通道或者候车区、站台。

4. 监督检查

(1)铁路监管部门发现安全隐患,应当责令有关单位立即排除。重大安全隐患排除前或者排除过程中无法保证安全的,应当责令从危险区域内撤出人员、设备,停止作业;重大安全隐患排除后方可恢复作业。

（2）实施铁路安全监督检查的人员执行监督检查任务时，应当佩戴标志或者出示证件。任何单位和个人不得阻碍、干扰安全监督检查人员依法履行安全检查职责。

5. 法律责任

（1）有下列情形的，由铁路监督管理机构责令改正，处 2 万元以上 10 万元以下的罚款：架设、铺设铁路信号和通信线路、杆塔不符合国家标准、行业标准和铁路安全防护要求，或者未对铁路信号和通信线路、杆塔进行维护和管理。

（2）未经铁路运输企业同意或者未签订安全协议，在铁路线路安全保护区内建造建筑物、构筑物等设施，取土、挖砂、挖沟、采空作业或者堆放、悬挂物品，或者违反保证铁路安全的国家标准、行业标准和施工安全规范，影响铁路运输安全的，由铁路监督管理机构责令改正，可以处 10 万元以下的罚款。铁路运输企业未派人员对铁路线路安全保护区内施工现场进行安全监督的，由铁路监督管理机构责令改正，可以处 3 万元以下的罚款。

（3）在铁路线路安全保护区及其邻近区域建造或者设置的建筑物、构筑物、设备等进入国家规定的铁路建筑限界，或者在铁路线路两侧建造、设立生产、加工、储存、销售易燃、易爆、放射性物品等危险物品的场所、仓库不符合国家标准、行业标准规定的安全防护距离的，由铁路监督管理机构责令改正，对单位处 5 万元以上 20 万元以下的罚款，对个人处 1 万元以上 5 万元以下的罚款。

（4）有下列行为之一的，分别由铁路沿线所在地县级以上地方人民政府水行政主管部门、国土资源主管部门或者无线电管理机构等依照有关水资源管理、矿产资源管理、无线电管理等法律、行政法规的规定处罚：

①未经批准在铁路线路两侧各 1 000 m 范围内从事露天采矿、采石或者爆破作业；

②在地下水禁止开采区或者限制开采区抽取地下水；

③在铁路桥梁跨越处河道上下游各 1 000 m 范围内围垦造田、拦河筑坝、架设浮桥或者修建其他影响铁路桥梁安全的设施；

④在铁路桥梁跨越处河道上下游禁止采砂、淘金的范围内采砂、淘金；

⑤干扰铁路运营指挥调度无线电频率正常使用。

（5）铁路运输托运人托运货物、行李、包裹时匿报、谎报货物品名、性质、质量，或者装车、装箱超过规定质量的，由铁路监督管理机构责令改正，可以处 2 000 元以下的罚款；情节较重的，处 2 000 元以上 2 万元以下的罚款；将危险化学品谎报或者匿报为普通货物托运的，处 10 万元以上 20 万元以下的罚款。

铁路运输托运人在普通货物中夹带危险货物，或者在危险货物中夹带禁止配装的货物的，由铁路监督管理机构责令改正，处 3 万元以上 20 万元以下的罚款。

第二节　职业道德

一、职业道德

1. 职业道德的含义

职业道德是指从事一定职业的人员在职业活动中应遵循的行为规范的总和，也是从职人员在职业活动中应当遵循的道德。各行各业都有各自的职业道德。

职业道德的概念有广义和狭义之分。广义的职业道德,指从业人员在职业活动中应遵循的行为准则,涵盖了从业人员与服务对象、职业与职工、职业与职业之间的关系。狭义的职业道德,指在一定职业活动中应遵循的、体现一定职业特征的、调整一定职业关系的职业行为准则和规范。

职业道德的含义包括以下八个方面。

(1)职业道德是一种职业规范,受社会普遍的认可。

(2)职业道德是长期以来自然形成的。

(3)职业道德没有确定形式,通常体现为观念、习惯、信念等。

(4)职业道德依靠文化、内心信念和习惯,通过职工的自律实现。

(5)职业道德大多没有实质的约束力和强制力。

(6)职业道德的主要内容是对职工义务的要求。

(7)职业道德标准多元化,代表了不同企业可能具有不同的价值观。

(8)职业道德承载着企业文化和凝聚力,影响深远。

2. 职业道德中体现的责任和义务

职业道德体现了本行业对社会所承担的道德责任和道德义务,是社会和行业对从业人员在职业活动中的态度和行为要求。所谓职业责任,就是指从事某种职业的个人对他人、集体(班组、部门、单位、行业)和社会所应承担的责任。各行各业的职业责任各不相同,但忠于职守,尽心尽力,保质保量,按时完成党和国家、单位交给自己的各项任务,都是共同的职业责任要求。

职业道德中体现出来的责任有以下三个特点。

(1)差异性。不同职业岗位的性质、功能、业务规范、技术要求及与其他职业岗位的相互关系千差万别,因此,职业责任各不相同。

(2)独立性。从业人员在执行本岗位职责时有相对独立的权利,这种权利有时不容他人干预。

(3)强制性。职业责任是通过制定具体业务规章制度、岗位职责、条例、公约、守则等形式表现的,因而带有一定的强制性。职业道德上存在的问题,一般会受到舆论的谴责、习俗的约束、良心的责备。如失职、玩忽职守给他人、集体、国家造成损失的就要受到处罚,严重的要依法追究责任。

职业道德中义务的含义主要是指在职业活动中,在道德上应尽的责任和不要报酬的奉献。职业义务具有利他性和无偿性两个基本特点。利他性是指从业人员在尽职业义务时,实际上做出了有利于他人、有利于社会的行为,这种行为的客观效果是对他人有利,而不是对自己有利,甚至有时还要做出某种程度上的自我牺牲。无偿性是指从业人员在履行职业义务时,不把谋求个人权利和回报与履行职业义务相联系或相对应,也就是说,它是一种"不要报酬"的奉献。

二、铁路职业道德基本规范

铁路职业道德基本规范是全路职工在职业活动中必须共同遵守的职业行为准则。

1. 遵章守纪、确保安全

遵章守纪、确保安全是新时代下的铁路工作对每一个铁路从业人员的基本要求。

（1）遵章守纪、确保安全的基本含义

遵章守纪，指的是铁路职工在从事各自的职业活动中，始终按照明文规定的各种行为规则，一丝不苟地完成生产作业的行为。它包括遵章和守纪两层意思。

遵章实质上是要尊重客观规律，而违章则是违背客观规律。因为铁路安全方面的各项规章制度是运输安全生产中客观规律的反映，它既是铁路运输生产实践经验的结晶，也是生产过程中历次重大事故血的教训的凝结。规章制度都是铁路企业各个部门的职工在生产实践中不断总结、不断修改、不断补充和完善而逐渐确立起来的，它采用简明适用的形式反映铁路职业道德的要求，有利于养成职工良好的职业道德习惯。

守纪实质上是要求职工严格自律，不允许有违反规定的行为发生。纪律是国家和社会各种组织为所属人员制定的、必须共同遵守的行为准则。这里讲的纪律主要是指铁路行业的职业纪律，主要包括作业纪律和劳动纪律。由于各部门各工种工作内容不同，职业纪律也各异，它只规定某一特定职业部门或岗位应该做什么，不应该、不允许做什么。

确保安全，指的是在铁路运输生产中各部门、各环节要始终处于有序可控、基本稳定的状态。对于铁路运输来讲，确保安全主要指的是保证行车安全，防止出现各种行车重大事故，尤其是注意避免旅客列车重大事故的发生。因为行车安全是铁路运输部门的大事，是安全工作的重中之重，一旦发生事故，对企业、对社会和人民生命财产、对铁路职工本身危害极大。确保安全就是千方百计地确保客货列车的行车安全，平安地实现旅客与货物的位移。

铁路职工在从事自己本职工作时，应从思想到行为上，把遵章守纪、确保安全作为自己的行为准则，作为调整和处理企业与社会、职工与企业、职工与职工的利益关系的标准，作为判断企业和职工行为对与错、善与恶、荣与辱的准绳。

（2）遵章守纪、确保安全的基本要求

①树立安全第一、预防为主的观念

安全第一是指铁路企业和员工要把安全工作摆在各项工作的首位，作为铁路工作的首要目标和首要任务，铁路的一切工作都要服从安全工作。安全第一明确了安全工作在铁路工作中的地位和作用，确定了正确处理安全工作与其他工作关系的根本原则。

预防为主是指铁路企业和员工要掌握安全工作的主动权，防患于未然，超前预想，及时发现和科学处理运输生产中不利于安全的潜在因素，事先采取周密有效的防范措施，以防止和避免事故的发生。预防为主，始终坚持规范管理，强基达标，规范安全管理，加强安全基础建设。

安全第一、预防为主是铁路安全生产的指导思想，是铁路工作的永恒主题，是对长期铁路运输生产实践的经验教训的高度概括。安全第一和预防为主是不可分割的，安全第一是预防为主要达到的目标，预防为主是实现安全第一的主要手段和基本途径。

②认真学习法律法规和铁路规章制度

铁路法律法规和规章制度，是对铁路运输安全客观规律的总结，是铁路运输多年来生产实践经验和教训的总结，是铁路运输安全的制度保障。应该认真学习法律法规和规章制度。首先，要认真学习国家颁布的有关铁路安全的法律法规，以贯彻落实《铁路安全管理条例》为重点，学习《中华人民共和国安全生产法》《中华人民共和国铁路法》《铁路安全管理条例》《铁路交通事故应急救援和调查处理条例》《铁路交通事故调查处理规则》及其他与铁路安全相关的法律法规。其次，要认真学习国铁集团、铁路局集团公司及各单位制订的安全管理规章制度,熟悉、领会、掌握规章制度,具有必备的安全知识,能熟练运用法规规章方面的"必知必会"。最后,要加强对一系列新的技术标准、规章制度的学习。铁路职工必须结合自身工作实际,及时掌握《铁路技术管理规程》《铁路行车组织规则》等规章对本工种、本岗位的要求,把握新旧《铁路技术管理规程》的变化,熟悉各工种的作业标准、作业流程,对必知必会的内容培训过关,遵循新的操作规律,提高技能,强化应急处理能力。在工作中自觉遵守这些规章制度,保证铁路运输的安全。

③标准化作业,养成遵章守纪的职业习惯

学习铁路法律法规、规章制度及新规章、新技术标准,必须转化为在岗位上严格遵守规章、按标准化作业的职业行为,并将他律转变为自律,把安全变成职工的内在需求,使标准化作业成为一种职业行为方式、职业行为习惯。树立"遵守规章光荣、违章违纪可耻"的良好风尚,做到说标准语,干标准活,上标准岗,不简化作业,不错不漏作业,不离岗串岗,不盲目蛮干。

④一丝不苟,认真履行职责

安全高于一切,责任重于泰山,安全意识与职工的职业责任感息息相关。铁路作为一个大联动机,其规章制度规定了每个工种、每个岗位的作业标准、作业流程、劳动纪律。每个部门、每个工种、每个岗位的标准化作业都是铁路运输安全链的一个环节,只有每个职工都认真履行职责、忠于职守,才能实现安全稳定有序。因此,为了保证铁路运输的安全正点,铁路职工都应树立"安全在我心里,安全在我手中"的意识,具备强烈的职业责任心,自觉为运输安全尽责尽职。要养成一丝不苟的严谨工作作风,这就是说,铁路职工要做到"在岗一分钟,尽责六十秒""坚持岗位一刻不离,按章操作一项不漏,标准用语一字不差,列车运行一丝不苟",严守规章,一点不差。

⑤关注路外安全,主动参与平安铁路建设

在生活中,铁路涉及的许多事故都来自铁路系统之外,如环境破坏对铁路安全的影响,不法分子和闲杂人员对铁路设施的破坏,牲畜上道、违规扒乘车等问题未得到根治。解决这些问题,不仅铁路企业和国家要采取措施,每个铁路职工也应该以主人翁的态度,主动对路外群众进行铁路法律法规安全知识的宣传,减少路外伤亡事故,创造良好的安全环境。

2. 尊客爱货、热情周到

尊客爱货、热情周到是铁路行业服务性的具体要求,直接体现了"人民铁路为人民"的宗旨,也是铁路职工在新时代应该履行的道德义务。坚持以"尊客爱货、热情周到"这一职业道德规范铁路职工的职业行为,必将进一步促进铁路精神文明建设,并辐射到全社会,有利于形成相互尊重、相互关心、互助友爱的社会道德风尚和社会氛围。

(1)尊客爱货、热情周到的基本含义

尊客爱货指的是铁路职工对自身服务对象的态度和道德情感。也就是说,铁路职工应该牢固树立"旅客货主至上""以服务旅客为宗旨,待旅客为亲人"的职业道德观念,自觉履行职业责任,时时注意尊重旅客货主的意志和愿望,处处关心和维护旅客货主的利益,及时为旅客货主排忧解难,通过主动积极的服务,让旅客货主切实感受到铁路职工对人民、对社会的满腔热情和责任感。热情周到指的是铁路运输服务的优质程度及所要达到的效果。也就是说,铁路职工在从事职业活动时,要通过端庄整洁的仪表,文明礼貌的语言,娴熟完美的技能,细致周到的服务,达到"以人为本、以客为尊"的服务目标和职业道德境界。

（2）尊客爱货、热情周到的基本要求

①树立全心全意为人民服务的观念

人民铁路事业是党的事业的重要组成部分，铁路工人是党的阶级基础的组成部分。应当树立全心全意为人民服务的观念，立足本职，为旅客货主服务。

②主动热情、优质服务

主动热情指的是铁路职工在接待旅客货主时要有热情的态度和真挚的情感。优质服务指的是铁路职工所提供的服务的优质程度及所达到的效果。铁路企业所有部门、工种、岗位都应直接或间接地为"尊客爱货"提供优质服务。

铁路企业的各部门、各工种、各岗位都有自己特定的服务对象。任何一个职工，都应当把自己放到被服务对象的位置上，了解服务对象对自己提供优质服务的需求，体会由于自己没有尽到职责可能给对方造成的困难，强烈地意识到自己的责任和义务。由此产生的职业责任感和道德义务感，在人们各自独特的职业道德体验中不断得到反思和强化，就能转化为内心的职业道德信念；经常以内心的职业道德信念来监督和调节自己的职业行为，就能逐渐达到尽心尽责的道德境界。

③行为端庄、举止文明

尊重旅客货主，首先要做到文明礼貌待客，最重要的是要做到语言文明、仪表端庄、环境整洁、微笑服务。服务工作是为了满足人们的各种需要而进行的，离不开服务者与被服务者之间的人际交往。特别是铁路客货运输，进行的是面对面的服务，这就决定了铁路职工在从事职业活动时的语言、仪表及对待旅客货主的态度，在服务中居于至关重要的地位，对服务工作的效果具有重大的影响。

3. 讲究质效、维护信誉

对于铁路企业和铁路职工来说，讲求质效、维护信誉是必须具备的职业道德素质。

（1）讲求质效、维护信誉的基本含义

质效通常是指产品或工作的优劣程度。信誉即信用和名誉。在市场竞争中，质效和信誉对企业来说是至关重要的。

①把工作质效摆到首位

一个企业必须依靠质效、工作时效站稳脚跟，从而赢得信誉和市场。因此，必须把产品质效、工作实效摆到首位。

把优质服务和生产高质效的产品作为自己最重要的工作目标。每一个铁路职工都必须牢固树立起"质效第一"的观点，不管在什么岗位，不管做什么工作，都应该把质效放在第一位。如客运工作，首先就应该确保运输安全，让人民放心。安全是铁路运输工作的头等质效问题。保证旅客人身和财产安全，既是人命关天的大事，也是事关铁路信誉的大事。每一个职工都必须以对国家和人民高度负责的精神，把安全工作放在一切工作的首位，时刻注意，着力抓好。

②依靠信誉树立企业的良好形象

在市场竞争中，必须在提供高质效的产品基础上，建立企业和产品的信誉，进而树立铁路行业的良好形象，使企业在竞争中处于有利地位。信誉与形象是紧密相关的，铁路行业要树立良好的形象，就必须建立自己的信誉，而信誉获得的关键是保证服务质效，质效不好，就不可能建立好的信誉。

（2）讲求质效、维护信誉的基本要求

①树立质效第一、信誉为重的观念

树立质效第一、信誉为重的观念，要认识到讲究质效是每个从业人员履行岗位责任的具体要求，每个从业人员都要有高度的责任心、一丝不苟的工作态度，具有创全优、高效服务的思想。要反对和谴责不讲质效、不负责的作风和行为。

②严守规程、诚实工作

严守规程，就是要认真严格地遵守作业规程和劳动纪律。做到认真学习和掌握铁路的法律规章、规程和条例，执行规章制度、作业规程要一点也不差，差一点也不行。诚实工作，就是要自觉履行岗位职责，严格按照有关标准工作。

③改革创新、开拓进取

随着国民经济的发展和人民生活水平的提高，人们对运输服务质效的要求越来越高。铁路要改革创新、开拓进取，提供安全快捷的运输、方便舒适的环境、热情周到的服务以满足广大旅客货主的需要，提升客货运的服务质效，建立中国铁路良好的信誉。

4. 团结协作、艰苦奋斗

团结协作、艰苦奋斗是人民铁路的光荣传统，是推动铁路事业发展的精神动力，是做好各项工作的重要环节，是评价和衡量铁路职工职业道德水平的一条重要标准。因此，在推进新时代铁路建设中，必须继续弘扬团结协作、艰苦奋斗的崇高职业道德。

（1）团结协作、艰苦奋斗的基本含义

团结协作、艰苦奋斗要求铁路职工在职业活动中，一切从铁路局集团公司利益出发，立足当下、忠于职守，团结协作、艰苦奋斗，锐意进取、精益求精，有强烈的事业心和主人翁意识，工作中能够充分发挥自己的主动性和积极性，确保各项铁路运输任务顺利完成。

铁路运输有点多线长、流动分散，24 h 不间断作业等工作特点。由于成都局集团公司管内地处中国西南腹地，有相当多的岗位位于偏远山区，大量职工必须流动作业。因此，迎难而上、艰苦奋斗，就成为了铁路职工必须具备的素质。

我国铁路遍布全国，南北纵进，东西横贯，线路长，跨度大。由于我国经济区域发展不平衡，老、少、边地区还比较落后，工作和生活条件比较艰苦。改变这种状况，迫切需要多修铁路，改善交通条件，促进经济社会发展。而铁路修通后，需要大批铁路职工管理运营，有相当数量的铁路职工需要在环境艰苦的地方工作和生活。在戈壁沙漠、风区荒野、高寒高原、贫困地区等艰苦环境中安心铁路工作，干好本职工作，是知难而进、吃苦耐劳的基本要求。

（2）团结协作、艰苦奋斗的基本要求

①树立团结协作、艰苦奋斗的观念

思想是行为的先导，树立团结协作、艰苦奋斗的观念有利于铁路职工形成正确、积极的职业态度，为铁路职工奋发向上、克服困难提供扎实的精神基础。与过去相比，铁路基础设施、技术装备、后勤保障等方面都有了极大的改善，因此新时期的团结协作、艰苦奋斗是顽强拼搏精神与实事求是态度的有机结合，是开拓进取精神与倡俭崇实作风的有机结合，是奉献精神与效益观念的有机结合。

②弘扬团结协作、艰苦奋斗的精神

在铁路职工中大力弘扬团结协作、艰苦奋斗的精神，要求我们努力向在铁路事业中做出突出贡献的先进模范们学习，投身铁路建设的实践，奋发图强、坚韧不拔、无私奉献。